CBAC TGAU
Astudiaethau Crefyddol

Uned 1 Crefydd a Themâu Athronyddol

Steve Clarke, Joy White, Ed Pawson, Amanda Ridley, Chris Owens

CBAC TGAU Astudiaethau Crefyddol
Addasiad Cymraeg o *WJEC GCSE Religious Studies* a gyhoeddwyd yn 2017 gan Hodder Education

Cyhoeddwyd dan nawdd Cynllun Adnoddau Addysgu a Dysgu CBAC

Mae'r deunydd hwn wedi'i gymeradwyo gan CBAC ac mae'n cynnig cefnogaeth o ansawdd uchel ar gyfer cyflwyno cymwysterau CBAC.
Er bod y deunydd hwn wedi bod trwy broses sicrhau ansawdd, mae'r cyhoeddwr yn dal yn llwyr gyfrifol am y cynnwys.

Gwnaed pob ymdrech i gysylltu â'r holl ddeiliaid hawlfraint, ond os oes unrhyw rai wedi'u hesgeuluso'n anfwriadol, bydd y cyhoeddwyr yn falch o wneud y trefniadau angenrheidiol ar y cyfle cyntaf.

Er y gwnaed pob ymdrech i sicrhau bod cyfeiriadau gwefannau yn gywir adeg mynd i'r wasg, nid yw Hodder Education yn gyfrifol am gynnwys unrhyw wefan y cyfeirir ati yn y llyfr hwn. Weithiau mae'n bosibl dod o hyd i dudalen we a adleolwyd trwy deipio cyfeiriad tudalen gartref gwefan yn ffenestr LlAU (*URL*) eich porwr.

Polisi Hachette UK yw defnyddio papurau sy'n gynhyrchion naturiol, adnewyddadwy ac ailgylchadwyogoed a dyfwyd mewn coedwigoedd sydd wedi eu rheoli'n dda, a ffynonellau eraill a reolir. Disgwylir i'r prosesau torri coed a gweithgynhyrchu gydymffurfio â rheoliadau amgylcheddol y wladymae'r cynnyrch yn tarddu ohoni.

Archebion: cysylltwch â Hachette UK Distribution, Hely Hutchinson Centre, Milton Road, Didcot, Oxfordshire, OX11 7HH.Ffôn: +44 (0)1235 827827. E-bost: education@hachette.co.uk. Mae'r llinellau ar agor rhwng 9.00 a 17.00 o ddydd Llun i ddydd Gwener. Gallwch hefyd archebu trwy wefan Hodder Education: www.hoddereducation.co.uk.

ISBN: 978 1 5104 1711 3

© Steve Clarke, Joy White, Ed Pawson, Amanda Ridley, Chris Owens 2017
(Yr argraffiad Saesneg)

© CBAC 2018 (yr argraffiad Cymraeg hwn)

Cyhoeddwyd gyntaf yn 2018 gan
Hodder Education,
An Hachette UK Company
Carmelite House
50 Victoria Embankment
London EC4Y 0DZ

www.hoddereducation.co.uk

Cedwir pob hawl. Ac eithrio ar gyfer unrhyw ddefnydd a ganiateir o dan gyfraith hawlfraint y DU, ni ellir atgynhyrchu na throsglwyddo unrhyw ran o'r cyhoeddiad hwn mewn unrhyw ffurf neu drwy unrhyw fodd, yn electronig neu'n fecanyddol, gan gynnwys llungopïo a recordio, neu ei chadw mewn unrhyw system cadw ac adalw gwybodaeth, heb ganiatâd ysgrifenedig y cyhoeddwr neu o dan drwydded gan yr Asiantaeth Drwyddedu Hawlfraint Cyfyngedig. Mae rhagor o fanylion am drwyddedau o'r fath (ar gyfer atgynhyrchu reprograffig) ar gael gan yr Asiantaeth Drwyddedu Hawlfraint Cyfyngedig/Copyright Licensing Agency Limited, www.cla.co.uk

Llun y clawr © Serg_Velusceac/Getty Images/iStockphoto
Darluniau gan Aptara Inc.
Cysodwyd yn India gan Aptara Inc.
Argraffwyd yn yr Eidal
Mae cofnod catalog ar gyfer y teitl hwn ar gael gan y Llyfrgell Brydeinig.

Cynnwys

	Cyflwyniad	iv
	Rhan A	
Cristnogaeth		**01**
	1 Cristnogaeth: Credoau a dysgeidiaethau	02
	2 Cristnogaeth: Arferion	28
Bwdhaeth		**50**
	3 Bwdhaeth: Credoau a dysgeidiaethau	52
	4 Bwdhaeth: Arferion	75
Islam		**84**
	5 Islam: Credoau a dysgeidiaethau	89
	6 Islam: Arferion	104
Iddewiaeth		**119**
	7 Iddewiaeth: Credoau a dysgeidiaethau	122
	8 Iddewiaeth: Arferion	138
	Rhan B	
Themâu athronyddol		**156**
	9 Materion bywyd a marwolaeth	156
	10 Materion daioni a drygioni	200
	Cydnabyddiaeth	250
	Mynegai	252

Sut i ddefnyddio'r llyfr hwn

Cyflwyniad

Mae'r llyfr hwn yn ymdrin â chynnwys pwnc Uned 1: Crefydd a Themâu Athronyddol o safbwynt Cristnogaeth, Bwdhaeth, Islam ac Iddewiaeth, ar gyfer cymhwyster newydd CBAC TGAU Astudiaethau Crefyddol.

Mae'r llyfr hwn yn dilyn trefn manyleb CBAC i helpu myfyrwyr ac athrawon i weithio drwy unrhyw gwrs astudiaeth yn nhrefn y fanyleb.

Mae'r llyfr yn cynnwys gwybodaeth am bob un o'r cysyniadau allweddol a chynnwys manwl ar gyfer pob rhan o'r fanyleb.

Beth yw'r strwythur asesu?

Mae'r strwythur asesu ar gyfer cymhwyster TGAU Astudiaethau Crefyddol CBAC yn gofyn i'r myfyrwyr gwblhau dau bapur arholiad – un ar Uned 1 Crefydd a Themâu Athronyddol ac un ar Uned 2 Crefydd a Themâu Moesegol.

Mae'r cynnwys yn y llyfr hwn yn ymdrin ag Uned 1 yn unig. Bydd Uned 2 yn cael sylw mewn llyfr ar wahân.

Rhan A

Mae Rhan A yn archwilio credoau a dysgeidiaethau craidd dwy grefydd.

Ar gyfer adran gyntaf Rhan A mae'n rhaid i fyfyrwyr astudio naill ai Cristnogaeth neu Gristnogaeth Gatholig. Dim ond Cristnogaeth a geir yn y gyfrol hon.

Ar gyfer ail adran Rhan A mae'n rhaid i fyfyrwyr astudio ail grefydd. Dim ond Bwdhaeth, Islam ac Iddewiaeth sy'n cael sylw yn y llyfr hwn.

Hyd y papur arholiad ar gyfer yr uned hon yw dwy awr.

Rhan B

Mae Rhan B yn archwilio dwy thema athronyddol:

▶ Bywyd a marwolaeth
▶ Daioni a drygioni

Mae'n rhaid i'r rhain gael eu hastudio o safbwynt Cristnogaeth (neu Gristnogaeth Gatholig, er nad yw hynny yn y gyfrol hon) ac un arall o grefyddau'r byd, a ddylai fod yr un fath â'r ail grefydd a astudioch chi ar gyfer Rhan A.

Amcanion asesu

Ym mhob adran mae mathau gwahanol o gwestiynau ar y papur arholiad i asesu'r ddau amcan asesu gwahanol. Cyfeirir at yr amcanion asesu fel AA1 ac AA2 yn y fanyleb.

Mae'r ddau amcan asesu gwahanol yn profi gwahanol elfennau o'ch gwybodaeth a'ch dealltwriaeth grefyddol.

Yn yr arholiadau TGAU, mae pob amcan asesu yn werth 50 y cant o gyfanswm y marciau.

Amcan asesu 1

Mae angen i chi ddangos gwybodaeth a dealltwriaeth o grefydd a chred*, gan gynnwys:

- credoau, arferion a ffynonellau awdurdod
- y dylanwad ar unigolion, cymunedau a chymdeithasau
- tebygrwydd a gwahaniaethau o fewn a/neu rhwng crefyddau a chredoau.

Bydd ffurf y cwestiynau ar gyfer yr amcan asesu hwn yn amrywio ond dyma rai cyfarwyddiadau cyffredin:

- Beth yw ystyr ...?
- Disgrifiwch ...
- Esboniwch ...

Amcan asesu 2

Mae angen i chi ddadansoddi a gwerthuso agweddau ar grefydd a chred*, gan gynnwys eu harwyddocâd a'u dylanwad.

Bydd ffurf y cwestiwn ar gyfer yr amcan asesu hwn yn rhoi gosodiad i chi ac wedyn y cyfarwyddyd canlynol:

Trafodwch y gosodiad hwn gan ddangos eich bod wedi ystyried mwy nag un safbwynt. (Rhaid i chi gyfeirio at grefydd a chred yn eich ateb.)

Ateb y cwestiynau

Mae'n bwysig gwybod beth yw strwythur y papur arholiad a'r math o gwestiynau fydd ynddo.

Ar gyfer pob cwestiwn arholiad ystyriwch ddau beth:

- **Faint** o farciau sy'n cael eu rhoi ar gyfer y cwestiwn hwn? Bydd hyn yn eich helpu i ystyried faint o amser dylech chi ei dreulio ar eich ateb a dyfnder eich ateb.
- **Beth** mae'r cwestiwn yn gofyn **i chi ei wneud**? Ni fydd unrhyw gwestiwn byth yn gofyn i chi ysgrifennu popeth rydych chi'n ei wybod! Beth yw'r geiriau mwyaf pwysig yn y cwestiwn? Cofiwch y gallwch chi eu tanlinellu er mwyn eich helpu i ganolbwyntio ar beth mae'r cwestiwn yn ei ofyn.

Mae'n bwysig cofio bod **pedwar math** o gwestiwn. Bydd faint o le sydd yn eich llyfryn arholiad yn rhoi syniad i chi o ran faint i'w ysgrifennu, ond nid oes rhaid i chi lenwi'r llinellau i gyd. Mae'n bwysig hefyd eich bod yn edrych ar y gridiau marciau fel y gallwch chi weld beth sydd ei angen ar gyfer pob un o'r bandiau marciau.

*Mae'r term 'cred' yn cynnwys cred grefyddol ac anghrefyddol fel sy'n briodol i ofynion cynnwys y pwnc.

Cwestiwn (a) – AA1

- 1 marc am bob pwynt perthnasol (gall un pwynt fod yn enghraifft).
- 2 farc am naill ai dau bwynt ar wahân neu un pwynt sy'n cael ei ddatblygu/esbonio/ehangu.

Dyma'r cwestiynau cyntaf bob amser ym mhob uned. Maen nhw'n gofyn i chi nodi beth yw ystyr y cysyniad allweddol. Gall eich atebion gynnwys enghraifft.

Drwy'r llyfr, byddwch chi'n gweld enghreifftiau o ddiffiniadau ar gyfer pob un o'r cysyniadau allweddol. Mae 12 cysyniad allweddol yn Rhan A ac 8 cysyniad allweddol yn Rhan B.

Cofiwch mai dim ond dau farc sydd ar gael ar gyfer y cwestiynau hyn felly mae'n bwysig eich bod yn gallu rhoi diffiniad cywir a pherthnasol.

Cwestiwn (b) – AA1

Yn y cwestiynau hyn bydd disgwyl i chi ddisgrifio dysgeidiaeth, cred, syniad, arfer, lle, digwyddiad neu safbwynt crefyddol penodol. Mae uchafswm o bum marc ar gyfer y math hwn o gwestiwn. I gael marciau llawn, dylech chi allu dangos eich **gwybodaeth** drwy ddefnyddio **termau crefyddol** addas ac **unrhyw ffynonellau doethineb neu destunau sanctaidd**.

Band	Disgrifiad o'r Band	Cyfanswm Marciau
3	Disgrifiad rhagorol, dealladwy yn dangos ymwybyddiaeth a dealltwriaeth o'r syniad, cred, arfer, dysgeidiaeth neu'r cysyniad crefyddol. Yn defnyddio ystod o iaith a thermau crefyddol/arbenigol priodol a, lle bo'n berthnasol, ffynonellau doethineb ac awdurdod, yn eang, cywir a phriodol.	4–5
2	Disgrifiad da, cyffredinol gywir sy'n dangos ymwybyddiaeth a dealltwriaeth o'r syniad, cred, arfer, dysgeidiaeth neu'r cysyniad crefyddol. Yn defnyddio iaith a thermau crefyddol/arbenigol a ffynonellau doethineb ac awdurdod yn gyffredinol gywir.	2–3
1	Datganiad cyfyngedig o wybodaeth am y syniad, cred, arfer, dysgeidiaeth neu'r cysyniad crefyddol. Yn defnyddio iaith a thermau crefyddol/arbenigol a ffynonellau doethineb ac awdurdod mewn modd cyfyngedig.	1
0	Dim gwybodaeth berthnasol wedi'i darparu.	0

Cwestiwn (c) – AA1

Mae'r cwestiynau hyn yn disgwyl i chi 'esbonio' dysgeidiaeth, cred, syniad, arfer, digwyddiad neu safbwynt yn y crefyddau rydych chi wedi'u hastudio. Mae uchafswm o wyth marc ar gyfer y math hwn o gwestiwn. Mae angen i chi ddefnyddio termau crefyddol addas a ffynonellau doethineb neu destunau sanctaidd perthnasol.

Yn Rhan B (Crefydd a Themâu Athronyddol), bydd gofyn i chi ystyried **dau safbwynt crefyddol** ar gyfer cwestiwn (c). Rhaid i'r ddau safbwynt ddod o Gristnogaeth a'r grefydd arall rydych chi'n ei hastudio yn Rhan A.

Band	Disgrifiad o'r Band	Cyfanswm Marciau
4	Esboniad rhagorol, hynod fanwl sy'n dangos ymwybyddiaeth a dealltwriaeth o'r syniad, cred, arfer, dysgeidiaeth neu'r cysyniad crefyddol. Yn defnyddio ystod o iaith a thermau crefyddol/arbenigol a ffynonellau doethineb ac awdurdod, yn eang, cywir a phriodol.	7–8
3	Esboniad da iawn yn dangos ymwybyddiaeth o'r syniad, cred, arfer, dysgeidiaeth neu'r cysyniad crefyddol. Yn defnyddio ystod o iaith a thermau crefyddol/arbenigol a ffynonellau doethineb ac awdurdod, yn gywir a phriodol.	5–6
2	Esboniad boddhaol sy'n dangos rhywfaint o ymwybyddiaeth o'r syniad, cred, arfer, dysgeidiaeth neu'r cysyniad crefyddol. Yn defnyddio iaith a thermau crefyddol/arbenigol a/neu ffynonellau doethineb ac awdurdod gyda pheth cywirdeb.	3–4
1	Esboniad cyfyngedig sy'n dangos fawr ddim ymwybyddiaeth o'r syniad, cred, arfer, dysgeidiaeth neu'r cysyniad crefyddol. Yn defnyddio iaith a thermau crefyddol/arbenigol a/neu ffynonellau doethineb ac awdurdod mewn modd cyfyngedig heb fawr o gywirdeb.	1–2
0	Dim gwybodaeth berthnasol wedi'i darparu.	0

Cwestiwn (ch) – AA2

Mae'r rhain yn gwestiynau pwysig iawn gan eu bod yn werth 15 marc.

Mae'r cwestiwn yn gofyn i chi ddarllen a deall gosodiad ac yna:
Trafodwch y gosodiad hwn gan ddangos eich bod wedi ystyried mwy nag un safbwynt. (Rhaid i chi gyfeirio at grefydd a chred yn eich ateb.) (15)

Rhaid i'r atebion ddadansoddi, gwerthuso, cynnig safbwyntiau gwahanol a/neu amgen a dod i gasgliadau sydd wedi'u cefnogi'n dda.

Mae'n **rhaid** i'r cwestiwn (ch) am Fywyd a marwolaeth gynnwys credoau anghrefyddol. Gellir cynnwys credoau anghrefyddol (ond nid oes rhaid) mewn unrhyw gwestiwn (ch) priodol sy'n ei gynnig ei hun i ymateb anghrefyddol.

Drwy'r llyfr mae tasgau a fydd yn eich helpu i ddatblygu'r sgiliau sydd eu hangen ar gyfer yr arholiad:

- Defnyddio cyfeiriadau at grefyddau a thestunau sanctaidd
- Defnyddio iaith a thermau crefyddol
- Dangos yr amrywiaeth o gredoau ac arferion o fewn traddodiad crefyddol.

Cwestiwn 1(ch), 2(ch) a 4(ch)

Band	Disgrifiad o'r Band	Cyfanswm Marciau
4	Dadansoddiad a gwerthusiad rhagorol, hynod fanwl o'r mater yn seiliedig ar wybodaeth gynhwysfawr a chywir am grefydd, dysgeidiaeth grefyddol a rhesymu moesol. Caiff barn glir wedi'i chefnogi'n dda ei llunio ac mae amrywiaeth gynhwysfawr o safbwyntiau gwahanol a/neu amgen yn cael eu hystyried. Yn defnyddio ac yn dehongli iaith a thermau crefyddol/arbenigol a ffynonellau doethineb ac awdurdod yn eang, yn briodol a manwl.	12–15
3	Dadansoddiad a gwerthusiad da iawn a manwl o'r mater yn seiliedig ar wybodaeth drylwyr a chywir am grefydd, dysgeidiaeth grefyddol a rhesymu moesol. Caiff barn ei llunio gyda chefnogaeth ac mae amrywiaeth gytbwys o safbwyntiau gwahanol a/neu amgen yn cael eu hystyried. Yn defnyddio ac yn dehongli iaith a thermau crefyddol/arbenigol a ffynonellau doethineb ac awdurdod, yn briodol a manwl.	8–11
2	Dadansoddiad a gwerthusiad boddhaol o'r mater sy'n seiliedig ar rywfaint o wybodaeth gywir am grefydd, dysgeidiaeth grefyddol a rhesymu moesol. Mae rhai barnau'n cael eu ffurfio a rhai safbwyntiau gwahanol a/neu eraill yn cael eu hystyried. Yn defnyddio ac yn dehongli rhywfaint o iaith a thermau crefyddol/arbenigol, a/neu ffynonellau doethineb ac awdurdod gyda pheth cywirdeb.	4–7
1	Dadansoddiad a gwerthusiad gwan o'r mater sy'n seiliedig ar wybodaeth gyfyngedig a/neu anghywir am grefydd, dysgeidiaeth grefyddol a/neu resymu moesol. Ymgais gyfyngedig a/neu wan neu ddim ymgais o gwbl i lunio barn neu i gynnig safbwyntiau gwahanol a/neu amgen. Defnydd gwan neu ddim defnydd o gwbl o iaith grefyddol/arbenigol, termau a/neu ffynonellau doethineb ac awdurdod.	1–3
0	Dim safbwynt perthnasol wedi'i ddarparu.	0

Bydd 6 marc ar gael hefyd yng Nghwestiwn 1(ch) am sillafu, atalnodi a defnyddio gramadeg yn gywir.

Cwestiwn 3(ch) – Thema Bywyd a marwolaeth

Band	Disgrifiad o'r Band	Cyfanswm Marciau
4	Dadansoddiad a gwerthusiad rhagorol, hynod fanwl o'r mater yn seiliedig ar wybodaeth gynhwysfawr a chywir am grefydd, dysgeidiaeth grefyddol a rhesymu moesol. Ystyriaeth fanwl iawn a rhagorol o gredoau anghrefyddol, fel dyneiddiaeth ac atheïstiaeth/anffyddiaeth. Caiff barn glir wedi'i chefnogi'n dda ei llunio ac mae amrywiaeth gynhwysfawr o safbwyntiau gwahanol a/neu amgen yn cael eu hystyried. Yn defnyddio ac yn dehongli iaith a thermau crefyddol/arbenigol a ffynonellau doethineb ac awdurdod yn eang, yn briodol a manwl.	12–15
3	Dadansoddiad a gwerthusiad da iawn a manwl o'r mater yn seiliedig ar wybodaeth drylwyr a chywir am grefydd, dysgeidiaeth grefyddol a rhesymu moesol. Ystyriaeth fanwl a da o gredoau anghrefyddol, fel dyneiddiaeth ac atheïstiaeth/anffyddiaeth. Caiff barn ei llunio gyda chefnogaeth ac mae amrywiaeth gytbwys o safbwyntiau gwahanol a/neu amgen yn cael eu hystyried. Yn defnyddio ac yn dehongli iaith a thermau crefyddol/arbenigol a ffynonellau doethineb ac awdurdod, yn briodol a manwl.	8–11
2	Dadansoddiad a gwerthusiad boddhaol o'r mater sy'n seiliedig ar rywfaint o wybodaeth gywir am grefydd, dysgeidiaeth grefyddol a rhesymu moesol. Ystyriaeth weddol fanwl a boddhaol o gredoau anghrefyddol, fel dyneiddiaeth ac atheïstiaeth/anffyddiaeth. Mae rhai barnau'n cael eu ffurfio a rhai safbwyntiau gwahanol a/neu eraill yn cael eu hystyried. Yn defnyddio ac yn dehongli rhywfaint o iaith a thermau crefyddol/arbenigol, a/neu ffynonellau doethineb ac awdurdod gyda pheth cywirdeb.	4–7
1	Dadansoddiad a gwerthusiad gwan o'r mater sy'n seiliedig ar wybodaeth gyfyngedig a/neu anghywir am grefydd, dysgeidiaeth grefyddol a/neu resymu moesol. Ystyriaeth sylfaenol neu ddim o gwbl o gredoau anghrefyddol, fel dyneiddiaeth ac atheïstiaeth/anffyddiaeth. Ymgais gyfyngedig a/neu wan neu ddim ymgais o gwbl i lunio barn neu i gynnig safbwyntiau gwahanol a/neu amgen. Defnydd gwan neu ddim defnydd o gwbl o iaith grefyddol/arbenigol, termau a/neu ffynonellau doethineb ac awdurdod.	1–3
0	Dim safbwynt perthnasol wedi'i ddarparu.	0

Nodyn ychwanegol

Mae manyleb gyflawn CBAC ar gael ar wefan CBAC.

Mae amrywiaeth o adnoddau digidol a deunyddiau eraill i gefnogi addysgu'r fanyleb hon ar wefan CBAC.

Mae mwy o wybodaeth ar gael yn y fanyleb ynglŷn ag astudio crefyddau eraill (Cristnogaeth Gatholig, Hindŵaeth, Sikhiaeth) nad ydynt wedi'u cynnwys yn y gwerslyfr hwn.

Cristnogaeth

Cysyniadau Allweddol

Agape Cariad anhunanol, aberthol, diamod. Mae Cristnogaeth yn ystyried agape fel y math uchaf o gariad. Mae aberth Iesu ar y groes i achub dynoliaeth, a dysgeidiaethau fel 'Câr dy gymydog', yn enghreifftiau o'r cariad hwn.

Atgyfodiad Y gred bod Iesu wedi codi o farw'n fyw ar y trydydd dydd ar ôl iddo gael ei groeshoelio, a thrwy hynny ei fod wedi trechu marwolaeth. Mae'n cael ei gofio bob blwyddyn ar Sul y Pasg.

Damcaniaeth gorchymyn dwyfol Y gred bod rhywbeth yn gywir oherwydd bod Duw yn ei orchymyn.

Deialog rhwng crefyddau Cymunedau a grwpiau ffydd gwahanol yn dod ynghyd er mwyn deall ei gilydd yn well a gwasanaethu'r gymuned ehangach. Maen nhw'n parchu ei gilydd ac mae hyn yn eu galluogi i fyw'n heddychlon ochr yn ochr, er gwaetha'r gwahaniaethau o ran credoau a ffordd o fyw.

Y Drindod Tri pherson Duw: Duw y Tad, y Mab a'r Ysbryd Glân.

Hollalluog Natur hollbwerus ac anghyfyngedig Duw.

Hollgariadus Y cyflwr o garu popeth a bod yn gwbl dda – nodwedd sy'n aml yn cael ei phriodoli i Dduw.

Hollwybodus Duw sy'n gwybod popeth.

Yr Iawn Y gred bod marwolaeth ac atgyfodiad Iesu wedi cau'r rhwyg rhwng dynoliaeth a Duw, a thrwy hynny agor y ffordd i Dduw a phobl fod 'fel un' eto.

Meseia Ystyr y gair yw 'yr Eneiniog'. Y Meseia yw'r un sydd wedi'i anfon gan Dduw i achub dynoliaeth, yn ôl rhai. Mae Cristnogion yn credu mai Iesu yw'r person hwn.

Ymgnawdoliad 'Y Gair yn gnawd' – y gred Gristnogol bod Duw wedi dod yn ddyn ym mherson Iesu, yn gwbl ddynol ac yn gwbl ddwyfol. Duw'n dod yn fod dynol ar ffurf Iesu.

Ysbryd Glân Un o dri pherson y Drindod Sanctaidd. Addawodd Iesu i'r Apostolion y byddai'n anfon yr Ysbryd Glân ar ôl ei groeshoeliad a'i atgyfodiad. Mae Cristnogion yn credu bod yr Ysbryd Glân yn bresennol, a hynny ar ffurf grym Duw ar waith yn y byd.

Cwestiynau Craidd

- Sut un yw Duw?
- A wnaeth Duw greu'r bydysawd?
- Beth yw ystyr y dywediad bod Duw wedi creu bodau dynol 'ar ei ddelw ei hun'?
- Beth yw pechod gwreiddiol?
- Sut rydyn ni'n gwybod beth sy'n gywir ac anghywir?
- Beth yw ystyr 'cariad' i Gristnogion?
- Pam mae cynifer o wahanol ganghennau o Gristnogaeth?
- Beth mae Cristnogion yn ei wneud i geisio gwella bywyd i bobl ym Mhrydain yn yr unfed ganrif ar hugain?
- Sut mae Cristnogion yn gweithio gyda Christnogion eraill a phobl o grefyddau gwahanol?

Cristnogaeth: Credoau a dysgeidiaethau

■ **Duw**

▶ **Priodoleddau Duw**

Duw y creawdwr

Geiriau cyntaf y Beibl Cristnogol yw, 'Yn y dechreuad creodd Duw y nefoedd a'r ddaear'. Mae hyn yn rhoi dau ddarn o wybodaeth i ni.

1 Cafodd y bydysawd ei ddylunio a'i wneud; ni ddigwyddodd drwy hap a damwain.
2 Duw oedd yr un a ddyluniodd ac a wnaeth y bydysawd.

Mae'r Beibl yn dysgu bod Duw wedi creu'r bydysawd a phopeth sydd ynddo.

O'r ddau ddarn yma o wybodaeth, mae Cristnogion yn credu eu bod yn gallu dod i gasgliadau am sut un yw Duw. Er enghraifft, os Duw greodd y bydysawd, mae'n dilyn bod Duw wedi bodoli cyn y bydysawd. Mae gan y bydysawd ddechreuad; cyn hynny, nid oedd dim byd ond Duw. Duw wnaeth greu popeth, ac nid oes dim yn bodoli na chafodd ei greu gan Dduw. Felly mae Duw rywsut ar wahân i'w greadigaeth: mae'n **drosgynnol**. Mae hyn yn golygu mai ef yw'r Bod Goruchaf – nid oes neb yn well ac nid oes neb yn gydradd ag ef (gweler Credoau a dysgeidiaethau am y creu o'r adroddiadau yn Llyfr Genesis, tt. 7–12).

> **Trosgynnol** Uwchben a thu hwnt i unrhyw beth yn y bydysawd ffisegol.

Duw y cynhaliwr

Yn ôl Cristnogaeth, ar ôl y creu, ni adawodd Duw i'r bydysawd fynd ei ffordd ei hun heb fod yn ddibynnol arno ef.

Mae Cristnogion yn cydnabod bod y byd byw yn dibynnu ar Dduw i barhau i fodoli, ac yn cydnabod hefyd mai Duw greodd y byd. Mae Duw yn dal i fod yn weithredol yn y bydysawd, yn cynnal bywyd yn ogystal â'i greu.

Mae'r Beibl yn dysgu bod popeth yn y bydysawd yn dibynnu ar Dduw. Mae'r ddibyniaeth hon yn absoliwt. Pe bai Duw yn stopio bodoli, yna byddai'r bydysawd yn stopio bodoli hefyd.

Mae Cristnogion yn aml yn cymharu rôl Duw fel **cynhaliwr** â rôl rhiant. Mae rhiant yn dod â phlant i mewn i'r byd, ond nid yw'n eu gadael i'w tynged. Bydd rhiant da yn darparu'r pethau sylfaenol sydd eu hangen ar blant i dyfu: bwyd, dillad, lloches, ac yn bwysig, cariad.

> **Cynhaliwr** Rôl Duw yn parhau i gynnal a darparu ar gyfer bodolaeth y pethau mae ef wedi'u creu.

Mae Cristnogion yn meddwl am Dduw fel tad.

Wrth i blant ddatblygu, mae eu hanghenion yn dod yn fwy cymhleth, ond mae rhieni'n dal i wneud yn siŵr bod yr anghenion hyn yn cael eu bodloni. Maen nhw'n helpu eu plant i fod yn annibynnol, ond mewn gwirionedd, maen nhw bob amser yno i roi cefnogaeth, arweiniad a chymorth mor hir ag sy'n bosibl.

Mae Cristnogion yn cyfeirio at Dduw fel 'Tad' i bwysleisio ei rôl fel cynhaliwr. Mae Gweddi'r Arglwydd, y weddi Gristnogol gafodd ei hadrodd gyntaf gan Iesu, yn dechrau gyda'r geiriau 'Ein Tad'. Mae'n mynd ymlaen i ddweud, 'Dyro inni heddiw ein bara beunyddiol'. Mae syniadau gwahanol gan Gristnogion am ystyr hyn – mae'n bosibl ei fod yn cyfeirio'n llythrennol at Dduw yn darparu bwyd neu anghenion bywyd yn fwy cyffredinol, ond mae hefyd yn dangos y gred Gristnogol bod Duw yn cynnal bywyd.

> **Tasg**
>
> Chwiliwch am y cyfeiriadau canlynol o'r Beibl. Defnyddiwch nhw i wneud rhestr o'r ffyrdd mae Duw fel tad i'w greadigaeth.
> - Mathew 6:26
> - Mathew 18:12–14
> - Luc 6:35–36
> - Ioan 16:27
> - 1 Ioan 3:1
> - 1 Corinthiaid 8:6
> - Salm 68:5
> - 2 Corinthiaid 1:3–4

Hollalluog

Mae rhinweddau Duw yn dechrau gyda'r rhagddodiad *holl-*. Felly:

- mae hollalluog yn golygu *gallu gwneud popeth*
- mae hollgariadus yn golygu *da i gyd*
- mae hollwybodus yn golygu *gwybod popeth*
- mae hollbresennol yn golygu *presennol ym mhob man*.

Cysyniad Allweddol

Hollalluog Natur hollbwerus ac anghyfyngedig Duw.

Mae Cristnogion yn credu bod Duw yn **hollalluog**. Mae ganddo bŵer dros bopeth mae wedi'i greu, ac nid oes terfyn ar ei bŵer.

Yn Llyfr Job yn Hen Destament y Beibl, mae dyn o'r enw Elihu yn siarad am bŵer Duw. Mae'n dweud, er enghraifft, fod bodau dynol yn dibynnu ar Dduw am eu bodolaeth, nid i'r gwrthwyneb:

> Os pechaist, pa wahaniaeth yw iddo ef? Ac os amlha dy droseddau, beth a wna hynny iddo ef? Os wyt yn gyfiawn, beth yw'r fantais iddo ef, neu beth a dderbyn ef o'th law?

(Job 35:6–7)

Mae Elihu yn mynd ymlaen i ddweud bod pŵer Duw mor gryf na all bodau dynol ei ddeall:

> Tarana Duw yn rhyfeddol â'i lais; gwna wyrthiau, y tu hwnt i'n deall.

(Job 37:5)

Hollgariadus

Cysyniad Allweddol

Hollgariadus Y cyflwr o garu popeth a bod yn gwbl dda – nodwedd sy'n aml yn cael ei phriodoli i Dduw.

Mae Cristnogion yn credu bod Duw yn **hollgariadus**. Ef yw'r mwyaf da a chariadus.

Yn ôl y Beibl, wrth i Dduw greu'r bydysawd, mae'n dweud bod ei greadigaeth yn dda ar bob cam. Er enghraifft, ar ôl iddo greu'r tir a'r môr, yr haul a'r sêr, adar a physgod ac anifeiliaid y tir, mae'n dweud, 'Gwelodd Duw y cwbl a wnaeth, ac yr oedd yn dda iawn' (Genesis 1:31).

Mae Cristnogion yn credu, oherwydd bod ei greadigaeth yn dda, mae'n rhaid bod natur dda Duw yn ddiddiwedd. Ac oherwydd bod Duw wedi creu pawb yn gyfartal, mae'n trin pawb yn deg ac yn gyfiawn. Dywed Elihu:

> ...nid yw'n dangos ffafr at swyddogion, nac yn rhoi'r cyfoethog o flaen y tlawd, oherwydd gwaith ei ddwylo yw pob un ohonynt.

(Job 34:19)

Mae Cristnogaeth yn dysgu bod daioni Duw yn ei ddangos ei hun yn ei gariad ef at fodau dynol. Oherwydd hyn, mae'n barod i faddau i bobl am gamymddwyn. Anfonodd ei fab, Iesu, i farw fel aberth dros bechod dynol er mwyn i fodau dynol gael eu hachub.

Beth sy'n cael ei ddangos yn y llun hwn, yn eich barn chi? Chwiliwch am Eseia 40:12. Beth mae hyn yn ei ddweud am bŵer Duw?

Tasg

Darllenwch y dyfyniad gan Epicurus. Esboniwch pam gallai bodolaeth dioddefaint fod yn broblem i Gristnogion.

Problem drygioni a dioddefaint

Ysgrifennodd Epicurus, athronydd o gyfnod yr Hen Roeg, y sylwadau canlynol am Dduw a'r syniad o ddrygioni a dioddefaint:

> A yw Duw yn fodlon atal drygioni, ond nid yw'n gallu? Yna nid yw'n hollalluog.
>
> A yw'n gallu ond nid yw'n fodlon? Yna mae'n faleisus.
>
> A yw'n gallu ac yn fodlon? Yna o ble mae drygioni'n dod?
>
> A yw ddim yn gallu nac yn fodlon? Yna pam ei alw'n Dduw?

Mae'r dyfyniad hwn yn crynhoi un o'r prif resymau mae pobl yn eu rhoi dros beidio â chredu yn Nuw – sut gall dioddefaint fodoli yn y byd os yw Duw yn hollgariadus ac yn hollalluog? (Gweler t. 238 yn adran Materion daioni a drygioni.)

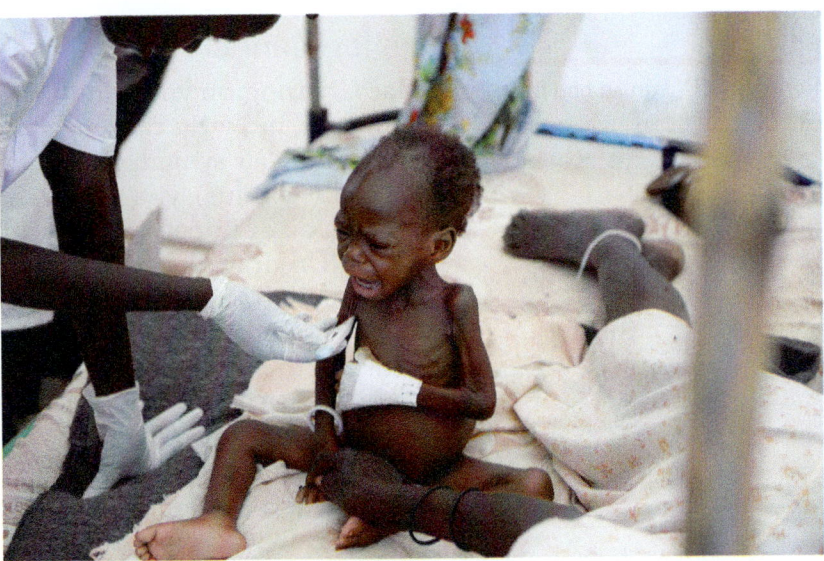

Mae deall pam byddai Duw cariadus yn caniatáu i bobl ddiniwed ddioddef yn broblem fawr i bobl grefyddol.

Hollwybodus

Mae'r Beibl yn dweud:

> Y mae'n pennu nifer y sêr, ac yn rhoi enwau arnynt i gyd. Mawr yw ein Harglwydd ni, a chryf o nerth; y mae ei ddoethineb yn ddifesur.
>
> (Salm 147:4–5)

Ystyr hyn yw bod Duw yn gwybod popeth sydd i'w wybod gan mai ef sydd wedi creu popeth sy'n bodoli.

I Gristnogion, mae'r wybodaeth sydd gan Dduw yn cynnwys gwybodaeth am fodau dynol unigol. Mae Salm 139:1–4 yn dweud:

> Arglwydd, yr wyt wedi fy chwilio a'm hadnabod. Gwyddost ti pa bryd y byddaf yn eistedd ac yn codi; yr wyt wedi deall fy meddwl o bell; yr wyt wedi mesur fy ngherdded a'm gorffwys, ac yr wyt yn gyfarwydd â'm holl ffyrdd. Oherwydd nid oes air ar fy nhafod heb i ti, Arglwydd, ei wybod i gyd.

Cysyniad Allweddol

Hollwybodus Duw sy'n gwybod popeth.

Mae Cristnogion yn credu, felly, fod gan Dduw gynlluniau ar gyfer pob unigolyn a chynllun i'r bydysawd yn gyffredinol.

Mae rhai Cristnogion yn credu bod natur **hollwybodus** Duw yn golygu ei fod yn gwybod beth yw'r dyfodol. Yn sicr, mae'r Beibl yn rhoi enghreifftiau lle mae Duw yn cael dylanwad uniongyrchol ar ddigwyddiadau yn y dyfodol. Er enghraifft, mae Efengyl Luc yn dweud bod Duw wedi anfon angel at Mair, mam Iesu, sy'n dweud wrthi:

> '...byddi'n beichiogi yn dy groth ac yn esgor ar fab, a gelwi ef Iesu. Bydd hwn yn fawr, a Mab y Goruchaf y gelwir ef; rhydd yr Arglwydd Dduw iddo orsedd Dafydd ei dad, ac fe deyrnasa ar dŷ Jacob am byth, ac ar ei deyrnas ni bydd diwedd.'
>
> (Luc 1:31–33)

Mae Cristnogaeth yn dysgu bod Duw wedi anfon Iesu i'r byd gan wybod ymlaen llaw y byddai'n cael ei ladd.

I Gristnogion eraill, mae'r syniad bod Duw yn gwybod yn union beth yw'r dyfodol yn groes i'r gred bod gan fodau dynol ewyllys rydd i wneud penderfyniadau am y dyfodol drostyn nhw eu hunain.

Hollbresennol

Mae Cristnogion yn credu bod Duw yn **hollbresennol** – hynny yw, nid yw'n cael ei gyfyngu gan ofod neu amser. Mae'n gysylltiedig â'r syniad, os yw Duw yn gwybod ac yn deall popeth (yn hollwybodus), yna mae'n rhaid ei fod mewn sefyllfa i weld a dylanwadu ar bopeth. Nid yw hyn yn golygu bod Duw wedi cael ei ledaenu ar draws y bydysawd, ond ei fod yn naturiol bresennol ym mhob peth bob amser.

Nid yw bod yn hollbresennol yn gysylltiedig â lleoliad corfforol Duw – beth bynnag, nid oes ffurf gorfforol gan Dduw. Yn hytrach, mae 'hollbresennol' yn ddisgrifiad o berthynas Duw â'i greadigaeth. Pan fydd rhywun yn dweud, 'Bydda i bob amser yno i ti', nid yw'n sôn am fod yn bresennol yn llythrennol; mae'n dweud ei fod bob amser ar gael i roi cefnogaeth ac arweiniad. Mae Cristnogion yn credu yr un peth am Dduw, ond bod ei bresenoldeb ef yn anfeidraidd (yn ddiddiwedd). Mewn geiriau eraill, mae'n hollbresennol.

Hollbresennol Y syniad bod Duw ym mhob man drwy'r amser.

I ble yr af oddi wrth dy ysbryd?

I ble y ffoaf o'th bresenoldeb?

Os dringaf i'r nefoedd, yr wyt yno; os cyweiriaf wely yn Sheol, yr wyt yno hefyd.

Os cymeraf adenydd y wawr a thrigo ym mhellafoedd y môr, yno hefyd fe fydd dy law yn fy arwain, a'th ddeheulaw yn fy nghynnal.

(Salm 139:7–10)

Tasg

Copïwch a llenwch y tabl isod, gan ychwanegu esboniad o ystyr pob un o rinweddau Duw a dyfyniad o'r Beibl i gefnogi pob un.

Rhinwedd	Esboniad	Dyfyniad o'r Beibl
Hollalluog		
Hollgariadus		
Hollwybodus		
Hollbresennol		

▶ Credoau a dysgeidiaethau am y creu

Mae hanes y creu i'w weld yn nhair pennod gyntaf Llyfr Genesis. Mewn gwirionedd, mae'r penodau hyn yn cynnwys dau adroddiad a oedd ar wahân yn wreiddiol.

Mae'r adroddiad cyntaf ym mhennod 1 a thair adnod a hanner gyntaf pennod 2. Mae'r adroddiad yn disgrifio:

- creu'r bydysawd
- creu'r byd
- creu'r pethau sy'n bodoli yn y byd, gan gynnwys bodau dynol.

Mae'r ail adroddiad yn hŷn na'r un cyntaf. Mae'n disgrifio:

- creu'r bodau dynol cyntaf
- y bodau dynol cyntaf yn cael eu temtio i anufuddhau i Dduw
- y bodau dynol cyntaf yn colli ffafr Duw.

Genesis 1:1–3

Mae Llyfr Genesis yn dechrau gyda'r geiriau hyn:

> Yn y dechreuad creodd Duw y nefoedd a'r ddaear. Yr oedd y ddaear yn afluniaidd a gwag, ac yr oedd tywyllwch ar wyneb y dyfnder, ac ysbryd Duw yn ymsymud ar wyneb y dyfroedd. A dywedodd Duw, 'Bydded goleuni.' A bu goleuni.

Genesis 1

Mae'r adroddiad cyntaf (ieuengaf) o'r creu yn esbonio sut cafodd bodau dynol eu creu, a'u pwysigrwydd o'u cymharu â phethau eraill. Mae'n disgrifio sut creodd Duw y byd mewn chwe diwrnod, gan orffwys o'i waith ar y seithfed diwrnod.

Beth yw ystyr y stori?

Mae'r stori'n pwysleisio mai Duw sy'n gyfrifol am bob cam o'r creu. Mae'r chwe cham yn datblygu yn ôl ei gynllun ef. I ddechrau, mae'n creu amgylcheddau: dydd a nos, môr ac awyr, yna tir sych. Nesaf, mae'n creu'r pethau fydd yn byw yn yr amgylcheddau hynny: haul, y lleuad a'r sêr, pysgod ac adar, yna anifeiliaid a bodau dynol. Mae gan y bydysawd drefn.

Yn ôl y Beibl, mae Duw yn creu bodau dynol 'ar ei ddelw ei hun' [yn union fel ef ei hun] (Genesis 1:27). Nid yw'n dweud ym mha ffordd mae bodau dynol yn debyg i Dduw, ond mae'n awgrymu eu bod yn bwysig ac yn rhannu rhai o'i nodweddion (gweler t. 12).

Mae'r hanes yn sefydlu safle bodau dynol yn y byd. Nhw fydd yn ei reoli. Mae Duw yn dweud wrthyn nhw:

> Byddwch ffrwythlon ac amlhewch, llanwch y ddaear a darostyngwch hi; llywodraethwch ar bysgod y môr, ar adar yr awyr, ac ar bopeth byw sy'n ymlusgo ar y ddaear.
>
> (Genesis 1:28)

Felly, bodau dynol sy'n 'rheoli' (**awdurdod**: *dominion*), ond mae'n rhaid iddyn nhw wneud yn siŵr bod y drefn sydd wedi'i chreu gan Dduw yn cael ei chynnal (**stiwardiaeth**) (gweler t. 166).

Awdurdod Rôl bodau dynol fel y rhai sy'n rheoli a llywodraethu'r byd.

Stiwardiaeth Dyletswydd bodau dynol i ofalu am y byd a chynnal cydbwysedd mewn natur.

Diwrnod 1 – Duw yn creu nos a dydd:
Mae'n galw'r goleuni yn ddydd a'r tywyllwch yn nos.

Diwrnod 2 – Duw yn creu'r môr a'r awyr:
Mae'n creu'r ffurfafen (yr awyr) ac yn gwahanu'r dyfroedd o dan y ffurfafen oddi wrth y dyfroedd uwchben iddi.

Diwrnod 3 – Duw yn creu tir a phlanhigion:
Mae'n symud y dyfroedd o dan y ffurfafen i greu lle ar gyfer y tir. Mae'n creu planhigion sy'n cynhyrchu hadau er mwyn sicrhau eu bod yn atgenhedlu.

Diwrnod 4 – Duw yn creu yr haul, y lleuad a'r sêr:
Ar ôl creu nos a dydd ar Ddiwrnod 1, mae Duw nawr yn creu'r haul sy'n disgleirio yn ystod y dydd, a'r lleuad a'r sêr sy'n disgleirio yn ystod y nos.

Diwrnod 5 – Duw yn creu pysgod ac adar:
Mae'n creu pysgod sy'n nofio yn y dyfroedd ac adar sy'n hedfan yn yr awyr.

Diwrnod 6 – Duw yn creu creaduriaid byw, gan gynnwys bodau dynol:
Mae'n creu anifeiliaid y tir yn gyntaf, ac yna'n creu bodau dynol i lywodraethu drostyn nhw.

Diwrnod 7 – Duw yn gorffwyso:
Ar y seithfed diwrnod, mae Duw wedi cwblhau ei waith. (Mae disgrifiad o hyn ar ddechrau Genesis 2.)

Dehongliadau o Genesis 1

Llythrenolwyr

Mae lleiafrif o Gristnogion yn credu bod y Beibl yn cynnwys union eiriau Duw sydd yn llythrennol wir. Mae'r credinwyr hyn, sef creadaethwyr, yn honni bod Duw, fel mater o ffaith, wedi creu'r bydysawd mewn chwe chyfnod o 24 awr, yn y drefn a ddisgrifir yn Genesis 1. Mae creadaethwyr yn credu bod y bydysawd a bywyd ar y ddaear wedi cael eu creu yn union fel y maent heddiw. Mae rhai creadaethwyr yn credu i'r bydysawd gael ei greu yn y 10,000 o flynyddoedd diwethaf. Dyma'r **creadaethwyr daear ifanc**.

Creadaethwyr daear hen

Yn ôl rhai Cristnogion, mae adroddiad Genesis 1 yn wir yn y bôn, ond ni ddylen ni feddwl am y chwe 'diwrnod' fel cyfnodau o 24 awr. Yn hytrach, maen nhw'n gyfnodau hirach – miloedd neu filiynau o flynyddoedd. Mae'r Cristnogion hyn, neu'r **creadaethwyr daear hen**, yn credu bod Duw wedi creu'r bydysawd yn ôl y disgrifiad yn Genesis mewn chwe cham hir, nid chwe diwrnod. Weithiau mae'r dehongliad hwn yn cael ei alw'n **greadaeth dydd yn oes**.

Rhyddfrydwyr

Mae'r rhan fwyaf o Gristnogion yn ystyried Genesis 1 yn ymgais cyn-wyddonol i esbonio tarddiad y bydysawd. Bydden nhw'n dweud nad yw union broses y creu yn bwysig. Yn hytrach, pwysigrwydd hanes y creu yw'r ffaith bod Duw wedi creu'r bydysawd, bod pob rhan o'r bydysawd yn dibynnu arno ef am ei bodolaeth, ac mai dynoliaeth yw pinacl ei greadigaeth. Cafodd y byd, yn arbennig, ei greu ar gyfer bodau dynol, ac mae popeth sydd ynddo yn dod o dan eu rheolaeth nhw.

O ran tarddiad a datblygiad y bydysawd, mae Cristnogion rhyddfrydol yn cymryd safbwynt ôl-wyddonol. Maen nhw'n cydnabod bod yr hanes yn y Beibl yn seiliedig ar straeon cynfeiblaidd a'r wybodaeth oedd ganddyn nhw ar y pryd. Felly nid yw credu adroddiadau gwyddonol am ddamcaniaeth y Glec Fawr yn broblem iddyn nhw (gweler t. 158).

Creadaeth Y gred bod Duw wedi creu'r bydysawd yn union fel mae'n cael ei ddisgrifio yn Llyfr Genesis.

Creadaeth daear ifanc Y gred bod Duw wedi creu'r bydysawd mewn chwe chyfnod o 24 awr.

Creadaeth daear hen Y gred bod Duw wedi creu'r bydysawd dros amser hir.

Creadaeth dydd yn oes Y gred bod Duw wedi creu'r bydysawd dros chwe chyfnod hir o amser.

Tasg

A yw'n bosibl i Gristion gredu yr esboniad gwyddonol o enedigaeth a datblygiad y bydysawd, a chredu hefyd fod y Beibl wedi cael ei ysbrydoli gan Dduw? Rhowch resymau dros eich ateb.

A yw hanes y creu yn y Beibl yn cyd-fynd â damcaniaeth y Glec Fawr?

Tasgau

1. Copïwch y tabl isod, gan esbonio'r dehongliadau gwahanol o'r creu yn Llyfr Genesis.

Agwedd at stori'r creu	Dehongliad
Creadaethwyr daear ifanc	Maen nhw'n credu bod...... Mae 'diwrnod' yn golygu ......
Creadaethwyr daear hen	Maen nhw'n credu bod...... Mae 'diwrnod' yn golygu ......
Rhyddfrydwyr	

2. Pam mae dehongliadau gwahanol o adroddiadau Genesis am y creu?
3. Esboniwch y pedair prif gred am y creu y mae'r rhan fwyaf o Gristnogion yn cytuno arnyn nhw.
4. 'Nid oes arwyddocâd crefyddol i sut daeth y bydysawd i fod.' Trafodwch y gosodiad hwn, gan ddangos eich bod wedi ystyried mwy nag un safbwynt. (Rhaid i chi gyfeirio at Gristnogaeth yn eich ateb.)

Genesis 2 a 3

Mae'r adroddiad hŷn am y creu yn Genesis yn rhoi llai o sylw i darddiad y bydysawd ffisegol, a mwy o sylw i greu dynoliaeth a datblygiad y berthynas rhwng bodau dynol a Duw.

Mae'n disgrifio:
- creu'r bodau dynol cyntaf
- y bodau dynol cyntaf yn cael eu temtio i anufuddhau i Dduw
- y bodau dynol cyntaf yn colli ffafr Duw.

Genesis 2

1. Mae Duw yn creu'r bydysawd, gan gynnwys y ddaear. Mae yna afonydd a moroedd, ond dim glaw, felly does dim byd yn tyfu.
2. Mae Duw yn creu'r dyn cyntaf o bridd y ddaear. Mae'n rhoi bywyd i'r dyn drwy anadlu i mewn iddo. Mae'r dyn yn cael ei alw'n Adda, sy'n golygu 'daear' ac wedyn daeth i olygu 'dynol'.
3. Mae Duw yn creu gardd o blanhigion ac yn gwneud y dyn yn gyfrifol am ofalu amdanyn nhw.
4. Yng nghanol yr ardd mae dwy goeden: Pren Gwybodaeth Da a Drwg a Phren y Bywyd. Mae Duw'n dweud wrth y dyn na all fwyta ffrwyth o Bren Gwybodaeth Da a Drwg.
5. Mae Duw yn gwneud anifeiliaid allan o'r pridd fel cwmni i'r dyn.
6. Mae Duw yn creu'r fenyw gyntaf o asen a gymerodd o'r dyn tra oedd yn cysgu. Mae'r fenyw yn cael ei galw'n 'Efa', sy'n golygu 'bywyd', gan fod menywod yn dod â bywyd newydd.

Yn ystod y cyfnod hwn, mae'r dyn a'r fenyw yn noeth, ond dydyn nhw ddim yn teimlo cywilydd am eu noethni. Mae hyn oherwydd nad oes ganddyn nhw syniad am yr hyn sy'n gywir ac anghywir.

Genesis 3

7. Mae sarff yn dweud wrth y fenyw nad oes ganddyn nhw hawl i fwyta ffrwyth o Bren Gwybodaeth Da a Drwg oherwydd, os gwnân nhw hynny, byddan nhw'n deall y gwahaniaeth rhwng cywir ac anghywir. Byddai'r wybodaeth hon yn eu gwneud nhw fel Duw. Mae'r fenyw yn dweud os ydyn nhw'n bwyta'r ffrwyth, byddan nhw'n marw; mae'r sarff yn gwadu hyn.
8. Mae'r fenyw yn bwyta ffrwyth o'r goeden ac yn rhoi rhywfaint i'r dyn ei fwyta.
9. Mae'r dyn a'r fenyw nawr yn deall cywir ac anghywir. Maen nhw'n deall ei bod yn anghywir bod yn noeth o flaen ei gilydd ac maen nhw'n gorchuddio eu cyrff.
10. Pan fyddan nhw'n clywed Duw yn dod i mewn i'r ardd, mae'r dyn a'r fenyw yn cuddio. Mae Duw yn dod o hyd iddyn nhw. Gan weld eu bod wedi gorchuddio eu noethni, mae Duw yn gwybod eu bod yn deall da a drwg, felly mae'n rhaid eu bod wedi bwyta'r ffrwyth oedd wedi'i wahardd.
11. Mae Duw yn cosbi'r sarff drwy wneud i bob sarff lusgo ar eu boliau a'u gwneud yn elynion i fenywod.
12. Mae Duw yn cosbi'r fenyw drwy gynyddu'r boen adeg geni plant, ond heb leihau ei hawydd i gael plant.
13. Mae Duw yn cosbi'r dyn drwy wneud iddo weithio'n galed ar y tir ar hyd ei oes er mwyn cael bwyd.
14. Mae Duw yn anfon y dyn a'r fenyw allan o'r ardd, gan ei fod yn poeni, pe bydden nhw'n aros, y bydden nhw'n bwyta ffrwyth o Bren y Bywyd ac yn byw am byth.

Allwch chi adnabod digwyddiadau Genesis 2 a 3 yn y darlun hwn?

Beth yw ystyr y stori?

Mae gwahaniaethau amlwg rhwng stori'r creu yma a'r un sy'n cael ei chyflwyno yn Genesis 1. Y gwahaniaeth mwyaf amlwg, efallai, yw pwyslais y ddau adroddiad. Mae Genesis 1 yn ymwneud â datblygiad y bydysawd; mae Genesis 2 a 3 yn ymwneud â tharddiad bywyd dynol.

Y peth mwyaf arwyddocaol yn yr adroddiad hwn yw'r dirywiad yn y berthynas rhwng Duw a bodau dynol. Pan fydd y dyn a'r fenyw'n cael eu creu, mae eu perthynas â'u creawdwr yn berffaith. Nid ydyn nhw wedi gwneud dim o'i le. Yn wir, ni allan nhw wneud dim o'i le oherwydd nad ydyn nhw'n gwybod beth yw anghywir a drygioni.

Mae eu perthynas yn cael ei halogi pan fydd y dyn a'r fenyw yn torri ymddiriedaeth Duw. Yr halogi a'r torri ymddiriedaeth yma yw'r hyn y mae Cristnogion yn ei alw'n **bechod**. Mae Adda ac Efa yn bwyta ffrwyth Pren Gwybodaeth Da a Drwg er eu bod wedi cael gorchymyn i beidio â gwneud hynny. O ganlyniad, maen nhw'n dod yn ymwybodol o gywir ac anghywir. Maen nhw'n gwybod eu bod wedi gwneud rhywbeth anghywir ac maen nhw'n teimlo euogrwydd a chywilydd o ganlyniad. Maen nhw wedi colli eu diniweidrwydd.

Enw'r digwyddiad hwn yw **y cwymp**. Mae'r pechod sydd wrth wraidd y cwymp yn cael ei alw'n bechod gwreiddiol. Er nad yw Genesis yn defnyddio'r geiriau 'pechod gwreiddiol', mae Cristnogaeth yn dysgu bod bodau dynol yn gyfrifol am ddod â phechod i'r byd drwy ddewis. Roedd torri'r cwlwm o ymddiriedaeth â Duw yn weithred fwriadol o anufudd-dod ac mae wedi staenio perthynas bodau dynol â Duw byth ers hynny. Mae Cristnogaeth yn dysgu, felly, fod bodau dynol i gyd yn cael eu geni â **phechod gwreiddiol**; nid oes neb yn ddiniwed yn foesol.

Un o ganlyniadau eraill y cwymp yw, drwy fwyta ffrwyth Pren Gwybodaeth Da a Drwg, mae dyn a menyw yn dod yn feidrol: tynged bodau dynol yw marw.

> **Pechod** Torri deddfau Duw.
>
> **Y cwymp** Adda ac Efa yn trawsnewid o gyflwr o ddiniweidrwydd i un o anufudd-dod.
>
> **Pechod gwreiddiol** Trosglwyddo'r ffaith bod Adda ac Efa wedi torri ymddiriedaeth Duw i'r ddynoliaeth gyfan.

Tasg

> Daeth pechod i'r byd trwy un dyn, a thrwy bechod farwolaeth, ac yn y modd hwn ymledodd marwolaeth i'r ddynolryw i gyd, yn gymaint ag i bawb bechu.
>
> (Rhufeiniaid 5:12)

Esboniwch y dyfyniad hwn o'r Beibl gan gyfeirio at Genesis 3.

Dehongliadau o Genesis 2 a 3

Llythrenolwyr

Mae'r Cristnogion hynny sy'n honni bod y Beibl yn cynnwys union eiriau Duw a'i fod yn ffeithiol gywir yn tueddu i gredu bod Genesis 1–3 yn cynnwys un adroddiad parhaus o hanes creu'r bydysawd, y byd a bodau dynol. Maen nhw'n gwrthod y syniad bod yna ddwy stori ar wahân. Bydden nhw'n dweud bod Genesis 1 yn rhoi adroddiad cyffredinol o'r creu, tra bod penodau 2 a 3 yn rhoi mwy o fanylion am darddiad bodau dynol. Bydden nhw'n pwysleisio natur bechadurus bodau dynol ers y cwymp. Byddai rhai'n dweud bod y stori'n dysgu nid yn unig fod bodau dynol wedi dod â'r posibilrwydd o bechod i'r byd, ond ei bod bellach yn amhosibl iddyn nhw beidio â phechu.

Rhyddfrydwyr

Mae rhyddfrydwyr Cristnogol yn credu na ddylech chi gymryd bod hanes Adda ac Efa yn llythrennol wir. Maen nhw'n derbyn yr esboniad gwyddonol o ddatblygiad bodau dynol drwy broses dethol naturiol yn ôl damcaniaeth esblygiad (gweler t. 159). Bydden nhw'n dweud bod Duw yn bresennol ar ddechrau'r broses esblygol; yn wir, ei fod wedi creu'r broses fel ffordd o gynnal bywyd ar y ddaear. Yr enw ar hyn yw **esblygiad theïstig**.

Mae rhyddfrydwyr yn llai tebygol na llythrenolwyr o bwysleisio beth mae hanes y cwymp yn ei ddysgu am bechod dynol. Bydden nhw'n rhoi mwy o bwyslais ar y darn yn Genesis 1 sy'n dweud:

> Felly creodd Duw ddyn ar ei ddelw ei hun; ar ddelw Duw y creodd ef; yn wryw ac yn fenyw y creodd hwy.

(Genesis 1:27)

Bydden nhw'n dweud bod hyn yn dangos pa mor agos yw Duw at ei greadigaethau dynol, a'r gallu sydd gan bobl i garu ac i wneud pethau da.

Fodd bynnag, byddai'r rhyddfrydwyr yn cytuno â'r llythrenolwyr mai Duw sydd wrth galon y greadigaeth, mai ef yw ffynhonnell bywyd, a bod y bydysawd a phopeth sydd ynddo yn dibynnu ar Dduw i barhau i fodoli.

> **Esblygiad theïstig** Y farn bod Duw wedi cychwyn esblygiad ac mai ef sy'n ei arwain.

> **Tasg**
> Esboniwch beth yw ystyr esblygiad theïstig.

> **Tasgau**
> Sut byddai Cristion yn ateb y cwestiynau canlynol?
> a) Pam nad oedd Duw eisiau i Adda ac Efa fwyta ffrwyth Pren Gwybodaeth Da a Drwg?
> b) Pam cafodd Efa ei themtio i fwyta ffrwyth Pren Gwybodaeth Da a Drwg?
> c) Beth oedd pechod Adda ac Efa?

▶ Natur dynoliaeth

Mae'r adroddiadau am hanes creu'r bydysawd a dynoliaeth yn y Beibl yn amlinellu safbwynt am y natur ddynol sy'n sail i ddysgeidiaethau Cristnogol am y berthynas rhwng Duw a bodau dynol.

Delw Duw

> Dywedodd Duw, 'Gwnawn ddyn ar ein delw, yn ôl ein llun ni, i lywodraethu ar bysgod y môr, ar adar yr awyr, ar yr anifeiliaid gwyllt, ar yr holl ddaear, ac ar bopeth sy'n ymlusgo ar y ddaear.' Felly creodd Duw ddyn ar ei ddelw ei hun; ar ddelw Duw y creodd ef; yn wryw ac yn fenyw y creodd hwy.

(Genesis 1:26–27)

Mae sawl darn yn y Beibl yn ailadrodd y gosodiad sy'n ymddangos gyntaf yn Llyfr Genesis fod Duw wedi creu bodau dynol 'ar ei ddelw ei hun' neu fel ef ei hun (mae rhai Cristnogion yn defnyddio'r geiriau Lladin *imago Dei* yn hytrach nag 'ar ddelw Duw'). Fodd bynnag, nid yw union ystyr hyn yn cael ei esbonio yn unman. Ychydig iawn o Gristnogion fyddai'n awgrymu ei fod yn meddwl bod bodau dynol yn edrych fel Duw; yn hytrach, mewn rhyw ffordd, maen nhw'n debyg iddo.

Yr hyn sy'n glir yw mai bodau dynol, o'r greadigaeth gyfan, yw'r unig rai a gafodd eu gwneud ar ddelw Duw. Mae hyn yn golygu bod bodau dynol yn wahanol i bob un arall o greadigaethau Duw, a bod ganddyn nhw le uwch yn y bydysawd byw na'r lleill. Felly er mwyn deall ystyr cael eich gwneud ar ddelw Duw, rhaid edrych ar y rhinweddau a'r nodweddion sy'n gwneud bodau dynol yn wahanol i bethau byw eraill.

▶ Mae rhai meddylwyr Cristnogol yn credu mai gallu pobl i ffurfio perthnasoedd cymhleth sy'n dangos eu bod yn debyg i Dduw. Mae dimensiwn ysbrydol yn perthyn i berthnasoedd dynol. Mae bodau dynol hefyd yn gallu profi cariad, empathi a thosturi. Maen nhw'n gallu teimlo emosiynau pobl eraill. Yn yr un ffordd, mae bodau dynol yn gallu ffurfio perthynas â Duw ar lefel ysbrydol. Mae'r gallu i ffurfio perthnasoedd fel hyn yn unigryw i fodau dynol – nid yw unrhyw greadur arall yn ffurfio clymau ysbrydol – felly mae rhai Cristnogion yn credu mai dyma ddelwedd Duw mewn pobl.

▶ Mae eraill yn credu bod delwedd Duw i'w gweld yn rôl a swyddogaeth bodau dynol yn y byd. Mae'r adnod sy'n dilyn y gosodiad bod Duw wedi creu dynoliaeth ar ei ddelw ei hun yn dweud: 'Bendithiodd Duw hwy a dweud, "Byddwch ffrwythlon ac amlhewch, llanwch y ddaear a darostyngwch hi; llywodraethwch ar bysgod y môr, ar adar yr awyr, ac ar bopeth byw sy'n ymlusgo ar y ddaear"' (Genesis 1:28). Mae rhai Cristnogion yn ystyried adnod 28 yn esboniad o adnod 27. Mewn geiriau eraill, mae bod yn debyg i Dduw yn golygu gwneud un o swyddogaethau Duw: rheoli'r ddaear, a gofalu amdani ac am bopeth sydd ynddi.

▶ Yn ôl pobl eraill, mae bod ar ddelw Duw yn golygu rhannu rhai o'i briodoleddau a'i nodweddion. Yn amlwg, mae gan Dduw nodweddion na allai unrhyw fod arall eu cael: mae'n **hollalluog**, **hollgariadus**, hollwybodus ac yn hollbresennol, er enghraifft. Fodd bynnag, mae rhai nodweddion mewn pobl sy'n debyg i rai Duw ac sy'n eu gwneud yn unigryw ymhlith creaduriaid eraill. Mae'r nodweddion hyn yn cynnwys meddu ar elfen ysbrydol (enaid), synnwyr o'r hyn sy'n gywir ac anghywir (moesoldeb), y gallu i wneud dewisiadau a phenderfyniadau (ewyllys rydd), deallusrwydd a'r gallu i resymu (rhesymoledd), a'r gallu i wneud trefn allan o anhrefn (creadigrwydd).

Enaid Rhan anweledig, ysbrydol person.

Engrafiad o'r bedwaredd ganrif ar bymtheg, yn dangos yr enaid yn gadael y corff adeg marwolaeth.

Enaid

Yna lluniodd yr Arglwydd Dduw ddyn o lwch y tir, ac anadlodd yn ei ffroenau anadl einioes; a daeth y dyn yn greadur byw.

(Genesis 2:7)

Mae Cristnogion heddiw yn anghytuno am yr hyn maen nhw'n ei gredu am yr **enaid**. Maen nhw i gyd yn derbyn bod yr enaid yn anweledig ac yn ysbrydol. Yn ôl rhai, mae '**atgyfodiad** corfforol' yn digwydd ar ôl marwolaeth, ac mae'r corff a'r enaid yn esgyn gyda'i gilydd i'r nefoedd. Mae eraill yn credu, pan fydd y corff yn marw, fod yr enaid yn ei adael ac yn mynd at Dduw mewn ffordd ysbrydol.

Moesoldeb

Moesoldeb yw'r systemau mae unigolion, cymdeithasau a phobl yn gyffredinol yn eu defnyddio i wneud yn siŵr bod pobl yn ymddwyn yn dda tuag at ei gilydd, ac yn osgoi ymddygiad drwg neu anghywir a allai frifo pobl eraill.

Byddai Cristnogion a'r rhai sydd ddim yn Gristnogion yn cytuno bod meddu ar synnwyr o'r hyn sy'n gywir ac anghywir yn unigryw i fodau dynol; nid oes gan anifeiliaid ddealltwriaeth foesol.

Mae stori'r creu yn Genesis 1 yn awgrymu bod Duw wedi cynnwys moesoldeb yn y bydysawd o'r dechrau. Ar y diwrnod cyntaf, mae'n gorchymyn i oleuni fodoli, ac mae hynny'n digwydd; gwelodd Duw fod hyn 'yn dda iawn'. Byddai llythrenolwyr a rhyddfrydwyr yn derbyn bod y bydysawd yn fydysawd moesol oherwydd bod Duw wedi ei greu felly. Bydden nhw hefyd yn dweud bod Duw wedi creu bodau dynol i feddu ar synnwyr moesol.

Yn Llyfr Exodus, mae Duw yn gosod deg rheol i fodau dynol eu dilyn. Mae pedair o'r rheolau yn grefyddol, a chwech yn foesol sy'n gysylltiedig ag ymddygiad dynol. Y deg rheol yw gorchmynion Duw neu'r Deg Gorchymyn. Maen nhw'n rhan o'r contract neu'r cytundeb rhwng Duw a bodau dynol. Os yw pobl yn ufuddhau i'w orchmynion, yna bydd Duw yn eu bendithio ac yn eu gwneud yn bobl iddo ef.

> **Moesoldeb** Egwyddorion a safonau sy'n pennu pa weithredoedd sy'n gywir neu'n anghywir.

Ewyllys rydd

Yn stori Adda ac Efa yn Genesis, mae Efa, wedi'i themtio gan sarff, yn dewis bwyta ffrwyth o Bren Gwybodaeth Da a Drwg, er bod Duw wedi gwahardd hyn. Mae Adda yn gwneud yr un peth. Wrth wneud y penderfyniad hwn, mae Adda ac Efa yn arfer eu **hewyllys rydd**, eu gallu i wneud penderfyniadau drwy ddefnyddio eu dewis eu hunain.

Mae Cristnogaeth yn dysgu bod bodau dynol yn cael eu geni ag ewyllys rydd. Caiff hyn ei ailadrodd drwy'r Beibl. Mae Paul yn cadarnhau'r syniad o ewyllys rydd yn ei lythyr at Gristnogion Corinth:

> Rhaid i bawb roi o wirfodd ei galon, nid o anfodd neu o raid...
>
> (2 Corinthiaid 9:7)

Mae hyn yn bwysig oherwydd, os nad oes gan bobl ewyllys rydd, ni allan nhw fod yn atebol am eu gweithredoedd. Os yw popeth maen nhw'n ei wneud wedi'i benderfynu ymlaen llaw, byddai'n annheg eu dal nhw'n gyfrifol. Ar y llaw arall, os ydyn nhw'n gwneud dewisiadau a phenderfyniadau am sut i weithredu, yna mae'n bosibl mynnu eu bod yn cyfiawnhau eu gweithredoedd.

Mae Cristnogaeth yn dysgu bod bodau dynol yn rhydd i ddewis credu yn Nuw neu beidio. Pe bai bodau dynol yn cael eu 'rhaglennu' i gredu yn Nuw, yna ni fyddai'n bosibl gwobrwyo'r gred honno. Ond un o ddysgeidiaethau canolog Cristnogaeth yw bod credu yn cael ei wobrwyo:

> Do, carodd Duw y byd gymaint nes iddo roi ei unig Fab, er mwyn i bob un sy'n credu ynddo ef beidio â mynd i ddistryw ond cael bywyd tragwyddol.
>
> (Ioan 3:16)

> **Ewyllys rydd** Y gallu i wneud dewisiadau yn wirfoddol ac yn annibynnol.

Tasgau

1. Esboniwch, mewn dim mwy na thair brawddeg, beth yw'r problemau sy'n gysylltiedig ag ewyllys rydd.
2. Esboniwch sut mae'r cwymp yn gysylltiedig â'r syniad bod bodau dynol yn atebol am eu gweithredoedd.

Rhesymoledd

Mae'r Beibl yn dysgu bod Duw wedi creu bydysawd sydd wedi'i gynllunio a'i drefnu'n dda ac sy'n dilyn rheolau rhesymegol. Pan greodd Duw fodau dynol, creodd nhw i rannu ei allu i ddeall, meddwl, cynllunio a chofio – hynny yw, i fod yn fodau rhesymegol sy'n gallu defnyddio eu rheswm a'u barn i wneud penderfyniadau cytbwys, gan gynnwys penderfyniadau moesol a chrefyddol.

> Oherwydd yr Arglwydd sy'n rhoi doethineb, ac o'i enau ef y daw gwybodaeth a deall.

(Diarhebion 2:6)

Creadigrwydd

Mae Cristnogion heddiw yn credu, pan greodd Duw y bydysawd, ei fod wedi gwneud hynny **ex nihilo** – allan o ddim byd. Yn amlwg, nid yw bodau dynol yn gallu gwneud hyn. Yn hytrach, mae Cristnogion yn credu bod Duw wedi trosglwyddo'r gallu iddyn nhw i greu **ex materia**.

Mae rhai ysgolheigion yn credu bod awdur yr adroddiad o'r creu yn Llyfr Genesis yn disgrifio *creatio ex materia*: roedd dŵr a thywyllwch yn bodoli'n barod cyn i Dduw greu'r bydysawd. Os yw hyn yn wir, yna mae'n cyflwyno problem: os defnyddiodd Duw ddefnyddiau oedd yn bodoli'n barod i wneud y bydysawd, yna o ble daeth y defnyddiau hynny?

Pan greodd Duw y dyn cyntaf, yn ôl Llyfr Genesis, gorchmynnodd bod y dyn yn trin yr ardd ac yn defnyddio'r planhigion oedd ynddi. Mae creadigrwydd pobl wrth ddod o hyd i ffyrdd o ddefnyddio planhigion bron yn ddiddiwedd. Rydyn ni'n defnyddio planhigion fel bwyd, i reoli'r hinsawdd, ar gyfer dillad, adeiladu, dodrefn, meddyginiaethau, ac yn y blaen.

Ond mae Genesis yn pwysleisio bod yr ardd mae'n rhaid i Adda ei thrin yn cynnwys planhigion sy'n 'ddymunol i'r golwg' (Genesis 2:9). Felly mae'n dweud wrth Adda am wneud yr ardd yn lle prydferth; mae Duw yn gwneud Adda yn grefftwr ac yn artist.

Heddiw, mae llawer o artistiaid Cristnogol yn defnyddio sgiliau artistig i fynegi eu ffydd.

Creatio ex materia Y syniad bod Duw wedi creu'r bydysawd gan ddefnyddio defnyddiau oedd yn bodoli'n barod.

Creatio ex nihilo Y syniad bod Duw wedi creu'r bydysawd allan o ddim byd.

Natur syrthiedig

> Cymerodd yr Arglwydd Dduw y dyn a'i osod yng ngardd Eden, i'w thrin a'i chadw. Rhoddodd yr Arglwydd Dduw orchymyn i'r dyn, a dweud, 'Cei fwyta'n rhydd o bob coeden yn yr ardd, ond ni chei fwyta o bren gwybodaeth da a drwg, oherwydd y dydd y bwytei ohono ef, byddi'n sicr o farw.'

(Genesis 2:15–17)

Rydyn ni wedi gweld bod Adda ac Efa wedi anufuddhau i Dduw. Maen nhw'n bwyta o Bren Gwybodaeth Da a Drwg er eu bod wedi cael gorchymyn i beidio. O ganlyniad, maen nhw'n dod i ddeall cywir ac anghywir; ond mae eu perthynas berffaith â Duw wedi'i thorri. Y cwymp yw'r enw ar y digwyddiad hwn.

Mae rhai Cristnogion yn credu mai un o ganlyniadau pellach y cwymp yw bod bodau dynol i gyd, ers hynny, yn cario pechod gwreiddiol Adda ac Efa gyda nhw. O ganlyniad mae pob bod dynol, oherwydd Adda ac Efa, yn tueddu i anufuddhau i Dduw a phechu. Mae gwneud gweithredoedd drwg yn rhan o'u natur nhw. Mewn geiriau eraill, mae ganddyn nhw natur **syrthiedig**.

Mae'r groes yn symbol pwysig i Gristnogion gan ei bod yn cynrychioli marwolaeth ac atgyfodiad Iesu.

> **Gras** Trugaredd, cariad a maddeuant Duw, heb eu haeddu.
>
> **Syrthiedig** Y cyflwr o etifeddu pechod gwreiddiol Adda ac Efa.
>
> **Achubiaeth** Cael eich achub rhag pechod.
>
> **Iachawdwriaeth** Cael maddeuant am eich pechodau a chael bywyd tragwyddol.

Ni all bodau dynol gael gwared ar bechod gwreiddiol drostyn nhw eu hunain, ac ni allan nhw chwaith, ar eu pennau eu hunain, drwsio eu perthynas doredig â Duw. Dim ond drwy ras Duw – trugaredd, cariad a maddeuant heb eu haeddu – y gallan nhw gael eu hachub rhag canlyniadau pechod gwreiddiol. Er enghraifft, mae Catholigion yn credu eu bod yn derbyn **gras** Duw drwy fedydd, a bod Iesu wedi marw ar y groes er mwyn iddyn nhw gael maddeuant am eu pechodau. Mae gras yn dod drwy dderbyn cariad a maddeuant Duw.

Mae natur syrthiedig dynoliaeth yn golygu bod pobl wedi cael eu gwahanu oddi wrth Dduw. Mae eu perthynas ag ef wedi torri. Mae Cristnogaeth yn dysgu mai marwolaeth Iesu ar y groes oedd cynllun Duw i drwsio'r berthynas. Yn ôl y ddysgeidiaeth hon, cafodd pechod ac euogrwydd bodau dynol eu cario gan Iesu. Mae Duw yn dangos ei gariad at fodau dynol, cariad nad ydyn nhw'n ei haeddu, drwy ganiatáu i'w fab gael ei roi i farwolaeth. Mae'n dangos ei barodrwydd i wella'r berthynas doredig â dynoliaeth yn y weithred hon o **achubiaeth**. Mae Cristnogion yn credu bod marwolaeth Iesu yn cynnig cyfle am **iachawdwriaeth** (cael eich achub o bechod gwreiddiol a'i ganlyniadau).

Tasg

Esboniwch beth mae Cristnogaeth yn ei ddysgu am y natur ddynol. Meddyliwch am y canlynol: imago Dei, enaid, moesoldeb, ewyllys rydd, rheswm, creadigrwydd, pechod gwreiddiol.

▶ Y Drindod

Cofia fod Duw yn fawr, y tu hwnt i ddeall.

(Job 36:26)

Mae dysgeidiaeth **y Drindod** yn ffordd i Gristnogion ddeall sut un yw Duw. Nid yw 'y Drindod' yn cael ei ddefnyddio yn y Beibl. Fodd bynnag, roedd y Cristnogion cynnar wedi dechrau meddwl am Dduw fel Trindod o fewn 200 mlynedd i farwolaeth Iesu.

Mae gan y gair 'Trindod' ddwy ran – rhagddodiad *tri-* ac *undod*. Felly mae'n golygu, yn llythrennol, tri ac un. Mae'n dangos bod yr un Duw yn dair elfen wahanol ar yr un pryd. Mae pob un o'r personau yn meddu ar holl rinweddau Duw – maen nhw'n hollalluog, hollgariadus, hollwybodus ac yn hollbresennol – ond maen nhw hefyd yn wahanol i'w gilydd.

> ### Cysyniad Allweddol
>
> **Y Drindod** Tri pherson Duw: Duw y Tad, y Mab a'r Ysbryd Glân.

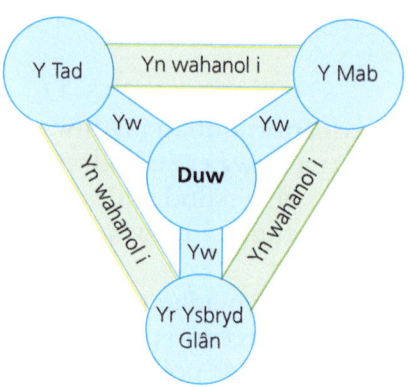

Duw yw pob un o dri pherson y Drindod, ond mae pob un yn wahanol i'r ddau arall.

> Tri pherson y Drindod yw'r Tad, y Mab a'r **Ysbryd Glân**.
>
> Mae'r tair agwedd yn cael eu galw'n 'bersonau', er nad yw hyn yn golygu 'pobl' yn yr ystyr arferol.
>
> Mae Cristnogaeth yn dysgu nad yw Duw yn ddynol ac nad unigolion yw tri pherson Duw. Nid tair rhan o Dduw ydyn nhw: mae pob person yn Dduw cyflawn. Nid yw Cristnogion yn addoli tri Duw, ond un Duw.

Os yw'n swnio'n gymhleth, digon gwir! Mae Cristnogion yn credu bod Duw yn gymhleth ac y tu hwnt i ddealltwriaeth ddynol.

Duw y Tad

Mae Cristnogion yn credu mai Duw yw tad pob peth gan mai ef yw creawdwr pob peth. Duw greodd y bydysawd a phopeth sydd ynddo, a Duw greodd ddynoliaeth.

Mae Cristnogaeth yn dysgu hefyd fod Duw yn dad i Iesu. Roedd Iesu'n dweud bod ei berthynas â Duw y Tad yn unigryw a dirgel:

> Nid oes neb yn adnabod y Mab, ond y Tad, ac nid oes neb yn adnabod y Tad, ond y Mab a'r rhai hynny y mae'r Mab yn dewis ei ddatguddio iddynt.
>
> (Mathew 11:27)

Duw y Tad

Mae Cristnogaeth yn dysgu y gall bodau dynol ymuno ym mherthynas Iesu â'i Dad:

> Ond cynifer ag a'i derbyniodd, rhoes iddynt hwy, y rhai sy'n credu yn ei enw, hawl i ddod yn blant Duw...
>
> (Ioan 1:12)

Ond nid yw'r gair 'tad' yn disgrifio sut un yw Duw yn unig; mae hefyd yn disgrifio'r berthynas rhwng Duw a'i greadigaeth, sef perthynas tad â'i blentyn.

Mae Cristnogion yn credu eu bod yn gallu cael perthynas bersonol a chariadus â Duw. Bydd Duw yn drugarog wrthyn nhw ac yn maddau iddyn nhw os ydyn nhw'n fodlon mynd i mewn i'r berthynas yma ag ef.

Tasgau

1. Esboniwch pam mae Cristnogion yn galw Duw yn 'Dad'.
2. Esboniwch beth mae Dameg y Mab Colledig yn ei olygu i Gristnogion a beth mae'n ei ddweud wrthyn nhw am Dduw.

Dameg y Mab Colledig (Afradlon)

Mae Iesu'n adrodd Dameg y Mab Colledig (Luc 15:11–32), am ddyn ifanc sy'n gadael ei deulu i wneud ei ffordd ei hun yn y byd. Mae'n ddyn haerllug ac anniolchgar, ond mae ei dad yn rhoi arian iddo i'w helpu. Fodd bynnag, mae'n gwastraffu'r arian a mynd yn dlawd, ac yn gorfod rhannu tameidiau o fwyd gydag anifeiliaid. Yn y diwedd mae'n mynd yn ôl at ei dad, gan ymbil am ei faddeuant a gofyn am gael dod adref. Heb betruso, mae ei dad yn ei gyfarch â chariad. Nid yw mab arall y tad, a oedd wedi aros yn ffyddlon, yn gallu deall pam mae ei dad wedi derbyn ei frawd yn ôl mor hawdd. Ond mae'r tad yn dweud yn glir nad yw'n caru un plentyn yn fwy na'r llall.

'Fy mhlentyn,' meddai'r tad wrtho, 'yr wyt ti bob amser gyda mi, ac y mae'r cwbl sydd gennyf yn eiddo i ti. Yr oedd yn rhaid gwledda a llawenhau, oherwydd yr oedd hwn, dy frawd, wedi marw, a daeth yn fyw: yr oedd ar goll, a chafwyd hyd iddo.'

(Luc 15:31–32)

Mae Cristnogion yn gweld hyn fel trosiad o gariad tadol Duw at fodau dynol. Maen nhw hefyd yn ei weld fel enghraifft o sut dylai pobl ddangos cariad a maddeuant i'w gilydd.

Iesu Grist

Duw y Mab

Pan fydd Cristnogion yn cyfeirio at Dduw y Mab, maen nhw'n golygu Iesu. Mae Iesu'n cael ei alw'n Fab Duw oherwydd roedd yn fod dynol. Ond mae Cristnogion yn credu, ar yr un pryd, mai Duw yw Iesu, ail berson y Drindod, Duw y Mab.

Fel ail berson y Drindod, roedd Duw y Mab yn bodoli cyn iddo gymryd ffurf dyn, sef Iesu. Mae Cristnogaeth yn dysgu bod y Mab yn bresennol adeg creu'r bydysawd. Yn Llyfr Genesis, mae Duw yn dweud, 'Gwnawn ddyn ar ein delw, yn ôl ein llun ni' (Genesis 1:26). Mae Cristnogion yn dehongli'r defnydd o'r lluosog 'gwnawn' i olygu bod tri pherson y Drindod yn bresennol adeg y creu.

Mae awdur efengyl Ioan yn cyfeirio at Dduw y Mab adeg y creu fel 'y Gair':

Yn y dechreuad yr oedd y Gair; yr oedd y Gair gyda Duw, a Duw oedd y Gair. Yr oedd ef yn y dechreuad gyda Duw. Daeth pob peth i fod trwyddo ef; hebddo ef ni ddaeth un dim sydd mewn bod.

(Ioan 1:1–3)

Yn ddiweddarach yn yr un bennod, mae Ioan yn datgelu mai'r Gair yw Iesu:

A daeth y Gair yn gnawd a phreswylio yn ein plith, yn llawn gras a gwirionedd; gwelsom ei ogoniant ef, ei ogoniant fel unig Fab yn dod oddi wrth y Tad.

(Ioan 1:14)

Dewisodd Duw ei ddatgelu ei hun ar ffurf bod dynol.

Duw yr Ysbryd Glân

Mae'r gair 'ysbryd' yn dod o'r gair Lladin *spirare*, sy'n golygu 'anadlu'. Pan greodd Duw Adda, mae Llyfr Genesis yn dweud bod Duw wedi anadlu i mewn iddo a daeth yn fyw. Felly mae'r Ysbryd Glân yn gysylltiedig â bywyd a'r enaid. Mae Genesis hefyd yn awgrymu bod Duw yr Ysbryd Glân gyda'r Tad a'r Mab adeg y creu a chyn hynny.

Mae gan yr Ysbryd Glân gysylltiad agos â bywyd Iesu. Pan fydd yr angel Gabriel yn rhagfynegi genedigaeth Iesu, mae'n dweud wrth Mair y bydd hi'n dod yn feichiog drwy'r Ysbryd Glân. Yn ôl Efengyl Mathew, pan fydd Iesu'n cael ei fedyddio gan ei gefnder, Ioan, yn Afon Iorddonen, mae llais Duw (y Tad) yn datgan bod Iesu yn fab iddo, ac mae'r Ysbryd Glân yn dod i lawr ar ffurf colomen.

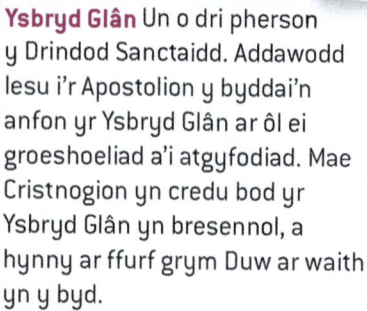

Cysyniad Allweddol

Ysbryd Glân Un o dri pherson y Drindod Sanctaidd. Addawodd Iesu i'r Apostolion y byddai'n anfon yr Ysbryd Glân ar ôl ei groeshoeliad a'i atgyfodiad. Mae Cristnogion yn credu bod yr Ysbryd Glân yn bresennol, a hynny ar ffurf grym Duw ar waith yn y byd.

Yr Ysbryd Glân wedi'i gynrychioli gan golomen mewn ffenestr liw yn eglwys Basilica Sant Pedr yn Rhufain.

Dysgodd Iesu i'w ddisgyblion y byddai'r Ysbryd Glân gyda nhw i'w dysgu ac i'w hatgoffa am ei ddysgeidiaethau wedi ei farwolaeth:

> Yr wyf wedi dweud hyn wrthych tra wyf yn aros gyda chwi. Ond bydd yr Eiriolwr, yr Ysbryd Glân, a anfona'r Tad yn fy enw i, yn dysgu popeth ichwi, ac yn dwyn ar gof ichwi y cwbl a ddywedais i wrthych.

(Ioan 14:25–26)

Mae Cristnogion yn credu bod yr Ysbryd Glân yn parhau i weithredu drwy bobl, gan gynhyrchu nodweddion ynom sydd, yn ôl rhai, yn cynrychioli'r Cristion delfrydol. Yn ei lythyr at Gristnogion yn Galatia, mae Paul yn galw'r nodweddion hyn yn 'ffrwyth yr Ysbryd', ac mae'n rhestru naw ohonyn nhw:

> … ffrwyth yr Ysbryd yw cariad, llawenydd, tangnefedd, goddefgarwch, caredigrwydd, daioni, ffyddlondeb, addfwynder, hunanddisgyblaeth.

(Galatiaid 5:22–23)

Tasgau

1. 'Mae tri pherson y Drindod yr un mor bwysig â'i gilydd.' Trafodwch y gosodiad hwn gan ddangos eich bod wedi ystyried mwy nag un safbwynt. (Rhaid i chi gyfeirio at Gristnogaeth yn eich ateb.)
2. Copïwch y diagram. Tynnwch linellau i gysylltu pob blwch, a lluniwch esboniadau o bob un o bersonau'r Drindod a beth sy'n gyffredin rhyngddyn nhw fel personau Duw.

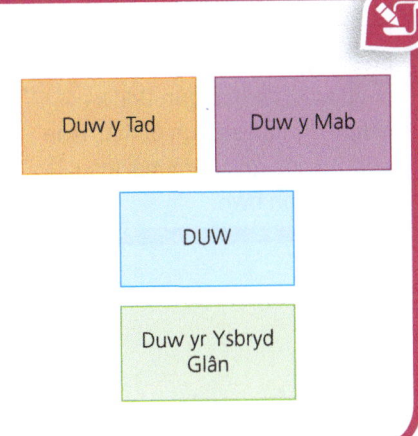

Iesu fel Duw Ymgnawdoledig

Yr Ymgnawdoliad

Mae'r gair 'ymgnawdoli' (*incarnate*) yn dod o'r Lladin *carnem*, sy'n golygu 'cnawd'. Ystyr 'ymgnawdoledig' yw 'mewn cnawd'. Mae'r syniad o Iesu fel Duw Ymgnawdoledig, felly, yn cyfeirio at y ddysgeidiaeth Gristnogol mai Duw oedd Iesu, er mai dyn ydoedd ar yr un pryd.

Mae'r Beibl yn rhoi llawer o enghreifftiau o'r Ysbryd Glân yn gweithio yn, drwy ac o amgylch Iesu, gan roi tystiolaeth i Gristnogion fod Iesu yn ddwyfol. Er enghraifft:

- Yr angel yn dweud wrth Mair mai mab Duw fyddai Iesu oherwydd iddo gael ei genhedlu gan yr Ysbryd Glân (Luc 1:35)
- Yr Ysbryd Glân yn bresennol ym medydd Iesu ar ffurf colomen (Marc 1:10)
- Drwy gydol ei fywyd, Iesu'n gwneud gweithredoedd da, yn cyflawni gwyrthiau ac yn iacháu cleifion drwy nerth yr Ysbryd Glân (Actau 10:38)
- Iesu'n adnabod yr Ysbryd Glân yn gweithio oddi mewn iddo (Luc 4:38)
- Yr Ysbryd Glân yn siarad drwy Iesu (Ioan 3:34)
- Yr Ysbryd Glân yn codi Iesu o farw'n fyw (Rhufeiniaid 8:11).

> **Cysyniad Allweddol**
>
> **Ymgnawdoliad** 'Y Gair yn gnawd' – y gred Gristnogol bod Duw wedi dod yn ddyn ym mherson Iesu, yn gwbl ddynol ac yn gwbl ddwyfol. Duw'n dod yn fod dynol ar ffurf Iesu.

Mae'r ymadrodd 'Duw y Mab' yn cyfeirio at ail berson y Drindod – Duw, yn dragwyddol a throsgynnol, a ddaeth yn fod dynol. Mae 'Mab Duw', ar y llaw arall, yn cyfeirio at Iesu – Duw a dyn yn un.

Tasgau

1. Esboniwch pam mae Cristnogaeth yn dysgu bod Iesu yn ddwyfol.
2. Edrychwch ar y llun hwn. Dewch o hyd i dri pherson y Drindod. Pam maen nhw'n wedi'u cynrychioli fel hyn? A fyddai Cristion yn meddwl bod hwn yn bortread cywir o'r Drindod? Pam? Pam ddim?

Iesu fel y Meseia

Daw'r gair **Meseia** o'r gair Hebraeg *moshiach*, sy'n golygu 'rhywun sydd wedi'i eneinio'. Eneinio yw'r broses o wasgaru neu arllwys olew persawrus dros rywun. Roedd yn rhan bwysig o'r hen seremoni Iddewig er mwyn gorseddu archoffeiriad. Yn ddiweddarach, daeth yn rhan o seremoni gorseddu brenhinoedd. (Mae'n dal i fod yn rhan o seremoni coroni brenin/brenhines y Deyrnas Unedig heddiw.)

Ail frenin yr Iddewon oedd y Brenin Dafydd. Mae'n cael ei weld gan Iddewon fel eu brenin mwyaf a enillodd ffafr Duw fel 'gŵr yn ôl ei galon' (1 Samuel 13:14).

Dros amser, roedd proffwydi'r Iddewon yn darogan y byddai Meseia newydd yn dod yn y dyfodol – arweinydd i'r Iddewon fyddai'n cyfuno swyddogaethau gwleidyddol brenin â swyddogaethau crefyddol offeiriad. Y gred bryd hynny (a'r gred hyd heddiw) oedd y byddai'r Meseia yn un o ddisgynyddion y Brenin Dafydd.

> **Cysyniad Allweddol**
>
> **Meseia** Ystyr y gair yw 'yr Eneiniog'. Y Meseia yw'r un sydd wedi'i anfon gan Dduw i achub dynoliaeth, yn ôl rhai. Mae Cristnogion yn credu mai Iesu yw'r person hwn.

Ni wnaeth Iesu erioed honni mai ef oedd y Meseia. Serch hynny, mae awduron yr Efengylau – yr adroddiadau am ei fywyd yn y Beibl – yn awgrymu'n gryf eu bod yn meddwl mai ef oedd y Meseia. Roedd y Beibl Iddewig yn proffwydo:

- byddai'r Meseia yn un o ddisgynyddion y Brenin Dafydd (Eseia 11:1)
- byddai'n cael ei eni ym Methlehem (Micha 5:2)
- byddai pobl yn cyfeirio ato fel *Immanuel*, sy'n golygu 'y mae Duw gyda ni' (Eseia 7:14)
- byddai'n dod o lwyth Jwda (Genesis 49:10)
- byddai gwyryf yn rhoi genedigaeth iddo (Eseia 7:14)
- byddai brenhinoedd mawr yn rhoi moliant iddo (Eseia 60:6)
- byddai'n marchogaeth i mewn i Jerwsalem ar asyn (Sechareia 9:9)
- byddai'n cael ei wrthod gan ei bobl ei hun (Eseia 53:3)
- byddai'n cael ei ladd oherwydd pechodau pobl (Eseia 53:5).

Mae awduron yr Efengylau yn adrodd bod y pethau hyn i gyd wedi digwydd ym mywyd Iesu.

Yn ei Efengyl, mae Mathew'n dweud:

> Daeth Iesu i barthau Cesarea Philipi, a holodd ei ddisgyblion: 'Pwy y mae pobl yn dweud yw Mab y Dyn?'
>
> Dywedasant hwythau, 'Mae rhai'n dweud Ioan Fedyddiwr, ac eraill Elias, ac eraill drachefn, Jeremeia neu un o'r proffwydi.'
>
> 'A chwithau,' meddai wrthynt, 'pwy meddwch chwi ydwyf fi?'
>
> Atebodd Simon Pedr, 'Ti yw'r Meseia, Mab y Duw byw.'
>
> Dywedodd Iesu wrtho, 'Gwyn dy fyd, Simon fab Jona, oherwydd nid cig a gwaed a ddatguddiodd hyn iti ond fy Nhad, sydd yn y nefoedd.'
>
> (Mathew 16:13–17)

Nid yw Iesu'n gwadu mai ef yw'r Meseia. Mae'n awgrymu bod (Simon) Pedr wedi ei adnabod fel y Meseia oherwydd bod Duw y Tad wedi datgelu hynny iddo.

Gwaredwr

Mae'r ddysgeidiaeth Gristnogol am ystyr a phwrpas bywyd Iesu yn cael ei sefydlu ar ddechrau Efengyl Mathew:

> Bydd yn esgor ar fab, a gelwi ef Iesu, am mai ef a wareda ei bobl oddi wrth eu pechodau.
>
> (Mathew 1:21)

Sylwch bod hyd yn oed yr enw 'Iesu' – *Yeshua* yn Hebraeg – yn golygu 'mae'r Arglwydd yn gwaredu/achub'.

Yr Iawn

Rydyn ni wedi gweld bod Cristnogaeth yn dysgu bod Duw wedi cynllunio **ymgnawdoliad** Iesu a'i farwolaeth er mwyn trwsio'r berthynas gafodd ei dinistrio gan Adda ac Efa adeg y cwymp. Roedd y croeshoeliad yn ffordd o wneud **iawn** am bechod dynol.

Yn Efengyl Ioan, mae cefnder Iesu yn disgrifio Iesu fel 'Oen Duw, sy'n cymryd ymaith bechod y byd' (Ioan 1:29). Mae Cristnogion yn credu bod tebygrwydd rhwng hanes y Pasg Iddewig (gweler t. 22) a bywyd a marwolaeth Iesu. Maen nhw'n credu bod bywyd Iesu wedi cael ei aberthu – fel yr ŵyn yn hanes y Pasg Iddewig – a'i waed

---

Y gair Groeg am 'yr eneiniog' (Meseia) yw *Christos*. Mae Cristnogion yn cyfeirio at Iesu fel y Crist i ddangos eu cred mai ef yw'r Meseia a gafodd ei ragweld gan broffwydi'r Iddewon. Mae'n bosibl bod y Rhufeiniaid wedi penderfynu lladd Iesu oherwydd eu bod nhw'n ofni, os oedd Iesu'n credu mai ef oedd y Meseia, gallai arwain yr Iddewon yn eu herbyn.

Cysyniad Allweddol

Yr Iawn Y gred bod marwolaeth ac atgyfodiad Iesu wedi cau'r rhwyg rhwng dynoliaeth a Duw, a thrwy hynny agor y ffordd i Dduw a phobl fod 'fel un' eto.

> Yn Hen Destament y Beibl, yn hanes y Pasg Iddewig, mae'r hen Israeliaid yn cael eu cadw fel caethweision gan yr Eifftiaid. Mae Duw yn anfon plâu (trychinebau) at yr Eifftiaid i'w perswadio nhw i ryddhau'r Israeliaid. Ond mae Pharo yr Aifft yn gwrthod ildio. Yn y diwedd, mae Duw yn penderfynu lladd y plentyn hynaf ym mhob teulu. Er mwyn arbed y plentyn hynaf yn nheuluoedd yr Israeliaid, maen nhw'n cael cyfarwyddyd i aberthu oen a rhwbio ei waed o amgylch eu drysau. Bydd Duw yn mynd heibio i'r tai hyn.
>
> Yn yr hanes hwn, mae bywydau'r ŵyn yn cael eu haberthu er mwyn arbed yr Israeliaid rhag marwolaeth a'u rhyddhau o gaethwasiaeth.
>
> Mae'r Hen Destament yn dangos bod traddodiad hir yn y grefydd Hebraeg o aberthu anifeiliaid i Dduw er mwyn derbyn ei faddeuant am bechodau. Mae Llyfr Lefiticus yn disgrifio hen arfer Israelaidd o aberthu gafr ac anfon un arall allan i'r anialwch, yn symbol o'r anifail yn cario pechodau'r bobl: y Bwch Dihangol (*scapegoat*). Yr enw ar hyn yw gwneud iawn: bodau dynol yn dod 'yn un' gyda Duw.

wedi'i golli er mwyn arbed ei ddilynwyr rhag caethiwed pechod a'u rhyddhau rhag marwolaeth. Mae marwolaeth ac atgyfodiad Iesu yn galluogi Cristnogion i gael bywyd tragwyddol:

> Do, carodd Duw y byd gymaint nes iddo roi ei unig Fab, er mwyn i bob un sy'n credu ynddo ef beidio â mynd i ddistryw ond cael bywyd tragwyddol.

(Ioan 3:16)

Mae Iesu ei hun yn dweud wrth ei ddisgybl, Tomos:

> Myfi yw'r ffordd a'r gwirionedd a'r bywyd. Nid yw neb yn dod at y Tad ond trwof fi.

(Ioan 14:6)

Y Gair

Rydyn ni wedi gweld (t. 18) bod Efengyl Ioan yn cyfeirio at Iesu fel y Gair. Nid yw'n amlwg beth yn union mae hyn yn ei olygu, ac mae Cristnogion yn dehongli hyn mewn ffyrdd gwahanol.

Mae'r gosodiad yn Ioan 1:1 bod y Gair yn bodoli 'yn y dechreuad' yn pwysleisio natur dragwyddol y Drindod. Mae'r Gair yn cael ei gysylltu ag Iesu fel Duw y Mab, sydd yn ei dro yn cael ei gysylltu â phersonau eraill y Drindod. Mae Iesu ei hun yn esbonio i'w ddisgyblion ei fod yn rhan o'r Drindod, ac nad yw'n bosibl ei wahanu oddi wrth Dduw. Mae'n dweud, er enghraifft, '...dywedaf fy mod i yn y Tad a'r Tad ynof fi' (Ioan 14:11). Mae 'Gair' yn gyfieithiad o'r gair Groeg, *Logos*. Daw'r gair Saesneg '*logic*' o'r gair *Logos*, ac mae'n awgrymu rhesymu systematig a strategol. Felly mae *Logos* yn cyfeirio at yr egwyddor sy'n trefnu'r bydysawd. Mae Ioan yn dweud mai 'Duw oedd' Iesu, fel *Logos*, o'r dechrau, ers cyn iddo 'ddod yn gnawd'.

Dehongliad arall o'r Gair yw, yn yr un modd ag y mae geiriau yn cysylltu bodau dynol â'i gilydd fel ffordd o gyfathrebu a chynyddu dealltwriaeth a chydweithrediad, felly hefyd mae Iesu yn cysylltu bodau dynol â Duw. Mae Cristnogion yn credu bod Iesu'n datgelu cynlluniau Duw ar gyfer dynoliaeth a'i ddisgwyliadau ohoni drwy Iesu. Ar yr un pryd, mae Cristnogion yn credu y gallan nhw nesáu at Dduw drwy addoli Iesu.

Darlun yn dangos genedigaeth Crist. Mae Cristnogion yn credu bod Duw wedi dod yn fod dynol ar ffurf Iesu.

▶ Genedigaeth, marwolaeth ac atgyfodiad Iesu

Mae digwyddiadau bywyd a marwolaeth Iesu wedi'u cofnodi mewn pedwar llyfr yn Nhestament Newydd y Beibl. Maen nhw wedi'u henwi ar ôl eu hawduron: Mathew, Marc, Luc ac Ioan. Yr enw ar y llyfrau hyn yw 'yr Efengylau'. Ystyr y gair efengyl yw 'newyddion da'.

Mae'r pedwar adroddiad o fywyd Iesu yn cofnodi digwyddiadau pwysig, ond maen nhw hefyd yn ceisio dehongli ystyr y digwyddiadau hynny.

Genedigaeth Iesu

Dim ond dwy o'r pedair Efengyl – Mathew a Luc – sy'n rhoi adroddiadau o enedigaeth Iesu. Mae gwahaniaethau rhwng y ddau fersiwn, ac maen nhw wedi'u llunio i edrych ar yr ymgnawdoliad o safbwyntiau gwahanol.

Mathew 1:18–2:12

Yn ôl Mathew, roedd Mair a Joseff wedi dyweddïo pan aeth Mair yn feichiog. Ar ôl priodi, roedd Joseff yn ystyried ei gadael. Fodd bynnag, dyma angel yn ymddangos iddo ac yn dweud wrtho am beidio â'i gadael gan ei bod wedi dod yn feichiog drwy'r Ysbryd Glân. Cafodd y baban ei eni a'i alw'n Iesu.

Yn y cyfamser, daeth seryddion o'r dwyrain, yn dweud eu bod wedi gweld seren newydd yn yr awyr oedd yn golygu bod brenin newydd wedi'i eni i'r Iddewon. Roedden nhw wedi defnyddio proffwydoliaethau'r Hen Destament i ddarganfod lle roedd y baban wedi'i eni. Pan glywodd y Brenin Herod am hyn, roedd yn meddwl y gallai ei safle fel brenin fod o dan fygythiad. Felly gofynnodd i'r seryddion adrodd yn ôl iddo pan fydden nhw wedi darganfod lle roedd y brenin newydd wedi'i eni.

Daeth y seryddion o hyd i Iesu mewn tŷ ym Methlehem. Aethon nhw ar eu gliniau o'i flaen a'i addoli, a rhoi anrhegion o aur, thus a myrr iddo.

Cawson nhw eu rhybuddio mewn breuddwyd i beidio â mynd yn ôl at y Brenin Herod, felly aethon nhw adref ar hyd ffordd arall.

Yn yr adroddiad hwn, mae Mathew yn pwysleisio natur ddwyfol Iesu fel Mab Duw. Mae ei enedigaeth yn barchus ac yn anrhydeddus: mae ei rieni wedi priodi, mae'n cael ei eni mewn tŷ, mae pobl bwysig yn ymweld ag ef ac mae'n cael anrhegion gwerthfawr. Fodd bynnag, mae'r anrhegion eu hunain yn rhoi cliwiau am fywyd Iesu a'i ystyr. Mae aur a thus yn cynrychioli nodweddion Meseia: aur ar gyfer brenhindod, a thus, sy'n cael ei losgi mewn seremonïau crefyddol, ar gyfer yr offeiriadaeth. Roedd myrr yn cael ei ddefnyddio ar gyrff y meirw i'w cadw rhag pydru; mae Mathew fel pe bai'n rhoi cliw y byddai marwolaeth Iesu yn arwyddocaol iawn.

Luc 2:1–21

Mae Luc yn cyflwyno genedigaeth Iesu o safbwynt gwahanol. Mae e'n dweud nad oedd Mair a Joseff wedi priodi pan aeth Mair yn feichiog, ac na wnaethon nhw briodi wedi hynny. Fodd bynnag, roedd angel wedi dweud wrth Mair ymlaen llaw y byddai hi'n dod yn feichiog drwy'r Ysbryd Glân.

Tasgau

1. Darllenwch yr adroddiadau yn yr Efengylau am enedigaeth Iesu yn Mathew 1:18–2:12 a Luc 2:1–21.
2. Cymharwch y ddau adroddiad. Lluniwch ddiagram Venn i ddangos beth sy'n unigryw am Efengyl Mathew, beth sy'n unigryw am un Luc, a beth sy'n gyffredin rhyngddyn nhw. O dan y diagram, ysgrifennwch baragraff yn esbonio'r symbolau sy'n cael eu defnyddio yn y ddau fersiwn.
3. Esboniwch pam mae'r Beibl yn cynnwys adroddiadau gwahanol o'r un digwyddiadau.

Cabledd Sarhad neu drosedd yn erbyn Duw.

Yn y cyfamser, roedd y Rhufeiniaid yn paratoi i gynnal cyfrifiad o'r boblogaeth Iddewig. I hwyluso hyn, roedd yn rhaid i'r Iddewon fynd yn ôl i'w trefi genedigol i gofrestru. Roedd Joseff wedi cael ei eni ym Methlehem, sef tref enedigol y Brenin Dafydd, felly teithiodd ef a Mair yno o'u cartref yn Nasareth. Pan gyrhaeddon nhw, nid oedd lety ar gael. Roedd yn rhaid rhoi Iesu ym mhreseb yr anifeiliaid pan gafodd ei eni.

Roedd bugeiliaid yn gwylio'u defaid yn ystod y nos, pan ymddangosodd angel a dweud wrthyn nhw bod y Meseia wedi cael ei eni. Dilynon nhw'r cyfarwyddiadau a dod o hyd i Iesu yn y preseb. Yna aethon nhw oddi yno i ledaenu'r newyddion am enedigaeth y Meseia.

Mae Efengylau Mathew a Luc yn cyflwyno Iesu fel y Meseia. Ond, tra bod Mathew yn pwysleisio natur ddwyfol Iesu, mae Luc yn dangos ei ddynoliaeth. Mae'n cael ei eni mewn amgylchiadau tlawd i bobl sydd heb briodi. Gweithwyr cyffredin, nid gwesteion pwysig, sy'n ymweld ag ef, ac nid yw'n cael rhoddion.

Y Croeshoeliad

Roedd dysgeidiaethau Iesu yn aml yn achosi gwrthdaro rhyngddo ef a'r awdurdodau Iddewig. Roedden nhw'n amheus iawn ohono ac yn ei gyhuddo o **gabledd** am ei fod yn honni ei fod yn gallu maddau pechodau. Roedd ei ddilynwyr yn credu mai ef oedd y Meseia, ac roedd hyn yn cael ei weld fel her i'r rheini oedd mewn grym. O ganlyniad, cafodd ei arestio yn Jerwsalem.

Cafodd Iesu ei roi ar brawf i ddechrau gan lys o arweinwyr Iddewig, a'i ddyfarnu'n euog o gabledd am honni mai ef oedd Mab Duw. Nid oedd awdurdod ganddyn nhw i ddedfrydu Iesu i farwolaeth, felly cafodd ei drosglwyddo i'r Llywodraethwr Rhufeinig, Pontius Pilat.

Nid oedd Pilat yn poeni am y cyhuddiad o gabledd gan nad oedd yn Iddew. Daeth i wybod bod Iesu yn dod o Galilea, a thrwy gyd-ddigwyddiad, roedd rheolwr Iddewig Galilea, y Brenin Herod, yn y dref. Anfonodd Iesu at Herod.

Roedd Herod yn siomedig nad oedd ei 'wrthwynebydd' ar gyfer statws Brenin yr Iddewon yn dangos unrhyw awydd i fod yn frenin nac unrhyw arwydd ei fod yn ddwyfol. Anfonodd ef yn ôl at Pilat. Roedd Pilat yn amharod i ddedfrydu Iesu i farwolaeth ac roedd eisiau ei ryddhau. Ond, mynnodd y dorf ei fod yn cael ei ladd. Gan ofni terfysg, ildiodd Pilat i'r dorf a rhoi'r gorchymyn i ladd Iesu.

Model o groeshoeliad Iesu.

Tasgau

1. Darllenwch yr adroddiad llawn am groeshoeliad Iesu yn Efengyl Marc 15:1–39.
2. Lluniwch linell amser o ddigwyddiadau ar gyfer croeshoeliad Iesu. Dechreuwch gyda 'Iesu yn cael ei arestio' a gorffennwch gyda 'Iesu yn marw ar y groes'.
3. Esboniwch pam mae croeshoeliad Iesu yn bwysig i Gristnogion.

Cysyniad Allweddol

Atgyfodiad Y gred bod Iesu wedi codi o farw'n fyw ar y trydydd dydd ar ôl iddo gael ei groeshoelio, a thrwy hynny ei fod wedi trechu marwolaeth. Mae'n cael ei gofio bob blwyddyn ar Sul y Pasg.

Dull y Rhufeiniaid o ladd drwgweithredwyr oedd croeshoelio. Ei bwrpas oedd gwneud yn siŵr bod troseddwyr yn cael marwolaeth arteithiol, ac roedd yn ffordd bwerus o godi braw ar y boblogaeth gyffredin. Yn adroddiad yr Efengyl, mae Iesu yn un o nifer o ddynion a gafodd eu croeshoelio yn Jerwsalem yr un pryd. Ond, un nodwedd anarferol yn hanes croeshoeliad Iesu yw bod y milwyr yn plethu coron ddrain ac yn ei gosod ar ei ben.

Gan fod Cristnogion yn credu bod Iesu yn Dduw ac yn ddyn, maen nhw'n credu ei fod wedi dioddef fel unrhyw berson arall pan fu farw ar y groes. Mae Iesu yn rhan o ddioddefaint dynoliaeth, ac mae hyn yn bwysig i Gristnogion oherwydd mae'n golygu bod Duw yn deall dioddefaint pobl.

I Gristnogion, mae croeshoeliad a marwolaeth Iesu yn agor y ffordd at iachawdwriaeth i'r rheini sy'n credu ynddo.

Yr Atgyfodiad

Mae **atgyfodiad** Iesu yn sylfaenol i'r ffydd Gristnogol. Mae'n cyfeirio at y gred bod Iesu wedi codi o farw'n fyw dri diwrnod ar ôl ei groeshoeliad. Dyma'r wyrth fwyaf sydd wedi'i chofnodi yn y Testament Newydd, ac i Gristnogion mae'n dystiolaeth mai Duw oedd Iesu.

Yn y darn isod, mae Paul yn dweud, os nad yw Cristnogion yn credu yn atgyfodiad Iesu, mae eu ffydd yn ddibwrpas ac nid oes ystyr iddi:

> Yn awr, os pregethir Crist, ei fod wedi ei gyfodi oddi wrth y meirw, sut y mae rhai yn eich plith yn dweud nad oes atgyfodiad y meirw? Os nad oes atgyfodiad y meirw, nid yw Crist wedi ei gyfodi chwaith. Ac os nad yw Crist wedi ei gyfodi, gwagedd yw'r hyn a bregethir gennym ni, a gwagedd hefyd yw eich ffydd chwi.
>
> (1 Corinthiaid 15:12–14)

Yn oes Iesu, roedd llawer o Iddewon yn honni mai nhw oedd y Meseia. Roedd llawer ohonyn nhw yn bregethwyr teithiol, yn union fel Iesu. I Gristnogion, yr hyn sy'n gwneud Iesu'n wahanol i'r lleill ac yn unigryw mewn hanes yw'r ffaith ei fod wedi codi o farw'n fyw. Mae bod yn Gristion yn golygu nid yn unig dilyn dysgeidiaethau Iesu, ond credu hefyd yn yr atgyfodiad fel yr unig ffordd at iachawdwriaeth.

Mae'r Efengylau gwahanol yn anghytuno ychydig ar union ddigwyddiadau'r atgyfodiad, ond maen nhw'n cytuno bod rhai o ddilynwyr Iesu wedi ymweld â'i fedd ar y dydd Sul yn dilyn ei groeshoeliad. Pan gyrhaeddon nhw, roedd y garreg oedd yn gorchuddio ceg y bedd wedi'i rholio i ffwrdd, a doedd corff Iesu ddim y tu mewn iddo.

Mae Efengyl Ioan (20:1–21) yn dweud bod Iesu wedi ymddangos gyntaf o flaen Mair Magdalen mewn gardd ger ei fedd. Yn ddiweddarach ymddangosodd i'w ddisgyblion, heblaw Tomos, mewn ystafell wedi'i chloi; yna i bob un o'i ddisgyblion, gan gynnwys Tomos, eto mewn ystafell wedi'i chloi.

Yr Esgyniad

Wedi i Iesu godi o farw'n fyw, dim ond ychydig o gyfeiriadau sydd yn yr Efengylau at ei weithredoedd. Ymddangosodd o flaen y disgyblion a grwpiau eraill, ond mae'r adroddiad yn fyr iawn ac yn annelwig. Wedi cyfnod o amser, mae'r Efengylau'n cofnodi bod Iesu wedi esgyn (mynd i fyny) at ei dad yn y nefoedd.

Mae pobl yn dehongli hyn mewn ffyrdd gwahanol. Mae rhai Cristnogion yn credu bod Iesu wedi esgyn yn gorfforol i'r nefoedd, yn llythrennol. Yn ôl Cristnogion eraill, mae'r disgrifiad o Iesu'n esgyn yn gorfforol i'r nefoedd yn symbolaidd, yn dangos bod ei amser ar y ddaear ar ben. Y naill ffordd neu'r llall, mae hwn yn ddigwyddiad arwyddocaol iawn i Gristnogion. Mae'n nodi diwedd presenoldeb Iesu ar y ddaear mewn ffordd gorfforol, ond mae'n awgrymu bod ysbryd Iesu bellach ar waith yn y byd.

Yn Llyfr yr Actau, mae Iesu'n dweud wrth ei ddisgyblion y bydd yr Ysbryd Glân yn eu galluogi i ddweud wrth bobl eraill am ei ddysgeidiaeth, ei farwolaeth a'i atgyfodiad. Mae'r hanes yn mynd ymlaen i ddweud:

> Wedi iddo ddweud hyn, a hwythau'n edrych, fe'i dyrchafwyd, a chipiodd cwmwl ef o'u golwg.
>
> Fel yr oeddent yn syllu tua'r nef, ac yntau'n mynd, dyma ddau ŵr yn sefyll yn eu hymyl mewn dillad gwyn, ac meddai'r rhain, 'Wŷr Galilea, pam yr ydych yn sefyll yn edrych tua'r nef? Bydd yr Iesu hwn, sydd wedi ei gymryd i fyny oddi wrthych i'r nef, yn dod yn yr un modd ag y gwelsoch ef yn mynd i'r nef.'

(Actau 1:9–11)

Tasg

Copïwch y tabl isod, gan ddadansoddi'r pedwar prif ddigwyddiad ym mywyd Iesu. Llenwch y tabl drwy roi **diffiniad** o bob term allweddol sy'n gysylltiedig â'r digwyddiad, **esboniad** o'r hyn ddigwyddodd, **amlinelliad** a **dyfyniad** sy'n gysylltiedig â'r digwyddiad. (Bydd angen digon o le arnoch chi!)

Digwyddiad	Diffiniad	Esboniad	Amlinelliad	Dyfyniad
Yr Ymgnawdoliad				
Croeshoeliad				
Yr Iawn a iachawdwriaeth				
Atgyfodiad				

Adolygiad Diwedd yr Adran

Cofiwch

Cysyniadau allweddol:
- Agape
- Yr Iawn
- Yr Ysbryd Glân
- Ymgnawdoliad
- Y Meseia
- Hollgariadus
- Hollalluog
- Hollwybodus
- Atgyfodiad
- Y Drindod

Dysgeidiaethau allweddol:
- Natur Duw
- Y Creu
- Natur dynoliaeth
- Y Drindod
- Mab Duw
- Y Meseia
- Prif ddigwyddiadau bywyd Iesu

Ymarfer sgiliau

1. Beth yw ystyr 'atgyfodiad' i Gristnogion?
2. Esboniwch gredoau Cristnogol am yr Ysbryd Glân.

Gwirio gwybodaeth

1. Ysgrifennwch baragraff byr (tua thair brawddeg) yn esbonio beth mae Cristnogion yn ei gredu am natur Duw.
2. Ysgrifennwch baragraff hir (tua wyth i ddeg brawddeg) yn esbonio pam mae Cristnogion yn credu bod yr ymgnawdoliad a'r atgyfodiad yn gysylltiedig.
3. Esboniwch o leiaf tri o'r enwau mae Cristnogion yn eu defnyddio i gyfeirio at Iesu.
4. Ysgrifennwch baragraff manwl (tua chwech i wyth brawddeg) yn esbonio'r dehongliadau gwahanol ymhlith Cristnogion am y cwymp a phechod gwreiddiol.

Y Cwestiwn Mawr

'Mae Iesu yn dal yn berthnasol yn y byd modern.'

Eich tasg

Trafodwch y gosodiad uchod, gan ddangos eich bod wedi ystyried mwy nag un safbwynt. Rhowch farn resymegol am ba mor ddilys a pha mor gryf yw'r safbwyntiau hyn.

Tasg

Mae angen i chi esbonio yn fanwl y dysgeidiaethau crefyddol am **y creu**. Defnyddiwch y canllawiau isod i'ch helpu i ysgrifennu **esboniad manwl** ar gyfer Cristnogaeth. Gwnewch yn siŵr eich bod yn defnyddio termau allweddol yn rhwydd ac yn aml.

Mae Cristnogion i gyd/llawer o Gristnogion/y rhan fwyaf o Gristnogion yn credu _____ .

Daw hyn o'r ddysgeidiaeth/dyfyniad o'r Beibl _____ .

Mae hyn yn golygu/Oherwydd hyn maen nhw'n _____ .

Mae rhai Cristnogion/Cristnogion eraill fel _____ yn credu _____ .

Daw hyn o'r ddysgeidiaeth/dyfyniad o'r Beibl _____ .

Mae hyn yn golygu/Oherwydd hyn maen nhw'n _____ .

Yn olaf, mae Cristnogion fel _____ yn credu _____ .

Mae hyn yn golygu/Oherwydd hyn maen nhw'n _____ .

Mae eu credoau yr un peth/yn wahanol oherwydd _____ .

2 Cristnogaeth: Arferion

■ Moesoldeb

▶ Ymagweddau at wneud penderfyniadau moesol

Byddai'r rhan fwyaf o bobl yn dweud eu bod yn gwybod y gwahaniaeth rhwng cywir ac anghywir, rhwng ymddygiad da a drwg. Nid yw hyn yn golygu, wrth gwrs, eu bod nhw bob amser yn gwneud y peth cywir (gweithredu'n foesegol); ond maen nhw'n gwybod pan fyddan nhw'n gwneud rhywbeth anghywir neu'n ymddwyn yn ddrwg.

Y cwestiwn yw, *sut* mae pobl yn gwybod beth sy'n gywir ac anghywir?

> **Moeseg** Egwyddorion ymddygiad moesol.

Absoliwtiaeth foesol

Byddai rhai pobl yn dweud mai mater o ffaith yw beth sy'n gywir ac anghywir. Mae rheolau moesol, fel 'Mae lladd yn anghywir' neu 'Mae cadw addewidion yn gywir', yn wirioneddau cyffredinol – maen nhw'n absoliwt. Maen nhw'n wir i bob person ar bob adeg ym mhob sefyllfa. Nid oes unrhyw amgylchiadau lle byddai lladd neu dorri addewid yn dderbyniol yn foesol.

Mae'r cwestiwn yn codi, sut rydyn ni'n gwybod beth yw'r rheolau moesol? Byddai llawer o bobl grefyddol yn dweud mai'r hyn sy'n gywir yn foesol yw beth bynnag mae Duw wedi'i orchymyn, a'r hyn sy'n anghywir yw beth bynnag mae Duw wedi'i wahardd neu ei gondemnio. Yr enw ar hyn yw **damcaniaeth gorchymyn dwyfol**.

> **Cysyniad Allweddol**
>
> **Damcaniaeth gorchymyn dwyfol** Y gred bod rhywbeth yn gywir oherwydd bod Duw yn ei orchymyn.

Perthynoliaeth foesol

Byddai perthynolwyr yn dweud nad yw moesoldeb yn golygu rheolau caeth sy'n wir ym mhob sefyllfa. Bydden nhw'n cytuno bod rhai egwyddorion moesol cyffredinol yn bodoli, ond bod angen eu haddasu yn dibynnu ar yr amgylchiadau penodol. Byddai rhai perthynolwyr yn dweud bod agweddau moesol yn newid dros amser a rhwng diwylliannau. Er enghraifft, ar un adeg roedd cadw caethweision yn cael ei weld fel rhywbeth derbyniol; heddiw, nid yw hynny'n wir.

Byddai'r rhan fwyaf o berthynolwyr moesol yn cytuno bod y math hwn o berthynoliaeth yn anodd ei gyfiawnhau. Ond bydden nhw'n dweud bod yr hyn sy'n gywir ac anghywir yn dibynnu ar amgylchiadau penodol sefyllfa arbennig. Nid oes rheolau cyffredinol neu absoliwt. Yr enw ar hyn yw **moeseg** sefyllfa. Er enghraifft, er byddai sefyllfaolwr yn derbyn yr egwyddor gyffredinol bod lladd yn anghywir, byddai hefyd yn dadlau bod rhai amgylchiadau lle mai lladd yw'r ffordd orau (neu'r lleiaf gwael) o weithredu.

> **Tasg**
>
> Esboniwch y gwahaniaethau rhwng moesoldeb absoliwt a moesoldeb perthynol. Ar gyfer pob un, rhowch enghraifft o egwyddor foesol; esboniwch pam gallai rhywun ddweud ei bod yn absoliwt, ond gallai rhywun arall ei hystyried yn berthynol.

Dysgeidiaethau Iesu

Pan oedd Iesu'n sôn am foesoldeb, roedd yn ei gysylltu'n agos â'i ddysgeidiaethau crefyddol ac ysbrydol. Iddewon oedd ei gynulleidfa a'i ddilynwyr, ac roedden nhw'n gyfarwydd â dysgeidiaethau moesol Iddewig, yn enwedig y rheini oedd yn y Beibl Iddewig. Felly roedd syniadau Iesu yn deillio o syniadau oedd eisoes yn adnabyddus.

Y Rheol Euraidd

Mae Efengyl Mathew yn cofnodi dau achlysur lle mae Iesu'n dysgu'r hyn sy'n cael ei adnabod fel y Rheol Euraidd. Nid ef oedd y cyntaf i wneud hynny; mae'r Rheol Euraidd yn ymddangos yn yr Hen Destament ac yn nysgeidiaethau moesol llawer o grefyddau a diwylliannau gwahanol. Ond mae Iesu'n honni bod y rheol yn crynhoi moesoldeb Iddewig yn ei gyfanrwydd:

> Pa beth bynnag y dymunwch i eraill ei wneud i chwi, gwnewch chwithau felly iddynt hwy; hyn yw'r Gyfraith a'r proffwydi.
>
> (Mathew 7:12)

(Yn y dyfyniad hwn, mae'r 'Gyfraith a'r proffwydi' yn cyfeirio at y Beibl Iddewig.)

Mae Iesu'n ateb y cwestiwn, 'Sut rydyn ni'n gwybod beth sy'n gywir ac anghywir?' Mae ei ateb yn syml: mae eich ymddygiad tuag at bobl eraill yn gywir ac yn dda os ydyn nhw'n cael yr un fantais ohono ag yr hoffech chi ei derbyn. Ond mae Iesu'n mynd ymhellach drwy ddweud, yn yr adnod flaenorol, fod Duw yn gwobrwyo'r rheini sy'n gwneud y peth cywir:

> Am hynny, os ydych chwi ... yn medru rhoi rhoddion da i'ch plant, gymaint mwy y rhydd eich Tad sydd yn y nefoedd bethau da i'r rhai sy'n gofyn ganddo!
>
> (Mathew 7:11)

Teyrnas Dduw

Mewn dysgeidiaeth arall (Mathew 25:31–46), mae Iesu'n esbonio mai'r wobr i'r rheini sy'n gwneud pethau da yw bywyd tragwyddol yn Nheyrnas Dduw. Ar y llaw arall, bydd y rheini sydd ddim yn gwneud pethau da yn cael eu cosbi'n dragwyddol. Mae tri phwynt arall i'w nodi.

1. Iesu ei hun fydd yn barnu ymddygiad pobl.
2. Nid gwneud drygioni yn unig fydd yn arwain at gosb, ond methu â gwneud pethau da hefyd.
3. Ni ddylai'r weithred o wneud pethau da fod wedi'i chymell gan yr addewid o fywyd tragwyddol. Yn nysgeidiaeth Iesu, nid yw'r rheini sy'n cael bywyd tragwyddol yn ymwybodol o'u gweithredoedd da; mae daioni yn dod yn naturiol iddyn nhw.

Mewn man arall, mae Iesu'n esbonio nad yw'r ffordd at y nefoedd yn hawdd.

> Ewch i mewn trwy'r porth cyfyng; oherwydd llydan yw'r porth ac eang yw'r ffordd sy'n arwain i ddistryw, a llawer yw'r rhai sy'n mynd ar hyd-ddi. Ond cyfyng yw'r porth a chul yw'r ffordd sy'n arwain i fywyd, ac ychydig yw'r rhai sy'n ei chael.
>
> (Mathew 7:13–14)

Mae'n dweud bod mynediad i'r nefoedd yn gofyn am ddisgyblaeth foesol – her sy'n anodd ei chyflawni.

Tasg

Ai absoliwtydd moesol neu berthynolydd moesol oedd Iesu? Rhowch resymau a thystiolaeth i gefnogi eich ateb.

Agape (cariad)

> **Cysyniad Allweddol**
>
> **Agape** Cariad anhunanol, aberthol, diamod. Mae Cristnogaeth yn ystyried agape fel y math uchaf o gariad. Mae aberth Iesu ar y groes i achub dynoliaeth, a dysgeidiaethau fel 'Câr dy gymydog', yn enghreifftiau o'r cariad hwn.

Ychydig cyn ei farwolaeth, rhoddodd Iesu orchymyn i'w ddisgyblion:

> Yr wyf yn rhoi i chwi orchymyn newydd: carwch eich gilydd. Fel y cerais i chwi, felly yr ydych chwithau i garu'ch gilydd. Os bydd gennych gariad tuag at eich gilydd, wrth hynny bydd pawb yn gwybod mai disgyblion i mi ydych.

(Ioan 13:34–35)

Nid yw ystyr y gair 'cariad' yn gwbl glir yr adnod hon. Ond cafodd y Testament Newydd ei ysgrifennu yn yr iaith Roeg, ac mae Groeg yn benodol iawn. Y gair mae Iesu'n ei ddefnyddio ar gyfer 'cariad' yw **agape**. Nid agape yw'r math o gariad sy'n golygu cyfeillgarwch neu atyniad corfforol. Mae'n golygu rhoi lles a buddiannau pobl eraill o flaen eich rhai eich hun.

Yn y Beibl, mae Iesu'n crynhoi moeseg Gristnogol yn y geiriau hyn: 'Câr dy gymydog fel ti dy hun' (Mathew 22:39). Unwaith eto mae'n defnyddio'r gair agape. Mae Efengyl Luc yn adrodd bod un o gynulleidfa Iesu, arbenigwr yn y gyfraith Iddewig, yn gofyn iddo esbonio'r gosodiad hwn. Mae'n gofyn, 'A phwy yw fy nghymydog?' (Luc 10:29).

Mae Iesu'n ateb ar ffurf dameg, sef hanes y Samariad Trugarog (Luc 10:25–37).

> 'Yr oedd rhyw ddyn yn mynd i lawr o Jerwsalem i Jericho, a syrthiodd i blith lladron. Wedi tynnu ei ddillad oddi amdano a'i guro, aethant ymaith, a'i adael yn hanner marw. Fel y digwyddodd, yr oedd offeiriad yn mynd i lawr ar hyd y ffordd honno; pan welodd ef, aeth heibio o'r ochr arall. Yr un modd daeth Lefiad hefyd at y man; gwelodd ef, ac aeth heibio o'r ochr arall. Ond daeth teithiwr o Samariad ato; pan welodd hwn ef, tosturiodd wrtho. Aeth ato a rhwymo ei glwyfau, gan arllwys olew a gwin arnynt; gososodd ef ar ei anifail ei hun, a'i arwain i lety, a gofalu amdano. Trannoeth tynnodd ddau ddarn arian allan a'u rhoi i'r gwesteiwr, gan ddweud, "Gofala amdano. Os byddi wedi gwario rhywbeth dros ben, fe dalaf fi yn ôl iti pan ddychwelaf."'

Mae Iesu'n gorffen drwy ofyn:

> 'P'run o'r tri hyn, dybi di, fu'n gymydog i'r dyn a syrthiodd i blith lladron?'

> Meddai ef, 'Yr un a gymerodd drugaredd arno.'

Felly, pan fydd rhywun yn gofyn i Iesu, 'Pwy sy'n haeddu fy nghariad (agape)?', ei ateb yw, 'Pwy bynnag sydd ei angen'.

> **Tasg**
>
> 'Mae caru pawb yn amhosibl.'
> Sut byddai Cristion yn ymateb i'r gosodiad hwn?

▶ Maddeuant

Nid yw maddau ac anghofio yn egwyddor y byddai Cristnogion yn cytuno â hi. Mae pobl yn tueddu i feddwl bod maddau i rywun am rywbeth drwg mae wedi'i wneud yn golygu nad yw'r person yn cael ei gosbi, a'i fod yn arwydd o wendid.

I Gristnogion, mae maddau yn benderfyniad cydwybodol i ollwng gafael ar deimladau o ddicter a chasineb – teimladau a all ddinistrio rhywun. Mae maddeuant yn dal yn golygu bod yn rhaid cael cyfiawnder lle bo angen. Byddai Cristion sy'n maddau hefyd eisiau i'r troseddwr ddangos edifeirwch am yr hyn mae wedi'i wneud er mwyn gallu cymodi â Duw. Byddai Cristion yn gweddïo ar Dduw i faddau i'r troseddwr. Ond bydd y person sy'n maddau yn rhydd o deimladau poenus a dinistriol ac yn gallu symud ymlaen â'i fywyd.

Mae gollwng gafael ar deimladau dinistriol yn golygu cael gwared ar gasineb a rhoi cariad yn ei le. Mae Iesu'n dweud:

> Clywsoch fel y dywedwyd, 'Câr dy gymydog, a chasâ dy elyn.' Ond rwyf fi'n dweud wrthych: carwch eich gelynion, a gweddïwch dros y rhai sy'n eich erlid…

(Mathew 5:43–44)

Fel arfer, mae Iesu'n dod â'i ddysgeidiaethau am faddeuant yn ôl at Dduw. Pan fydd e'n dysgu i eraill sut i weddïo, mae'n cynnwys y geiriau, 'a maddau inni ein troseddau, fel yr ŷm ni wedi maddau i'r rhai a droseddodd yn ein herbyn' (Mathew 6:12). Mae'n mynd ymlaen i esbonio beth yw ystyr hyn:

> Oherwydd os maddeuwch i eraill eu camweddau, bydd eich Tad nefol hefyd yn maddau i chwi. Ond os na faddeuwch i eraill eu camweddau, ni fydd eich Tad chwaith yn maddau eich camweddau chwi.

(Mathew 6:14–15)

Mae'n fater o gyfiawnder syml.

Nid yw maddeuant yn mynnu bod y troseddwr yn difaru'r hyn a wnaeth; mae maddeuant yn ddiamod. Mae'n golygu rhyddhau'r un sy'n maddau, nid y troseddwr. Mae Efengyl Mathew'n dweud:

> Yna daeth Pedr a gofyn iddo, 'Arglwydd, pa sawl gwaith y mae fy nghyfaill i bechu yn fy erbyn a minnau i faddau iddo? Ai hyd seithwaith?'
>
> Meddai Iesu wrtho, 'Nid hyd seithwaith a ddywedaf wrthyt, ond hyd saith deg seithwaith.'

(Mathew 18:21–22)

Mae Iesu ei hun, wrth iddo farw ar y groes, yn maddau i'r rheini a roddodd ef i farwolaeth:

> Ac meddai Iesu, 'O Dad, maddau iddynt, oherwydd ni wyddant beth y maent yn ei wneud.'

(Luc 23:34)

Mae'n gofyn i Dduw faddau iddyn nhw; er nad ydyn nhw'n sylweddoli arwyddocâd y lladd, maen nhw'n dal yn euog ac mae angen maddeuant Duw arnyn nhw.

Mae geiriau Iesu yn Mathew 6:5–13 yn awgrymu bod maddeuant yn ymwneud yn llai â'r berthynas rhwng y maddeuwr a'r un mae'n maddau iddo, ond yn fwy â'r berthynas rhwng yr unigolion a Duw.

Tasg

'Mae peidio â maddau yn golygu eich bod yn dioddef.'

Dyma eiriau Gee Walker, Cristion a mam i Anthony a gafodd ei lofruddio mewn ymosodiad hiliol. Beth yw ystyr ei geiriau, yn eich barn chi?

▶ Trysorau ar y ddaear ac yn y nef

Rydyn ni wedi gweld bod Iesu'n credu mai cariad (agape) sy'n cymell daioni moesol. Mae gweithredoedd da yn anhunanol, ac yn arwain at fanteision i eraill sydd o leiaf yr un faint â'r manteision byddech chi'n hoffi eu cael eich hun.

Ond mae gan weithredoedd moesol elfen ysbrydol. Yr hyn sy'n dda yw'r hyn sy'n cael ei gymeradwyo gan Dduw. O ganlyniad, bydd Duw yn gwobrwyo cyfiawnder moesol ar ôl marwolaeth.

Yn y Beibl, mae Iesu'n cymharu gwneud gweithredoedd da â rhoi arian yn y banc neu gasglu trysor:

> Peidiwch â chasglu ichwi drysorau ar y ddaear, lle mae gwyfyn a rhwd yn difa, a lle mae lladron yn torri trwodd ac yn lladrata. Casglwch ichwi drysorau yn y nef, lle nad yw gwyfyn na rhwd yn difa, a lle nad yw lladron yn torri trwodd nac yn lladrata. Oherwydd lle mae dy drysor, yno hefyd y bydd dy galon.

(Mathew 6:19–21)

Mae pethau bydol yn gallu pydru neu gael eu dwyn. Ond mae gan weithredoedd da werth ysbrydol sy'n cael ei ddatgelu ar ôl marwolaeth: 'trysorau yn y nef'.

Ar achlysur arall, mae Iesu'n adrodd dameg sy'n esbonio nid yn unig y bydd gweithredoedd da yn cael eu gwobrwyo ar ôl marwolaeth, ond hefyd y bydd methu â gwneud y peth cywir yn cael ei gosbi. Mae Dameg y Dyn Cyfoethog a Lasarus (Luc 16:19–31) yn sôn am ddyn sy'n berchen ar gyfoeth mawr ac sy'n ymwybodol bod cardotyn tlawd, Lasarus, yn cysgu y tu allan i'w dŷ, ond nid yw'n gwneud dim i'w helpu. Pan fydd y ddau yn marw, mae'r Dyn Cyfoethog yn mynd i uffern a Lasarus i'r nefoedd. Nid yw cyfoeth a lwc dda yn gwneud unrhyw wahaniaeth o gwbl mewn bywyd ar ôl marwolaeth. Yr hyn sy'n bwysig yw sut mae person yn eu defnyddio mewn modd cadarnhaol tra'i fod yn fyw.

Mae Iesu'n gorffen y ddameg drwy ddweud bod y neges hon yn cael ei hailadrodd drwy'r Beibl, ond nid yw pobl yn cymryd sylw ohoni. Mae'r Dyn Cyfoethog yn y stori yn gofyn a all Lasarus fynd yn ôl i'r ddaear o'r nefoedd i rybuddio ei deulu am ganlyniadau peidio â gwneud pethau da. Mae Iesu'n dweud (o bosibl yn cyfeirio ato'i hun):

> Os nad ydynt yn gwrando ar Moses a'r proffwydi, yna ni chânt eu hargyhoeddi hyd yn oed os atgyfoda rhywun o blith y meirw.

(Luc 16:31)

Tasg

Mewn dwy neu dair brawddeg, esboniwch ystyr 'trysorau ar y ddaear' a 'thrysorau yn y nef'.

Yr Eglwys

Amrywiaeth mewn Cristnogaeth

Ar hyd y canrifoedd, mae Cristnogaeth wedi ehangu ac ymrannu. Mae'r grefydd yn cael ei harfer gan 2.4 biliwn o bobl – traean o boblogaeth y byd – mewn 197 o'r 232 o wledydd yn y byd.

Yng nghyfrifiad diweddaraf y Deyrnas Unedig yn 2011, roedd 59.3 y cant o boblogaeth Cymru a Lloegr yn dweud eu bod yn Gristnogion. Nid oedd y ffigur yng Nghymru yn wahanol iawn – 57.6 y cant.

Digwyddodd y rhaniad mawr cyntaf yn yr Eglwys yn yr unfed ganrif ar ddeg (y Sgism Mawr), rhwng yr Eglwysi sy'n cael eu hadnabod heddiw fel Eglwys Uniongred y Dwyrain a'r Eglwys Gatholig. Eto, yn yr unfed ganrif ar bymtheg, arweiniodd anghydfod yn yr Eglwys Gatholig at sefydlu'r Eglwysi Protestannaidd drwy dorri i ffwrdd oddi wrth yr Eglwys Gatholig Rufeinig (y Diwygiad).

Enw'r Eglwys Gatholig yng Nghymru a Lloegr oedd Eglwys Loegr. Yng nghyfnod y Diwygiad Protestannaidd, roedd y Brenin Harri VIII yn gwrthwynebu awdurdod y Pab, a phenderfynodd ddod yn arweinydd ar Eglwys Loegr ei hun.

Wrth i'r Ymerodraeth Brydeinig ledaenu i wledydd ar draws y byd, roedd yr Eglwysi gafodd eu ffurfio yn y gwledydd hynny yn defnyddio Eglwys Loegr fel model. Dechreuon nhw gydweithio â'i gilydd fel cymuned o Eglwysi oedd yn cael ei hadnabod fel y Cymundeb Anglicanaidd.

Enw'r Eglwys Anglicanaidd yng Nghymru yw'r Eglwys yng Nghymru. Er bod gan Eglwys Loegr gysylltiadau agos o hyd â llywodraeth Prydain fel yr Eglwys sefydledig yn Lloegr, torrodd yr Eglwys yng Nghymru ei chysylltiadau ag Eglwys Loegr yn 1920 pan gafodd ei datgysylltu.

Mae'r Eglwysi Protestannaidd wnaeth wrthod cydymffurfio neu gytuno â phob un o ddysgeidiaethau ac arferion yr Eglwys Anglicanaidd yn cael eu galw'n Eglwysi Anghydffurfiol. Roedd llawer o bobl yng Nghymru yn anfodlon ag Eglwys Loegr yn y ddeunawfed ganrif a'r bedwaredd ganrif ar bymtheg, ac arweiniodd hyn at dwf grwpiau Anghydffurfiol, gan gynnwys Methodistiaid, Bedyddwyr ac Annibynwyr.

Mae'r grwpiau a'r canghennau gwahanol o fewn yr Eglwys Gristnogol yn cael eu galw'n **enwadau**.

> **Enwad** Cangen o'r Eglwys Gristnogol.

Yr Eglwys Gatholig Rufeinig

Mae tua hanner yr holl Gristnogion yn y byd yn perthyn i'r Eglwys Gatholig. Y Pab yw arweinydd yr Eglwys Gatholig. Mae'r Eglwys Gatholig yn dysgu bod gan y Pab awdurdod arbennig sy'n dod i lawr oddi wrth Iesu ei hun. Mae addoliad y Catholigion yn tueddu i fod yn ffurfiol ac yn llawn defodau. Mae'r arweinwyr lleol yn cael eu galw'n offeiriaid; nid oes ganddyn nhw hawl i briodi, ac ni all menywod fod yn offeiriaid.

Yr Eglwys Anglicanaidd

Mae'r Cymundeb Anglicanaidd yn gorff o Eglwysi o lawer o wledydd sy'n gysylltiedig ag Eglwys Loegr mewn rhyw ffordd. Nid yw'r Eglwys Anglicanaidd yn cydnabod awdurdod y Pab, a'i harweinydd yw Archesgob Caergaint. Mae'n caniatáu cryn dipyn o ryddid o ran cred, dehongliad ac arferion, felly mae amrywiaeth eang o safbwyntiau a mathau o addoli o fewn yr Eglwys. Mae'r rhan fwyaf o Eglwysi Anglicanaidd yn caniatáu i fenywod fod yn offeiriaid, ond nid pob un. Fel arfer, mae'r arweinwyr lleol yn cael eu galw'n ficeriaid. Mae gan offeiriaid (dynion a menywod) hawl i briodi.

Yr Eglwys yng Nghymru

Enw'r Eglwys Anglicanaidd yng Nghymru yw'r Eglwys yng Nghymru. O ganlyniad, mae ganddi yr un math o amrywiaeth â'r Eglwysi Anglicanaidd eraill. Mae'n cael ei harwain gan Archesgob Cymru, sydd hefyd yn un o esgobion yr Eglwys, ac mae tua 84,000 o bobl yn perthyn iddi.

Eglwysi a Chapeli Anghydffurfiol

Yr Eglwysi Anghydffurfiol yw'r Eglwysi Protestannaidd hynny wnaeth dorri i ffwrdd o'r Eglwys Gatholig a gwrthod cydymffurfio â dysgeidiaethau'r Eglwys Anglicanaidd. Mae sawl un ohonyn nhw yn weithredol yng Nghymru. Dechreuodd Anghydffurfiaeth yn y ddeunawfed ganrif – roedd Anglicaniaid Cymru yn anhapus bod cyn lleied o esgobion a gweinidogion Eglwys Loegr yng Nghymru yn Gymry. Y tri grŵp Anghydffurfiol mwyaf yng Nghymru yw Undeb yr Annibynwyr Cymraeg, Eglwys y Bedyddwyr ac Eglwys y Methodistiaid Calfinaidd, neu Eglwys Bresbyteraidd Cymru. Gall dynion a menywod fod yn weinidogion yn Eglwysi Anghydffurfiol Cymru, a gallan nhw briodi. Er bod gwahaniaethau rhyngddyn nhw, mae'r Eglwysi i gyd yn ystyried mai awdurdod y Beibl yw egwyddor graidd yr Eglwys. Mae llawer o adeiladau'r Eglwysi Anghydffurfiol yn cael eu galw'n gapeli. Mae enwadau anghydffurfiol, yn enwedig y rheini lle mae'r addoli'n cael ei gynnal yn Gymraeg, yn cael eu galw'n gapeli er mwyn eu gwahaniaethu oddi wrth yr Eglwys Anglicanaidd yng Nghymru.

> **Tasg**
>
> Lluniwch dabl fel yr un isod. Llenwch y tabl drwy roi nodiadau ar beth sy'n gwneud pob enwad yn wahanol i'r lleill.
>
> | Enwad | Credoau ac arferion gwahanol |
> |---|---|
> | Yr Eglwys Gatholig | |
> | Yr Eglwys Anglicanaidd | |
> | Eglwysi Anghydffurfiol | |

Rôl yr eglwys leol

> Chwi yw goleuni'r byd. Ni ellir cuddio dinas a osodir ar fryn. Ac nid oes neb yn goleuo cannwyll ac yn ei rhoi dan lestr, ond yn hytrach ar ganhwyllbren, a bydd yn rhoi golau i bawb sydd yn y tŷ. Felly boed i'ch goleuni chwithau lewyrchu gerbron eraill, er mwyn iddynt weld eich gweithredoedd da chwi a gogoneddu eich Tad, yr hwn sydd yn y nefoedd.
>
> (Mathew 5:14–16)

Man addoli yw eglwys neu gapel yn bennaf, ond fel rhan o'r addewid i fyw yn ôl y gwerthoedd a ddangosodd Iesu yn yr Efengylau, maen nhw'n estyn allan at gymunedau mewn sawl ffordd. Mae rhai o'r gwasanaethau mae'r eglwysi'n eu darparu i'r gymuned yn grefyddol eu natur, er enghraifft cynnal defodau newid byd pwysig i unigolion a theuluoedd. Bydd gwasanaethau fel bedydd, conffyrmasiwn, priodas neu angladd yn cael eu cynnal yn yr eglwys neu'r capel.

Mae neuadd drws nesaf i lawer o eglwysi a chapeli, ac mae'r capel hefyd yn gweithredu fel lle i gael cyfarfodydd. Gallan nhw gael eu defnyddio ar gyfer pob math o weithgareddau, gan gynnwys:

- paned ar ôl gwasanaethau'r Sul
- pryd o fwyd wythnosol i'r digartref, sydd wedi'i ddarparu gan arian oddi wrth y gynulleidfa
- gwasanaeth banc bwyd
- bore coffi i'r henoed
- clybiau ieuenctid
- cyfarfodydd Undeb y Mamau
- cyfleusterau meithrinfa i rieni ifanc
- ffeiriau haf
- cyfarfodydd mudiadau fel yr Urdd a Merched y Wawr
- dosbarthiadau ffitrwydd neu grwpiau colli pwysau
- partïon Nadolig i bensiynwyr
- partïon pen-blwydd
- digwyddiadau teuluol a chymunedol
- cyngherddau a sioeau
- ffair sborion
- sesiynau astudiaeth feiblaidd a grwpiau gweddïo
- addysg i oedolion
- lloches mewn argyfwng.

> **Tasgau**
>
> 1. Esboniwch sut mae'r dyfyniad o Efengyl Mathew yn berthnasol i rai o'r gweithgareddau sy'n cael eu cynnal mewn eglwysi a chapeli.
> 2. Dewiswch bum gweithgaredd gwahanol sy'n cael eu cynnal mewn eglwysi (er enghraifft, bore coffi i'r henoed). Ar gyfer pob un, amlinellwch sut mae'r gweithgaredd yn gwasanaethu'r gymuned.

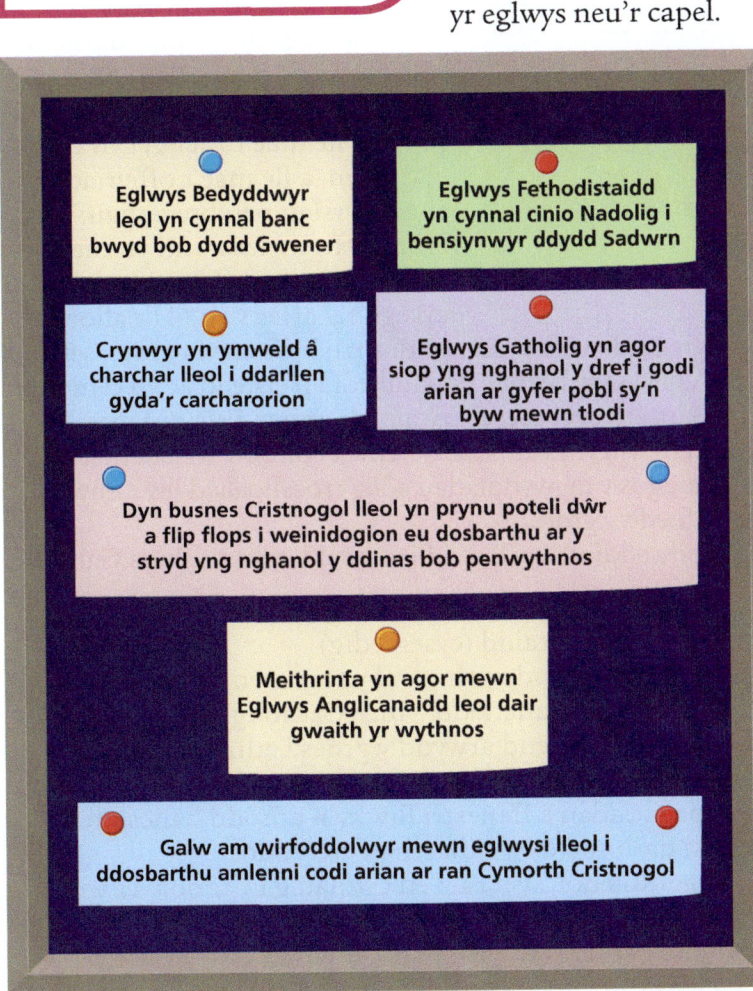

Mae eglwysi'n cael eu defnyddio ar gyfer amrywiaeth o weithgareddau.

Amrywiol nodweddion eglwysi a chapeli

Prif swyddogaeth eglwysi a chapeli yw cynnal a chymryd rhan mewn gweithredoedd o addoli. Mae pensaernïaeth, cynllun a dodrefn mannau addoli, felly, yn adlewyrchu rhai o gredoau ac arferion Cristnogaeth yn gyffredinol a'r enwad yn benodol.

Eglwysi Catholig

Yn draddodiadol, ond nid bob tro, mae eglwysi Catholig wedi'u hadeiladu ar ffurf croes. Top y groes yw pen dwyreiniol yr adeilad, sy'n wynebu Jerwsalem lle bu farw Iesu a lle cododd ef o'r marw, yn ôl y sôn.

Y cysegr yw'r enw ar y pen dwyreiniol mewn eglwys. Nodwedd ganolog y cysegr yw'r allor – bwrdd, yn aml wedi'i wneud o garreg, lle mae bara a gwin yn cael eu bendithio (eu cynnig i Dduw) yn ystod gwasanaeth yr Ewcharist (y cymun). Mae'r bara a'r gwin yn cael eu cadw yn y tabernacl y tu ôl i'r allor.

Yn y cysegr hefyd mae darllenfa, sef stand ar gyfer darllen darnau o'r Beibl. Yr ochr arall mae'r pulpud lle mae'r Efengyl yn cael ei darllen, a lle mae'r offeiriad yn rhoi sgyrsiau neu bregethau. Mae croes â ffigwr Iesu arni yn cael ei dangos mewn lle amlwg yn y cysegr, fel arfer y tu ôl i'r allor.

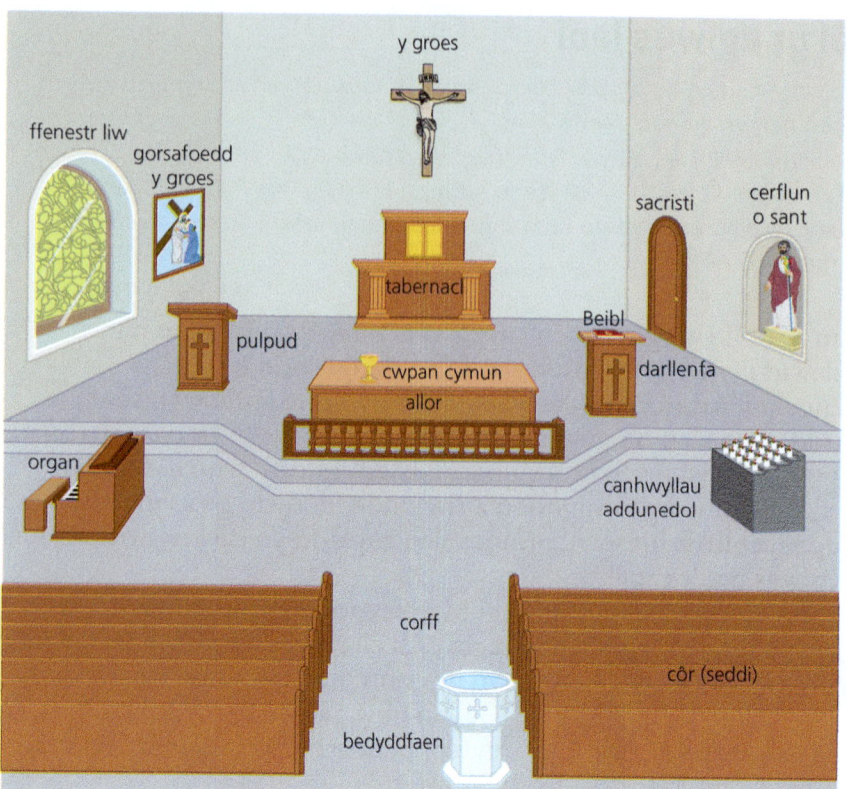

Y tu mewn i eglwys Gatholig Rufeinig.

Mae reilen yn gwahanu'r cysegr oddi wrth brif ran yr eglwys, sef y corff. Corff yr eglwys yw lle mae'r gynulleidfa'n eistedd ac yn cymryd rhan yn y gwasanaeth sy'n cael ei arwain o'r cysegr. Fel arfer mae pobl yn eistedd mewn rhes ar fainc o'r enw'r côr. Ar y waliau mae 14 o luniau sy'n dangos y digwyddiadau adeg croeshoeliad Iesu; enw'r rhain yw gorsafoedd y groes.

Dyma rai nodweddion eraill sydd i'w gweld mewn eglwys Gatholig:

- bedyddfaen, basn carreg sy'n cael ei ddefnyddio i fedyddio babanod gyda dŵr sanctaidd (cysegredig)
- cawg, basn llai sy'n sownd wrth y wal y tu mewn i'r drws, sydd hefyd yn cynnwys dŵr sanctaidd – mae Catholigion yn rhoi llaw yn y dŵr ac yn gwneud arwydd y groes i adnewyddu eu haddewidion bedydd
- cerfluniau, paentiadau a ffenestri lliw sy'n adrodd hanesion pwysig neu'n darlunio dysgeidiaethau crefyddol
- canhwyllau addunedol, sy'n cael eu cynnau gan addolwyr wrth weddïo o flaen cerflun
- organ i gyfeilio i addolwyr wrth ganu emynau
- cyffesgell, cwpwrdd bach lle mae'r offeiriad yn gwrando ar gyffesion unigolion.

Eglwysi Anglicanaidd

Oherwydd mai Eglwys Gatholig Lloegr oedd yr Eglwys Anglicanaidd hyd nes oes y Tuduriaid, mae llawer o'i heglwysi yn debyg iawn i eglwysi Catholig. Maen nhw fel arfer ar ffurf croes, gyda chysegr yn y pen dwyreiniol sy'n cynnwys allor.

Tasg

Defnyddiwch y wybodaeth ar y dudalen hon i ysgrifennu diffiniadau o'r termau canlynol:

cannwyll addunedol; gorsafoedd y groes; darllenfa; bedyddfaen; côr (seddi); y groes; cysegr; allor; corff (yr eglwys); pulpud; cyffesgell.

Eglwys Anglicanaidd yng Nghymru.

Fodd bynnag, maen nhw'n tueddu i fod yn fwy plaen, gyda llai o addurniadau. Nid oes ganddyn nhw gerfluniau na chanhwyllau addunedol i gyfleu gweddïau. Nid yw Mair, mam Iesu, yn ffigwr amlwg ac weithiau nid yw'n bresennol o gwbl.

Yn y cysegr, nid yw bara a gwin yr Ewcharist yn cael eu cadw mewn cynhwysydd arbennig fel y tabernacl mewn eglwys Gatholig. Mae'n fwy arferol cael croes syml yn hytrach na chroes â ffigwr Iesu arni. Mae'n bosibl y bydd bedyddfaen ym mhen gorllewinol yr eglwys, ond nid oes cawgiau dŵr sanctaidd.

Capeli Anghydffurfiol

Mae capeli'n tueddu i fod yn adeiladau llawer mwy syml nag eglwysi Catholig neu eglwysi Anglicanaidd coeth. Mae meindwr ar ben llawer o eglwysi sy'n estyn allan o'r to tuag at y nefoedd, ond to cyffredin ar oleddf sydd gan y rhan fwyaf o gapeli. Fel arfer mae gofod agored y tu mewn i eglwysi hyd at y to, tra bod galeri neu falconi rhwng y llawr a'r nenfwd mewn capeli; mae hyn yn rhoi mwy o le i'r gynulleidfa eistedd. Ac er bod eglwysi fel arfer yn mynd o'r dwyrain i'r gorllewin, nid felly mae capeli bob amser.

Mae cynllun capel yn adlewyrchu ei brif bwrpas: gwrando ar air Duw a chanu ei glodydd. Ar un pen, y canolbwynt yw'r pulpud neu'r ddarllenfa lle mae'r gweinidog yn darllen o'r Beibl ac yn esbonio dysgeidiaethau'r Beibl i'r gynulleidfa. O flaen y pulpud mae bwrdd y cymun er mwyn dathlu'r Cymun Bendigaid. Mae'r organ yn nodwedd bwysig mewn capel er mwyn cyfeilio i emynau, ac mae'n bosibl bod lle mewn rhai capeli ar gyfer band bychan.

Mae drws wedi'i adeiladu i mewn i'r llawr mewn capeli Bedyddwyr, o flaen y seddi lle mae'r gynulleidfa'n eistedd. Mae'n bosibl agor y drws i ddatgelu bedyddfa – pwll lle mae oedolion yn cael eu bedyddio.

Tasg

Lluniadwch ddiagramau o'r mannau addoli Cristnogol gwahanol a'u labelu. Yna ysgrifennwch frawddeg yn esbonio pob un o'r labeli.

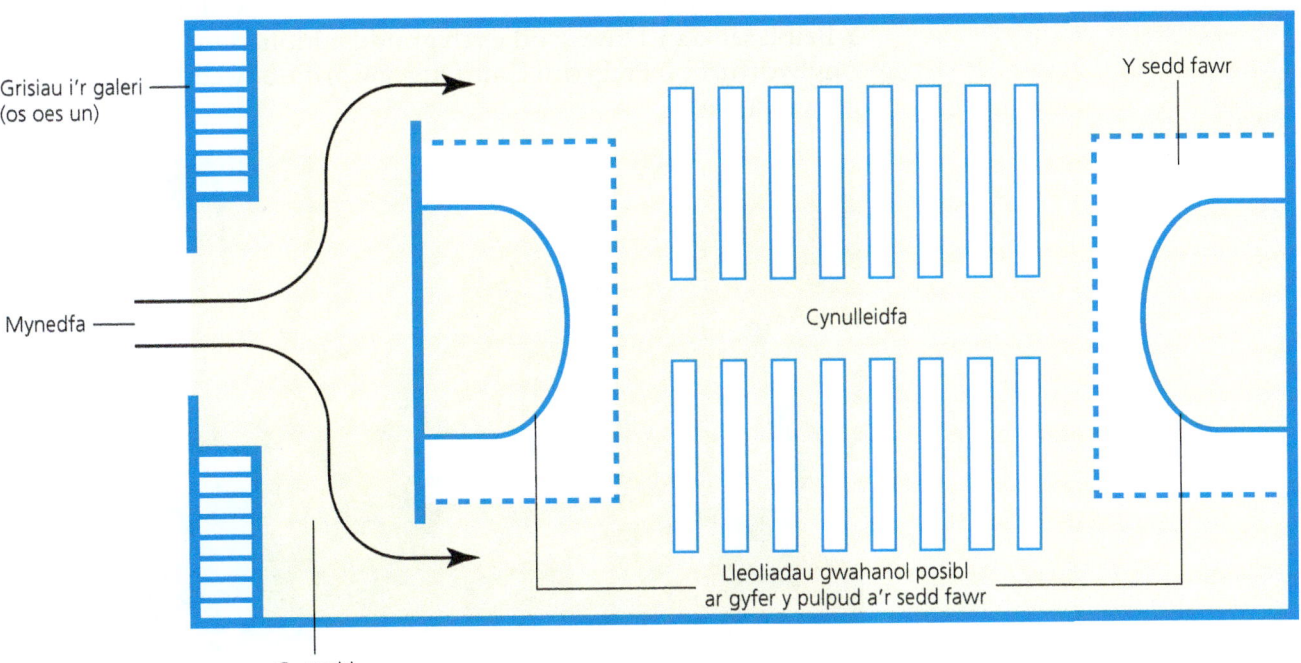

Cynllun llawr capel.

Amrywiol arferion addoli

Mae addoli yn ffordd o fynegi cariad a chlod i Dduw. Mae'r Beibl yn aml yn cyfeirio at weithredoedd o addoli a'u pwysigrwydd. Er enghraifft, yn y Deg Gorchymyn, mae'r cyfarwyddyd i gadw'r dydd Saboth 'yn gysegredig' wedi'i ddehongli fel gorchymyn i addoli Duw.

Mae llawer o wahanol fathau o addoli, ac mae traddodiadau Cristnogol gwahanol yn addoli Duw mewn ffyrdd gwahanol.

Mae **addoli unigol** yn digwydd yn ychwanegol at addoli gyda'ch gilydd mewn eglwys. Mae Cristnogion yn credu ei bod yn bwysig ffurfio perthynas bersonol â Duw, ac mae addoli ar eich pen eich hun yn aml yn rhan o hyn. Nid yw rhai Cristnogion yn teimlo'r angen i gymryd rhan mewn addoliad cyhoeddus neu berthyn i grŵp crefyddol ffurfiol, felly maen nhw'n addoli'n unigol.

Addoli anffurfiol yw addoli cyhoeddus neu addoli 'ar y cyd' sydd ddim yn dilyn patrwm neu strwythur penodol. Mae'r dull modern **carismataidd** ac **efengylaidd** o addoli yn pwysleisio pwysigrwydd yr Ysbryd Glân a gweithredu digymell – mae hyn i'w weld mewn gwasanaethau, wrth addoli ac mewn gweddi. Mewn rhai eglwysi fel hyn, mae addolwyr yn mynd i berlewyg neu hyd yn oed yn siarad mewn ieithoedd dieithr ('llefaru â thafodau').

Mae **addoli litwrgaidd** yn fath o addoli sy'n dilyn patrwm penodol ac sydd â defodau sefydlog fel rhan o addoliad cyhoeddus mewn eglwys. Mae'r rhan fwyaf o Eglwysi Cristnogol yn cynnal rhyw fath o addoli litwrgaidd. Gallai hyn fod ar ffurf patrwm gweddïo penodol, neu ddefnyddio yr un llyfr gwasanaeth, fel yn yr Eglwys Gatholig a'r Eglwys yng Nghymru.

Yng Nghymru, mae'r rhan fwyaf o addoli litwrgaidd yn digwydd yn Saesneg, ar wahân i addoliad mewn capeli, sydd fel arfer yn Gymraeg.

Mae'r rhan fwyaf o enwadau yn cynnwys Gweddi'r Arglwydd yn eu gwasanaethau (gweler t. 42). Oherwydd ei bod yn dod o'r Beibl, mae'r weddi hon yn arwyddocaol iawn i bob enwad Protestannaidd. Y Beibl, sef Gair Duw, sydd wrth graidd addoliad mewn capeli Anghydffurfiol. Pregethu Gair Duw yw prif nodwedd addoliad mewn capeli.

> **Carismataidd** Math o addoli Cristnogol sy'n pwysleisio gwaith yr Ysbryd Glân, doniau ysbrydol a gwyrthiau.
>
> **Efengylaidd** Addoli bywiog sy'n pwysleisio perthynas bersonol yr addolwr ag Iesu, yn aml wedi'i fynegi drwy gerddoriaeth.

Tasg

Esboniwch pam mae Cristnogion yn addoli Duw. Yn eich ateb, cyfeiriwch at y ffyrdd gwahanol mae enwadau gwahanol yn addoli.

Yr enw ar grŵp o Gristnogion sy'n dod ynghyd i addoli yw cynulleidfa. Mae addoli sy'n digwydd fel cynulleidfa weithiau'n cael ei alw'n 'addoli ar y cyd'.

Mae mwy o fanylion am y sacramentau a'r Ewcharist yng ngwerslyfr Uned 2.

Sacrament Arwydd allanol o fendith anweledig a mewnol gan Dduw, er enghraifft bedydd a'r Ewcharist. Mae'n dod o'r gair Lladin *sacramentum*, sef llw teyrngarwch roedd milwyr Rhufeinig yn ei dyngu mewn seremoni. Erbyn yr ail ganrif OCC roedd wedi dechrau cael ei ddefnyddio i ddisgrifio defodau Cristnogol. Erbyn y bumed ganrif cafodd ei ddiffinio gan y meddyliwr Cristnogol Sant Awstin yn ei waith fel 'arwydd gweledol o ras anweledig'.

Amrywiaeth wrth addoli – y sacramentau

Mae'r sacramentau yn enghraifft o addoli litwrgaidd. Mae'r gair sacrament yn golygu 'arwydd gweledol o ras anweledig'. Ystyr hyn yw bod y gweithredoedd, y geiriau a'r gwrthrychau sy'n gysylltiedig â phob **sacrament** yn arwydd bod Cristnogion yn derbyn gras neu fendith Duw.

Mae'r Eglwys Gatholig Rufeinig ac Eglwys Uniongred y Dwyrain yn cydnabod saith sacrament:

- Mae bedydd yn derbyn pobl i mewn i'r Eglwys Gristnogol.
- Mae conffyrmasiwn yn digwydd pan fydd rhywun yn cyrraedd oed i allu ymrwymo i'r Eglwys drostyn nhw'u hunain.
- Yr Ewcharist yw rhannu bara a gwin i gofio am farwolaeth Iesu.
- Mae penyd hefyd yn cael ei alw'n sacrament cymod neu gyffes. Mae Catholigion yn gorfod cyffesu eu pechodau i offeiriad ac edifarhau amdanyn nhw. Yna bydd yr offeiriad yn eu 'gollwng' (neu'n eu rhyddhau) oddi wrth eu pechodau ar ran Duw.
- Mae eneinio'r claf yn digwydd pan fydd crediniwr Catholig yn ddifrifol wael neu'n marw.
- Mae pobl yn ymuno ag offeiriadaeth yr Eglwys drwy'r urddau eglwysig. Wrth ymuno â'r offeiriadaeth, rydych chi'n cael eich 'ordeinio'.
- Mae priodas yn dangos uniad ysbrydol y cwpl â Duw.

Dim ond dau sacrament mae'r rhan fwyaf o Eglwysi Protestannaidd ac Anglicanaidd yn eu cydnabod: bedydd a'r Ewcharist (neu'r Cymun Bendigaid). Mae hyn oherwydd mai dyma'r unig ddau sacrament gwnaeth Iesu eu cyflawni yn ystod ei fywyd, yn ôl y cofnod yn yr Efengylau. Mae rhai Protestaniaid yn eu galw'n 'ordinhadau' yn hytrach na sacramentau. Maen nhw'n dweud bod angen cyflawni'r ordinhadau oherwydd eu bod wedi cael cyfarwyddyd i wneud hynny, nid er mwyn derbyn gras Duw.

Nid yw rhai enwadau Protestannaidd, fel y Crynwyr (Cymdeithas y Cyfeillion) a Byddin yr Iachawdwriaeth, yn cydnabod y ddau sacrament hyn hyd yn oed. Maen nhw'n credu mai profiad ysbrydol mewnol yw sacramentau ac nad oes angen gwasanaethau neu ddefodau allanol.

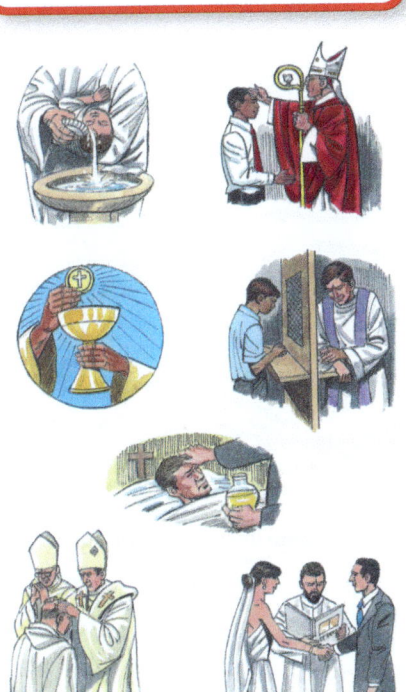

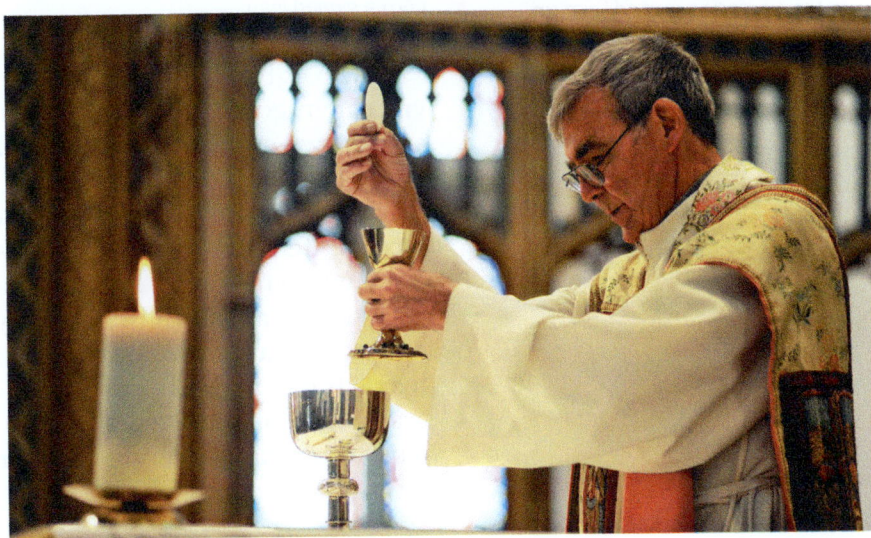

Mae gwasanaeth yr Ewcharist yn enghraifft o addoli litwrgaidd.

Ffyrdd gwahanol o ddeall yr Ewcharist ymhlith Cristnogion

Enw arall ar yr Ewcharist yw'r Cymun Bendigaid neu'r Offeren. Mae'n cofio marwolaeth Iesu ac yn pwysleisio arwyddocâd hynny i Gristnogion. Yn ystod y pryd olaf cyn iddo farw, sef y Swper Olaf, dywedodd Iesu wrth ei ddilynwyr bod yn rhaid iddyn nhw gadw traddodiad yr Ewcharist. Yn y pryd bwyd hwn, rhannodd Iesu fara a gwin gyda'i ddisgyblion, a dywedodd fod y gwin yn cynrychioli ei waed a'r bara'n cynrychioli ei gorff. Dywedodd y dylen nhw rannu bara a gwin pan fydden nhw'n dod at ei gilydd ar ôl ei farwolaeth, i gofio amdano.

Mae Cristnogion heddiw yn parhau'r traddodiad hwn drwy gymryd bara a gwin pan fyddan nhw'n cwrdd i addoli, sef sacrament yr Ewcharist. Maen nhw'n credu bod hyn yn dod â nhw yn nes at Dduw. Mae 'Ewcharist' yn dod o air Groeg sy'n golygu diolchgarwch: mae'n weithred o ddiolch am fywyd a marwolaeth Iesu ac am y ffydd Gristnogol.

Mae'r bara a'r gwin sy'n cael eu rhannu yn ystod gwasanaeth yr Ewcharist yn cynrychioli corff a gwaed Iesu.

Mae'r Eglwys Gatholig Rufeinig yn dysgu bod y bara a'r gwin yn troi yn gorff a gwaed Crist yn llythrennol mewn proses o'r enw **traws-sylweddiad**. Mae'r rhan fwyaf o Brotestaniaid yn gwrthod y safbwynt hwn.

Mae llawer o enwadau Anghydffurfiol yn anghytuno ag yfed alcohol, felly maen nhw'n defnyddio gwin dialcohol neu sudd grawnwin yn ystod y cymun. Maen nhw wedyn yn cyfeirio ato fel 'y cwpan'. Barn yr Eglwys Ddiwygiedig a'r Eglwys Bresbyteraidd am yr Ewcharist yw bod Crist yn bresennol yn ysbrydol yn hytrach nag yn llythrennol yn y bara a'r gwin. Mae Protestaniaid eraill, fel y Bedyddwyr, yn credu nad yw Crist yn bresennol yn y bara a'r cwpan, ond mai gweithred o gofio yn unig yw'r ddefod. Yr enw ar hyn yw **coffaoliaeth**.

Traws-sylweddiad Y ddysgeidiaeth Gatholig Rufeinig bod y bara a'r gwin yn troi yn gorff a gwaed Crist yn llythrennol yn ystod yr Ewcharist.

Coffaoliaeth Y safbwynt mai gweithred o gofio yn unig yw derbyn y cymun.

Tasg

Pam gallai rhai Cristnogion gredu mai'r Ewcharist yw'r sacrament pwysicaf?

Pwysigrwydd gweddïo

Oherwydd lle y mae dau neu dri wedi dod ynghyd yn fy enw i, yr wyf yno yn eu canol.

(Geiriau Iesu, Mathew 18:20)

Mae gweddïo yn ymwneud â datblygu perthynas arbennig â Duw. Mae sawl pwrpas i weddïo, ac mae llawer o ffyrdd gwahanol o weddïo i'w cael yn yr enwadau Cristnogol gwahanol. Mae rhai o'r mathau pwysicaf o weddïo yn canolbwyntio ar:

- Addoliad – cariad a pharch dwfn at Dduw
- Cyffes – datganiad o ffydd drwy weddïo
- Meddwl – myfyrio
- Edifeirwch – dweud 'mae'n ddrwg gen i'
- Moliant – mynegi defosiwn, a allai gynnwys canu emynau
- Diolchgarwch – dweud diolch
- Erfyniad – gofyn am rywbeth.

Gweddïo yw sut mae Cristnogion yn credu eu bod yn cyfathrebu â Duw. Drwy weddïo, maen nhw'n credu eu bod mewn cysylltiad ag Iesu, ac ef gyda nhw.

Mae rhai yn profi gwir deimlad eu bod yn siarad â Duw, ond i eraill mae'r dull o gyfathrebu yn fwy anodd ei esbonio. Rhoddodd Iesu wersi i'r disgyblion cynnar ar sut i weddïo, a'u hannog i weddïo ar Dduw fel tad – mae hyn yn awgrymu bod angen dysgu sut i weddïo.

I rai Cristnogion, mae gweddïo yn ffordd uniongyrchol o gael sgwrs â Duw.

Gweddïo'n breifat

Mae gweddïo unigol yn bwysig dros ben i Brotestaniaid. Mae'n rhoi cyfle i Gristnogion fod ar eu pennau eu hunain gyda Duw, a mynegi eu teimladau dyfnaf iddo. Gallan nhw greu awyrgylch gweddigar drwy gynnau canhwyllau neu blygu o flaen croes. Gall hyn eu galluogi i deimlo presenoldeb Duw. Mae rhai Catholigion yn defnyddio rosari (gleiniau gweddïo ar gadwyn) i'w helpu i ganolbwyntio.

Yn yr Eglwys Gatholig, un o swyddogaethau offeiriad yw bod yn gyswllt rhwng bodau dynol a Duw, ac mae Catholigion yn gofyn i seintiau weddïo ar eu rhan. Un o egwyddorion mwyaf y Diwygiad, a arweiniodd at greu Protestaniaeth, oedd y gred bod pob Cristion yn offeiriad yn ei ffordd ei hun. Ystyr hyn yw bod Protestaniaid yn credu bod gan bob Cristion fynediad uniongyrchol at Dduw drwy Iesu; nid oes yn rhaid iddyn nhw fynd drwy fod dynol arall.

Mae gweddïo yn ffactor pwysig sy'n gwneud ffydd yn rhywbeth personol iawn. Mae llawer o bobl yn gweddïo ar eu pennau eu hunain, ond mae llawer yn teimlo bod gweddïo ar y cyd yn rhoi cynhaliaeth ysbrydol enfawr, ac yn credu eu bod yn dilyn cyfarwyddiadau Iesu ei hun a ddywedodd wrth ei ddilynwyr am weddïo gyda'i gilydd.

Gweddïo cymunedol

Yn aml mae Cristnogion yn teimlo bod angen strwythur a disgyblaeth wrth weddïo. Mae hyn yn golygu y byddan nhw weithiau'n dymuno gweddïo gyda Christnogion eraill. Gall gweddïau cymunedol ddigwydd ar amserau penodol, o bosibl mewn man addoli, neu'n anffurfiol pryd bynnag mae Cristnogion yn cwrdd â'i gilydd. Maen nhw'n galluogi'r rheini sy'n gweddïo i gysylltu â'i gilydd, yn ogystal ag â Duw.

Ein Tad

yn y nefoedd,
sancteiddier dy enw;
deled dy deyrnas;
gwneler dy ewyllys,
ar y ddaear fel yn y nef.
Dyro inni heddiw ein bara beunyddiol;
a maddau inni ein troseddau,
fel yr ŷm ni wedi maddau i'r rhai a
droseddodd yn ein herbyn;
a phaid â'n dwyn i brawf,
ond gwared ni rhag yr Un drwg.
Oherwydd eiddot ti yw'r deyrnas a'r
gallu a'r gogoniant am byth.
Amen.

Ffynhonnell: Y Beibl Cymraeg Newydd

Mewn gweddïau cymunedol, mae Cristnogion yn cyfleu teimladau'r gymuned i Dduw, ac efallai'n mynegi dymuniadau ar ran aelodau unigol neu obeithion am broject grŵp.

Gweddïau gosod

Mae gweddïau gosod yn caniatáu i Gristnogion ddysgu ac ailadrodd gweddïau sy'n golygu rhywbeth arbennig iddyn nhw. Maen nhw'n galluogi i weddïo fod yn dorfol – er enghraifft, pan fydd Cristnogion yn adrodd Gweddi'r Arglwydd gyda phobl eraill, mae eu lleisiau unigol yn dod yn un llais cymunedol.

Mae Gweddi'r Arglwydd yn cael ei hadrodd ym mhob gwasanaeth Cristnogol, fwy neu lai. Dyma'r weddi gwnaeth Iesu ei defnyddio wrth ddysgu i'w ddilynwyr i weddïo. Heddiw, mae gweddïau gosod yn rhan o'r traddodiad a'r ddefod o addoli sy'n mynd yn ôl gannoedd o flynyddoedd. Mae llawer o hen weddïau yn dal i gael eu hadrodd mewn iaith hynafol, fel barddoniaeth.

Gweddi'r Arglwydd yw'r weddi Gristnogol bwysicaf. Ar wahân i'r frawddeg olaf, mae'n cynnwys yr union eiriau a ddywedodd Iesu wrth ei ddilynwyr (Mathew 6:9–13).

Gweddïau byrfyfyr

Dydy gweddïau byrfyfyr (neu weddïau o'r frest) ddim yn dilyn ffurf arbennig, ac maen nhw'n cael eu llunio yn y fan a'r lle. Mae'n well gan rai Cristnogion y math hwn o weddïo – maen nhw'n teimlo bod natur ddigymell y gweddïau hyn yn eu gwneud yn fwy gonest yn ysbrydol mewn rhai ffyrdd. Mae rhai Cristnogion yn credu bod presenoldeb yr Ysbryd Glân yn dylanwadu ar eu dewis a'u defnydd o eiriau pan fyddan nhw'n gweddïo fel hyn.

Mae rhai enwadau Cristnogol wedi mynd mor bell â gwrthod gweddïau gosod heblaw am Weddi'r Arglwydd. Drwy ailadrodd gweddïau gosod, maen nhw'n credu bod y gwir ystyr yn cael ei golli a bod pobl yn eu hailadrodd heb feddwl yn ofalus am yr ystyr. Yn Mathew 6:5-8, mae Iesu'n dweud wrth ei ddilynwyr mai mater preifat yw gweddïo ac nad bwriad y weithred yw creu argraff ar bobl eraill.

Gweddïau anffurfiol

Mae gweddïau gosod wedi'u hysgrifennu mewn iaith ffurfiol, safonol. Er enghraifft, mae gweddïau yn aml yn cyfeirio at Dduw fel 'Ein Tad' yn hytrach na 'Dad', fel roedd Iesu'n ei wneud weithiau. I rai Cristnogion, mae'r iaith ffurfiol hon yn golygu nad ydyn nhw'n gallu uniaethu â'r gweddïau gosod gan nad ydyn nhw'n mynegi eu perthynas â Duw. O ganlyniad, maen nhw'n mabwysiadu llais anffurfiol yn eu gweddïau, gan siarad â Duw mewn ffordd sy'n fwy fel sgwrs neu mewn iaith bob dydd.

> **Tasgau**
>
> 1 Pam mae Gweddi'r Arglwydd mor bwysig i Gristnogion?
>
> 2 Darllenwch Weddi'r Arglwydd uchod. Esboniwch dri pheth gwahanol mae'r weddi'n eu dweud wrth Gristnogion am Dduw, gan ddefnyddio dyfyniadau os oes angen.

> **Tasg**
>
> Lluniwch dabl â dwy golofn. Yn un golofn, ysgrifennwch restr o fanteision addoli'n breifat, a manteision addoli cymunedol yn y llall.

Swyddogaethau cymdeithasol a chymunedol eglwysi

Rydyn ni wedi gweld bod cysylltiad agos rhwng ysbrydolrwydd a moesoldeb ym marn Cristnogion. Dysgodd Iesu fod gan ei ddilynwyr ddyletswydd i Dduw, sef gwneud daioni i fodau dynol eraill.

Er bod bywyd yn yr unfed ganrif ar hugain yn gyfforddus iawn i lawer o bobl yn y Gorllewin, nid yw'n gyfforddus i nifer mawr o bobl eraill. Ledled y byd, mae dros dri biliwn o bobl yn byw ar lai na $2.50 y dydd. Newyn yw prif achos marwolaeth yn y byd.

I'r Eglwysi, mae'n ddyletswydd arnyn nhw i roi cymorth i bobl mewn angen. Gall hyn fod ar ffurf banciau bwyd, cyngor ar fewnfudo neu faterion cyfreithiol, cymorth o ran llety neu reoli arian, neu wybodaeth am iechyd. Mae Efengyl Luc yn sôn am Iesu yn darllen geiriau'r proffwyd Iddewig, Eseia, mewn synagog:

> Y mae Ysbryd yr Arglwydd arnaf,
>
> oherwydd iddo f'eneinio
>
> i bregethu'r newydd da i dlodion.
>
> Y mae wedi f'anfon i gyhoeddi rhyddhad i garcharorion,
>
> ac adferiad golwg i ddeillion,
>
> i beri i'r gorthrymedig gerdded yn rhydd,
>
> i gyhoeddi blwyddyn ffafr yr Arglwydd.
>
> (Luc 4:18–19)

Mae'r Eglwysi hefyd yn ystyried mai dyma eu cenhadaeth yn y byd.

Banciau bwyd

Mae banciau bwyd yn darparu pecynnau o fwyd i bobl sydd mewn perygl o beidio â gallu fforddio eu bwydo eu hunain a'u teuluoedd.

Mae Ymddiriedolaeth Trussell yn elusen sy'n cydlynu rhwydwaith o fanciau bwyd ar draws y Deyrnas Unedig (DU). Mae'r elusen yn gweithio ar y cyd â chymunedau lleol i leihau effeithiau tlodi. Ei nod yw cael gwared ar dlodi yn gyfan gwbl.

Mae gwaith yr Ymddiriedolaeth yn seiliedig ar egwyddorion Cristnogol, yn arbennig y rhai mae Iesu'n sôn amdanynt yn Efengyl Mathew:

> Oherwydd bûm yn newynog a rhoesoch fwyd imi, bûm yn sychedig a rhoesoch ddiod imi, bûm yn ddieithr a chymerasoch fi i'ch cartref; bûm yn noeth a rhoesoch ddillad amdanaf, bûm yn glaf ac ymwelsoch â mi, bûm yng ngharchar a daethoch ataf.
>
> (Mathew 25:35–36)

Mae sefydliad Church Action on Poverty hefyd wedi ymrwymo i leihau tlodi yn y DU. Mae'n gweithio ar y cyd ag eglwysi o enwadau gwahanol, a hefyd gyda phobl sydd mewn tlodi eu hunain, er mwyn dod o hyd i atebion i dlodi yn lleol, yn genedlaethol ac yn fyd-eang. Maen nhw'n credu ei bod yn ddyletswydd arnyn nhw i helpu pawb yn ddiwahân, fel aelodau o greadigaeth Duw:

> Rydyn ni'n credu bod pawb wedi'u creu ar ddelw ac yn debyg i Dduw, a bod pawb yn haeddu cael eu trin yn gyfartal.
>
> (Gwefan Church Action on Poverty, Hydref 2016)

> **Tasg**
>
> Darllenwch y dyfyniad o Efengyl Luc. Sut mae hyn yn bwysig i'r Eglwysi heddiw? Sut gallen nhw roi'r ddysgeidiaeth hon ar waith?

Mae Cristnogion wedi sefydlu elusennau i helpu'r tlawd.

Rhwng 1998 a 2010, roedd 16 o fanciau bwyd yng Nghymru. Cododd y nifer hwn i 157 yn 2016. Mae cynnydd tebyg wedi bod yng ngweddill y DU.

Byddin yr Iachawdwriaeth

Enwad Cristnogol yw Byddin yr Iachawdwriaeth. Mae'n defnyddio strwythurau milwrol wrth drefnu ei gweithwyr, gan ddweud ei bod mewn rhyfel yn erbyn pechod a drygioni cymdeithasol fel tlodi. Cafodd ei sefydlu yn Llundain yn 1865, a heddiw mae ganddi dros 1.5 miliwn o aelodau mewn 127 o wledydd ar draws y byd. Dyma'r geiriau sy'n esbonio ei chenhadaeth:

> Mae Byddin yr Iachawdwriaeth… yn bodoli i achub eneidiau, meithrin seintiau a gwasanaethu dynoliaeth sy'n dioddef.
>
> (Gwefan Byddin yr Iachawdwriaeth, Hydref 2016)

Tasg

Esboniwch, yn eich geiriau eich hun, beth mae datganiad cenhadaeth Byddin yr Iachawdwriaeth yn ei olygu.

Mae'r 'Iachawdwriaethwyr' yn gweithio i ddod ag iachawdwriaeth i'r tlawd, drwy bregethu Gair Duw a chynnig cefnogaeth ymarferol. Mae'r math o gymorth maen nhw'n ei gynnig yn cynnwys:

- helpu pobl sydd wedi colli'r gallu i ddarparu drostyn nhw eu hunain
- helpu i adsefydlu carcharorion a darparu gofal i droseddwyr sydd ar brawf
- bodloni anghenion yr henoed, gan gynnig addysg i'r henoed, gofal dydd, prydau bwyd rheolaidd a gofal preswyl
- ymladd yn erbyn ecsbloetio rhywiol a masnachu pobl
- aduno teuluoedd drwy chwilio am bobl sydd ar goll
- darparu bwyd i bobl dlawd
- darparu bwyd a llety i'r digartref
- darparu adnoddau a chymorth brys ar ôl trychineb.

Digartrefedd

Elusen Gristnogol yw Housing Justice a'i nod yw sicrhau bod pawb mewn sefyllfa i fyw mewn cartref addas. Mae'r elusen yn ei disgrifio'i hun fel 'llais cenedlaethol gweithredu Cristnogol i atal digartrefedd a thai gwael' (gwefan Housing Justice, Hydref 2016). Mae sawl enwad yn cyfrannu at waith Housing Justice o ganlyniad i'r uno rhwng The Catholic Housing Aid Society a'r Churches' National Housing Coalition.

Cafodd Housing Justice Cymru ei lansio ym mis Medi 2016 i weithio'n annibynnol. Mae'r elusen yn gweithio gyda ac ar ran pobl ddigartref a phobl mewn cartrefi gwael, ac yn cefnogi eglwysi i fodloni anghenion y bobl hyn. Nod un o'i phrojectau yw creu tai fforddiadwy drwy werthu eglwysi sydd ddim yn cael eu defnyddio bellach, ac mae'n gweithio gyda'r Eglwys yng Nghymru i gyflawni hyn.

Elusen tai arall yw Shelter, ac mae Shelter Cymru yn gweithio fel mudiad annibynnol. Ei nod yw sicrhau bod gan bawb yng Nghymru gartref fforddiadwy o safon dderbyniol. Mae'r elusen yn rhoi cyngor ac yn cefnogi'r bobl hynny sydd heb gartref neu sy'n byw mewn tai gwael. Mae'n gweithio gyda chynghorau i helpu pobl sydd ag anghenion tai ac maen nhw'n herio landlordiaid gwael. Mae Shelter yn ymgyrchu i ddylanwadu ar ddeddfwriaeth yn y Cynulliad Cenedlaethol er mwyn gwella'r sefyllfa dai yng Nghymru.

Tasg

Esboniwch sut mae mudiadau Cristnogol yng Nghymru yn gweithio i wella'r gymdeithas.

▶ Grwpiau Cristnogol sy'n gweithio dros gyfiawnder cymdeithasol, cymodi a deialog rhwng crefyddau

Cyfiawnder cymdeithasol

Mae'r Datganiad Cyffredinol o Hawliau Dynol yn gydnabyddiaeth ryngwladol bod gan bob person – lle bynnag maen nhw a phwy bynnag ydyn nhw – ryddid a hawliau nad oes gan neb arall yr hawl i'w cymryd oddi arnyn nhw. Mae'r hawliau hyn yn anghenion sylfaenol sy'n cyfrannu at hapusrwydd a lles.

Ystyr cyfiawnder yw tegwch. Pan nad yw hawliau pobl yn cael eu bodloni, rydyn ni'n dweud bod hyn yn anghyfiawn. Mae **anghyfiawnder cymdeithasol** yn digwydd pan fydd rhai hawliau'n cael eu gwrthod neu ddim yn cael eu bodloni yn achos rhai grwpiau o bobl. Mae dosbarthu adnoddau'n annheg, a rhwystrau i ofal iechyd ac addysg, yn enghreifftiau o anghyfiawnder cymdeithasol. Mae cyfiawnder cymdeithasol, ar y llaw arall, yn golygu bod pawb yn cael yr un cyfleoedd ac yn cael eu trin yn gyfartal.

Mae'r Eglwysi Cristnogol i gyd o blaid hyrwyddo cyfiawnder cymdeithasol ac yn ymladd yn erbyn anghyfiawnder cymdeithasol. Mae llawer o elusennau yn gweithio ym maes cyfiawnder cymdeithasol i ddiogelu hawliau pobl a sicrhau bod gan bawb fynediad at gyfiawnder. Mae gan rai o'r elusennau hyn sylfeini Cristnogol.

> **Cyfiawnder cymdeithasol**
> Hyrwyddo cymdeithas deg drwy herio anghyfiawnder a rhoi gwerth ar amrywiaeth. Sicrhau bod gan bawb fynediad at yr un hawliau a chyfleoedd.

Tearfund

Elusen Gristnogol yw Tearfund, a'i nod yw rhoi credoau Cristnogol a gorchymyn Iesu, 'câr dy gymydog', ar waith. Mae Cristnogion yn credu eu bod yn dangos y cariad diamod neu anhunanol (agape) roedd Iesu'n sôn amdano yn yr Efengylau.

Mae'r elusen yn gweithio gydag eglwysi lleol i roi cymorth i'r tlawd mewn llawer o wledydd. Ar hyn o bryd mae Tearfund yn gweithio mewn dros 50 o wledydd, yn rhoi cymorth brys ar ôl trychinebau naturiol ac yn cynnal projectau tymor hir i helpu cymunedau lleol.

Yn y DU mae llawer o bobl yn codi arian i Tearfund drwy gynnal bore coffi a phrynu cardiau Nadolig Tearfund. Mae llawer o wybodaeth am waith Tearfund ar gael ar ei gwefan swyddogol sef tearfund.org.

Pam mae Tearfund yn bwysig?

- ▶ Mae Tearfund yn codi ymwybyddiaeth y cyhoedd o faterion cymdeithasol fel tlodi a gwahaniaethu ar draws y byd.
- ▶ Mae Tearfund yn ymgyrchu yn erbyn achosion tlodi ar draws y byd.
- ▶ Mae Tearfund yn darparu cymorth ymarferol er mwyn rhoi dysgeidiaethau Iesu ar waith, sef helpu eraill.
- ▶ Mae Tearfund yn annog unigolion a chymunedau i'w helpu eu hunain.

Un enghraifft o sut mae Tearfund yn rhoi credoau Cristnogol ar waith yw ei gwaith gyda phlant a phobl ifanc yn Columbia. Drwy weithio gydag asiantaethau, eglwysi a grwpiau ieuenctid, mae Tearfund wedi sefydlu 30 o glybiau chwaraeon lle gall plant fynd i gael gwersi pêl-droed. Mae'r clybiau hyn yn fannau diogel lle gall pobl ifanc, sydd mewn perygl o ymuno â gangiau, ddod at ei gilydd i gymdeithasu. Maen nhw hefyd yn cynnig sesiynau mentora er mwyn rhoi sgiliau bywyd i'r bobl ifanc.

Cymodi

Cymodi yw'r syniad y dylai pobl ddod i ddealltwriaeth ar ôl dadlau a symud ymlaen. Yn yr Eglwys Gristnogol mae rhai o'r gwahaniaethau rhwng yr enwadau gwahanol wedi arwain at wrthdaro a thensiwn yn y gorffennol. Mae llawer o Gristnogion yn credu ei bod yn bwysig i'r enwadau hyn ddod â'r gwrthdaro i ben a gweithio gyda'i gilydd tuag at nodau cyffredin. Heddiw rydyn ni'n byw mewn cymdeithas aml-ffydd, ac mae angen i'r enwadau Cristnogol weithio gyda'i gilydd yn fwy nag erioed.

Mae '**eciwmenaidd**' yn disgrifio rhywbeth sy'n ymwneud â nifer o Eglwysi Cristnogol gwahanol. Mae'r mudiad eciwmenaidd yn ymgais i ddod â'r enwadau Cristnogol yn nes at ei gilydd ac i hyrwyddo undod drwy'r byd.

Dechreuodd y mudiad yng Nghynhadledd Cenhadon y Byd yng Nghaeredin yn 1910. Ei nod oedd uno'r Eglwysi Protestannaidd a'r holl Gristnogion yn y byd yn y pen draw.

O ganlyniad i waith y mudiad eciwmenaidd, mae mwy a mwy o gydweithio'n digwydd rhwng yr enwadau Cristnogol – er enghraifft, gwahanol Eglwysi'n rhannu'r un adeilad ac yn cynnal gwasanaethau eciwmenaidd. Er bod gwahaniaethau rhwng yr enwadau yn dal i fodoli, mae rhai Cristnogion heddiw yn credu mai dim ond un Eglwys ddylai fod. Yn lleol, mae llawer o eglwysi yn cydweithio'n dda.

Eciwmenaidd Yn ymwneud â nifer o Eglwysi Cristnogol gwahanol.

Cyngor Eglwysi'r Byd

Mae Cyngor Eglwysi'r Byd yn

> …gymdeithas fyd-eang o Eglwysi sy'n gweithio dros undod, tystiolaeth gytûn a gwasanaethu Cristnogol.

Nod yr Eglwysi hyn yw 'bod yn arwydd gweledol…dyfnhau cymundeb…rhannu'r Efengyl gyda'n gilydd…creu cysylltiadau'.

Bob blwyddyn, mae Cyngor Eglwysi'r Byd yn cynnal wythnos weddi arbennig dros undod Cristnogol. Mae'n dod ag Eglwysi, enwadau a chymdeithasau ynghyd mewn dros 110 o wledydd.

Nid yw'r Eglwys Gatholig yn aelod o Gyngor Eglwysi'r Byd, ond mae'n cymryd rhan mewn rhai mudiadau cenedlaethol a lleol.

Mae Cytûn, neu Eglwysi Ynghyd yng Nghymru, yn ymgais ymarferol i ganolbwyntio ar y gymdeithas leol ymhlith y bobl sy'n rhannu'r ffydd Gristnogol. Ystyr 'Cytûn' yw pawb yn rhannu'r un farn ac yn cytuno â'i gilydd. Y nod yw cynnig ffyrdd ymarferol o gael mwy o undod. Er enghraifft, mae Cytûn wedi cydlynu ymateb Eglwysi Cymru i anghenion ceiswyr lloches sy'n dod i Gymru. Mae hefyd wedi dod ag Eglwysi Cymru at ei gilydd i nodi digwyddiadau a thrychinebau cenedlaethol a rhyngwladol drwy addoli. Mae'r mudiad yn cynnig cyngor ac arweiniad, ac yn cynorthwyo Eglwysi Cymru gyda gweithgareddau sy'n croesawu ac yn denu pobl atynt.

> **Cysyniad Allweddol**
>
> **Deialog rhwng crefyddau**
> Cymunedau a grwpiau ffydd gwahanol yn dod ynghyd er mwyn deall ei gilydd yn well a gwasanaethu'r gymuned ehangach. Maen nhw'n parchu ei gilydd ac mae hyn yn eu galluogi i fyw'n heddychlon ochr yn ochr, er gwaetha'r gwahaniaethau o ran credoau a ffordd o fyw.

Deialog rhwng crefyddau

Mae'r gwahaniaethau rhwng gwahanol grefyddau'r byd yn gallu arwain at densiynau rhyngddyn nhw. Gall y tensiynau hyn fod ar ffurf anoddefgarwch, rhagfarn a gwahaniaethu. Gallan nhw hyd yn oed ddatblygu yn drais a rhyfel.

Mae'r bobl sy'n hyrwyddo **deialog rhwng crefyddau** yn credu bod modd lleihau'r tensiwn rhwng grwpiau crefyddol drwy gyfathrebu, ac y gall cyfathrebu arwain at heddwch.

Nid yw deialog rhwng crefyddau yn ymgais i gael gwared ar y gwahaniaethau rhyngddyn nhw, ond yn hytrach i ddeall y gwahaniaethau a'u parchu ac aros yn driw i'ch ffydd eich hun ar yr un pryd.

Rhyng-ffydd Cymru

Mae Rhyng-ffydd Cymru yn fudiad sy'n cynnwys tri chorff gwahanol: Fforwm Cymunedau Ffydd (sy'n asiantaeth i Lywodraeth Cymru), Cyngor Rhyng-ffydd Cymru a Rhwydwaith Rhyng-ffydd Cymru. Cafodd ei sefydlu yn dilyn ymosodiad 9/11 er mwyn hybu dealltwriaeth a pharch rhwng cymunedau. Mae aelodau'r mudiad yn cynnwys cynrychiolwyr ar ran prif grefyddau'r byd, ac mae'r Prif Weinidog yn cynrychioli Llywodraeth Cymru ar y Cyngor Rhyng-ffydd.

Dyma amcanion y Cyngor:

- gwella gwybodaeth a dealltwriaeth y cyhoedd o ddysgeidiaethau, traddodiadau ac arferion y gwahanol gymunedau ffydd yng Nghymru
- hybu perthynas dda rhwng pobl o wahanol ffydd a gwasanaethu pobl Cymru
- hybu ymwybyddiaeth o nodweddion arbennig pob un o'r cymunedau ffydd hyn yn ogystal â'r hyn sy'n gyffredin rhyngddyn nhw.

Un enghraifft o waith Rhyng-ffydd Cymru yw cydlynu'r Wythnos Ryng-ffydd. Wythnos o ddigwyddiadau yw hon sy'n cael ei chynnal bob blwyddyn i gynyddu ymwybyddiaeth a dealltwriaeth o wahanol grefyddau. Un o'r digwyddiadau yn y gorffennol oedd 'Question Time' ym Mhrifysgol Caerdydd, lle roedd cynrychiolwyr o sawl un o gymdeithasau ffydd a chred y brifysgol, yn ogystal ag aelodau o'r gynulleidfa, yn cymryd rhan mewn trafodaeth ar nifer o bynciau. Digwyddiad arall a gafodd ei drefnu gan y Cyngor Rhyng-ffydd oedd 'Pobl Ifanc a'r Genhedlaeth Newydd' yn Synagog Unedig Caerdydd, gyda chyfraniadau gan Iddewon, Cristnogion, Hindŵiaid a Mormoniaid.

Fforwm Cristnogion-Mwslimiaid

Y Fforwm Cristnogion-Mwslimiaid yw prif fforwm y DU ar gyfer adeiladu perthynas rhwng Cristnogion a Mwslimiaid. Cafodd ei lansio yn 2006 i wireddu cynllun gan Archesgob Caergaint. Ei nod yw 'helpu Cristnogion a Mwslimiaid i fyw a gweithio gyda'i gilydd yn greadigol ac mewn cytgord yn ein cymdeithas aml-ffydd'.

Drwy'r Fforwm, mae Cristnogion a Mwslimiaid yn cyfathrebu â'i gilydd er mwyn ymateb i ddigwyddiadau cenedlaethol a rhyngwladol a allai, fel arall, fod yn brawf ar eu perthynas. Yna gallan nhw gyflwyno safbwyntiau ar y cyd er budd eu cymunedau a'r gymdeithas yn gyffredinol.

Cyngor Cristnogion ac Iddewon

Cafodd y Cyngor Cristnogion ac Iddewon ei sefydlu yn 1942, yn ystod yr Ail Ryfel Byd, pan oedd Iddewon ar draws Ewrop yn cael eu herlid yn llym gan y Natsïaid. Heddiw, mae Cristnogion ac Iddewon yn gweithio gyda'i gilydd ar y Cyngor i ymladd yn erbyn anoddefgarwch crefyddol ac ethnig.

Mae'r Cyngor yn annog trafodaeth adeiladol rhwng Iddewon a Christnogion ar amrywiaeth eang o bynciau, gan gynnwys y sefyllfa rhwng Israel a Phalesteina a'r argyfwng economaidd byd-eang. Mae'n darparu lle diogel ar gyfer trafodaeth barchus, yn enwedig ar bynciau anodd. Mae hefyd yn annog cymunedau Iddewig a Christnogol i weithio gyda'i gilydd ar brojectau cymdeithasol yn y DU. Er enghraifft, mae'r Cyngor wedi cymryd rhan mewn trafodaethau pwysig gyda'r Pwyllgor Seneddol yn erbyn Gwrth-Semitiaeth. Mae hefyd yn trefnu taith i Israel/Palesteina ar gyfer Cristnogion ac Iddewon er mwyn gwella dealltwriaeth o'r sefyllfa yn yr ardal.

▶ Erlid Cristnogion yn y byd modern

Mae Cristnogion yn credu eu bod wedi cael cyfarwyddyd dwyfol gan Iesu i ledaenu newyddion da yr Efengyl, ac y gallai hyn olygu eu bod yn wynebu perygl iddyn nhw'u hunain. Mae **erlid** Cristnogion yn parhau yn yr unfed ganrif ar hugain mewn nifer o wledydd ledled y byd.

Mewn rhai rhannau o'r byd, mae Cristnogion yn cael eu trin yn annheg mewn cymdeithasau lle mae Cristnogaeth yn grefydd leiafrifol. Er enghraifft, mae mudiadau terfysgol fel y Wladwriaeth Islamaidd (IS) yn y Dwyrain Canol wedi targedu Cristnogion, gan ymosod arnyn nhw a'u taflu allan o'u cartrefi. Mae eglwysi wedi cael eu bomio, er enghraifft dwy o eglwysi Coptaidd yr Aifft adeg Pasg 2017. Mae offeiriaid hefyd wedi cael eu lladd – hyd yn oed yn Ewrop, cafodd offeiriad ei drywanu i farwolaeth yn Ffrainc am fod yn Gristion. Yn ôl amcangyfrifon, mae tua 100 miliwn o Gristnogion yn y byd heddiw yn cael eu herlid am eu ffydd.

Mae mudiadau Cristnogol efengylaidd, fel Christian Freedom International ac Open Doors, yn ceisio helpu Cristnogion sy'n cael eu herlid. Mae'r mudiadau hyn yn cynnig cymorth ymarferol i Gristnogion sy'n cael eu herlid, yn darparu Beiblau, ac yn diogelu hawliau dynol Cristnogion sy'n dioddef erledigaeth.

> **Erlid** Trin rhywun yn gyson greulon, yn aml oherwydd crefydd neu gred.

Tasg

> A chas fyddwch gan bawb o achos fy enw i; ond y sawl sy'n dyfalbarhau i'r diwedd a gaiff ei achub.
> (Mathew 10:22)
>
> Gwyn eich byd pan fydd pobl yn eich gwaradwyddo a'ch erlid, ac yn dweud pob math o ddrygair celwyddog yn eich erbyn, o'm hachos i. Llawenhewch a gorfoleddwch, oherwydd y mae eich gwobr yn fawr yn y nefoedd...
> (Mathew 5:11–12)

Defnyddiwch y dyfyniadau hyn i esbonio pam mae cynifer o Gristnogion yn parhau i arfer eu ffydd er gwaetha'r posibilrwydd o gael eu herlid.

Open Doors

Cafodd Open Doors ei sefydlu yn 1955 pan benderfynodd y Brawd Andrew, cenhadwr o'r Iseldiroedd, smyglo Beiblau i mewn i'r Undeb Sofietaidd. O dan y system gomiwnyddol yn yr Undeb Sofietaidd, roedd Eglwysi Cristnogol yn cael eu herlid.

Heddiw mae Open Doors yn dal i gefnogi Cristnogion sy'n cael eu herlid ar draws y byd mewn ffyrdd gwahanol:

- Mae'n dosbarthu Beiblau ac adnoddau eraill i'r rheini sy'n methu cael gafael ar Feibl, neu os yw'r awdurdodau wedi mynd â'r Beibl oddi wrthyn nhw.
- Mae'n hyfforddi Cristnogion ac arweinwyr eglwysi i ymdopi â'r trawma y gallan nhw fod yn ei ddioddef wrth gynnal eu ffydd.
- Mae'n cynnig cymorth ymarferol i Gristnogion sydd wedi dioddef trychinebau.
- Mae'n siarad ar ran Cristnogion sy'n cael eu herlid i godi ymwybyddiaeth am eu sefyllfa ac ennill cefnogaeth, er enghraifft drwy lobïo Aelodau Seneddol yn llywodraeth y DU.

Mae pobl yn y DU yn cefnogi gwaith Open Doors yn ymarferol ac yn ariannol.

Adolygiad Diwedd yr Adran

Cofiwch

Cysyniadau allweddol:
- Gorchymyn dwyfol
- Deialog rhwng crefyddau
- Agape (cariad anhunanol)

Dysgeidiaethau allweddol:
- Gwneud penderfyniadau moesol
- Dysgeidiaeth Iesu am foesoldeb
- Maddeuant
- Trysorau ar y ddaear ac yn y nef
- Arferion enwadau Cristnogol
- Gweddïo
- Cyfiawnder cymdeithasol
- Cymodi
- Deialog rhwng crefyddau
- Erlid Cristnogion

Ymarfer sgiliau

1. Disgrifiwch rôl yr eglwys yn y gymuned leol.
2. 'Mae'n rhaid bod Duw yn difaru creu bodau dynol.' Trafodwch y gosodiad hwn gan ddangos eich bod wedi ystyried mwy nag un safbwynt. (Rhaid i chi gyfeirio at grefydd a chred yn eich ateb.)

Gwirio gwybodaeth

1. Ysgrifennwch baragraff byr (tua thair brawddeg) yn esbonio beth mae Cristnogion yn ei gredu am weddïo.
2. Ysgrifennwch baragraff hir (tua wyth i ddeg brawddeg) yn esbonio pam mae rhai Cristnogion yn credu bod y sacramentau yn bwysig.
3. Esboniwch pam mae enwadau Cristnogol gwahanol yn bodoli, gan gyfeirio'n benodol at Gatholigiaeth Rufeinig, Anglicaniaeth ac Anghydffurfiaeth.
4. Ysgrifennwch baragraff manwl (tua chwech i wyth brawddeg) yn esbonio pam byddai rhai pobl yn dadlau nad oes angen Eglwysi bellach yn yr unfed ganrif ar hugain ym Mhrydain. Rhowch dri rheswm gwahanol yn eich ateb.

Y Cwestiwn Mawr

'Nid oes yn rhaid i chi fod yn Gristion i fod yn berson da.'

Eich tasg

Trafodwch y gosodiad uchod, gan ddangos eich bod wedi ystyried mwy nag un safbwynt. Rhowch farn resymegol am ba mor ddilys a pha mor gryf yw'r safbwyntiau hyn.

Tasg

Mae angen i chi esbonio yn fanwl y dysgeidiaethau crefyddol am yr Ewcharist. Defnyddiwch y canllawiau isod i'ch helpu i ysgrifennu esboniad manwl ar gyfer Cristnogaeth. Gwnewch yn siŵr eich bod yn defnyddio termau allweddol yn rhwydd ac yn aml.

Mae Cristnogion i gyd/llawer o Gristnogion/y rhan fwyaf o Gristnogion yn credu _____ .

Daw hyn o'r ddysgeidiaeth/dyfyniad o'r Beibl _____ .

Mae hyn yn golygu/Oherwydd hyn maen nhw'n _____ .

Mae rhai Cristnogion/Cristnogion eraill fel _____ yn credu _____ .

Daw hyn o'r ddysgeidiaeth/dyfyniad o'r Beibl _____ .

Mae hyn yn golygu/Oherwydd hyn maen nhw'n _____ .

Yn olaf, mae Cristnogion fel _____ yn credu _____ .

Mae hyn yn golygu/Oherwydd hyn maen nhw'n _____ .

Mae eu credoau yr un peth/yn wahanol oherwydd _____ .

Bwdhaeth

Cysyniadau Allweddol

Bwdha Un sydd wedi cael goleuedigaeth lwyr; Siddhartha Gautama.

Dhamma (Dharma) Dysgeidiaethau'r Bwdha.

Dukkha Dioddefaint/annigonolrwydd.

Y Llwybr Wythblyg Nobl 'Meddyginiaeth' y Pedwar Gwirionedd Nobl. Wyth cam tuag at oresgyn dioddefaint a dyheadau, a chyflawni nirvana (nibbana). Mae'n cael ei rannu'n dair adran fel arfer: Doethineb, Moesoldeb a Myfyrdod.

Metta bhavana Datblygu'r pedwar math o garedigrwydd cariadus, fel arfer drwy fyfyrio.

Parinirvana (parinibbana) 1. Nirvana cyflawn, llwyr, ar ôl marwolaeth. Wedi iddo gyflawni nirvana yn y bywyd hwn, penderfynodd y Bwdha y byddai'n aros yn y byd i rannu ei ddysgeidiaethau. Wedi iddo farw'n gorfforol, byddai mewn cyflwr o parinirvana/parinibbana. 2. Gŵyl Bwdhyddion Mahayana sy'n coffáu marwolaeth y Bwdha – weithiau mae'n cael ei alw'n Ddydd Nirvana.

Y Pedwar Gwirionedd Nobl Dysgeidiaeth gyntaf y Bwdha: dioddefaint, achos dioddefaint, diwedd dioddefaint, a'r ffordd o ddod â dioddefaint i ben.

Samatha Myfyrio llonydd neu fyfyrio drwy anadlu.

Sangha Cymuned y Bwdhyddion. Gall fod yn gymuned leyg neu'n gymuned fynachaidd.

Tanha Dyhead, awydd, ysfa am eiddo, pobl, bod yn barhaol.

Vipassana Myfyrio i gael mewnwelediad, sy'n galluogi'r unigolyn i weld gwir natur pethau.

Wesak Gŵyl i goffáu genedigaeth, goleuedigaeth a marwolaeth y Bwdha.

Cwestiynau Craidd

- Beth yw bwdha?
- Pwy oedd y Bwdha?
- Beth yw ystyr bod yn oleuedig?
- Pam mae pobl yn dioddef?
- Ydy pobl yn gallu bod yn hapus yn barhaol?
- Pa heriau sy'n wynebu Bwdhyddion yn yr unfed ganrif ar hugain?
- Pam mae myfyrio yn bwysig i Fwdhyddion?
- Sut mae Bwdhyddion yn cofio digwyddiadau pwysig ym mywyd y Bwdha?

Mae lliwiau gwahanol ar gyfer gwisgoedd mynachod sy'n perthyn i ysgolion Bwdhaeth gwahanol.

Prif Ysgolion Bwdhaeth

Dechreuodd Bwdhaeth yng ngogledd India, ond ehangodd yn gyflym iawn wrth i genhadon a masnachwyr ledaenu'r dysgeidiaethau ymhell ac agos. Datblygodd ffurfiau gwahanol o Fwdhaeth o ganlyniad.

Ystyr **Theravada** yw 'ysgol yr henaduriaid'. Mae'r 'henaduriaid' yn cyfeirio at uwch-fynachod o gyfnod y Bwdha. Oherwydd hynny, mae'n draddodiadol iawn o ran ei ddysgeidiaethau a'i reolau mynachaidd. Mae Bwdhyddion Theravada yn credu bod bodau dynol yn gallu cael gwared ar ddyhead a goresgyn dioddefaint dros sawl bywyd. Os ydyn nhw'n gwneud hyn, byddan nhw wedyn yn cyflawni cyflwr nirvana (nibbana; gweler t. 66). Dyma'r prif fath o Fwdhaeth yn Sri Lanka, Burma, Laos, Gwlad Thai a Cambodia. Mae Bwdhyddion Theravada yn tueddu i ddilyn dysgeidiaethau a gafodd eu cofnodi yn yr iaith Pali.

Tua'r ganrif gyntaf CCC, dechreuodd mudiad newydd dyfu, sydd erbyn hyn yn cael ei alw'n Mahayana, neu'r 'Ffordd Fawr'. Nid un sect yw Mahayana; term cyffredinol ydyw sy'n cynnwys amrywiaeth fawr o sectau. Mae'r rhan fwyaf o Fwdhyddion yn Mahayana. Mae Bwdhyddion Mahayana yn credu bod gan bawb y potensial i ddod yn fwdha. Nod Bwdhaeth yw datgelu natur bwdha, nid cyflawni'r natur honno. Mae Mahayana i'w weld yn bennaf yn China, Korea a Japan. Mae Bwdhyddion Mahayana yn tueddu i ddilyn dysgeidiaethau a gafodd eu cofnodi yn yr iaith Sansgrit, ac mae sillafiad y termau Bwdhaidd yn y llyfr hwn yn dilyn y Sansgrit ar y cyfan.

Lledaenodd Bwdhaeth o India, sef man geni'r grefydd.

Bwdhaeth: Credoau a dysgeidiaethau

Bwdha

> **Cysyniad Allweddol**
>
> **Bwdha** Un sydd wedi cael goleuedigaeth lwyr; Siddhartha Gautama.

Bod dynol goleuedig (sydd wedi cael goleuedigaeth) yw bwdha. Ystyr hyn yw rhywun sydd wedi dod i ddeall gwir natur bywyd.

Ychydig iawn mae'r rhan fwyaf o bobl yn ei wybod am fywyd. Mae rhai'n gwybod cryn dipyn am sut mae bywyd yn gweithio, ond ychydig sy'n gwybod pam mae'n gweithio fel y mae. Mae llawer o bobl yn credu bod ystyr neu bwrpas yn perthyn i'w bywydau, ond ychydig all esbonio'n hawdd beth yw'r ystyr neu'r pwrpas hwnnw. Rydyn ni'n dweud bod person sydd wedi ennill dealltwriaeth ddofn o'r pethau hyn yn berson goleuedig; yn fwdha.

Byddai Bwdhyddion Mahayana yn dweud bod gan bob un ohonom y gallu neu'r potensial i ddarganfod y gwirionedd am fywyd a bod yn fwdha. Rydyn ni i gyd yn gallu bod yn ddig neu'n genfigennus neu'n hael, ac rydyn ni'n dangos y rhinweddau hyn o dro i dro, yn dibynnu ar yr amgylchiadau a'r ysgogiad. Yn yr un modd, mae'r Bwdhyddion hyn yn credu bod gan bawb natur bwdha – y potensial i fod yn oleuedig. Y nod, drwy arfer Bwdhaeth, yw bod yn oleuedig.

Yng nghyfrifiad 2011, dywedodd tua 180,000 o bobl yng Nghymru a Lloegr eu bod yn Fwdhyddion. Yng Nghymru'n unig, y nifer oedd tua 10,000. Mae'r union niferoedd yn debygol o fod yn uwch oherwydd nid oedd ateb cwestiynau am gred grefyddol yn orfodol.

Fel y rhan fwyaf o grefyddau, mae ysgolion gwahanol o fewn Bwdhaeth, ac mae dros 20 ohonyn nhw wedi'u cynrychioli yng Nghymru.

Mae bwdha yn fod dynol cyffredin sydd wedi cyflawni goleuedigaeth.

Bydden nhw hefyd yn dweud, os gall unrhyw un ddod yn fwdha, gallwn gymryd bod bwdhyddion wedi bodoli yn y gorffennol, bod bwdhyddion yn bodoli heddiw ac y bydd bwdhyddion yn bodoli yn y dyfodol.

Mae Bwdhyddion Theravada yn defnyddio'r term 'Bwdha' i gyfeirio at Siddhartha Gautama yn unig (gweler isod), er mwyn anrhydeddu'r ffaith ei fod wedi cyflawni goleuedigaeth heb i unrhyw un ei ddysgu. Drwy arfer Bwdhaeth Theravada, y nod yw dysgu dod yn fod dynol perffaith, yn arahant, dros gyfnod o sawl bywyd. Nid yw arahant wedi cael goleuedigaeth lwyr, ond mae'n gallu cael ei ryddhau o gylch genedigaeth, marwolaeth ac ailenedigaeth (gweler samsara, t. 61). Mewn egwyddor, gall unrhyw un ddod yn arahant, ond yn ymarferol, mae mynachod yn fwy tebygol o wneud gan eu bod yn ymroi yn llwyr i'w gyflawni.

> **Yr arahant (Theravada)**
>
> Mae mynachod arahant wedi dinistrio diffygion, wedi byw'r bywyd sanctaidd, wedi gwneud beth roedd yn rhaid ei wneud, wedi rhoi'r baich i lawr, wedi cyrraedd eu nod eu hunain, wedi torri hualau bodolaeth, ac wedi'u rhyddhau'n llwyr drwy'r wybodaeth derfynol. (Alagaddupama Sutta)

> **Natur bwdha (Mahayana)**
>
> Rwyf bob amser yn meddwl i mi fy hun:
> Sut gallaf achosi i greaduriaid byw
> gael mynediad i'r ffordd ddigyffelyb
> a chael corff bwdha yn gyflym?
>
> (Sutra Lotus)

Tasg

Esboniwch beth yw ystyr goleuedigaeth i Fwdhyddion.

▶ Y Bwdha

Pan fydd Bwdhyddion yn siarad am y Bwdha (gyda B fawr), maen nhw fel arfer yn cyfeirio at Siddhartha Gautama (mae Theravadiniaid yn defnyddio sillafiad 'Siddattha Gotama'), y bwdha cyntaf mewn hanes i gael ei fywyd a'i ddysgeidiaethau wedi'u cofnodi.

Mae'n bwysig deall nad yw Bwdhyddion yn addoli'r Bwdha. Maen nhw'n ei anrhydeddu, sef rhoi'r parch mwyaf iddo, ac maen nhw'n ceisio ei efelychu drwy ddilyn ei esiampl. Ond bod dynol oedd Siddhartha, nid duw.

Mae'n bwysig deall hefyd nad yw Bwdhyddion yn credu yn Nuw. Bydd rhai Bwdhyddion yn siarad am dduwiau, ond bryd hynny, byddan nhw'n cyfeirio at rymoedd naturiol, anweledig sy'n gweithredu yn y bydysawd.

▶ Bywyd cynnar

Cyn ei enedigaeth

Cafodd Siddhartha Gautama ei eni mewn lle o'r enw Lumbini yng ngogledd India (Nepal heddiw) tua 563 CCC. Roedd ei deulu yn un o nifer o deuluoedd amlwg oedd yn rheoli'r grwpiau llwythol yn y rhan honno o India. Yn wir, mae Siddhartha yn cael ei adnabod weithiau fel Shakyamuni, sy'n golygu 'dyn doeth llwyth Shakya', i ddangos ei statws tywysogaidd.

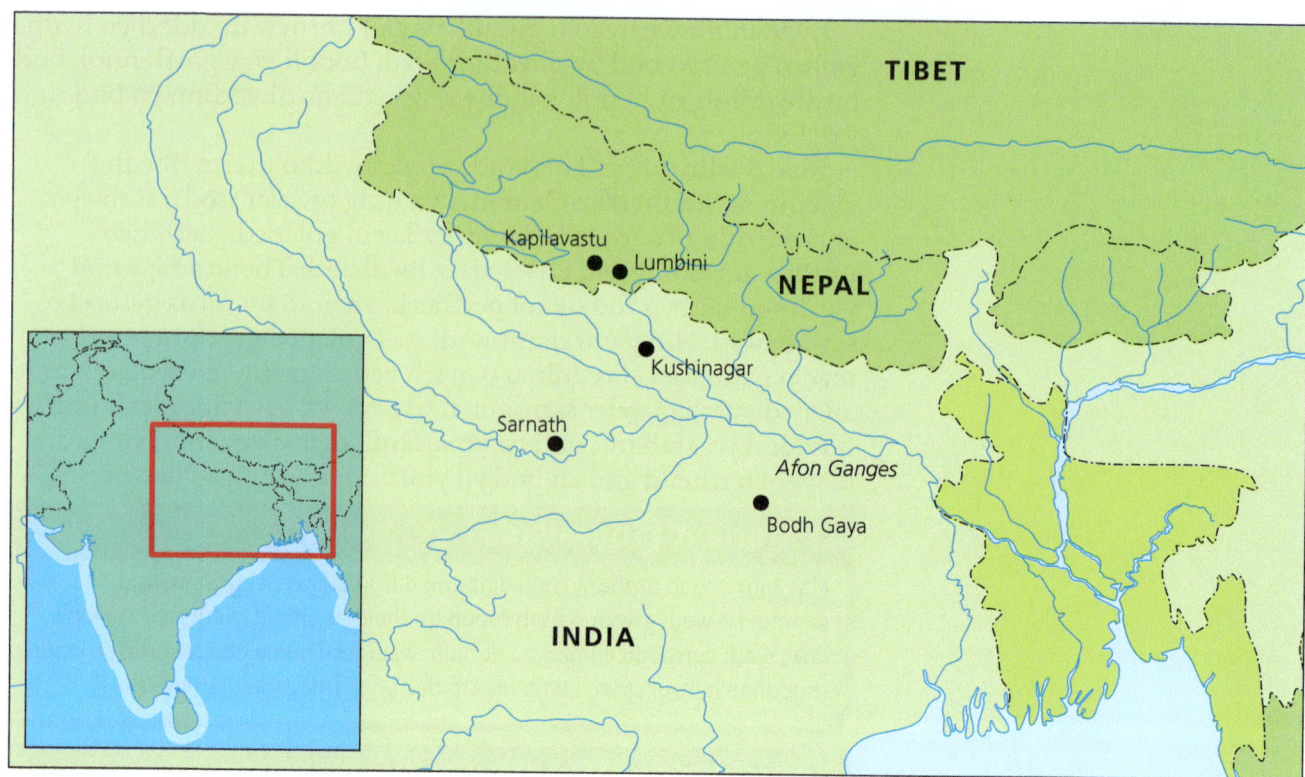

Gogledd India, a'r lleoedd sy'n gysylltiedig â bywyd Siddhartha.

Ei dad oedd Raja Suddhodana o Deyrnas Kapilavatsu; ei fam oedd y Frenhines Mayadevi. Yn ôl y chwedl, cyn i Siddhartha gael ei eni, breuddwydiodd ei fam fod eliffant gwyn pur, gyda chwe dant a phen wedi'i orchuddio â rwbis, wedi dod i lawr o'r nefoedd uchaf i fynd i mewn i'w chroth drwy ei hochr dde. Dywedodd wyth Brahmin (offeiriaid) wrth y Brenin fod y freuddwyd hon yn arwydd da, ac y byddai'r plentyn yn sanctaidd ac yn cyrraedd doethineb perffaith.

Genedigaeth

Roedd y Frenhines Mayadevi yn teithio i gartref ei rhieni i roi genedigaeth, yn ôl yr arfer bryd hynny. Ond cyn iddi gyrraedd, dechreuodd y broses o roi genedigaeth. Aeth y Frenhines i mewn i ardd yn Lumbini, gyda'i menywod dawnsio a'i gwarchodwyr, a cherddodd o dan goeden sala. Plygodd y goeden i lawr a gafaelodd y Frenhines ynddi ac edrych i fyny tuag at y nefoedd. Yna dyma Siddhartha, y Bwdha mewn blynyddoedd i ddod, yn cael ei eni allan o'i hochr wrth iddi sefyll o dan y goeden. Cafodd ei eni ar ffurf bod dynol cyflawn ac roedd yn gallu cerdded a siarad. Yn syth cymerodd saith cam tuag at bob chwarter o'r nefoedd, ac ar bob un o'r camau hynny ymddangosodd blodyn lotws. Cyhoeddodd mai ef oedd yr Un ag Anrhydedd Byd, teitl sydd wedi'i roi i fwdha. Yna dywedodd na fyddai'n gorfod profi rhagor o enedigaethau, mai hwn oedd ei gorff olaf, ac y byddai'n tynnu ymaith y tristwch mae genedigaethau a marwolaethau yn ei achosi.

Genedigaeth Siddhartha.

Mae hanes genedigaeth y Bwdha yn swnio fel stori dylwyth teg. Fodd bynnag, nid yw Bwdhyddion yn trafod a ddigwyddodd hyn ai peidio; yn wir, dydyn nhw ddim yn poeni gormod y naill ffordd neu'r llall. Mae'r hanes yn benthyca delweddau o sawl stori a chwedl hynafol sy'n dangos, ym marn Bwdhyddion, mai tynged Siddhartha oedd bod yn Fwdha ar gyfer y bydysawd hwn yn yr oes hon. Er enghraifft, mae'r saith cam mae'r baban yn eu cymryd yn cynrychioli saith cyfeiriad y bydysawd mewn pedwar dimensiwn (gofod ac amser): gogledd, de, dwyrain, gorllewin, i fyny, i lawr, ac yma a nawr. Mae'r blodau lotws sy'n ymddangos yn symbolau cyffredin o oleuedigaeth.

Tasgau

1 Esboniwch beth mae'r straeon am genhedlu a genedigaeth y Bwdha yn ei ddweud am y math o ddyn y byddai'n datblygu i fod.

2 Mewn dwy neu dair brawddeg, esboniwch pam nad yw Bwdhyddion yn poeni am gywirdeb hanesyddol y straeon am y Bwdha.

Cafodd mynachlog Fwdhaidd ei hadeiladu yn Lumbini tra oedd y Bwdha yn fyw. Mae carreg wedi'i rhoi yn yr union fan lle mae Bwdhyddion yn credu y cafodd y Bwdha ei eni. Heddiw, dim ond adeiladau crefyddol sy'n gallu cael eu hadeiladu yno.

Bu farw'r Frenhines Mayadevi saith diwrnod ar ôl genedigaeth Siddhartha, a chafodd ei fagu gan ei fodryb, Mahapajapati Gotami, a oedd hefyd yn briod â'i dad.

Rhagfynegiad

Byddai pobl wedi disgwyl i Siddhartha ddilyn ei dad a chymryd ei le fel pen y teulu ac fel rheolwr lleol. Yr arfer bryd hynny (a'r arfer hyd heddiw) mewn teuluoedd Hindŵaidd oedd bod siart astrolegol yn cael ei lunio i amlinellu trywydd bywyd person. Yn ôl y chwedl, wrth lunio siart genedigaeth Siddhartha, dyma broffwyd o'r enw Asita yn rhagfynegi y byddai naill ai'n dod yn rheolwr arbennig neu'n athro crefyddol a bwdha. Roedd ei dad yn awyddus iawn iddo reoli. Roedd yn ofni, pe bai ei fab yn cymryd diddordeb mewn materion ysbrydol a chwestiynau am ystyr bywyd, y byddai'n dangos gormod o ddiddordeb mewn crefydd a dim digon mewn gwleidyddiaeth. Felly ceisiodd rwystro'r bachgen rhag dod i wybod dim am fywydau pobl gyffredin, a chafodd ei gadw yn amgylchedd moethus adeiladau'r palas.

Bywyd yn y palas

Yn ôl y sôn, roedd Siddhartha yn ddyn ifanc talentog iawn – yr un mor ddawnus mewn chwaraeon ag oedd yn y celfyddydau. Roedd ganddo fywyd moethus a staff o fenywod ifanc i'w ddiddanu. Pan oedd yn un ar bymtheg oed, priododd dywysoges o deyrnas gyfagos o'r enw Yasodhara a chawson nhw fab, Rahula.

Roedd tad Siddhartha yn dal i wneud yn siŵr bod y dyn ifanc yn cael popeth roedd ei eisiau arno. Yn wir, roedd ganddo dri phalas: un ar gyfer yr haf, un ar gyfer y gaeaf ac un ar gyfer tymor y glaw. Roedd ganddo diroedd helaeth lle gallai fynd i hela, roedd wedi'i hyfforddi yn y crefftau ymladd, ac roedd yn gwneud pob math o chwaraeon.

Drwy warchod Siddhartha rhag gweld neu brofi unrhyw beth heblaw harddwch a phleser, roedd y Brenin Suddhodana yn credu y byddai'n cael gwared ar demtasiwn ei fab i weld y byd go iawn. Pe bai Siddhartha'n gwybod sut beth oedd bywyd go iawn, roedd ei dad yn siŵr y byddai eisiau dilyn llwybr ysbrydol yn hytrach na bod yn frenin.

Y Pedair Golygfa – henaint, salwch, marwolaeth a'r dyn sanctaidd

Er bod tad Siddhartha wedi ceisio atal ei fab rhag gweld pobl yn dioddef, roedd y gŵr ifanc yn awyddus iawn i wybod am y byd o'i amgylch, a daeth yn rhwystredig nad oedd yn cael mynd i edrych y tu hwnt i'r palas. Byddai'n aml yn erfyn ar ei dad i gael mynd allan o'r palas i weld y byd y tu hwnt.

Ond roedd y Brenin yn bendant na fyddai Siddhartha'n gweld dim a fyddai o ddiddordeb iddo. Ni allai bywyd fod yn well na'r un roedd yn ei fwynhau fel tywysog. Beth byddai'n ei ennill drwy weld byd pobl gyffredin?

Serch hynny, daeth Siddhartha yn fwy a mwy penderfynol o weld y byd go iawn. Yn y diwedd, llwyddodd i berswadio ei dad i wneud trefniadau iddo fynd ar daith i Kapilavastu, prifddinas y deyrnas, gyda gyrrwr ei gerbyd, Channa. Yn ôl trefniadau'r Brenin Suddhodana, byddai Siddhartha dim ond yn gweld pobl hapus, brydferth, ifanc ar ei daith; ni ddylai fod yn ymwybodol o unrhyw awgrym o amherffeithrwydd.

Fodd bynnag, er gwaethaf ymdrechion ei dad i'w warchod rhag realiti bywyd, gwelodd bedwar peth a newidiodd ei fywyd. Maen nhw'n cael eu hadnabod heddiw fel y Pedair Golygfa. Y tair cyntaf oedd:

- hen ŵr
- person sâl
- corff marw.

Daeth Siddhartha i ddeall am y tro cyntaf beth roedd ei dad wedi ceisio ei gadw oddi wrtho: y ffaith bod pob bod dynol yn dioddef. Ni all neb ei osgoi. Mae dioddefaint yn rhan o fywyd. Yn ôl y sôn, ar yr adeg hon collodd Siddhartha ei flas ar fywyd. Nid oedd yn gallu mwynhau holl bleserau ei fywyd rhagor, gan wybod na fydden nhw'n gallu ei warchod rhag henaint, salwch a marwolaeth.

Yna gwelodd Siddhartha:

- y dyn sanctaidd.

Roedd y dyn hwn yn **sadhu**, sef rhywun sy'n cysegru ei fywyd i'r llwybr ysbrydol. Ar ôl gweld y bedwaredd olygfa hon, sylweddolodd Siddhartha fod yn rhaid bod iachâd i holl ddioddefaint y byd. Ar ôl iddo weld y ffeithiau am fywyd a'r ffordd roedd pobl yn gallu dioddef, roedd yn teimlo rheidrwydd i wneud rhywbeth amdano. Roedd yn 29 oed.

> Roedd y Pedair Golygfa yn drobwynt ym mywyd Siddhartha. Daeth i wybod bod dioddefaint yn rhan o fywyd na all neb ddianc rhagddo. Penderfynodd yr eiliad honno y byddai'n darganfod pam. Beth yw achos dioddefaint? A oes modd ei oresgyn? A all bod dynol fod yn berffaith hapus, gan wybod bod dioddefaint yn y byd? Sut beth fyddai'r hapusrwydd hwnnw? A sut gallwn ni ei gael?

Pe bai Siddhartha yn gallu dod o hyd i'r ateb i broblem dioddefaint, byddai'n cyflawni goleuedigaeth; byddai'n dod yn fwdha.

Tasg

Esboniwch beth yw'r Pedair Golygfa a'r pethau sylweddolodd Siddhartha ar ôl eu gweld nhw.

Sadhu Rhywun sy'n cysegru ei fywyd i'r llwybr ysbrydol.

Roedd gan Siddhartha ddealltwriaeth newydd o fywyd ar ôl ei daith y tu allan i'r palas.

▶ Yr Ymwadu – gadael y palas a dod yn asgetig

Pan ddychwelodd i'r palas, roedd Siddhartha yn anniddig iawn. Ni allai fynd yn ôl i fywyd o foethusrwydd a phleser ar ôl gweld mai dim ond dros dro y gallai ei fwynhau. Roedd yn gwybod nawr y byddai ef, fel pawb arall, yn mynd yn sâl ac yn hen. Ni allai ei gyfoeth na'i statws brenhinol ei warchod rhag marwolaeth.

Datblygodd obsesiwn â'r syniad bod pawb yn dioddef ac na all neb ei osgoi. Cafodd ei argyhoeddi, pe bai ffordd o oresgyn dioddefaint a chael hapusrwydd dwfn a pharhaol, yna yr unig ffordd o'i ddarganfod fyddai drwy ddod yn sadhu – drwy adael y palas a dilyn bywyd ysbrydol.

Dywedodd Siddhartha wrth ei dad am ei syniadau a'i fod yn bwriadu gadael ei deulu i fyw bywyd sadhu. Roedd ei dad yn siomedig iawn; roedd proffwydoliaeth Asita wedi dod yn wir. Ymbiliodd ar ei fab i aros. Atebodd Siddhartha y byddai'n aros pe bai ei dad yn gallu addo rhywbeth iddo – na fyddai'n mynd yn sâl nac yn hen nac yn marw.

Yn naturiol, nid oedd y Brenin yn gallu addo rhywbeth nad oedd ganddo obaith o'i gyflawni. Felly gwnaeth Siddhartha gynlluniau i adael y palas heb i neb sylwi yng nghanol y nos, gan adael ei dad a'i fodryb, ei wraig a'i fab ar ei ôl.

Roedd yr amgylchiadau y noson honno o blaid Siddhartha. Roedd pawb yn cysgu, roedd ei geffyl yn gwbl ddistaw, ac agorodd gatiau'r palas yn dawel. Aeth Siddhartha i ffwrdd i'r nos ar gefn ei geffyl.

> Byddai rhai'n dweud bod Siddhartha yn hunanol ac yn anghyfrifol wrth droi ei gefn ar ei deulu er mwyn cyflawni nod personol. Fodd bynnag, mae byw bywyd sadhu yn hen draddodiad yn India. Efallai fod Siddhartha wedi teimlo y byddai aros gyda'i deulu yn ei ddal yn ôl rhag darganfod rhywbeth a fyddai'n fanteisiol iddyn nhw yn y tymor hir. Mae modd cymharu hyn â gŵr a thad o deulu tlawd sy'n gadael aelodau'r teulu dros dro i chwilio am waith, ond sy'n dychwelyd yn ddiweddarach yn gallu eu cynnal nhw'n well. Fel Bwdha, aeth Siddhartha yn ôl at ei deulu a daethon nhw'n ddilynwyr iddo. Gallai rhai ystyried y ffaith iddo adael ei deulu yn weithred anhunanol – roedd yn gwneud aberth er mwyn cyflawni rhywbeth mwy.

Asgetig Person sy'n dilyn trefn o hunanddisgyblaeth lwyr ac sy'n gwrthod pleser.

I ddechrau, aeth Siddhartha at ddau athro crefyddol gwahanol a dysgu sut i fyfyrio, ond methodd â dod o hyd i'r ateb i ddioddefaint roedd yn chwilio amdano. Felly aeth i mewn i'r goedwig ac ymuno a grŵp o bump o **asgetigion**. Roedd pob un o'r rhain yn sadhu, yn ceisio cael manteision ysbrydol drwy fyw yn syml iawn a chosbi'r corff drwy newynu'n fwriadol. Roedden nhw'n ceisio goresgyn dioddefaint drwy eu gwneud eu hunain yn agored iddo yn fwriadol.

Am chwe blynedd dilynodd Siddhartha y ffordd yma o fyw. Roedd yn credu mai'r unig ffordd o ddod yn ysbrydol oleuedig oedd lleihau ei anghenion corfforol i'r nifer lleiaf posibl. Wrth wneud hyn, mae'n debyg ei fod bron â newynu i farwolaeth, gan fyw ar un gronyn o reis y dydd.

Un diwrnod aeth Siddhartha i ymolchi yn yr afon. Wrth iddo ddod allan o'r dŵr, gwelodd ferch ifanc oedd yn gofalu am wartheg, a rhoddodd hi bowlen o reis a llaeth iddo.

Siddhartha fel asgetig.

Sylweddolodd Siddhartha na fyddai ei arferion asgetig byth yn ei arwain at fewnweledigaeth llawn. Roedd wedi mynd yn rhy wan i fyfyrio hyd yn oed. Felly derbyniodd y bwyd. Roedd yr asgetigion eraill yn meddwl ei fod yn mynd i ddychwelyd i'w fywyd moethus. Wedi'u siomi gan ei fethiant, yn eu barn nhw, penderfynon nhw droi cefn arno.

Ond roedd Siddhartha wedi dysgu gwers bwysig. Roedd wedi darganfod na fyddai ei ffordd foethus o fyw yn ei warchod rhag dioddefaint, ac felly na allai ddod â hapusrwydd dwfn a pharhaol iddo. Serch hynny, nid oedd ei fywyd asgetig wedi dod ag e'n nes at foddhad ysbrydol chwaith. Sylweddolodd mai'r unig ffordd o gyflawni goleuedigaeth fyddai drwy fyw Ffordd Ganol rhwng dau eithaf moethusrwydd a chaledi.

> **Tasg**
>
> Esboniwch beth yw'r Ffordd Ganol a pham mae'n bwysig mewn Bwdhaeth.

▶ Goleuedigaeth – gweld y byd am yr hyn ydyw mewn gwirionedd

Roedd Siddhartha Gautama yn 35 oed. Roedd wedi profi cyfoeth a thlodi ac roedd bellach yn byw y Ffordd Ganol. Eisteddodd i fyfyrio o dan goeden ffigys yn ardal Gaya, a phenderfynodd na fyddai'n symud hyd nes y byddai wedi cyflawni goleuedigaeth. Ar y dechrau roedd yn rhaid iddo ymladd y temtasiwn o roi'r gorau i'w ymgais – temtasiwn a ddaeth ar ffurf 'diafol' o'r enw Mara a'i ferched. Brwydrodd yn erbyn ei amheuon o ran cyrraedd ei nod. Serch hynny, ar ôl deuddeg awr o fyfyrio, cyflawnodd Siddhartha oleuedigaeth.

> **Goleuedigaeth** Cyflwr o ryddid a hapusrwydd sy'n dod o'r tu mewn, sydd ddim yn dibynnu ar bleserau'r synhwyrau na chanmoliaeth am gyflawniadau chwaraeon, arholiadau a gyrfa, nac unrhyw beth allanol.

> **Mara**
>
> Mae Mara yn cael ei adnabod fel Arglwydd Marwolaeth mewn chwedloniaeth Fwdhaidd. Mae'n ceisio atal Siddhartha rhag cwblhau ei ymgais i gyflawni goleuedigaeth drwy ei demtio â phleserau'r byd. Fodd bynnag, mae Siddhartha wedi mynd yn ddigon pell ar ei daith ysbrydol i wybod bod yn rhaid iddo oresgyn dyheadau corfforol, ac mae'n trechu Mara.

Nid yw goleuedigaeth yn ymwneud â 'deall' yn yr ystyr cul o ddeall ffeithiau. Mae'n ffordd gwbl newydd o weld ac ymwneud â bywyd. Mae'n amhosibl cyfleu beth yn union ddeallodd Siddhartha wrth gael ei oleuo, oherwydd deall hyn yw cyflawni **goleuedigaeth**. Byddai'n rhaid i chi fod yn oleuedig eich hun i allu deall hyn yn llawn, ond gallwn weld mewn termau cyffredinol beth ddysgodd ef.

Yn ystod ei noson o fyfyrio, daeth Siddhartha i wybod am ei fywydau blaenorol, a sut roedd ei orffennol yn cysylltu â'r presennol. Daeth i ddeall y ffordd mae popeth yn dod i fodolaeth ac yn dod i ben eto; bod pethau yn newid drwy'r amser. Gwelodd sut mae teimladau negyddol a dyheadau yn gwneud i bobl ddal gafael ar fywyd, er ei fod yn dod â dioddefaint iddyn nhw. Ac wrth i'r haul godi yn y bore, profodd heddwch nirvana, lle mae pob dyhead wedi'i oresgyn, a daeth yn oleuedig.

Yn ôl yr hanes, mynnodd Mara fod rhywun yn dyst i oleuedigaeth Siddhartha. Mewn ymateb, cyffyrddodd Siddhartha â'r ddaear o'i flaen a dyma Vasundhara, duwies y ddaear, yn ymddangos i gefnogi honiad y Bwdha ei fod wedi cyflawni goleuedigaeth.

Fel rydyn ni wedi'i weld, mae problem wrth geisio disgrifio goleuedigaeth: er mwyn ei deall, byddai angen i chi fod yn oleuedig

Roedd y ddaear yn dyst i oleuedigaeth y Bwdha.

eich hun. Ond yng ngweithiau cynnar y Bwdha, mae'n rhoi disgrifiadau o sut brofiad yw goresgyn y pethau sy'n atal rhywun rhag symud tuag at oleuedigaeth. Nid yw'r gweithiau hyn yn disgrifio'r profiad ei hun, ond maen nhw'n awgrymu'r mathau o deimladau sy'n codi pan fydd person yn mynd i fyfyrdod dwfn, ac maen nhw'n rhoi cipolwg ar oleuedigaeth.

Dyma dri o'r disgrifiadau:

> Dychmygwch eich bod yn gaethwas. Mae bywyd yn anodd: rydych chi'n sownd, ddim yn gallu mynd i ble bynnag y dymunwch na gwneud beth bynnag rydych chi eisiau ei wneud. Rydych chi wedi eich cyfyngu gan yr hyn mae pobl eraill yn gorchymyn i chi ei wneud. Yna, yn sydyn, rydych chi'n cael eich rhyddhau. Nid pobl eraill sy'n eich rheoli bellach. Rydych chi'n annibynnol. Rydych chi'n rhydd.

> Dychmygwch eich bod wedi cael eich cloi mewn carchar. Nid oes hawl gennych i fynd y tu hwnt i'r pedair wal sy'n eich caethiwo. Yn sydyn, mae'r drysau'n cael eu taflu ar agor ac rydych chi'n cael eich rhyddhau. Gallwch chi ddychwelyd adref; rydych chi'n teimlo'n ddiogel; gallwch chi ddechrau eich bywyd unwaith eto.

> Dychmygwch eich bod wedi gorfod cael benthyg swm mawr o arian i gychwyn busnes. Mae dyledion yn cronni ac mae'n rhaid i chi weithio'n galed i'w talu. Yna, yn sydyn, mae'r busnes yn llwyddo. Mae arian yn llifo i mewn. Gallwch chi ad-dalu eich dyledion a chael arian dros ben. Does dim rhaid i chi ofidio rhagor.

Y teimladau sydd wedi'u mynegi yn y sefyllfaoedd hyn yw llawenydd ysgubol, rhyddhad, diogelwch ac annibyniaeth. Gallwn dybio mai dyma'r teimladau mae bwdha yn eu profi. Ynghyd â'r teimladau hyn daw rhinweddau doethineb, tosturi, dewrder, penderfyniad a didwylledd.

Tasg

Ysgrifennwch baragraff byr yn esbonio sut gallai credu yn y posibilrwydd o gyflawni goleuedigaeth effeithio ar fywyd Bwdhydd.

(Sylwch nad yw'r cwestiwn yn gofyn sut gallai goleuedigaeth ei hun effeithio ar fywyd Bwdhydd, ond mae'n cyfeirio at gredu yn y posibilrwydd o gyflawni goleuedigaeth. Bydd angen i chi feddwl am sut mae ein credoau yn effeithio ar ein bywydau a'r ffordd rydyn ni'n eu byw.)

Mae Gaya, y man lle cyflawnodd Siddhartha oleuedigaeth, yn cael ei adnabod heddiw fel Bodhgaya (Gaya'r Bwdha). Cafodd teml ei hadeiladu i anrhydeddu'r Bwdha, 250 o flynyddoedd wedi ei oleuedigaeth. Y tu ôl i'r deml heddiw mae coeden ffigys, disgynnydd i'r un y daeth Siddhartha yn Fwdha oddi tani. Yr enw arni yw Coeden Bodhi.

Dysgeidiaethau

Dim ond ar ôl ei oleuedigaeth y gallwn ni gyfeirio at Siddhartha fel y Bwdha. Fel bwdha, roedd yn rhaid iddo nawr benderfynu p'un ai i gadw ei wybodaeth newydd iddo'i hun, neu fynd allan a dweud wrth bobl eraill am ei brofiadau. I ddechrau, roedd yn credu na fyddai pobl eraill yn gallu eu deall. Ond, yn ôl un stori, aeth Brahma Sahampati, Brenin y duwiau Hindŵaidd, ato ac erfyn arno i fynd allan i bregethu.

Roedd y Bwdha'n sylweddoli bod rhai pobl yn barod i fanteisio ar ei ddealltwriaeth newydd o fywyd, felly penderfynodd y byddai'n dysgu sut gallen nhw hefyd oresgyn dioddefaint a chael heddwch.

Pregeth Parc y Ceirw (Troad Cyntaf Olwyn Dharma)

Y bobl gyntaf y ceisiodd Siddhartha esbonio ei oleuedigaeth iddyn nhw oedd y pum asgetig – y bobl yr ymunodd ef â nhw ar ddechrau ei ymgais crefyddol. Aeth i gwrdd â nhw ym Mharc y Ceirw yn Sarnath, ger Benares. Ar y dechrau, roedden nhw'n ei wfftio, gan gofio ei fod wedi rhoi'r gorau i arferion asgetig. Ond esboniodd Siddhartha fod y fath galedi llym dim ond yn drysu'r meddwl ac yn ei gwneud yn amhosibl gweld pethau'n glir. Mae goleuedigaeth yn golygu bod yn effro a chraff a bod â meddwl miniog. Dim ond drwy ddilyn y Ffordd Ganol gallai ef gyflawni goleuedigaeth. Felly rhannodd â'r asgetigion yr hyn roedd wedi'i ddysgu am ddioddefaint, ei achosion, a sut i'w oresgyn (y **Pedwar Gwirionedd Nobl**, gweler t. 63). Dangosodd sut gallen nhw fyw y Ffordd Ganol (y **Llwybr Wythblyg Nobl**, gweler t. 67). O ganlyniad, daethon nhw yn oleuedig eu hunain.

> Yr enw ar ddysgeidiaethau'r Bwdha yw'r **Dhamma (Dharma)**. Ystyr y gair Dharma yw 'aros yn gadarn' neu 'ddal eich tir'. Mae'n cyfeirio at rywbeth sydd wedi'i sefydlu, sy'n wir ac sy'n ddigyfnewid. Felly mae Dharma weithiau'n cael ei gyfieithu fel 'deddf'. Dharma yw'r enw hefyd ar y ddysgeidiaeth mae Bwdhyddion yn seilio eu bywydau arni: dyma'r sylfaen ar gyfer gwybod y gwir.

Cysyniad Allweddol

Dhamma (Dharma) Dysgeidiaethau'r Bwdha.

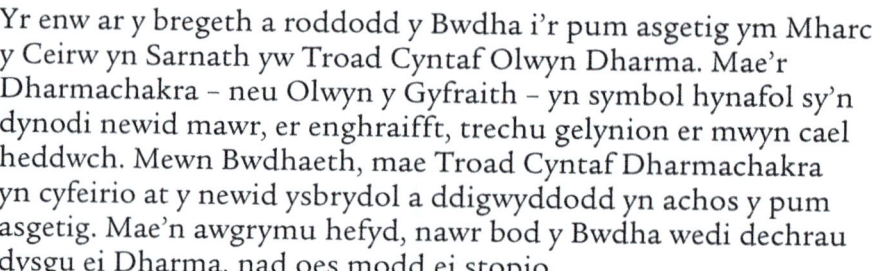

Mae'r dharmachakra ag wyth braich yn aml yn cael ei ddefnyddio fel symbol Bwdhaeth.

Yr enw ar y bregeth a roddodd y Bwdha i'r pum asgetig ym Mharc y Ceirw yn Sarnath yw Troad Cyntaf Olwyn Dharma. Mae'r Dharmachakra – neu Olwyn y Gyfraith – yn symbol hynafol sy'n dynodi newid mawr, er enghraifft, trechu gelynion er mwyn cael heddwch. Mewn Bwdhaeth, mae Troad Cyntaf Dharmachakra yn cyfeirio at y newid ysbrydol a ddigwyddodd yn achos y pum asgetig. Mae'n awgrymu hefyd, nawr bod y Bwdha wedi dechrau dysgu ei Dharma, nad oes modd ei stopio.

Mae stupa (cofadail) yn nodi'r man lle cychwynnodd y Bwdha Olwyn Dharma.

Aeth y Bwdha yn ôl i Barc y Ceirw yn Sarnath sawl gwaith ar ôl ei oleuedigaeth. Cafodd mynachlog ei hadeiladu yno i letya ei ddilynwyr, a chafodd **stupa** – cofadail – ei godi yn y man lle trodd y Bwdha y Dharmachakra am y tro cyntaf, ac un arall lle bu'r pum asgetig yn myfyrio. Cafodd y safle ei ddinistrio yn y ddeuddegfed ganrif. Heddiw, dim ond un o'r stupas gwreiddiol sydd ar ôl.

O hynny ymlaen, dechreuodd y Bwdha deithio, dysgu a threfnu ei ddilynwyr. Roedd ganddo ddwy garfan o ddilynwyr. I ddechrau, roedd y rheini a fyddai'n gadael eu cartref a'u teulu i grwydro, gan ddysgu pobl eraill ar eu taith. Yn ail, roedd y deiliaid tŷ (*householders*) a oedd yn derbyn dysgeidiaethau'r Bwdha, ond yn parhau â'u bywydau arferol. Yr enw ar y grŵp hwn yw'r Bwdhyddion lleyg.

Am lawer o'r flwyddyn, byddai'r dilynwyr teithiol yn mynd o amgylch trefi a phentrefi gogledd India, yn pregethu ac yn byw ar roddion bwyd gan y bobl leyg. Ond yn ystod tymor y glaw, roedd teithio'n anodd, felly byddai'r dilynwyr amser llawn yn cwrdd â'i gilydd i astudio a myfyrio. Roedd rhai credinwyr lleyg cyfoethog yn rhoi darnau o dir iddyn nhw fel bod ganddyn nhw leoedd i gwrdd yn rheolaidd. Wrth iddyn nhw dreulio mwy a mwy o amser yn y lleoedd hyn, daethon nhw yn fynachod ac yn lleianod.

Treuliodd y Bwdha bedwar deg pump o flynyddoedd yn teithio, yn dysgu ac yn sicrhau bod pobl eraill yn manteisio ar ei ddoethineb. Erbyn diwedd ei fywyd, roedd yn arweinydd mudiad crefyddol mawr iawn ac roedd yn adnabyddus ar draws gogledd India.

Yn y diwedd, yn hen ac yn wan, bu farw Siddhartha Gautama o wenwyn bwyd yn Kushinagar, gyda'i ddilynwyr o'i amgylch. Cafodd ei gorff ei amlosgi, heblaw am ei esgyrn. Bu tipyn o anghytuno ynghylch pwy ddylai gael yr esgyrn, ond yn y diwedd cawson nhw eu dosbarthu ymhlith rheolwyr y gwahanol deyrnasoedd yng ngogledd India, a adeiladodd gofadeiladau o'r enw stupas drostyn nhw.

Samsara Y cylch diddiwedd o enedigaethau, marwolaethau ac ailenedigaethau.

Stupa Cofadail, siâp cromen fel arfer, sy'n cael ei adeiladu dros weddillion Bwdhyddion pwysig.

Un o gredoau allweddol Bwdhaeth yw nad yw bywyd yn dod i ben pan fydd y corff yn marw. Mae materion yn ymwneud â dioddefaint a llawenydd sydd heb eu datrys yn parhau er mwyn iddyn nhw gael eu datrys mewn bywyd arall. Yr enw ar y cylch diddiwedd o enedigaethau, marwolaethau ac ailenedigaethau yw **samsara**.

Fodd bynnag, yn ôl yr hanesion am enedigaeth y Bwdha, dywedodd ef, yn faban newydd-anedig, na fyddai'n cael ei aileni eto. Pan fydd bod goleuedig yn marw ac yn dianc o gylch samsara, yr enw ar hyn yw **parinirvana**. Yn achos y Bwdha, felly, digwyddodd ei farwolaeth a'i parinirvana ar yr un pryd.

Cysyniad Allweddol

Parinirvana (parinibbana) 1. Nirvana cyflawn, llwyr, ar ôl marwolaeth. Wedi iddo gyflawni nirvana yn y bywyd hwn, penderfynodd y Bwdha y byddai'n aros yn y byd i rannu ei ddysgeidiaethau. Wedi iddo farw'n gorfforol, byddai mewn cyflwr o parinirvana/parinibbana. 2. Gŵyl Bwdhyddion Mahayana sy'n coffáu marwolaeth y Bwdha – weithiau mae'n cael ei alw'n Ddydd Nirvana.

Cafodd stupa ei adeiladu yn y man lle bu farw'r Bwdha, yn ôl y sôn. Mae nifer o fynachlogydd a themlau wedi'u codi yno dros y canrifoedd, ac aeth rhai ohonyn nhw'n adfeilion. Cafodd y Deml **Parinirvana** sydd yno heddiw ei hadeiladu gan Lywodraeth India yn 1956.

Kushinagar, y man lle bu farw y Bwdha.

Tasgau

1 Esboniwch bwysigrwydd Siddhartha i Fwdhyddion. Ceisiwch wneud o leiaf tri phwynt.

2 'Nid yw Siddhartha yn fodel rôl da i bobl heddiw.'

Ydych chi'n cytuno? Rhowch resymau dros eich ateb, gan ddangos eich bod wedi ystyried mwy nag un safbwynt.

Mae hanes Siddhartha yn enghraifft o fyw y Ffordd Ganol. Gwrthododd fywyd o foethusrwydd, ond gwelodd na fyddai bod yn asgetig yn ei alluogi i oresgyn dioddefaint chwaith. Wrth weithio tuag at ei oleuedigaeth, dangosodd benderfyniad ac ymroddiad. Roedd rhinweddau goleuedig tosturi, dewrder a doethineb ar waith ganddo wrth ymdrin â phobl eraill. Yn ei fywyd crefyddol, dangosodd yr arferion a fyddai'n arwain ei ddilynwyr i ddod yn oleuedig eu hunain.

Dysgeidiaethau'r Bwdha: Dhamma (Dharma)

Y Dharma yw'r sefyllfa fel ag y mae. Y Bwdha yw 'Yr Un sy'n Gwybod' hyn. Nid dyfeisio'r Dharma a wnaeth y Bwdha, ond yn hytrach ailddarganfod y Llwybr i wybod amdano. Yn aml mae'n well gan Fwdhyddion eu galw eu hunain yn 'ddilynwyr y Dharma', oherwydd maen nhw'n defnyddio'r Dharma fel canllaw i'w bywydau. Felly nid dim ond cyfres o syniadau yw dysgeidiaethau Bwdhaeth: maen nhw'n cynnig ffordd o feddwl a gweithredu sy'n helpu unigolion i ddod yn oleuedig eu hunain.

Offeryn ymarferol yw'r Dharma i'w ddefnyddio at bwrpas arbennig. Wrth ddisgrifio ei ddysgeidiaethau, dywedodd y Bwdha eu bod fel rafft mae rhywun yn ei ddefnyddio i groesi afon. Mae'n rhywbeth i'w ddefnyddio ac wedyn ei roi o'r neilltu.

Pan welodd y Pedair Golygfa, deallodd y Bwdha fod dioddefaint yn gwbl greiddiol i fywyd. Mae'r Dharma, felly, yn ymwneud â goresgyn dioddefaint a chael hapusrwydd.

Roedd y Bwdha yn dysgu'r Dharma mewn dwy ran gysylltiedig: Y Pedwar Gwirionedd Nobl a'r Llwybr Wythblyg Nobl. Mae'n bosibl dadlau mai'r ddwy ddysgeidiaeth hyn yw'r ffyrdd mwyaf adnabyddus ac angenrheidiol o fynegi'r Dharma.

Y Pedwar Gwirionedd Nobl

Os oes gennych chi afiechyd ac rydych chi eisiau ei wella, mae angen i chi yn gyntaf ddarganfod beth sy'n ei achosi. Yna gallwch chi drin achos yr afiechyd a gwella ohono o ganlyniad. Dywedodd y Bwdha y gallwch chi ddefnyddio'r un dull i oresgyn dioddefaint mewn bywyd. Mae modd rhannu'r dull hwn yn bedwar cam:

1. Y broblem
2. Achos y broblem
3. Y ffordd o oresgyn y broblem
4. Strategaethau i oresgyn y broblem

Yr enw ar y pedwar cam hyn yw y Pedwar Gwirionedd Nobl.

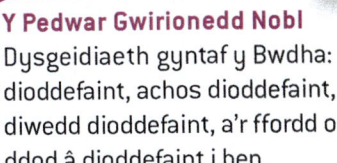

Cysyniad Allweddol

Y Pedwar Gwirionedd Nobl
Dysgeidiaeth gyntaf y Bwdha: dioddefaint, achos dioddefaint, diwedd dioddefaint, a'r ffordd o ddod â dioddefaint i ben.

> Drwy fethu â deall, methu â sylweddoli pedwar peth, roedd yn rhaid i mi, Ddisgyblion, yn ogystal â chithau, grwydro mor hir drwy'r cylch hwn o ailenedigaethau. A beth yw'r pedwar peth hyn? Y pedwar yw:
>
> Gwirionedd Nobl Dioddefaint
>
> Gwirionedd Nobl Tarddiad Dioddefaint
>
> Gwirionedd Nobl Diddymu Dioddefaint
>
> Gwirionedd Nobl y Llwybr sy'n arwain at Ddiddymu Dioddefaint
>
> Oherwydd nad oedd y gwirionedd na'r mewnwelediad hollol wir am y Pedwar Gwirionedd Nobl hyn yn hollol glir ynof fi, nid oeddwn yn siŵr fy mod wedi ennill yr oleuedigaeth eithaf honno. Ond cyn gynted ag y daeth y gwirionedd a'r mewnwelediad hollol wir am y Pedwar Gwirionedd Nobl hyn yn gwbl glir ynof fi, cododd ynof y sicrwydd fy mod wedi ennill yr oleuedigaeth eithaf honno.
>
> (Majjhima Nikaya 26)

Y Gwirionedd Nobl Cyntaf: mae bywyd yn cynnwys dioddefaint (dukkha)

Mae **dukkha** fel arfer yn cael ei gyfieithu fel 'dioddefaint' ond mae'n fwy na hynny.

Mae Bwdhaeth yn dysgu bod tri math o dukkha.

Cysyniad Allweddol

Dukkha Dioddefaint/ annigonolrwydd.

▶ **Dioddef dioddefaint** – *Dukkha poen gorfforol ac emosiynol*

Mae hyn yn cyfeirio at y dioddefaint mewn bywyd nad oes modd ei osgoi, fel syrthio, cael y ffliw, methu cysgu, neu fod â phen tost/cur pen. Ond mae hefyd yn cyfeirio at y dioddefaint emosiynol sy'n gysylltiedig ag, er enghraifft, bod heb ddigon o arian, cael eich sarhau, dioddef embaras, neu'r ffaith gyffredinol nad yw pethau'n tueddu i ddigwydd fel yr hoffem ni.

▶ **Dioddefaint newid** – *Dukkha byrhoedledd*

Dioddefaint yw hwn sy'n dod yn sgil y ffaith bod bywyd yn newid drwy'r amser. Rydyn ni eisiau profiadau pleserus, ac rydyn ni'n eu mwynhau nhw oherwydd eu bod yn bleserus. Ond dydyn nhw ddim yn para – mae popeth yn newid ac nid oes dim yn aros yr un peth. Mae pobl yn teimlo'n ddiflas pan fydd gwyliau'n dod i ben, yn drist pan fydd eitem werthfawr yn torri, yn galaru pan fydd rhywun annwyl yn marw. Y colli hapusrwydd hwn sy'n boenus.

Nid yw pethau'n mynd fel yr hoffem ni.

▶ **Dioddefaint cyflyru** – *Dukkha natur bywyd*

Mae pethau annymunol yn digwydd mewn bywyd nad oes gennym ni reolaeth drostyn nhw. Mae rhai mathau o ddioddefaint nad oes modd eu hosgoi, fel mynd yn hen neu farw; maen nhw'n siŵr o ddigwydd gan mai dyna beth yw bywyd. Ni allwch chi wneud dim i'w rhwystro. Mae effeithiau ein gweithredoedd wedi'u pennu gan ddeddfau **karma** (gweler y blwch isod). Mae llawer o ddioddefaint cyflyru yn dod o ganlyniad i'n dicter, balchder, trahauster, hunanoldeb neu'n ffolineb ni ein hunain.

> **Karma** Deddf achos ac effaith; mae Bwdhaeth yn dysgu bod canlyniadau i feddyliau a gweithredoedd.

Karma

Mae Bwdhaeth yn dysgu bod pob syniad neu weithred fwriadol yn cael effaith ar ddigwyddiadau. Bydd syniadau a gweithredoedd da a chadarnhaol sydd â bwriad anrhydeddus yn cael effeithiau cadarnhaol ar eich bywyd yn y dyfodol. Bydd syniadau a gweithredoedd drwg, negyddol a maleisus yn cael effeithiau negyddol.

Mae'r effaith a'r achos yn cael eu creu yr un pryd, ond gall gymryd tipyn o amser i'r effaith ymddangos. O ganlyniad, mae gan bob person gronfa o karma, cadarnhaol a negyddol, sy'n aros i gael ei weithredu.

Yn y rhan fwyaf o achosion, nid yw'n bosibl gweithio allan pa weithred a achosodd pa effaith. Yn wir, weithiau nid yw'n bosibl penderfynu a yw effaith yn gadarnhaol neu'n negyddol. Gall sefyllfaoedd sy'n ymddangos yn ddigalon gael eu troi weithiau yn gyfleoedd ardderchog, os ydyn nhw'n cael eu trin yn fedrus.

Byddai Bwdhyddion yn dweud bod arfer Bwdhaeth yn dysgu sut i fyw yn fedrus.

Tasg
Esboniwch sut gallai credu mewn karma effeithio ar sut mae Bwdhydd yn byw.

Nid yw Bwdhaeth yn honni y gall eich atal rhag bod yn sâl, na mynd yn hen, na marw. Bydd y pethau hyn yn digwydd; dydyn nhw ddim yn fathau o ddioddefaint ynddyn nhw eu hunain. Mae Bwdhaeth yn dweud bod dioddefaint yn brofiad yn y meddwl, ac y gall dilyn y Dharma eich atal rhag gorfod dioddef y boen a'r anfodlonrwydd mae'r digwyddiadau hyn yn eu hachosi.

Y Pum Atgof

Dywedodd y Bwdha wrth ei ddisgyblion am gofio pum peth bob dydd sy'n sôn am newid, mathau o ddioddefaint ac effeithiau karma:

1 Mae yn fy natur i dyfu'n hen. Nid oes dianc rhag mynd yn hen.
2 Mae yn fy natur i gael afiechyd. Nid oes dianc rhag cael afiechyd.
3 Mae yn fy natur i farw. Nid oes dianc rhag marwolaeth.
4 Mae yn natur popeth sy'n annwyl i mi, a phawb rwy'n eu caru, i newid. Nid oes dianc rhag cael fy ngwahanu oddi wrthyn nhw.
5 Fy ngweithredoedd yw'r unig bethau sy'n perthyn i mi mewn gwirionedd. Ni allaf ddianc rhag canlyniadau fy ngweithredoedd. Fy ngweithredoedd yw'r ddaear yr wyf yn sefyll arno.

(Anguttara Nikaya 5:57)

Tasg
Esboniwch beth yw ystyr dukkha i Fwdhyddion.

Cysyniad Allweddol

Tanha Dyhead, awydd, ysfa am eiddo, pobl, bod yn barhaol.

Yr Ail Wirionedd Nobl: achos dioddefaint (dukkha) yw ysfa (tanha)

Ystyr **tanha** yw ysfa, awydd neu ddyhead. Hynny yw, ein bod ni'n datblygu ymlyniad wrth bethau, pobl a theimladau ac yn dibynnu arnynt i'n gwneud ni'n hapus. Ond ni allwn ddibynnu ar y pethau hyn. Mae dibynnu ar bethau annibynadwy yn sicr o achosi anfodlonrwydd.

Mae pethau yn annibynadwy oherwydd eu bod yn fyrhoedlog – maen nhw'n newid; dydyn nhw ddim yn aros yr un peth. Rydyn ni eisiau i bethau aros yr un peth, ond dydyn nhw ddim: maen nhw'n pydru a marw. Yna, rydyn ni eisiau mwy o'r peth a roddodd bleser i ni. Rydyn ni eisiau cael y profiad eto, er ein bod yn gwybod na fydd yn para. Neu rydyn ni'n diflasu ar y pethau rydyn ni'n hoff ohonynt; nid yw'r pleser yn para, ac yna rydyn ni eisiau rhywbeth arall.

Nid y pethau rydyn ni'n dibynnu arnyn nhw i fod yn hapus sy'n gwneud i ni ddioddef, ond y ffaith ein bod yn dibynnu arnyn nhw, gan wybod, pan fydd y pleser yn dod i ben, y bydd tristwch yn dod yn ei le.

Mae tanha yn cyfeirio at y berthynas hon o ddibyniaeth neu ymlyniad. Cawn ein denu at bethau sy'n rhoi pleser i ni a'n tynnu i ffwrdd oddi wrth bethau sy'n achosi anfodlonrwydd.

Mae Bwdhaeth yn nodi tri math o tanha:

- *Kama tanha* (*ysfa am bleserau cnawdol*) yw'r dyhead syml i brofi pleser. Gall fod yn ddyhead am fwyd, am ddillad drud, am arian neu declynnau. Mae Bwdhaeth yn ein hannog i fod yn ymwybodol o'r chwantau hyn a pheidio â gadael iddynt ein rheoli ni. Drwy feithrin bodlonrwydd ac emosiynau cadarnhaol, mae ein chwantau'n lleihau ac rydyn ni'n teimlo'n hapusach yn naturiol.
- *Bhava tanha* (*ysfa am fod*) yw'r dyhead i fod yn rhywun arall. Gallwch ddyheu am swydd arall, bod yn enwog, cael eich edmygu neu fod yn well mewn mathemateg. Does dim o'i le mewn bod yn uchelgeisiol, ond rhaid gwerthfawrogi a mwynhau'r hyn sydd gennym nawr, neu rydyn ni'n fwy tebygol o fod yn anfodlon iawn.
- *Vibhava tanha* (*ysfa am beidio â bodoli*) yw'r dyhead i gael gwared ar brofiadau ac amodau annymunol mewn bywyd. Gall olygu symud o un math o anhapusrwydd i fath arall, er enghraifft, drwy gymryd cyffuriau neu geisio cymryd eich bywyd eich hun. Nid yw'n golygu cael gwared ar vibhava tanha ei hun.

Mae tanha yn achosi dukkha i ni am fod ein gweithredoedd wedi'u cymell gan y Tri Gwenwyn: trachwant, dicter ac anwybodaeth. Y tri gwenwyn sy'n gwneud i ni gydio mewn pethau. Rydyn ni eisiau pethau (trachwant), gan wybod na fydd y pleser yn para (anwybodaeth). Wrth i'r pleser bylu, rydyn ni'n digio (dicter), ac eisiau mwy, neu rywbeth gwahanol (trachwant), ac mae'r cylch yn parhau.

Tasg

Esboniwch yn eich geiriau eich hun sut mae ysfa yn achosi dioddefaint.

Y Trydydd Gwirionedd Nobl: y ffordd o oresgyn dioddefaint (dukkha) yw drwy oresgyn ysfa (tanha)

Yn amlwg, os yw ein dyhead am bethau yn achosi i ni fod yn rhwystredig â bywyd, yna mae'n rhaid i ni oresgyn ein dyheadau. Yna gallwn ni oresgyn ein rhwystredigaethau a'n hanfodlonrwydd. Y broblem yw, mae'r awydd i oresgyn dyheadau ac ysfa yn fath o ysfa ynddo'i hun. Awydd i gael gwared ar ddyhead yw vibhava tanha; awydd i gael goleuedigaeth yw bhava tanha.

Drwy arfer Dharma, mae Bwdhyddion yn deall nad ydyn ni wedi ein rheoli gan ddyhead. Dim ond pan fyddwn ni'n ildio iddo a cheisio dal gafael arno mae gan ddyhead bŵer drosom ni. Mae Dharma yn helpu Bwdhyddion i roi'r gorau i'r angen i ddal gafael ar bethau.

Yr enw ar gael gwared ar ysfa drwy arfer Bwdhaeth yw **nirodha**. Y cyflwr o fod wedi cyflawni nirodha yw **nirvana**. I Fwdhyddion, yr unig ffordd o gael gwared ar ysfa yw darganfod boddhad mewnol a gwerthfawrogiad o fywyd fel y mae mewn gwirionedd – hynny yw, dod o hyd i hapusrwydd oddi mewn yn hytrach na dibynnu ar bethau eraill, fel nad oes angen dal gafael arnyn nhw.

> **Nirodha** Diwedd ysfa a dyhead.
> **Nirvana** Y cyflwr o heddwch a llawenydd sy'n dod drwy gael gwared ar ysfa a dyhead.

Nirvana

Mae'r foment lle mae pob ysfa yn dod i ben (nirodha) yn foment o heddwch o'r enw nirvana. Mae'n debyg bod y Bwdha wedi cyrraedd y cyflwr hwn yn ei oleuedigaeth. Gall person sydd wedi cyflawni nirvana barhau i fyw, bwyta, cael perthynas â phobl eraill (fel gwnaeth y Bwdha am bedwar deg pump o flynyddoedd ar ôl ei oleuedigaeth), ond bydd yn cyflawni ei weithredoedd am resymau anhunanol. Ni fyddai'r gweithredoedd wedi'u hysgogi gan y Tri Gwenwyn, ac felly ni fydden nhw'n arwain at fwy o ddioddefaint.

Nid yw nirvana yr un peth â diddymu. Nid yw'n golygu chwaith eich bod mor bell o fywyd fel eich bod yn colli pob cysylltiad ag ef ac yn teimlo dim. Yn hytrach mae'n disgrifio cyflwr o heddwch a hapusrwydd o fod wedi cael gwared ar tanha.

Mae'r rheini sydd wedi cyflawni nirvana yn dal i brofi pethau mae pobl eraill yn eu hystyried yn boen neu'n bleser, ond dydyn nhw ddim yn ymateb iddyn nhw yn yr un ffordd. Ni fydd y profiadau yn achosi mwy o ysfeydd a dioddefaint.

> **Tasg**
>
> Lluniwch siart llif i ddangos sut mae'r tri cyntaf o'r Pedwar Gwirionedd Nobl yn gysylltiedig â'i gilydd. Yn y blychau ar eich siart llif, ysgrifennwch esboniad o bob un o'r Gwirioneddau Nobl.

Y Pedwerydd Gwirionedd Nobl: y ffordd (magga) o oresgyn dioddefaint yw'r Ffordd Ganol

Mae bywyd moethus yn un o ymlyniad, pan fyddwn ni'n dibynnu ar bethau sydd y tu allan i ni'n hunain i ddod â hapusrwydd i ni. Serch hynny, rydyn ni wedi gweld y bydd hyn yn achosi anfodlonrwydd yn y tymor hir. Bydd bywyd o galedi yn gwneud i ni ysu a dyheu am y pethau hynny sydd ddim gennym ni. Mae'r bywyd hwnnw, hefyd, yn fywyd o ddioddefaint. Dywedodd y Bwdha mai'r ffordd o oresgyn tanha yw byw y Ffordd Ganol, llwybr sy'n osgoi eithafion moethusrwydd a chaledi. Y gair mae Bwdhyddion yn ei ddefnyddio am y llwybr hwn yw **magga**.

Nid yw wedi'i henwi'n **Ffordd Ganol** oherwydd ei bod yn gyfaddawd rhwng eisiau moethusrwydd a chysur ar y naill law, ac ymwrthod â phleser a cheisio poen ar y llaw arall. Yn hytrach, mae'n codi uwchlaw'r ddau eithaf, yn osgoi'r camgymeriadau mae'r ddau yn eu gwneud wrth geisio hapusrwydd.

Mae'r Ffordd Ganol yn gwneud yn siŵr bod y corff yn ddigon iach i roi cryfder i'r meddwl. Yn ei hanfod mae'n rhaglen o hyfforddi'r meddwl.

Roedd angen arweiniad pellach ar ddisgyblion y Bwdha. Gall byw y Ffordd Ganol eich galluogi chi i oresgyn tanha, ond sut rydych chi'n byw y Ffordd Ganol? Rhoddodd y Bwdha nifer o awgrymiadau wrth ymateb i'r cwestiwn hwn. Mae'r rhai mwyaf adnabyddus wedi'u gosod allan ar ffurf llwybr ag wyth cam: y Llwybr Wythblyg Nobl.

> **Magga** Y llwybr i ddod â dyhead a dioddefaint i ben.
> **Y Ffordd Ganol** Llwybr sy'n osgoi eithafion moethusrwydd a chaledi.

Y Llwybr Wythblyg Nobl

Mae'r Llwybr Wythblyg Nobl yn cynnwys wyth peth gall Bwdydd eu gwneud i oresgyn tanha ac felly cyflawni nirvana. Er bod y gair 'llwybr' yn awgrymu cyfres o gamau i'w cymryd y naill ar ôl y llall, does dim rhaid gwneud camau'r Llwybr Wythblyg Nobl mewn trefn arbennig, ac mae modd eu gwneud gyda'i gilydd.

Gall y camau gael eu rhoi gyda'i gilydd mewn tri grŵp, neu dair disgyblaeth:

1. ffordd doethineb (prajna)
2. ffordd moesoldeb (sila)
3. ffordd hyfforddi'r meddwl (samadhi).

Doethineb (prajna)

Ystyr doethineb yw gwir fewnwelediad a dealltwriaeth ddofn o fywyd. Mae doethineb yn wahanol i wybodaeth, sef dysgu ffeithiau yn unig. Mae doethineb, i ddechrau, yn ymwneud ag astudio, gwrando ar, a thalu sylw i'r Dharma. Yna mae'n golygu amsugno a mewnoli'r hyn gafodd ei glywed, a myfyrio arno yng ngoleuni profiad. Yn olaf, mae'n golygu bod â'r mewnwelediad a'r craffter i roi'r Dharma ar waith drwy ddilyn y Llwybr Wythblyg Nobl.

Mae dwy ran i Ffordd Doethineb: Golwg Cywir a Bwriad Cywir.

1 Golwg (neu ddealltwriaeth) Cywir (neu berffaith)

Mae Bwdydd yn ceisio dyfnhau ei ddealltwriaeth o fywyd drwy ddilyn dysgeidiaethau'r Bwdha. Golwg cywir ar fywyd, felly, yw'r Dharma ei hun.

Os ydych chi ar fin mynd ar daith, mae angen gwneud yn siŵr eich bod yn gwybod y ffordd, bod y dogfennau cywir gennych, a'ch bod wedi pacio'r hyn sydd ei angen arnoch; mae angen i chi fod wedi cynllunio eich taith. Yn yr un modd, mae angen i rywun sydd ar fin dechrau ar y llwybr i oleuedigaeth fod â dealltwriaeth gywir o'r hyn sydd o'i flaen. Nid yw rhywun sydd heb feddwl am darddiad dioddefaint neu sut i'w oresgyn yn debygol o symud ymlaen tuag at oleuedigaeth. Y man cychwyn, felly, yw dealltwriaeth ddofn o natur karma, y Pedwar Gwirionedd Nobl a'r Llwybr Wythblyg Nobl ei hun. Dywedodd y Bwdha:

> 'Beth yn awr yw Golwg Cywir? Dealltwriaeth o ddioddefant (dukkha), dealltwriaeth o darddiad dioddefaint, dealltwriaeth o ddarfyddiad dioddefaint, dealltwriaeth o'r llwybr sy'n arwain at ddarfyddiad dioddefaint.'

(Digha Nikaya 22)

Nid yw Golwg Cywir yn golygu dysgu am y Dharma yn unig; mae'n golygu ei dderbyn fel sylfaen eich bywyd. Er y gall Dharma olygu dysgeidiaeth, mewn gwirionedd mae'n ymwneud â chymhwyso'r ddysgeidiaeth at fywyd.

Cysyniad Allweddol

Y Llwybr Wythblyg Nobl
'Meddyginiaeth' y Pedwar Gwirionedd Nobl. Wyth cam tuag at oresgyn dioddefaint a dyheadau, a chyflawni nirvana (nibbana). Mae'n cael ei rannu'n dair adran fel arfer: Doethineb, Moesoldeb a Myfyrdod.

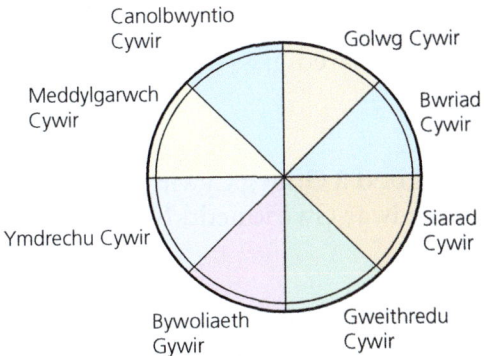

Mae olwyn ag wyth braich yn aml yn cael ei defnyddio fel symbol Bwdhaeth. Mae'n cynrychioli'r Llwybr Wythblyg Nobl.

Prajna (Panna) Ffordd Doethineb: dau o gamau'r Llwybr Wythblyg Nobl: Golwg Cywir, Bwriad Cywir.

2 Bwriad Cywir (neu berffaith)

Un peth yw clywed neu ddarllen am y Dharma Bwdhaidd, peth arall yw penderfynu gweithredu arno, a gwneud hynny am y rhesymau cywir. Mae Bwriad Cywir yn cyfeirio at yr hyn sy'n cymell Bwdhyddion i ddilyn y llwybr Bwdhaidd.

Mae Bwdhaeth yn dysgu bod ymddwyn yn farus, yn angharedig ac yn niweidiol yn ymddygiad hunanddinistriol ac yn ein harwain i ffwrdd oddi wrth nirvana. Os yw pobl yn cael eu cymell gan y teimladau hyn, yna bydd eu gweithredoedd yn achosi dioddefant iddyn nhw eu hunain ac i bobl eraill. Os yw'r bwriadau'n anghywir, mae'r gweithredoedd yn debygol o fod yn anghywir hefyd.

Ar y llaw arall, os yw'r bwriadau'n gywir, bydd y gweithredoedd yn gywir. Dywedodd y Bwdha y dylai person sy'n dilyn y Llwybr gael ei gymell gan dri bwriad:

1 y bwriad i roi'r gorau i ddyheadau (tanha)
2 y bwriad i feddwl a gweithredu gyda charedigrwydd cariadus (**metta bhavana**; gweler t. 76)
3 y bwriad i beidio â gwneud niwed.

Mae'r tri bwriad hyn yn ganlyniad bod â Golwg Cywir: bod â dealltwriaeth ddofn a thrylwyr o'r Pedwar Gwirionedd Nobl.

Moesoldeb (sila)

Y nod drwy ddilyn y Llwybr Wythblyg Nobl yw goresgyn dioddefaint a phrofi llawenydd a rhyddid goleuedigaeth. Mae deddf karma yn dweud bod gweithredoedd â bwriadau da yn arwain at effeithiau cadarnhaol yn eich bywyd eich hun. Yr yr un modd, mae gan weithredoedd maleisus ganlyniadau negyddol ac maen nhw'n arwain at ddioddefaint. Mae'n dilyn, felly, y dylai'r llwybr at oleuedigaeth gynnwys canllawiau ar ymddygiad moesol.

Mae trydydd, pedwerydd a phumed cam y Llwybr Wythblyg Nobl yn rhoi canllawiau ar ymddygiad moesol. Mae moesoldeb yn ymwneud â'r hyn sy'n gywir ac yn anghywir o ran ymddygiad pobl. Yr enw ar hyn yw **sila** (Ffordd Moesoldeb).

Mae gan sila dri cham: Siarad Cywir, Gweithredu Cywir a Bywoliaeth Gywir.

> **Sila** Ffordd Moesoldeb: tri o gamau'r Llwybr Wythblyg Nobl: Siarad Cywir, Gweithredu Cywir, Bywoliaeth Gywir.

3 Siarad Cywir (neu berffaith)

Mae'n hawdd weithiau diystyru grym geiriau. Maen nhw'n gallu bod yn greulon a dinistrio perthnasoedd; codi hunan-barch; dechrau rhyfeloedd a chreu heddwch. Nid yw effeithiau siarad yn amlwg bob amser, felly mae'n hawdd anghofio hyn.

Ond cyfathrebu geiriol – siarad ac ysgrifennu – yw un o'r pethau sy'n gwneud bodau dynol yn wahanol i anifeiliaid eraill. Mae'n rhoi urddas mynegiant i'r rheini sy'n ceisio dangos caredigrwydd cariadus tuag at bobl eraill.

Wrth ddelio ag eraill, dylai Bwdhyddion osgoi siarad â phobl, a siarad am bobl, mewn ffyrdd a allai beri niwed. Dylen nhw osgoi:

- dweud celwyddau
- hel straeon/clecs
- siarad yn gas
- gwastraffu amser gyda mân siarad.

Yn hytrach, dylen nhw bob amser geisio siarad yn gadarnhaol â phobl eraill ac am bobl eraill drwy:

- fod yn ddidwyll, yn ofalus ac yn gywir yn yr hyn maen nhw'n ei ddweud
- siarad mewn ffordd sy'n hybu cytgord rhwng pobl
- bod yn garedig ac yn addfwyn wrth siarad ag eraill
- gwerthfawrogi tawelwch pan nad oes unrhyw beth defnyddiol i'w ddweud.

4 Gweithredu Cywir (neu berffaith)

Mae Gweithredu Cywir yn wahanol i'r camau eraill yn y Llwybr Wythblyg Nobl gan ei fod yn pwysleisio pwysigrwydd ymddygiad a gweithredu yn hytrach na hyfforddi'r meddwl. Serch hynny, i Fwdhyddion, mae ein gweithredoedd mewn bywyd hefyd yn gofyn am hunanddisgyblaeth ac ymatal.

Drwy arfer Gweithredu Cywir, mae Bwdhyddion yn glynu wrth bum rheol, sef y **Pum Argymhelliad**. Yr argymhellion hynny yw:

> **Y Pum Argymhelliad** Canllawiau Bwdhaidd ar ymddygiad moesol.

- **Dangos parch at fywyd:** peidio â dinistrio neu niweidio bywyd; diogelu pob peth byw a'r blaned.
- **Datblygu haelioni:** rhannu eich amser a'ch adnoddau â phawb.
- **Osgoi camymddwyn rhywiol:** gall hyn achosi niwed i chi eich hun ac i bobl eraill.
- **Dweud y gwir:** dim hel straeon, dim siarad yn gas neu'n annheg; bod yn onest.
- **Bod yn ymwybodol o'ch iechyd:** bwyta'n iach, osgoi alcohol a chyffuriau, osgoi mathau o adloniant y gallech chi fynd yn gaeth iddyn nhw.

Mae'r argymhellion hyn yn berthnasol i bawb sy'n dilyn y Llwybr Wythblyg Nobl. Mae argymhellion a rheolau eraill sy'n berthnasol i fynachod.

Mae'r cwmni dylunio hwn o Gaerdydd yn defnyddio egwyddorion Bwdhaidd wrth redeg y busnes. Mae erthygl ar wefan WalesOnline yn dweud, 'Mae'r staff yn ceisio dod ag arferion Bwdhaidd i'r gweithle drwy ddilyn cod moesegol sy'n seiliedig ar bum argymhelliad y Bwdha, sy'n cynnwys helpu eraill, gonestrwydd a haelioni.'

5 Bywoliaeth Gywir (neu berffaith)

Os yw rhywun yn dilyn y llwybr Bwdhaidd, mae'n bwysig ei fod yn ennill bywoliaeth mewn ffordd sydd ddim yn mynd yn erbyn egwyddorion Bwdhaidd. Dylai gweithio fod yn rhywbeth buddiol ac ni ddylai achosi niwed i bobl eraill.

Ni fyddai Bwdhydd, felly, yn cael swydd sy'n golygu trais na niwed i greadur byw arall, boed yn berson neu'n anifail. Ni fyddai'n gallu ennill bywoliaeth drwy gymryd pethau oddi wrth bobl eraill sydd ddim wedi'u rhoi o'u gwirfodd. Byddai camddefnyddio rhyw er mwyn gwneud arian yn annerbyniol, yn yr un modd lledaenu celwydd neu straeon am bobl, neu ddelio mewn alcohol neu gyffuriau.

Mae'r Bwdha ei hun yn rhestru pum swydd y dylai Bwdhyddion eu hosgoi: delio mewn arfau, masnachu creaduriaid byw (lladd anifeiliaid yn ogystal â masnachu pobl), cigyddiaeth, cynhyrchu a delio mewn gwenwyn, a delio mewn alcohol a chyffuriau (Anguttara Nikaya 5:177).

Mae Bwdhydd yn debygol o chwilio am swydd sy'n helpu eraill, sy'n cyfrannu at les personol, sy'n parchu eu hurddas, sy'n onest ac sy'n ystyriol o bobl eraill.

> **Tasg**
> Gwnewch restr o swyddi mae Bwdhydd yn annhebygol o'u gwneud, a'r rhesymau pam. Yna gwnewch restr o swyddi gallai Bwdhydd eu gwneud, a'r rhesymau pam.

Myfyrdod (samadhi)

Er bod yr adran hon o'r Llwybr Wythblyg Nobl yn cael ei hadnabod fel **samadhi** (Ffordd Myfyrdod), mewn gwirionedd mae'n ymwneud â datblygu disgyblaeth ysbrydol a meddyliol er mwyn rhoi'r gorau i ddyheadau, goresgyn dioddefaint a chyflawni nirvana. Mae'n cynnwys yr arfer o fyfyrio, ond mae hefyd yn cynnwys yr egni sydd ei angen i gynnal yr arfer hwn, a'r ymwybyddiaeth er mwyn cadw'r meddwl yn effro ac yn sefydlog.

Dywedodd y Bwdha yn glir fod pob gweithred yn deillio o feddyliau, a bod canlyniadau i bob gweithred, rhai negyddol neu gadarnhaol:

> **Samadhi** Ffordd Myfyrdod: tri o gamau'r Llwybr Wythblyg Nobl: Ymdrechu Cywir, Meddylgarwch Cywir a Chanolbwyntio Cywir.

Y cyfan ydyn ni yw canlyniad yr hyn rydyn ni wedi'i feddwl. Mae wedi'i seilio ar ein meddyliau; mae wedi'i wneud o'n meddyliau. Os bydd rhywun yn siarad neu'n gweithredu gyda syniad drwg, bydd poen yn ei ddilyn, fel mae'r olwyn yn dilyn troed yr ychen sy'n tynnu'r cart.

Y cyfan ydyn ni yw canlyniad yr hyn rydyn ni wedi'i feddwl. Mae wedi'i seilio ar ein meddyliau; mae wedi'i wneud o'n meddyliau. Os bydd rhywun yn siarad neu'n gweithredu gyda syniad pur, bydd hapusrwydd yn ei ddilyn, fel cysgod sydd byth yn gadael.

(Dhammapada 1:1–2)

Nod Ffordd Myfyrdod yw puro'r meddwl, cael gwared ar feddyliau drwg a meithrin rhai da. Mae'n darparu'r amodau i ddatblygu dwy ran arall y Llwybr: Doethineb (Prajna) a Moesoldeb (Sila).

6 Ymdrechu Cywir (neu berffaith)

Y cam cyntaf wrth hyfforddi'r meddwl yw gwneud ymdrech fwriadol i roi meddyliau negyddol o'r neilltu a rhoi rhai cadarnhaol yn eu lle. Gair arall am ymdrech yw 'egni'. Mae dilyn y Llwybr Wythblyg Nobl yn gofyn am benderfyniad, disgyblaeth, ymroddiad a dyfalbarhad.

Pwysleisiodd y Bwdha hyn pan ddywedodd:

> 'Ni fyddaf yn rhoi'r gorau i'm hymdrechion hyd nes i mi gyflawni beth bynnag mae'n bosibl ei gyflawni drwy ddyfalbarhad, egni, ac ymdrech ddynol.'
>
> (Majjhima Nikaya 70)

Mae'n mynd ymlaen i nodi lle dylen ni gyfeirio'r ymdrech honno:

- atal cyflyrau meddwl afiach rhag ffurfio
- cael gwared ar gyflyrau meddwl afiach sydd wedi'u ffurfio eisoes
- ffurfio cyflyrau meddwl iach
- cynnal a pherffeithio cyflyrau meddwl iach sydd wedi'u ffurfio eisoes.

Mae Ymdrechu Cywir yn golygu y dylai Bwdhydd fod yn ymwybodol o'i ffordd arferol o feddwl, a dylai fod yn benderfynol o reoli hyn. Drwy ddilyn y cam hwn, bydd Bwdhydd bob amser yn ceisio gweld y gorau mewn pobl eraill.

7 Meddylgarwch Cywir (neu berffaith)

Ystyr bod yn feddylgar yw bod rhywbeth ar flaen eich meddwl; bod eich meddwl yn llawn ohono. Mae'r cam hwn ar y llwybr Bwdhaidd yn anelu at helpu pobl i fod yn fwy ymwybodol ohonyn nhw eu hunain a phopeth o'u hamgylch.

Ni all pobl reoli eu bywydau os nad ydyn nhw'n ymwybodol o'r pethau hyn. Mae angen i'w meddwl fod yn glir ac yn effro, nid yn niwlog ac yn ddryslyd. Mae meddylgarwch (neu ymwybyddiaeth ofalgar) yn galluogi person i reoli ei feddwl drwy sylwi ar y ffordd mae'n gweithio. Mae'n galluogi'r person i angori'r meddwl, neu ei hoelio i lawr i'w rwystro rhag crwydro.

Mae'n bosibl defnyddio meddylgarwch mewn pedwar maes neu 'sylfaen' wahanol:

- Y corff – bod yn ymwybodol o anadlu, y ffordd rydyn ni'n dal ein corff, a gweithredoedd fel plygu, ymestyn a throi'r pen.
- Teimladau – dymunol, annymunol neu niwtral.
- Cyflwr meddwl – barus, dig, gorlawn, dryslyd, ac yn y blaen.
- Pethau allanol – agweddau meddyliol sy'n ein rhwystro rhag canolbwyntio, fel blinder, amheuaeth, pryder neu aflonyddwch.

Erbyn hyn, mae pobl wedi darganfod bod technegau meddylgarwch yn ddefnyddiol wrth hyfforddi'r meddwl yn achos oedolion a phlant sydd ddim yn Fwdhyddion. Maen nhw'n gwella'r gallu i ganolbwyntio a lleihau pethau sy'n tynnu sylw, gan alluogi pobl i ddelio â sefyllfaoedd anodd heb gynhyrfu a gwneud penderfyniadau gwell. Mae technegau meddylgarwch hefyd yn cael eu defnyddio i oresgyn problemau iechyd meddwl.

Tasg

Esboniwch sut gall y Llwybr Wythblyg Nobl arwain rhywun i brofi nirvana. Ceisiwch wneud o leiaf un pwynt ar gyfer pob un o'r camau ar y Llwybr.

8 Canolbwyntio Cywir (neu berffaith)

Mae hyn yn cyfeirio at hyfforddi'r meddwl drwy arferion myfyrio. Ei nod yw ffocysu'r meddwl ar un pwynt canolog. Yn ôl Bwdhyddion, mae myfyrio yn galluogi'r meddwl i ymlonyddu, i ddatblygu caredigrwydd cariadus, a hefyd i ddatblygu mewnwelediad i wirioneddau bywyd – y Dharma.

- Mae'n arwain at gyflwr o lawenydd, llonyddwch, lles.
- Mae'n galluogi'r meddwl i weld pethau fel maen nhw mewn gwirionedd, gan arwain at ddoethineb.

Gallwn ni ddatblygu canolbwyntio mewn dwy ffordd:

- datblygu llonyddwch (samatha-bhavana)
- datblygu mewnwelediad (vipassana-bhavana).

Byddwn ni'n edrych ar y mathau hyn o fyfyrio yn yr adran nesaf (t. 75).

> Nid rhestr o gamau i nirvana, i'w cymryd un ar ôl y llall, yw'r Llwybr Wythblyg Nobl. Mae'n bosibl eu gwneud mewn unrhyw drefn neu mewn unrhyw gyfuniad. Dyma awgrym y Bwdha:
>
> I ddechrau, sefydlwch eich hun ym man cychwyn y cyflyrau iachusol, hynny yw, mewn disgyblaeth foesol wedi'i phuro gyda golwg cywir. Yna, pan fydd eich disgyblaeth foesol wedi'i phuro a phan fydd eich golwg yn glir, dylech arfer pedair sylfaen meddylgarwch.
>
> (Samyutta Nikaya 47:3)

Tasg

Ym mha drefn dylai rhywun ddilyn y Llwybr Wythblyg Nobl, yn ôl y Bwdha?

▶ Heriau byw yn unol â dysgeidiaethau Bwdhaidd

Er bod nifer y bobl yn y Deyrnas Unedig sy'n arfer crefydd neu'n arddel credoau crefyddol wedi disgyn dros y ddau ddegawd diwethaf, mae cynnydd wedi bod yn nifer y bobl sy'n dweud mai eu crefydd yw Bwdhaeth. Yn 2001, roedd tua 145,000 o Fwdhyddion yng Nghymru a Lloegr; cododd y ffigur hwn i 180,000 bron yn 2011. Yn 2001, roedd 5,000 o Fwdhyddion yng Nghymru, ond erbyn 2011, roedd y nifer hwn wedi dyblu fwy neu lai.

Dydy'r seciwlariaeth (y broses lle mae poblogaeth yn mynd yn llai crefyddol) sy'n effeithio ar grefyddau eraill y Deyrnas Unedig ddim fel pe bai wedi dylanwadu ar y diddordeb mewn Bwdhaeth, yn enwedig yng Nghymru.

Mae Bwdhaeth wedi ennyn cryn dipyn o ddiddordeb ers iddi gyrraedd y Deyrnas Unedig yng nghanol yr ugeinfed ganrif. Yn yr 1960au, roedd pobl ifanc o Ewrop ac America yn teithio i'r Dwyrain Pell, wedi'u cyfareddu gan ddiwylliant 'y dwyrain', yn enwedig diwylliant Bwdhaeth. Ar yr un pryd, roedd Bwdhyddion o'r Dwyrain, o wledydd oedd wedi'u rhwygo gan ryfel ac wedi'u goresgyn gan wledydd tramor, yn dechrau dod i'r Gorllewin.

Roedd nifer o agweddau arwynebol Bwdhaeth yn apelio at bobl y Gorllewin:

- Mae ganddi gysylltiadau agos â'r crefftau ymladd, a oedd yn dod yn boblogaidd.
- Dechreuodd pobl arbrofi gyda chredoau a ffyrdd 'egsotig' o fyw, gan gynnwys Bwdhaeth, er mwyn bodloni chwilfrydedd.

Mae llawer o bethau yn tynnu ein sylw ym mywyd yr unfed ganrif ar hugain.

Cafodd rhai Gorllewinwyr eu denu gan syniadau ac arferion crefyddol lle nad oedd angen credu yn Nuw, ufuddhau i ffigyrau awdurdod na dilyn cymhelliant euogrwydd. Roeddent yn croesawu athroniaeth bywyd oedd yn gynhwysol, yn hybu cydraddoldeb a gwerth bywyd o bob math ac yn addo canlyniadau: goleuedigaeth a heddwch.

Ond, mae heriau ac anawsterau yn gysylltiedig â phopeth sy'n ymddangos yn syml. Datblygodd Bwdhaeth mewn gwledydd â diwylliant a ffordd o fyw wahanol iawn i'r rheini yn y Gorllewin. Yn gyffredinol iawn, mae bywyd y Gorllewin wedi'i nodweddu gan ddirywiad mewn parch at grefyddau a sefydliadau crefyddol; gwrthod syniadau na ellir eu dilysu gan ymchwiliad gwyddonol; pwyslais ar hunanfynegiant a datblygiad personol; a phwyslais mawr ar fateroliaeth a phrynwriaeth, sydd i gyd yn erbyn egwyddorion Bwdhaidd.

Ond fel arfer mae gan ddiwylliannau'r Dwyrain barch dwfn at ysbrydolrwydd a thraddodiadau crefyddol, agwedd agored at dderbyn syniadau haniaethol, a mwy o gysyniad o gymuned a theulu. Yn y Dwyrain, mae ethos o ddyletswydd a rhwymedigaeth; yn y Gorllewin mae mwy o bwyslais ar hawliau'r unigolyn.

Mae'r gwahaniaethau diwylliannol hyn yn creu problemau i'r rheini sy'n arfer y Dharma yn y Gorllewin, yn enwedig os nad ydyn nhw wedi mabwysiadu diwylliant y Dwyrain.

- Gan fod bywyd mor brysur yn y Gorllewin mae'n anodd neilltuo amser ar gyfer arferion myfyriol. Mae pethau'n tynnu sylw sy'n gwneud canolbwyntio yn anodd ac yn golygu nad oes cymhelliant i ddilyn arferion fel myfyrio.
- Felly mae yna duedd i ddewis y rhannau o Fwdhaeth y gellir eu haddasu i'r bywyd seciwlar a throi cefn ar y gweddill. Mae hyn yn gwanhau Bwdhaeth i ddim mwy na chyfres o ymarferion ymlacio neu therapïau hunangymorth. Ar ben hyn, gall y cyfoeth o wybodaeth sydd ar gael am wahanol fathau o Fwdhaeth arwain at ddryswch a chamddealltwriaeth.
- Pwyslais ar unigolyddiaeth – gwerthfawrogi'r hunan yn fwy na'r grŵp – yng nghymdeithas y Gorllewin sy'n gwrthdaro â'r syniad Bwdhaidd am fod yn anhunanol. Prydain yw'r wlad fwyaf unigolyddol yn y byd, yn ôl ymchwil, ac mae wedi cael ei brofi bod unigolyddiaeth yn arwain at lefelau uchel o iselder a gorbryder.
- Hefyd, mae moesoldeb y Gorllewin yn aml yn gwrthdaro ag egwyddorion Bwdhaidd sydd i fod i buro'r meddwl. Er enghraifft, mae alcohol, cyffuriau a phrofiadau rhywiol ar gael mor hawdd fel ei bod yn anodd dilyn y Pum Argymhelliad.
- Seciwlariaeth y Gorllewin sy'n awgrymu i lawer nad yw crefydd yn berthnasol i fywyd modern. Cewch fyw'n hapus ac yn foesol heb grefydd. Mae cymaint o nwyddau materol ar gael sy'n rhoi cysur, ac mae hyn fel pe bai'n gwrth-ddweud y syniad Bwdhaidd bod trachwant, dyhead ac ymlyniad yn achosi dioddefaint.
- Mewn oes o ryfeloedd, terfysgaeth ryngwladol, tlodi byd-eang a dinistr amgylcheddol, mae honiadau ac amcanion Bwdhaeth yn gallu ymddangos yn naïf. Mae syniadau am heddwch mewnol a charedigrwydd cariadus yn ymddangos yn feddal ac afrealistig.
- Nid oes sail wyddonol i syniadau am karma, samsara ac aileni, ac nid yw gwyddoniaeth yn gallu eu hamddiffyn. Os nad oes modd eu profi, mae'n anodd i gymdeithasau ôl-wyddonol eu derbyn.

> **Tasg**
>
> 'Nid yw'n bosibl arfer Bwdhaeth ym Mhrydain yn yr unfed ganrif ar hugain.'
>
> Trafodwch y gosodiad hwn gan ddangos eich bod wedi ystyried mwy nag un safbwynt. (Rhaid i chi gyfeirio at grefydd a chred yn eich ateb.)

Cofiwch

Cysyniadau allweddol:
- Bwdha
- Dhamma (Dharma)
- Dukkha
- Y Pedwar Gwirionedd Nobl
- Y Llwybr Wythblyg Nobl
- Parinirvana
- Tanha

Dysgeidiaethau allweddol:
- Bywyd cynnar y Bwdha
- Y Pedair Golygfa
- Yr Ymwadu
- Goleuedigaeth
- Troad Cyntaf Olwyn Dharma
- Y Pedwar Gwirionedd Nobl
- Y Llwybr Wythblyg Nobl
  - Doethineb: Golwg Cywir, Bwriad Cywir
  - Moesoldeb: Siarad Cywir, Gweithredu Cywir, Bywoliaeth Gywir
  - Myfyrdod: Ymdrechu Cywir, Meddylgarwch Cywir, Canolbwyntio Cywir
- Heriau byw y Dharma

Adolygiad Diwedd yr Adran

Ymarfer sgiliau

1 Esboniwch beth mae Bwdhyddion yn ei wneud wrth ddilyn y Llwybr Wythblyg Nobl.
2 'Y rhan bwysicaf o fywyd y Bwdha oedd ei brofiad fel asgetig.'
  Trafodwch y gosodiad hwn gan ddangos eich bod wedi ystyried mwy nag un safbwynt. (Rhaid i chi gyfeirio at grefydd a chred yn eich ateb.)

Gwirio gwybodaeth

1 Ysgrifennwch baragraff byr (tua thair brawddeg) yn esbonio pam mae'r Pedair Golygfa yn bwysig mewn Bwdhaeth.
2 Ysgrifennwch baragraff hir (tua wyth i ddeg brawddeg) yn esbonio'r pethau sy'n achosi dioddefaint bodau dynol, yn ôl dysgeidiaethau Bwdhaidd.
3 Esboniwch beth yw ystyr Dharma.
4 Ysgrifennwch baragraff manwl (tua wyth i ddeg brawddeg) yn esbonio pam mae Bwdhaeth yn dysgu bod y Llwybr Wythblyg Nobl yn arwain at gyflawni nirvana.

Y Cwestiwn Mawr

'Nid yw Bwdhaeth yn berthnasol yn y byd modern.'

Eich tasg

Trafodwch y gosodiad uchod, gan ddangos eich bod wedi ystyried mwy nag un safbwynt. Rhowch farn resymegol am ba mor ddilys a pha mor gryf yw'r safbwyntiau hyn.

Tasg

Mae angen i chi esbonio yn fanwl y dysgeidiaethau crefyddol am oleuedigaeth. Defnyddiwch y canllawiau isod i'ch helpu i ysgrifennu esboniad manwl ar gyfer Bwdhaeth. Gwnewch yn siŵr eich bod yn defnyddio termau allweddol yn rhwydd ac yn aml.

Mae Bwdhyddion i gyd/llawer o Fwdhyddion/y rhan fwyaf o Fwdhyddion yn credu _____.

Daw hyn o'r ddysgeidiaeth/dyfyniad _____.

Mae hyn yn golygu/Oherwydd hyn maen nhw'n _____.

Mae rhai Bwdhyddion/Bwdhyddion eraill fel _____ yn credu _____.

Daw hyn o'r ddysgeidiaeth/dyfyniad _____.

Mae hyn yn golygu/Oherwydd hyn maen nhw'n _____.

Yn olaf, mae Bwdhyddion fel _____ yn credu _____.

Mae hyn yn golygu/Oherwydd hyn maen nhw'n _____.

Mae eu credoau yr un peth/yn wahanol oherwydd _____.

4 Bwdhaeth: Arferion

■ Arferion myfyrio

▶ Arwyddocâd a phwysigrwydd myfyrio

Nid yw'n bosibl cyflawni nirvana heb feistroli pob cam o'r Llwybr Wythblyg Nobl yn gyntaf. Un peth sy'n hanfodol i feistroli pob cam yw'r grefft o fyfyrio. Yr enw ar fyfyrio mewn Bwdhaeth fel arfer yw **bhavana**, sy'n golygu 'meithrin y meddwl' neu 'hunanddatblygiad'. Yn ogystal â bod yn sail i'r Llwybr Wythblyg Nobl, dyma hefyd yw'r wythfed cam (Canolbwyntio Cywir, neu hyfforddi'r meddwl drwy arferion myfyrio).

Nod myfyrio yw rheoli'r meddwl, nid cael eich rheoli ganddo; dod yn rhydd o'r ffyrdd arferol o feddwl a datblygu doethineb; deffro'r meddwl i'r Dharma.

Yn gyffredinol, mae dwy agwedd ar fyfyrio. Yr agwedd gyntaf yw'r technegau sy'n ein helpu i ymlacio, a darganfod sefydlogrwydd a lles mewnol (samatha). Yn ail, mae'r technegau sy'n ein hannog i ddeall natur realiti (**vipassana**).

> **Bhavana** Meithrin y meddwl, neu hunanddatblygiad.

▶ Mathau o fyfyrio

Samatha, gan gynnwys myfyrio drwy anadlu

Os ydych chi eisiau dod o hyd i rywbeth mewn cwpwrdd sy'n llawn ac yn anniben, gall gwagio'r cwpwrdd yn gyntaf fod yn help weithiau: tynnu popeth allan, cael gwared ar y pethau diangen er mwyn gallu gweld yr hyn rydych chi'n chwilio amdano. Pan fyddwch chi'n gwneud hyn gyda'ch meddwl, yr enw arno yw **samatha**. Mae nifer o ystyron i'r gair samatha, ond mae'r gair 'llonyddwch' yn cyfleu pob un ohonyn nhw. Nid oes yn rhaid i chi fod yn Fwdhydd i arfer samatha, ond mae Bwdhyddion yn ei ddefnyddio i gael gwared ar anhrefn o'r meddwl. Felly nid yw samatha ynddo'i hun yn fath o fyfyrio, ond mae'n cael ei ddefnyddio'n aml i baratoi ar gyfer myfyrio. Mae'n gyflwr o fod â meddwl gwag ond cwbl effro o hyd. Mae rhai Bwdhyddion yn ei alw'n 'prin ymwybodol'.

Y syniad gyda samatha yw dewis rhywbeth i hoelio'r meddwl arno – rhywbeth syml i ddechrau. Mae'n bosibl y bydd y meddwl yn crwydro oddi wrtho, ond dylech chi geisio dod ag ef yn ôl at y gwrthrych yn araf bach; ac wrth i'r meddwl grwydro eto, dylech chi barhau i geisio canolbwyntio.

Mae'r math hwn o ganolbwyntio yn grefft, fel reidio beic neu chwarae offeryn cerdd. Byddwch chi'n gwella bob tro byddwch chi'n ei arfer. Ac wrth i chi wella, mae'n dod yn haws gwneud ymarferion mwy cymhleth. Bydd rhywun sy'n brofiadol iawn mewn samatha yn dewis syniadau cymhleth i ganolbwyntio arnyn nhw. Gall person dig ganolbwyntio ar y syniad o heddwch; gall person barus ddewis haelioni.

> **Cysyniad Allweddol**
>
> **Samatha** Myfyrio llonydd neu fyfyrio drwy anadlu.

Mae myfyrio drwy anadlu yn fath o samatha.

Anapanasati Myfyrio drwy anadlu.

Un dull cyffredin o ganolbwyntio, yn enwedig i ddechreuwyr, yw **anapanasati**, sef myfyrio drwy anadlu. Yma, yr anadlu ei hun yw gwrthrych y canolbwyntio. Mae anapanasati yn fath o samatha.

Anapanasati (myfyrio drwy anadlu) ar waith

Y cam cyntaf yw eistedd yn gyfforddus. Mae Bwdhyddion fel arfer yn eistedd yn safle'r lotws: coesau wedi'u croesi gyda phob troed yn gorffwys, gwadn i fyny, ar y glun arall. Gall hyn fod yn eithaf anodd ar y dechrau, felly bydd eistedd gyda'ch coesau wedi'u croesi ar y llawr, neu mewn cadair syth, yn iawn. Dylai'r cefn fod yn syth, a'r corff mewn ystum na fydd yn mynd yn aflonydd ynddo. Y syniad yw hoelio'r meddwl ar yr eiliad pryd mae'r anadl yn gadael y ffroenau. Ni ddylai'r anadlu fod yn llafurus, ond yn naturiol. I ddechrau, gallech chi gyfrif yr anadliadau, i mewn ac allan, er mwyn cadw'r canolbwyntio, ond ar ôl tipyn ni ddylai fod angen gwneud hyn. Sylwch ar yr anadl wrth iddo fynd i mewn ac allan o'r corff, ac edrychwch ar symudiad y corff wrth i hyn ddigwydd. Gydag amser, daw'r anadlu yn fwy ysgafn, a gall hyd yn oed ymddangos fel pe bai'n stopio'n llwyr. Nid oes angen meddwl, dim ond sylwi. Y sylwi ddylai lenwi'r meddwl: cofiwch mai amcan yr ymarfer yw meddylgarwch.

Gallech chi roi cynnig ar fyfyrio drwy anadlu eich hun, gan ddilyn y cyfarwyddiadau ar y dudalen hon. Cofiwch, does dim rhaid i chi fod yn Fwdhydd, neu hyd yn oed yn berson crefyddol, i arfer samatha.

Samatha, felly, yw sylwi ar symudiadau'r corff a chyflyrau gwahanol y meddwl er mwyn darganfod eu gwir natur. Mae'n bwysig peidio â chysylltu cyflyrau'r meddwl â chi'ch hun, oherwydd mai chi sydd berchen ar eich teimladau, canfyddiadau, syniadau ac ymwybyddiaeth; rydych chi wedi ymlynu wrthynt, ac rydych chi'n ceisio gwaredu ymlyniadau. Sylwch ar eich symudiadau a'ch meddwl yn wrthrychol, fel pethau ynddynt eu hunain.

Kasina Gwrthrych y canolbwyntio wrth fyfyrio.

Yr enw ar wrthrych a ddefnyddir fel canolbwynt mewn samatha yw **kasina**. Gall fod yn unrhyw beth bron: disg lliwgar, carreg, coeden, fflam cannwyll. Dylech ganolbwyntio arno mor galed fel eich bod yn gweld y kasina yr un mor glir â'r llygaid ar gau ag â'r llygaid ar agor. Dyma feddylgarwch: canolbwyntio llwyr. Ar yr eiliad hon, mae gweithgaredd y synhwyrau yn darfod: y cyfan sydd yna yw meddylgarwch.

▶ ## Brahma vihara bhavana, gan gynnwys metta bhavana (myfyrio ar garedigrwydd cariadus)

Cysyniad Allweddol 🔑

Metta bhavana Datblygu caredigrwydd cariadus (h.y. datblygu caredigrwydd cariadus drwy fyfyrio).

Mewn Bwdhaeth, y **brahma viharas** yw'r rhinweddau delfrydol i berson eu datblygu; yr emosiynau uchaf; y pethau sy'n hybu cytgord rhwng pobl. Ystyr brahma vihara yw 'lle gwych'. Mae'r brahma viharas yn cael eu defnyddio gan rai Bwdhyddion fel gwrthrychau canolbwyntio i gael llonyddwch (samatha), ond mae'n bosibl eu defnyddio ar gyfer myfyrio dyfnach. Y rhinweddau hyn yw cariad, tosturi, llawenydd dros eraill a heddwch.

Emosiynau neu ffyrdd o feddwl yw'r brahma viharas. Gall ceisio datblygu emosiynau swnio'n rhyfedd, gan eu bod fel pe baen nhw'n digwydd heb i ni allu eu rheoli. Rydyn ni'n 'teimlo'n hapus' neu'n 'digio'. Efallai gallen ni reoli'r hyn rydyn ni'n ei wneud amdano: os ydyn ni'n digio, gallwn ni ddal yn ôl, er enghraifft

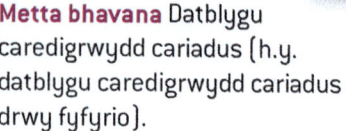

Brahma viharas Yr emosiynau uchaf.

drwy ein hatal ein hunain rhag taro rhywun. Ond mae rheoli'r dicter yn fwy anodd. Allwch chi ddewis peidio â bod yn ddig?

Mae Bwdhaeth yn dweud y gallwch chi. Gallwch chi ddewis bod yn ddymunol, yn dosturiol, yn llawen ac yn llawn caredigrwydd cariadus. Ni all myfyrio ynddo'i hun gynhyrchu'r emosiynau hyn, ond mae'n creu'r amodau lle gallan nhw ddatblygu. Wrth fyfyrio ar y brahma viharas, y syniad yw datblygu'r rhinweddau ynoch chi'ch hun ac, ar yr un pryd, eu lledaenu i bawb.

Nid yw person sydd wedi meithrin y brahma viharas yn gallu casáu neu brofi teimladau o ragfarn neu ddicter. I Fwdhyddion, felly, mae'n bwysig nid yn unig geisio cael eich arwain gan y brahma viharas, ond myfyrio arnynt hefyd er mwyn defnyddio a datblygu'r rhinweddau y tu mewn i chi'ch hun. Enw'r math hwn o fyfyrio yw brahma vihara bhavana, ac mae myfyrio ar brahma vihara metta yn cael ei alw'n metta bhavana.

Ystyr metta yw 'cariad', ond fel arfer y cyfieithiad yw 'caredigrwydd cariadus' gan ei bod yn anodd diffinio cariad. Nid y syniad Cristnogol o agape, sy'n ymwneud â hunanaberth, yw metta. Nid yw'n golygu bod yn annwyl neu'n 'neis'. Mae'n golygu parchu bywydau pobl eraill, dim ond am eu bod yn fyw, a dangos y parch hwnnw drwy fod yn ystyriol, caredig a chwrtais. Mae'n golygu llawenhau yn hapusrwydd a llwyddiant pobl eraill, a bod yn hapus drostynt. Disgrifiad rhai yw 'cyfeillgarwch cyffredinol'. Dyma ddisgrifiad y Bwdha:

> Fel y mae mam hyd yn oed gyda'i bywyd ei hun yn amddiffyn ei hunig blentyn, felly hefyd dylai rhywun feithrin caredigrwydd cariadus anfesuradwy tuag at bob creadur byw.

(Metta Sutta)

Yn ogystal â hyn, mae datblygu caredigrwydd cariadus (**metta bhavana**) yn arwain at gael gwared ar ddyhead (tanha):

> I'r un sy'n meddylgar ddatblygu
> Caredigrwydd cariadus diderfyn;
> Wrth weld y glynu'n chwalu,
> Mae'r hualau'n treulio i ffwrdd.

(Itivuttaka 1:27)

Wrth arfer metta bhavana, rydych chi'n dechrau drwy ddymuno eich hapusrwydd eich hun:

Boed i mi fod yn rhydd o gasineb a pherygl.
Boed i mi fod yn rhydd o ddioddefaint meddyliol.
Boed i mi fod yn rhydd o ddioddefaint corfforol.
Boed i mi ofalu amdanaf i fy hun, yn hapus.

Dyma sail i ledaenu'r dymuniad i eraill. I ddechrau, meddyliwch am anwyliaid, ffrindiau neu deulu, a dymuno yr un fath iddyn nhw:

Boed iddyn nhw fod yn rhydd o elyniaeth a pherygl.
Boed iddyn nhw fod yn rhydd o ddioddefaint meddyliol.
Boed iddyn nhw fod yn rhydd o ddioddefaint corfforol.
Boed iddyn nhw ofalu amdanyn nhw eu hunain, yn hapus.

Yna gallwch chi ymestyn y dymuniad i bobl eraill rydych chi'n eu lled adnabod, yna i elynion (sy'n fwy anodd), ac yn olaf i bopeth sy'n bodoli (sy'n fwy anodd byth). Wedyn, gall y rhwystrau rhwng y grwpiau hyn gael eu torri i lawr fel bod y metta sydd wedi'i gyfleu i elynion yr un mor ddidwyll â'r un sydd wedi'i gyfleu i anwyliaid.

Nod metta bhavana yw gwreiddio metta yn ddwfn yn y meddwl fel ei fod yn gyrru pob syniad, gair a gweithred arall i ffwrdd.

Vipassana (myfyrio i gael mewnwelediad)

Ystyr **vipassana** yw 'mewnwelediad'. Mewnwelediad yw'r gallu i weld pethau'n glir, i fynd at galon pethau. Mae'n golygu adnabod gwirionedd rhywbeth, yn aml yn sydyn, mewn fflach – fel deall y llinell olaf mewn jôc. Gyda rhai jôcs, mae rhai pobl yn eu deall ond dydy pobl eraill ddim. Dydy rhai pobl ddim yn deall y jôc i ddechrau, ac yna'n sydyn mae'n gwawrio arnyn nhw. Mae fel dod i ddeall rhywbeth yn sydyn – er enghraifft, egwyddor fathemategol oedd yn eich drysu o'r blaen.

Mae vipassana yn golygu bod â mewnwelediad i natur bywyd. Mae natur bywyd, fel rydyn ni wedi'i weld, wedi'i disgrifio yn y Dharma. Un peth yw darllen am natur bywyd a deall y rhesymeg; peth arall yw teimlo gwirionedd y peth eich hun.

Myfyrdod vipassana yw'r ffordd o gael y mewnwelediad hwn. Nid yw'n dechneg y gallwch chi ei dysgu o lyfr: rhaid i feistr ei dysgu i chi. Dim ond rhywun sy'n fedrus yn y grefft all ei throsglwyddo i ddisgyblion. Weithiau mae samatha yn cael ei ddefnyddio i baratoi ar gyfer vipassana. Nid arfer myfyrio yw samatha fel y cyfryw: mae'n system o ganolbwyntio'r meddwl. Ond mae'n paratoi'r ffordd ar gyfer myfyrio dwfn: vipassana.

Cysyniad Allweddol

Vipassana Myfyrio i gael mewnwelediad, sy'n galluogi'r unigolyn i weld gwir natur pethau.

> Mae samatha yn ymwneud â chanolbwyntio, ond mae vispassana yn ymwneud â meddylgarwch. Mae canolbwyntio yn golygu hoelio eich meddwl ar un peth, gan gau popeth arall allan. Gallech chi ganolbwyntio ar anadlu neu garedigrwydd cariadus neu hyd yn oed eich gwaith cartref. Ond mae meddylgarwch yn golygu sylwi ar y peth hwnnw, meddwl amdano, dod i ddeall ei ystyron i gyd. Gall rhywun arfer samatha i oresgyn ymlyniadau ac yna arfer vipassana i ddatblygu'r doethineb sy'n dod o oresgyn ymlyniadau.

Nod vipassana yw datgelu doethineb bwdha. Mae pedwar cam yn y broses hon:

1. Gweld cysylltiadau rhwng y meddwl a'r corff.
2. Gweld undod y meddwl a'r corff heb ymdrechu.
3. Profi canolbwyntio a hapusrwydd yn unig.
4. Mewnwelediad, doethineb a rhyddid o ddioddefaint.

Tasg

Mewn dwy neu dair brawddeg, esboniwch sut gall vipassana helpu person i gyflawni nirvana. Dylech chi gyfeirio at y Llwybr Wythblyg Nobl yn eich ateb.

Tasg

Pam mae myfyrio yn arfer pwysig i Fwdhyddion? Defnyddiwch y dyfyniad o'r Dhammapada a gwybodaeth arall o'r adran hon yn eich ateb.

Arfer vipassana

Fel arfer mae pobl yn arfer vipassana drwy eistedd, gyda'r coesau wedi'u croesi a'r traed yn gorffwys, gwadnau i fyny, ar y cluniau. Dylai'r cefn fod yn hollol syth, ar 90 gradd i'r coesau. Yr enw ar hyn yw safle'r lotws. Fodd bynnag, mae rhywun sydd wedi meistroli vipassana yn gallu ei wneud wrth eistedd, wrth gerdded neu wrth orwedd i lawr.

Bwdhydd yn arfer vipassana.

> Mae doethineb yn deillio o fyfyrio; heb fyfyrio mae doethineb yn dirywio. O fod wedi profi'r ddau lwybr hyn, sef cynnydd a dirywiad, boed i ddyn ymddwyn mewn modd sy'n cynyddu ei ddoethineb.
>
> (Dhammapada 282)

Gwyliau ac enciliadau

Wesak

> **Cysyniad Allweddol**
>
> **Wesak** Gŵyl i goffáu genedigaeth, goleuedigaeth a marwolaeth y Bwdha.

Vesakha yw enw'r hen fis Indiaidd sydd fwy neu lai yn cyfateb i fis Mai yn y calendr modern. **Wesak** yw'r ŵyl sy'n digwydd ar ddiwrnod y lleuad lawn yn y mis hwnnw. Mae'n coffáu genedigaeth, goleuedigaeth a marwolaeth y Bwdha. Mae'n debyg mai dyma'r ŵyl bwysicaf a'r un sy'n cael ei dathlu fwyaf mewn Bwdhaeth.

Mae croesawu bod goleuedig i'r byd hwn yn cael ei weld fel digwyddiad prin a phwysig. Gallwn gymharu'r Bwdha a'i ddysgeidiaethau â goleuni sy'n goleuo tywyllwch samsara. Felly, mae goleuni'n cael ei ddefnyddio fel symbol ar gyfer tair agwedd yr ŵyl: genedigaeth, goleuedigaeth a marwolaeth y Bwdha. Mae pobl sy'n dathlu'r ŵyl yn goleuo llusernau, yn eu cario drwy'r strydoedd ac yn eu hongian y tu allan i dai. Yn Sri Lanka, mae gorymdeithiau mawr, lliwgar mewn trefi a dinasoedd. Yn y DU, lle mae Bwdhaeth yn grefydd leiafrifol, mae Wesak yn gyfle i ganolfannau Bwdhaidd agor eu drysau i bobl leol er mwyn rhannu eu dealltwriaeth o fywyd. Mae rhai cymunedau Bwdhaidd yn y DU yn trefnu gweithgareddau i blant, fel sioeau pypedau o straeon Bwdhaidd a pheintio wynebau yn dangos cymeriadau o chwedlau Bwdhaidd. Maen nhw hefyd yn trefnu sgyrsiau ar gredoau a dysgeidiaethau Bwdhaidd.

Yn ystod Wesak, mae credinwyr lleyg, hynny yw Bwdhyddion sydd ddim yn fynachod (weithiau'n cael eu galw'n ddeiliaid tŷ) yn gwneud ymdrech arbennig i roi cyfraniadau i'r mynachod. Yn ogystal â'r Pum Argymhelliad maen nhw'n eu dilyn fel arfer fel rhan o'r Llwybr Wythblyg Nobl (Gweithredu Cywir), mae rhai yn dilyn Pum Argymhelliad arall, sef rhai sydd fel arfer i fynachod yn unig. Felly, yn ystod cyfnod Wesak yn unig, byddan nhw hefyd yn:

- peidio â bwyta ar ôl canol dydd. Mae bodau dynol yn gorfod bwyta er mwyn byw, ond mae Bwdhydd sy'n meddwl am ei swper drwy'r amser yn dangos ysfa, ac felly nid yw'n gwneud cynnydd wrth geisio dod yn fwdha.
- peidio â dawnsio, canu a gwylio adloniant anaddas. Mae mwynhau pethau fel hyn yn cynyddu ymlyniad wrth y byd. Nid yw Bwdhyddion yn erbyn adloniant ac ni fydden nhw'n dymuno rhwystro unrhyw un arall rhag mwynhau pethau o'r fath. Ond yn ystod Wesak, pan fydd Bwdhyddion yn gwneud ymdrech ychwanegol ar eu taith tuag at nirvana, maen nhw'n dewis eu hosgoi.
- peidio â defnyddio persawr. Y Dharma yw bywyd ei hun. Ni allwch chi wella bywyd drwy wneud iddo arogleuo'n well!

Gŵyl goleuni yw Wesak.

> **Tasg**
>
> Esboniwch pam mae goleuni'n cael ei ddefnyddio fel symbol.
>
> Meddyliwch am briodweddau goleuni: ei allu i oleuo a rhoi gwres, bywyd a marwolaeth. Meddyliwch hefyd am y ffyrdd mae golau neu ddiffyg golau yn effeithio ar fywyd dynol. Yn olaf, ystyriwch sut a pham mae Bwdhyddion yn defnyddio goleuni fel symbol yn ystod Wesak, a chymharwch hyn â'r ffyrdd mae goleuni'n cael ei ddefnyddio'n symbolaidd mewn traddodiadau crefyddol eraill.

> **Cysyniad Allweddol**
>
> **Sangha** Cymuned y Bwdhyddion. Gall fod yn gymuned leyg neu'n gymuned fynachaidd.

> **Y Sangha yng Nghymru**
>
> Mae dros 30 o wahanol grwpiau Bwdhaidd yng Nghymru sy'n cynrychioli amrywiaeth o draddodiadau Bwdhaidd. Mae nifer yn aelodau o Gyngor Bwdhaidd Cymru, sy'n ceisio sicrhau bod safbwyntiau Bwdhaidd yn cael eu mynegi yn genedlaethol.

> Weithiau mae pobl yn cyfeirio at Wesak fel Dydd y Bwdha.

- peidio â chysgu ar wely uchel neu lydan (hynny yw, gwely moethus). Yn ystod Wesak, mae Bwdhyddion yn meddwl am gwsg fel rhywbeth angenrheidiol, nid fel rhywbeth i'w fwynhau. Dim ond pan fyddwch chi'n effro ac yn siarp y gallwch chi ddod yn oleuedig. Felly mae Bwdhyddion yn cysgu ar fat tenau maen nhw'n ei rolio i fyny yn ystod y dydd.
- peidio â chyffwrdd ag aur neu arian (gan gynnwys arian gwario). Mae hyn yn ffordd amlwg o dorri ymlyniad wrth bethau bydol.

Bydd mynachod a chredinwyr lleyg yn treulio'r diwrnod gyda'i gilydd yn y deml yn mynd i ddarlithoedd ar yr ysgrythurau, yn dysgu am fywyd y Bwdha, yn llafarganu darnau o destunau crefyddol ac yn myfyrio. Bydd stupas yn cael eu goleuo, a hefyd y llwybrau o'u hamgylch er mwyn i deuluoedd gerdded yno. Bydd stondinau ar hyd y llwybrau yn rhoi bwyd a diod i rai sy'n mynd heibio.

Tasg

Pa resymau allai fod gan Fwdhyddion lleyg dros ddilyn y Pum Argymhelliad mynachaidd yn ystod Wesak?

Enciliadau glaw

Yn ôl Bwdhyddion, rhoddodd y Bwdha ddysgeidiaeth gyntaf Troad Cyntaf Olwyn y Gyfraith yn ystod hen fis Indiaidd Asalha, sef mis Gorffennaf fwy neu lai. Mae'r digwyddiad hwn yn cael ei goffáu ar ddiwrnod lleuad lawn y mis hwnnw, sef Dydd Dharma. Ar y diwrnod hwn, bydd mynachod yn llafarganu pregeth gyntaf y Bwdha, y Dhamma Cakka Sutta, yn yr iaith Pali.

Mae tymor y glaw yn para tua thri mis yn Ne-ddwyrain Asia.

Mae Asalha yn nodi dechrau'r Vassa, tymor y glaw sy'n para tri mis. Cafodd mynachlogydd eu sefydlu yn oes y Bwdha i'r mynachod aros ynddyn nhw yn ystod cyfnodau monsŵn. Roedd hwn yn gyfle i feddwl am bethau, i astudio ac i fyfyrio. Mae'r traddodiad o fynd ar enciliadau glaw wedi parhau, a heddiw mae mynachod yn defnyddio'r Vassa fel amser i ymlacio ac i atgyfnerthu eu hymrwymiad i'r Dharma. Mae pobl leyg hefyd yn defnyddio'r Vassa i symud ymlaen ar eu taith ysbrydol. Maen nhw'n ymrwymo i roi'r gorau i hen arferion, fel ysmygu neu fwyta rhai bwydydd, sy'n ffurfio'r ymlyniadau sy'n arafu eu cynnydd. Yn nhraddodiad Theravada, mae rhai credinwyr lleyg yn cael eu hordeinio fel mynachod ar gyfer tymor y glaw, gan ddychwelyd i'w bywydau arferol ar ddiwedd y cyfnod.

Kathina

Yn ystod y Vassa, ychydig iawn mae'r mynachod a'r bobl leyg yn ymwneud â'i gilydd. A'r Vassa drosodd, mae'r mynachod yn symud ymlaen. Cyn hynny, mae'r cymunedau lleyg (deiliaid tŷ) a'r cymunedau mynachaidd yn ymuno mewn gŵyl o undod, **Kathina**.

Dechreuodd llawer o ddefodau'r Vassa yn oes y Bwdha. Roedd e'n gwahardd ei fynachod rhag teithio yn ystod tymor y glaw rhag ofn y byddent yn sathru'r cnydau a niweidio'r anifeiliaid. Ar ôl i'r glaw ddechrau, roedd yn rhaid iddyn nhw aros lle roedden nhw.

Yn ôl y sôn, un flwyddyn roedd grŵp o fynachod yn teithio i weld y Bwdha er mwyn treulio'r Vassa gydag ef. Ond dechreuodd y glaw yn annisgwyl ac nid oedd y mynachod yn gallu mynd ato. Am dri mis buon nhw'n cryfhau eu harfer gyda'i gilydd a phan ddaeth y tymor i ben, dyma nhw'n ailddechrau'r daith i weld y Bwdha.

Roedd y ffyrdd yn wlyb a mwdlyd ar ôl tymor y glaw, a chafodd gwisgoedd y mynachod eu baeddu a'u rhwygo. Wedi iddynt gyrraedd lle roedd y Bwdha'n aros, roedd arnynt gywilydd am gyflwr gwael eu dillad. Ond yn ôl rheolau mynachaidd ni all mynach gael gwisg sbâr. Ni all wneud gwisg newydd o frethyn newydd ac mae'n rhaid i'r brethyn gael ei roi gan Fwdhydd lleyg: nid oes gan fynach arian i brynu brethyn.

Gwelodd y Bwdha gyflwr truenus y mynachod a gwelodd hefyd gymaint o gywilydd oedd arnyn nhw. Roedd wedi cael brethyn ar gyfer gwisgoedd newydd gan ddilynwr, a rhoddodd hwn i'r mynachod, gan ddweud wrthyn nhw am wneud gwisgoedd newydd ohono a'u rhoi i bwy bynnag roedden nhw'n ei ddewis.

Hyd heddiw, mae credinwyr lleyg yn cyfrannu gwisgoedd ac offer hanfodol eraill i fynachlogydd. Mae un neu ddau o'r mynachod yn derbyn y rhoddion ac yn eu rhoi i'r mynachod sydd eu hangen fwyaf. Mae'r gair 'Kathina' yn cyfeirio at ffrâm wnïo roedd y gwisgoedd yn arfer cael eu gwneud arni.

Mewn rhai teuluoedd, os yw'r meibion wedi bod yn fynachod dros dymor y glaw, byddan nhw'n cael eu croesawu adref ac mae pawb yn llongyfarch y mynachod ar eu henciliad, gan gredu eu bod wedi creu haeddiant (bendithion a lwc dda) i'r gymuned gyfan.

Gall Kathina ddigwydd unrhyw adeg yn y mis ar ôl y Vassa (fel arfer Hydref neu Dachwedd). Mae'r gymuned leyg yn paratoi pryd o fwyd i'r mynachod yn y bore ac mae'r gwisgoedd yn cael eu cyflwyno mewn seremoni yn y prynhawn. Mae'n cael ei weld fel ffordd o greu karma cadarnhaol i'r rhai sy'n ddigon hael i gyfrannu.

> **Kathina** Gŵyl sy'n nodi diwedd y Vassa (enciliad traddodiadol y mynachod yn ystod tymor y glaw).

> **Tasg**
> Esboniwch pam mae Kathina yn bwysig i fynachod ar y naill law, a Bwdhyddion lleyg (deiliaid tŷ) ar y llaw arall. Ceisiwch ysgrifennu paragraff byr (2–3 brawddeg) ar gyfer pob un.

▶ Dydd Parinirvana

Yn ôl Bwdhyddion, pan gyflawnodd y Bwdha ei oleuedigaeth, cyflawnodd nirvana hefyd.

Wrth gyflawni goleuedigaeth, gwelodd fywyd fel y mae mewn gwirionedd; enillodd ddoethineb perffaith, gan weld bod pob peth a phob digwyddiad yn cysylltu â'i gilydd ac nad oes dim byd yn bodoli yn annibynnol. Gwelodd fod popeth yn newid oherwydd bod popeth yn dibynnu ar bopeth arall, ac nad oes gan ddim byd hunaniaeth barhaol. Roedd bellach yn effro i'r Pedwar Gwirionedd Nobl, sef oherwydd bod popeth yn newid, na all dim ddod â hapusrwydd parhaol; i'r gwrthwyneb, dim ond dioddefaint a ddaw yn sgil dyheu a ffurfio ymlyniadau, ond mae'n bosibl goresgyn y dioddefaint hwnnw.

O ganlyniad i'r oleuedigaeth, roedd y Bwdha yn gallu diffodd dyheadau ac ysfa, a thrwy hynny daeth yn rhydd o ddioddefaint a chyrraedd heddwch a llawenydd nirvana.

Fodd bynnag, dim ond cyflwr dros dro oedd y nirvana hwn mewn ffordd, oherwydd bod y Bwdha yn dal i fyw mewn byd o bethau materol a phobl. Pan fu farw'r Bwdha, daeth ei nirvana yn gyflawn: wedi'i ryddhau o ddyhead a dioddefaint, roedd yn rhydd o gylch karmig samsara, ac ni fyddai'n cael ei aileni eto.

Y Bwdha yn cyflawni parinirvana wrth iddo farw.

Dydd Parinirvana Diwrnod i gofio am y Bwdha yn cael ei ryddhau o samsara.

Yr enw ar y Bwdha yn cwblhau ei nirvana yw parinirvana. Mae Bwdhyddion Mahayana yn ei ddathlu ar **Ddydd Parinirvana** (neu Ddydd Nirvana) sy'n digwydd ar 15 Chwefror bob blwyddyn. (Mae Bwdhyddion Theravada yn nodi parinirvana (parinibbana) y Bwdha yn ystod Wesak; gweler t. 79.) Diwrnod o ddathlu yw Dydd Parinirvana, gan ei fod yn nodi'r amser pan ddaeth y Bwdha yn rhydd o ddioddefaint. Wrth iddo farw, dywedodd wrth ei ddisgyblion:

> 'Peidiwch â galaru! Onid ydw i wedi dysgu o'r dechrau un, gyda phopeth sy'n annwyl ac yn hoff, fod newid a gwahanu yn anochel? Mae popeth sy'n cael ei eni yn dod i fodolaeth, yn dod yn un, ac yn gorfod dirywio. Sut gall rhywun ddweud: "Bydded iddo beidio â dod i ben"? Ni all hyn fod.'

(Mahaparinibbana Sutta 58)

Ar ôl i'r Bwdha farw, dywedodd Anuruddha, un o'i ddilynwyr:

> 'Nid yw'r Bendigaid Un wedi marw. Mae wedi mynd i mewn i'r cyflwr lle mae meddwl a theimlo yn darfod.'

Mae Dydd Parinirvana hefyd yn ddiwrnod i feddwl. Mae Bwdhyddion yn darllen y dysgeidiaethau a roddodd y Bwdha ar ei wely angau, ac yn myfyrio ar natur fyrhoedlog bywyd a marwolaeth. Mae rhai Bwdhyddion yn mynd ar bererindod i Kushinagar lle bu farw'r Bwdha (gweler t. 62).

Tasgau

1. Beth yw'r gwahaniaeth rhwng nirvana a parinirvana?
2. Pam dywedodd y Bwdha wrth ei ddilynwyr am beidio â galaru amdano ar ôl iddo farw?
3. Darganfyddwch beth oedd geiriau olaf y Bwdha a beth oedd ystyr y geiriau hyn.

Adolygiad Diwedd yr Adran

Cofiwch

Cysyniadau allweddol:
- Metta bhavana
- Samatha
- Sangha
- Vipassana
- Wesak

Dysgeidiaethau allweddol:
- Pwysigrwydd myfyrio
- Samatha (gan gynnwys myfyrio drwy anadlu)
- Myfyrio caredigrwydd cariadus (metta bhavana)
- Myfyrio i gael mewnwelediad (vipassana)
- Wesak
- Kathina
- Dydd Parinirvana

Ymarfer sgiliau

1. Beth yw ystyr 'samatha'?
2. Disgrifiwch y ffyrdd mae Bwdhyddion yn dathlu Kathina.

Gwirio gwybodaeth

1. Ysgrifennwch baragraff byr (tua thair brawddeg) yn esbonio pam mae Bwdhyddion yn myfyrio.
2. Ysgrifennwch baragraff hir (tua wyth i ddeg brawddeg) yn esbonio'r mathau gwahanol o fyfyrio Bwdhaidd.
3. Esboniwch beth yw ystyr metta.
4. Ysgrifennwch baragraff manwl (tua wyth i ddeg brawddeg) yn esbonio pam mae Bwdhaeth yn dysgu bod y Llwybr Wythblyg Nobl yn arwain at gyflawni nirvana.

Y Cwestiwn Mawr

'Dim ond esgus am barti yw gwyliau crefyddol.'

Eich tasg

Trafodwch y gosodiad uchod, gan ddangos eich bod wedi ystyried mwy nag un safbwynt. Rhowch farn resymegol am ba mor ddilys a pha mor gryf yw'r safbwyntiau hyn. Cyfeiriwch at Fwdhaeth yn eich ateb.

Tasg

Mae angen i chi esbonio yn fanwl y dysgeidiaethau crefyddol am wyliau crefyddol. Defnyddiwch y canllawiau isod i'ch helpu i ysgrifennu esboniad manwl ar gyfer Bwdhaeth. Gwnewch yn siŵr eich bod yn defnyddio termau allweddol yn rhwydd ac yn aml.

Mae Bwdhyddion i gyd/llawer o Fwdhyddion/y rhan fwyaf o Fwdhyddion yn credu _____.

Daw hyn o'r ddysgeidiaeth/dyfyniad _____.

Mae hyn yn golygu/Oherwydd hyn maen nhw'n _____.

Mae rhai Bwdhyddion/Bwdhyddon eraill fel _____ yn credu _____.

Daw hyn o'r ddysgeidiaeth/dyfyniad _____.

Mae hyn yn golygu/Oherwydd hyn maen nhw'n _____.

Yn olaf, mae Bwdhyddion fel _____ yn credu _____.

Mae hyn yn golygu/Oherwydd hyn maen nhw'n _____.

Mae eu credoau yr un peth/yn wahanol oherwydd _____.

Islam

Cysyniadau Allweddol

Adhan Galwad i weddïo, fel arfer wedi'i datgan gan muezzin.

Du'ah Gwahanol fathau o weddïo personol.

Hadith Dywediad; adroddiad; cofnod. Dywediadau'r Proffwyd Muhammad, wedi'u cofnodi gan ei dylwyth, ei ddisgynyddion a'i gyfoedion. Dyma rai o brif ffynonellau'r gyfraith Islamaidd.

Halal Unrhyw weithred neu beth sydd wedi'i ganiatáu neu sy'n gyfreithlon, yn aml yn cyfeirio at fwyd sy'n cael ei ganiatáu.

Qur'an Yr hyn sy'n cael ei ddarllen neu ei adrodd. Y llyfr dwyfol a gafodd ei ddatgelu i'r Proffwyd Muhammad. Datguddiad olaf Allah i ddynoliaeth.

Saddaqah Taliad gwirfoddol neu weithred dda am reswm elusennol.

Salat Cyfathrebu gorfodol ag Allah a'i addoli dan amodau penodol, yn y modd y dysgodd y Proffwyd Muhammad, ac wedi'i adrodd yn Arabeg. Mae Mwslimiaid yn credu bod amser y pum cyfnod Salat wedi'u pennu gan Allah.

Sawm Ymprydio rhwng ychydig cyn y wawr a machlud haul. Rhaid ymwrthod â phob bwyd a diod yn ogystal ag ysmygu a pherthynas rywiol.

Shahadah Datganiad o ffydd sy'n cynnwys y geiriau, 'Does dim duw ond Allah, y Proffwyd Muhammad yw Negesydd Allah'.

Shirk Gwneud cymhariaeth; ystyried bod unrhyw beth yn gydradd ag Allah neu'n bartner iddo.

Tawhid 'Unoliaeth' wrth gyfeirio at Dduw – dyma'r gred Fwslimaidd sylfaenol am unoliaeth Allah.

Zakat Puro cyfoeth drwy roi i elusen yn flynyddol. Gweithred orfodol o addoli.

Cwestiynau Craidd

- Mae'r gair Islam yn golygu 'ymostwng'. Pam mae Mwslimiaid yn credu bod angen iddyn nhw fyw eu bywydau gan ymostwng i Dduw?

- Beth mae Mwslimiaid yn ei gredu am fywyd ar ôl marwolaeth a chynllun Duw ar gyfer ein bywydau?

- Pam mae'r Proffwyd Muhammad yn cael ei adnabod fel 'Sêl y Proffwydi'?

- Beth yw'r Qur'an a pham mae'n bwysig mewn Islam?

- Pam mae Mwslimiaid yn ymprydio?

- Beth yw ystyr jihad mwyaf a jihad lleiaf?

- Beth yw Pum Piler Islam?

- Sut mae Mwslimiaid yn gwneud penderfyniadau ynglŷn â beth sy'n gywir ac anghywir?

Cyflwyniad

Mae Mwslimiaid yn credu mewn un Duw (**Allah**) y maen nhw'n ei addoli fel y creawdwr dwyfol. Mae Islam yn dysgu bod Duw, ar hyd y canrifoedd, wedi datgelu ei wirionedd i lawer o bobl arbennig (sy'n cael eu galw'n broffwydi). Ond, yn fwyaf pwysig, siaradodd Duw â'r proffwyd olaf a'r mwyaf, Muhammad, mewn negeseuon arbennig a gafodd eu casglu gyda'i gilydd i greu'r **Qur'an**. Yn ôl **Islam**, ymostwng ac ufuddhau i ewyllys Duw (Allah) yw'r unig ffordd y gall rhywun brofi gwir gytgord yn ei galon a'i feddwl. Yn wir, mae'r gair Islam yn golygu 'ymostwng' yn Arabeg. Mae'r gair Islam hefyd yn golygu 'heddwch', a dyma pam mae Mwslimiaid wedi ymrwymo i sefydlu cymdeithas deg a pharchus. Maen nhw'n credu bod Duw wedi rhoi cyfres glir o ddeddfau (o'r enw Shari'ah) i arwain bodau dynol ac i'w galluogi i fyw gyda'i gilydd mewn cymunedau heddychlon, yn ôl ei fwriad.

> **Allah** Y gair Arabeg am Dduw. Mae Mwslimiaid yn credu eu bod yn addoli yr un Duw â'r un a siaradodd drwy Musa (Moses) ac Isa (Iesu).
>
> **Islam** Yr enw ar y grefydd Fwslimaidd. Y cyfieithiad llythrennol o'r gair yw ymostwng neu heddwch.

> Mae sillafu geiriau sy'n cael eu defnyddio mewn Islam yn gallu creu problemau. Mae Arabeg yn defnyddio system ysgrifennu wahanol i'r ieithoedd Ewropeaidd, felly gall fod anghytuno am sut dylai geiriau gael eu cyfieithu o'r gwreiddiol. Mae'r llyfr hwn yn defnyddio sillafu sy'n cael ei dderbyn yn gyffredinol. Drwy gydol y llyfr, mae'r gair 'Duw' wedi cael ei ddewis yn lle'r gair 'Allah' i bwysleisio, i'r darllenwyr sydd ddim yn Fwslimiaid, fod Mwslimiaid yn addoli Duw ac nid rhyw fod arall. Roedd y Proffwyd Muhammad yn credu ei fod yn addoli yr un Duw â'r Iddewon. Mae manyleb CBAC yn defnyddio'r gair Allah, a bydd y naill derm neu'r llall yn cael ei dderbyn yn yr arholiad.

Islam ar draws y byd

Yn ôl amcangyfrifon, mae tua 1.6 biliwn o Fwslimiaid yn y byd heddiw (23 y cant o boblogaeth y byd), sy'n golygu mai Islam yw ail grefydd fwyaf y byd ar ôl Cristnogaeth. Islam hefyd yw'r grefydd sy'n tyfu gyflymaf yn y byd. Mae Islam yn tarddu o'r Dwyrain Canol: roedd y Proffwyd Muhammad yn byw yn Arabia (Saudi Arabia heddiw), ac mae safleoedd sanctaidd pwysicaf Islam yn y rhan hon o'r byd. Y Dwyrain Canol a Gogledd Affrica yw'r ardal lle mae'r crynodiad uchaf o Fwslimiaid yn byw: mae 93 y cant o boblogaeth yr ardal hon yn Fwslimiaid. Fodd bynnag, mae bron i ddwy ran o dair o Fwslimiaid y byd yn byw yn ardal Asia-Pasiffig (mewn gwledydd fel Pakistan, India, Bangladesh ac Indonesia).

Tasgau

1. Lluniwch eich diagram geiriau/map meddwl eich hun ar gyfer Islam. Defnyddiwch benawdau, geiriau a phynciau o'r tudalennau hyn a cheisiwch drefnu llun geiriau sy'n cysylltu rhai o'r prif syniadau mewn Islam. Bydd hyn yn eich helpu i drefnu eich syniadau ar y pwnc wrth i chi ddechrau astudio'r grefydd hon.
2. Yn eich geiriau eich hun, esboniwch pam mae Mwslimiaid yn credu y dylen nhw ymostwng i Dduw.

Nid yw Mwslimiaid yn credu bod Islam wedi dechrau gyda'r Proffwyd Muhammad; mae'n mynd yr holl ffordd yn ôl i'r bodau dynol cyntaf (Adda). Islam yw crefydd naturiol pawb, ac er mai'r Proffwyd Muhammad oedd y proffwyd olaf, nid ef oedd sylfaenydd Islam.

Tasg

Esboniwch pam mae Mwslimiaid yn herio'r syniad mai'r Proffwyd Muhammad oedd sylfaenydd Islam.

Tasg

Sut beth yw bod yn Fwslim ifanc yng Nghymru heddiw? Darllenwch yr erthygl hon ar y we. Gwnewch nodiadau ar yr hyn mae'n ei ddweud am y canlynol: a) bod yn Fwslim; b) bod yn Gymro/Cymraes.
www.walesonline.co.uk/news/wales-news/what-life-like-young-muslims-10392557

Islam ym Mhrydain

Mae bron i dair miliwn o Fwslimiaid yn byw ym Mhrydain heddiw, sef tua 4.5 y cant o'r boblogaeth. Hyd nes canol yr ugeinfed ganrif, ychydig iawn o Fwslimiaid oedd yn y Deyrnas Unedig (DU), ond o'r 1950au ymlaen daeth nifer sylweddol o bobl o'r cyn-drefedigaethau er mwyn cael gwaith ym Mhrydain ar ôl yr Ail Ryfel Byd. Rhai o'r rhai cyntaf oedd Asiaid o Ddwyrain Affrica, a daeth llawer yn syth o Dde Asia.

Roedd cyfrifiad 2011 yn dangos bod Prydain bellach yn gartref i un o'r cymunedau Mwslimaidd (ummah) mwyaf amrywiol yn y byd. Mae'r grwpiau mwyaf yn dod o India, Pakistan a Bangladesh, ond daw llawer ohonyn nhw o gymunedau Arabaidd ac Affricanaidd, yn ogystal â Mwslimiaid o Dde-ddwyrain Asia, y Balcanau a Thwrci. Mae llawer o Fwslimiaid hefyd wedi cael tröedigaeth o grefyddau eraill.

Mae rhai Mwslimiaid ym Mhrydain yn eu disgrifio'u hunain fel Mwslimiaid Sufi. Nod Mwslimiaid Sufi yw mynd at galon y grefydd, ac maen nhw'n arfer fersiwn mwy cyfriniol o Islam. Mae cymuned Ahmadiyya sylweddol yn y DU hefyd. Maen nhw'n credu bod y Meseia (Mahdi) wedi cyrraedd, wedi hir ddisgwyl, ym mherson Mirza Ghulam Ahmad, i adnewyddu'r ffydd ac i atgoffa pobl am ddysgeidiaethau'r Proffwyd Muhammad. Fodd bynnag, dydy llawer o Fwslimiaid Prydain (gan gynnwys Cyngor Mwslimaidd Prydain) ddim yn ystyried y gymuned Ahamadiyya yn Fwslimiaid.

Mae'r rhan fwyaf o Fwslimiaid Prydain yn Fwslimiaid Sunni (95 y cant), gyda'r pump y cant arall yn dod o'r traddodiad Shi'a. O fewn y gymuned Sunni mae grwpiau fel y Deobandi, y Barelvi a'r Salafi. Ymhlith y grwpiau Shi'a mae'r Imamiyyah, y Zaydi a'r Ismaili.

Islam yng Nghymru

Yn ôl cyfrifiad 2011, mae tua 50,000 o Fwslimiaid yn byw yng Nghymru ar hyn o bryd, sy'n golygu mai Islam yw'r grefydd fwyaf yng Nghymru ar wahân i Gristnogaeth. Mae'r boblogaeth fwyaf o Fwslimiaid yng Nghymru yn byw yng Nghaerdydd. Caerdydd oedd y lle cyntaf yn y DU i agor mosg yn 1860, ac yno hefyd oedd yr enghraifft gyntaf o fosg wedi'i adeiladu'n arbennig i'r pwrpas hwnnw yn 1947. Ers canrifoedd, mae porthladd prysur Caerdydd wedi bod yn lle cyfleus i forwyr o bob rhan o'r byd ymgartrefu. Mae cofnodion yn dangos bod morwyr Mwslimaidd o Yemen a Somalia yn byw yn y ddinas dros ganrif yn ôl. Heddiw, gall nifer o Fwslimiaid Cymru olrhain eu hanes teuluol yn ôl i Dde Asia, i wledydd fel India, Pakistan a Bangladesh.

Mosg Peel Street, Caerdydd (llun wedi'i dynnu yn 1964): dyma'r enghraifft gyntaf o fosg wedi'i adeiladu yn arbennig i'r pwrpas hwnnw yng Nghymru. (Cafodd ei ddymchwel yn 1997 oherwydd gwaith ailddatblygu.)

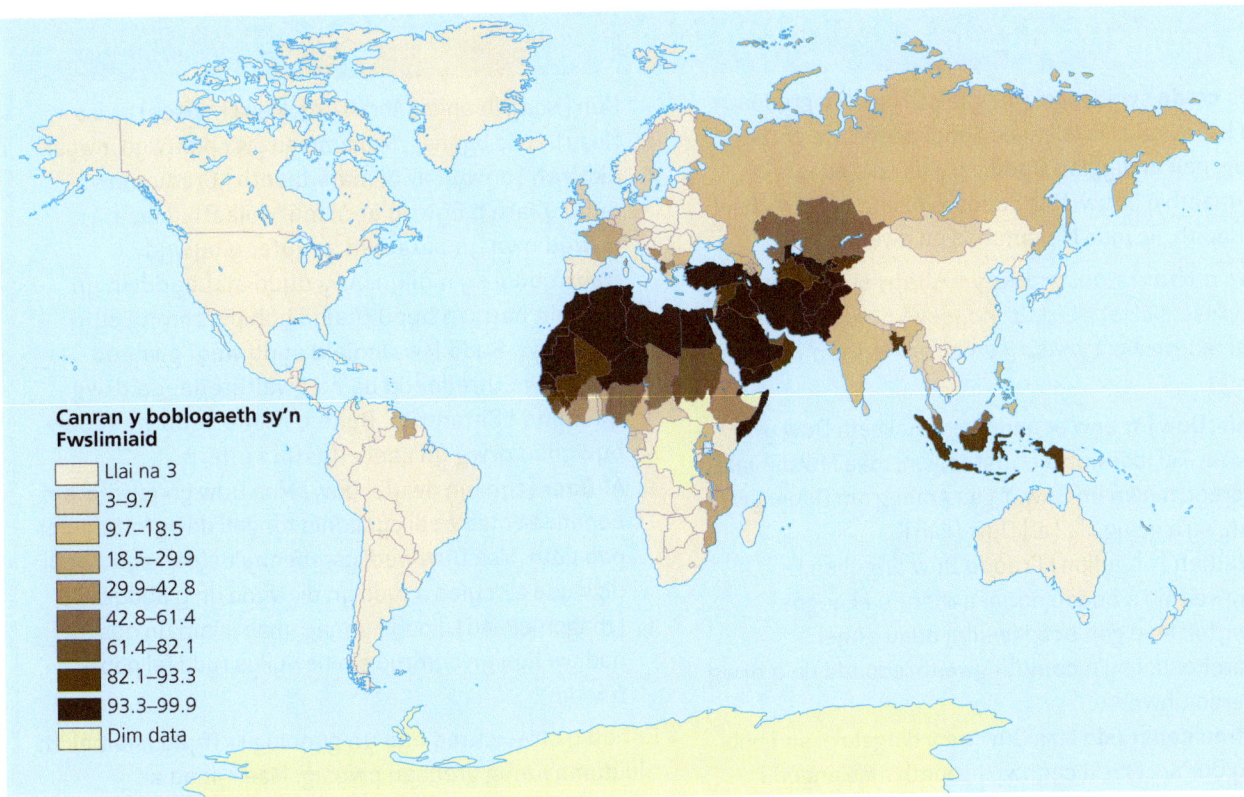

Map o'r byd yn dangos dosbarthiad Mwslimiaid.

Mae ffeithlun diddorol sy'n dangos diagramau ac ystadegau am sectau, ysgolion a grwpiau Islamaidd ar gael yma: www.informationisbeautiful.net/visualizations/islamic-sects-schools-branches-movements.

Sunni Un o'r ddwy brif gangen o Islam. Yn llythrennol mae'n golygu 'un sy'n dilyn y Sunnah' (y Sunnah yw'r llyfr sy'n disgrifio'r ffordd roedd y Proffwyd Muhammad yn byw). I'r Sunni, nid oes un arweinydd cyffredinol ar y gymuned Islamaidd. Mae arweinwyr yn cael eu dewis yn lleol a'r enw arnyn nhw yw imamiaid.

Shi'a Un o'r ddwy brif gangen o Islam. Yn llythrennol mae'n golygu 'o Dŷ Ali'. Mae'r Shi'a yn credu mai Ali, cefnder Muhammad a'i berthynas agosaf, ddylai fod wedi dod yn arweinydd y Mwslimiaid ar ôl marwolaeth Muhammad, ac y dylai pob arweinydd fod yn ddisgynnydd i Muhammad.

Ffynonellau awdurdod

Mae'n bwysig i Fwslimiaid eu bod nhw'n gallu ymddiried yn y wybodaeth sydd ganddyn nhw am sut i fyw yn y byd. Mae'n rhaid i'w ffynonellau gwybodaeth fod ag awdurdod.

I Fwslimiaid, y ffynhonnell awdurdod pwysicaf yw eu llyfr sanctaidd, y Qur'an. Maen nhw'n credu bod y Qur'an yn cynnwys union eiriau Duw a gafodd eu trosglwyddo i'r Proffwyd Muhammad ac a gofiwyd yn fanwl gywir ganddo ef.

Mae'r Hadith a'r Sunnah yn ddwy ffynhonnell awdurdod arall. Disgrifiadau yw'r rhain o eiriau a gweithredoedd y Proffwyd Muhammad. Mae'r rheolau moesol a chrefyddol sy'n cael eu sefydlu yn y Qur'an, yr Hadith a'r Sunnah yn cael eu galw'n Shari'ah.

Yn ogystal, dros y canrifoedd, mae imamiaid ac ysgolheigion Islamaidd wedi gwneud dyfarniadau a rheolau yn seiliedig ar eu dehongliad arbenigol o'r testunau ac mae'r rhain hefyd yn ffynonellau awdurdod.

Y gymuned Islamaidd

Un o'r prif raniadau mewn Islam yw'r rhwyg rhwng Mwslimiaid **Sunni** a **Shi'a**. Mwslimiaid Sunni yw mwyafrif y Mwslimiaid yn y byd heddiw (87–90 y cant), ac mae'r rhan fwyaf ohonyn nhw'n byw yng Ngogledd Affrica, y Dwyrain Canol, De Asia ac Indonesia. Dim ond tua phump y cant o Fwslimiaid Prydain sy'n Shi'a. Er bod y rhan fwyaf o'u credoau canolog yr un peth, mae gwahaniaethau sylweddol rhyngddyn nhw yn y ffordd maen nhw'n deall gwirionedd, deddfau ac arferion crefyddol.

Chwe erthygl ffydd Islam

Nid oes **credo** swyddogol (datganiad ffurfiol o gredoau) mewn Islam, ond i Fwslimiaid Sunni mae chwe chred ganolog, neu **erthyglau ffydd**, sy'n diffinio eu dealltwriaeth o Dduw. Mae'r ddysgeidiaeth hon i'w chael yn yr Hadith, lle mae Muhammad yn dweud:

> Mae'n rhaid i chi gredu yn Allah, ei angylion, ei lyfrau sanctaidd, ei negeswyr, yn y Dydd Olaf ac mewn tynged (yn ei agweddau da a drwg).

1. **Allah** (Duw) Yr enw ar undod ac unoliaeth Duw yw **Tawhid**. Fel Iddewon a Christnogion, mae Mwslimiaid yn credu mewn un Duw. Y gair Arabeg am Dduw yw Allah, sy'n golygu 'y (al) Duw (ilah)'.
2. **Malaikah** (angylion) Creodd Duw angylion i ryngweithio â bodau dynol a rhannu ei neges ddwyfol. Mae gan bob Mwslim ddau angel gwarcheidiol sy'n cofnodi gweithredoedd da a drwg y person hwnnw.
3. **Llyfrau sanctaidd** Mae Duw wedi datgelu ei air i bobl yn y Qur'an. Mae'n cynnwys popeth mae angen i Fwslimiaid ei wybod am sut i fyw eu bywydau. Mae Tawrant Musa (y Torah), Zabur Dawud (y Salmau) ac Injil Isa (yr Efengylau) yn enghreifftiau eraill o ysgrythurau ysbrydoledig.
4. **Risalah** (proffwydiaeth) Mae Duw wedi siarad drwy nifer o broffwydi ar hyd y blynyddoedd, gan gynnwys Adda, Nuh (Noa), Ibrahim (Abraham), Musa (Moses) ac Isa (Iesu). Fodd bynnag, Muhammad yw'r proffwyd mwyaf.
5. **Akhirah** (bywyd ar ôl marwolaeth) Credu mewn dydd y farn a bywyd ar ôl marwolaeth. Mae'r bywyd hwn yn baratoad ar gyfer y bywyd tragwyddol sy'n dilyn. Ar y dydd olaf byddwn yn cael ein barnu a bydd rhaid i bob person roi cyfrif o'i fywyd. Bydd Mwslimiaid sydd wedi gwneud mwy o weithredoedd da na gweithredoedd drwg yn mynd i Baradwys. Bydd y rheini sydd wedi byw bywydau drwg yn cael eu taflu i uffern.
6. **Al-Qadr** (cynllun dwyfol Duw) Mae Duw yn gyfrifol am bopeth ac mae wedi cynllunio tynged ddwyfol ar gyfer pob peth. Mae Duw wedi ysgrifennu'r cyfan sydd wedi digwydd a'r cyfan a fydd yn digwydd yn y bydysawd (rhagordeiniad). Fodd bynnag, mae Islam yn dysgu nad yw hyn yn cymryd ein hewyllys rydd fel pobl i ffwrdd.

Er bod y chwe chred hyn yn ganolog i'r ffydd Islamaidd, nid dyma'r unig gredoau pwysig. Mae'r jihad ac ymostwng i ewyllys Duw hefyd yn gredoau pwysig (gweler t. 92).

> **Credo** Datganiad penodol o ffydd y mae pob crediniwr crefyddol yn ei ddilyn.
> **Chwe erthygl ffydd** Chwe chred ganolog Islam.

Tasg

Lluniwch fap meddwl o amgylch y chwe erthygl ffydd. Ysgrifennwch y chwe chred allweddol ar ddarn mawr o bapur, ac ychwanegwch y syniadau canlynol a'u rhoi yn y lleoedd priodol yn eich barn chi:

- Y Proffwyd Muhammad
- Yr Angel Jibril
- Y Qur'an
- Ewyllys rydd neu ragordeiniad?
- Bywyd ar ôl marwolaeth
- Un Duw (Tawhid)
- Ibrahim, Musa ac Isa
- Dau angel gwarcheidiol
- Datguddiad gan Dduw

Allwch chi feddwl am chwe syniad arall i'w hychwanegu at y diagram?

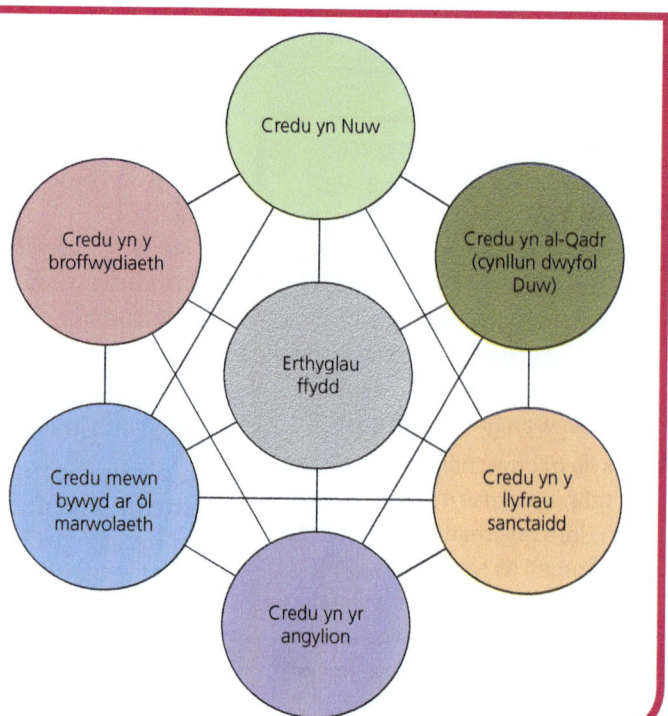

Islam: Credoau a dysgeidiaethau

Natur Duw

Allah fel un Duw: Tawhid

Mae Islam yn un o'r crefyddau monotheïstig (undduwaidd): mae'n dysgu mai dim ond un Duw sydd. Nid oes bodau dwyfol eraill ac mae cymharu Duw â duwiau 'ffug' eraill yn bechod. Mae Mwslimiaid yn gwrthod y gred Gristnogol mai Iesu yw Mab Duw. Mae'r dyfyniad 'Nid yw'n **cenhedlu** nac yn cael ei eni' (Qur'an 112:3) yn pwysleisio nad oes plant gan Dduw ac nad yw'n blentyn i neb.

Unoliaeth ac undod Duw yw'r un gred bwysicaf mewn Islam. Enw'r gred hon yw tawhid. Mae yna un Duw (Allah), sef Duw cyffredinol y ddynoliaeth gyfan. Yn ôl y Qur'an, 'nid oes unrhyw dduwdod heblaw amdano Ef, y Dyrchafedig mewn Grym, y Doeth' (Qur'an 3:18).

> **Cenehdlu** Dod â phlentyn i fodolaeth, neu greu epil.
> **Surah** Pennod yn y Qur'an.

> **Cysyniad Allweddol**
>
> **Tawhid** 'Unoliaeth' wrth gyfeirio at Dduw – dyma'r gred Fwslimaidd sylfaenol am unoliaeth Allah.

Tasgau

Mae'r map meddwl hwn yn dangos **Surah** 112:1–4 o'r Qur'an, ac mae'r nodiadau o'i amgylch yn esbonio rhywfaint o'i ystyr. Mae'r darn hwn yn crynhoi natur Duw a bydd llawer o Fwslimiaid yn ei ddysgu ar eu cof.

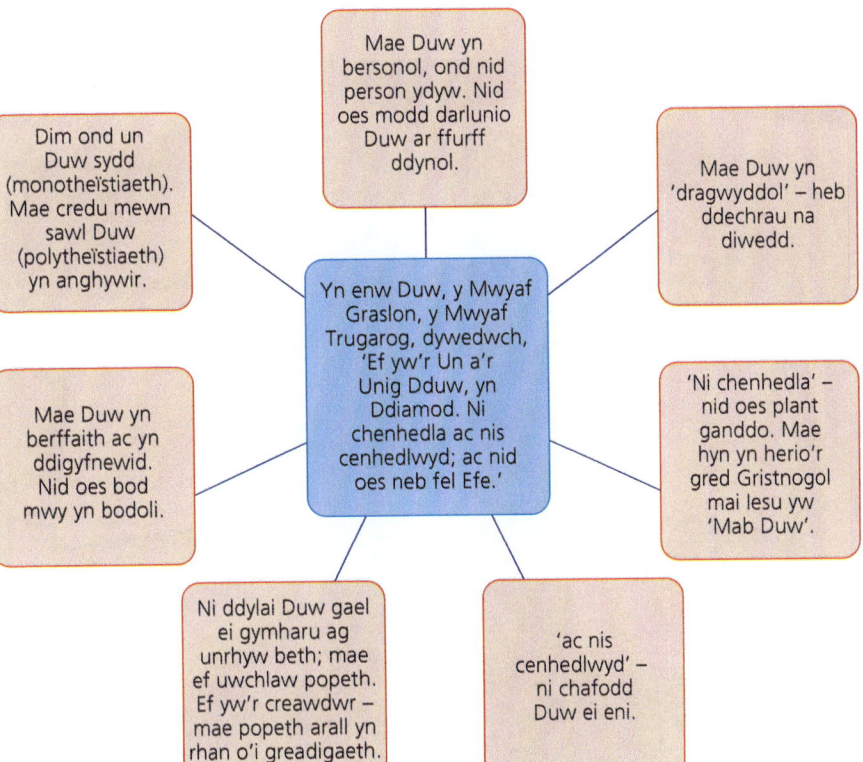

1. Gwnewch restr o rinweddau a phriodoleddau Duw sy'n cael eu crybwyll yn Surah 112.
2. Gan ddefnyddio'r wybodaeth uchod, ysgrifennwch baragraff yn esbonio beth mae Mwslimiaid yn ei gredu am Dduw. Dylech gynnwys dau ddyfyniad byr o Surah 112.

▶ Rhinweddau Duw

Mae Mwslimiaid yn credu bod Duw yn:

- **Hollwybodus** Mae Duw yn gwybod pob peth; ni all dim gael ei guddio rhagddo.
- **Hollalluog** Mae pŵer Duw yn ddiderfyn.
- **Mewnfodol** Mae Duw bob amser gerllaw. Mae'r Qur'an yn dweud bod Duw yn agosach at bob un ohonon ni na'r gwythiennau yn ein gyddfau (50:16).
- **Trosgynnol** Mae Duw y tu hwnt i bob peth, ac nid yw wedi'i gyfyngu gan reolau natur.
- **Hael** Mae Duw bob amser yn garedig; mae'n ein caru ni.
- **Trugarog** Mae Duw bob amser yn deg; mae'n maddau i ni os ydyn ni'n edifarhau.
- **Barnwr** Ar y dydd olaf, Duw fydd yn ein barnu.
- **Creawdwr** Duw yw'r dechrau; ef sy'n achosi popeth sy'n bodoli.

Mae llawer o'r rhinweddau hyn yn cael eu mynegi gan Fwslimiaid yn yr Al-Fatihah. Al-Fatihah yw'r surah (pennod) cyntaf yn y Qur'an. Mae'n golygu 'y dechreuad' ac mae llawer o Fwslimiaid yn dysgu ei adrodd ar y cof yn eu gweddïau dyddiol.

> Yn enw Allah, y Llwyr Drugarog, yr Arbennig Drugarog. [Pob] clod [dyledus] i Allah, Arglwydd y bydoedd – Y Llwyr Drugarog, yr Arbennig Drugarog, Brenin Dydd yr Iawn. Ti rydyn ni'n ei addoli ac i Ti rydyn ni'n gofyn am gymorth. Arwain ni i'r llwybr syth – llwybr y rheini yr wyt Ti wedi rhoi bendith arnynt, nid y rheini sydd wedi ennyn Dy ddicter neu'r rheini sydd ar gyfeiliorn.

(Qur'an 1:1–7)

> Rydyn ni'n tueddu i feddwl am y gair Allah fel y term sy'n golygu'r Duw mae Mwslimiaid yn ei addoli. Fodd bynnag, mewn gwledydd yn y Dwyrain Canol lle mai Arabeg yw'r iaith sy'n cael ei siarad, mae Cristnogion yn cyfeirio at Dduw fel 'Allah'. Nid enw yw Allah – ei ystyr yw 'yr (un) Duw'. Mae Mwslimiaid yn credu mai dim ond un Duw sydd, yr un Duw ag sy'n cael ei addoli gan Gristnogion ac Iddewon.

Al-Fatihah mewn caligraffeg Arabaidd.

Tasgau

1 Copïwch yr Al-Fatihah yn eich llyfr.
2 Pam rydych chi'n meddwl byddai Mwslimiaid yn ceisio dysgu'r darn hwn ar eu cof?
3 Dewiswch dri pheth mae'r Al-Fatihah yn eu dweud ac ysgrifennwch beth maen nhw'n ei ddysgu i Fwslimiaid am Dduw.

> Pryd bynnag rwyf mewn trafferth, rwy'n cofio Duw gyda'i eiriau a thrwy ei enwau. Mae 99 o enwau gan Dduw, ac rydyn ni'n eu cofio at ddibenion gwahanol.
>
> (Musarat S)

99 enw prydferth Duw

Mewn Islam, ni ddylai Duw gael ei gamgymryd am unrhyw greadur byw. Mae ef y tu hwnt i bob peth (trosgynnol) ac nid yw'n gallu cael ei ddarlunio fel bod corfforol. Mae Duw y tu allan i'n dealltwriaeth ddynol, ond i Fwslimiaid mae'n gorwedd wrth galon popeth maen nhw'n ei feddwl ac yn ei wneud. Felly, sut mae Mwslimiaid yn 'gweld' Duw?

Mae'r Qu'ran a'r Hadith yn nodi llawer o 'enwau' gwahanol am Dduw – nid fel person, ond gan ddefnyddio geiriau sy'n disgrifio ei rinweddau a'i briodoleddau. Maen nhw'n defnyddio geiriau fel Brenin, Amddiffynnydd, Doeth, Tragwyddol a Goleuni. Yr enw ar y rhain yw 99 enw prydferth Duw (neu weithiau, 'enwau prydferth' Duw).

Yn wir, mae sawl rhestr o'r enwau hyn wedi'u cofnodi gan draddodiadau Mwslimaidd gwahanol, ac mae adrodd yr enwau wedi bod yn ffordd bwerus o weddïo i Fwslimiaid ar hyd y canrifoedd. Mae'r rhan fwyaf o'r enwau hyn wedi'u gwasgaru drwy'r Qur'an, er enghraifft:

> Golwg nid yw'n Ei weld, ond mae Ef yn canfod [pob] golwg; ac Ef yw'r Cynnil, yr Adnabyddus.
>
> (Qur'an 6:103)

Caligraffeg Arabaidd yn dangos 99 enw Duw.

Tasg

Dyma rai o'r 99 o enwau am Dduw: tosturiol, amyneddgar, hollalluog, aruchel ddyrchafedig, rhoddwr maeth, hael, rhoddwr bywyd, hollol gyfiawn, clywed popeth, mawreddog, anorchfygol, caredig, rhoddwr pardwn, hollgwmpasog, anfeidraidd, maddeugar.

Copïwch y tabl isod. Rhowch bob un o'r enwau am Dduw o'r rhestr uchod yn y golofn fwyaf perthnasol yn eich barn chi.

Yna cymharwch eich tabl â thabl disgybl arall. A oedd syniadau gwahanol gennych? Pam?

Mewnfodol	Trosgynnol	Hollalluog	Hael	Trugarog

> Nid oes neb ac nid oes dim fel Allah. Rwy'n ei garu. Dydw i ddim yn gallu ei weld, ond rwy'n gwybod ei fod yn hael, yn drugarog, ac mai ef yw meistr Dydd y Farn.
>
> K Farzana (o *Committed to Islam* gan Sylvia a Barry Sutcliffe)

▶ Ymostwng i ewyllys Duw

Ystyr y gair Islam yw 'ymostwng' yn Arabeg. Mae Mwslimiaid yn credu mewn un Duw (Allah) ac maen nhw'n ei addoli oherwydd mai ef yw'r creawdwr dwyfol. Maen nhw'n credu bod holl greadigaeth Duw yn ymostwng iddo ac yn dilyn y deddfau naturiol a roddodd ef yn eu lle. Mae'r haul yn dilyn ei lwybr naturiol yn yr awyr. Mae planhigion yn tyfu yn ôl deddfau naturiol. Yn unigryw, mae dewis wedi cael ei gynnig i fodau dynol, sef creadigaeth fwyaf Duw. Mae Islam yn dysgu bod Duw wedi anfon proffwydi a negeswyr i'r ddaear er mwyn helpu pobl i ddysgu sut i fyw wrth ymostwng iddo. Mae derbyn ewyllys Duw yn golygu dilyn y Pum Piler (arferion crefyddol; gweler t. 104) a rheolau cyfraith Shari'ah (gweler t. 203). Dyma nodweddion bod yn Fwslim da.

Jihad: y frwydr i ddilyn y ffordd sydd wedi'i gosod gan Dduw

Y jihad mwyaf a'r jihad lleiaf

Yr enw ar y frwydr i ddilyn y llwybr mae Duw wedi'i osod i fodau dynol yw jihad. Mae'n golygu ymdrechu i wneud yr hyn sy'n iawn i Dduw. Y jihad mwyaf yw'r frwydr sydd gan bob person, fel unigolyn, i ddilyn ewyllys Duw yn ei fywyd. Y jihad lleiaf yw'r frwydr i amddiffyn Islam (rhyfel sanctaidd).

Dilyn y jihad mwyaf

Y jihad mwyaf yw'r frwydr ysbrydol â chi eich hun. Dyma'r dyhead a'r ymrwymiad i fyw'r bywyd Mwslimaidd perffaith:

- cyflawni'r Pum Piler gydag ymroddiad
- dilyn y llwybr a gafodd ei osod gan y Proffwyd Muhammad (fel sydd wedi'i nodi yn y Sunnah)
- ceisio cyfiawnder a thegwch i bawb
- codi uwchlaw eich trachwant a'ch hunanoldeb eich hun.

Dyma rai enghreifftiau o sut gallai Mwslimiaid gymhwyso'r jihad mwyaf:

- **Yr angen i reoli dyheadau** Mae Islam yn dysgu bod angen i Fwslimiaid reoli eu dyheadau a'u hymddygiad, dilyn y Pum Piler a byw bywyd sy'n foddhaol ym marn Duw. Bydd hyn yn sicrhau, pan ddaw'r dydd olaf ac mae Duw yn eu barnu, byddan nhw'n deilwng i dderbyn bendith Duw ac felly'n mynd i baradwys.
- **Y frwydr yn erbyn diogi** Mae gan y Proffwyd Muhammad weddi sy'n dweud: 'O Dduw, amddiffyn fi yn erbyn diymadferthedd a diogi, ac yn erbyn llwfrdra . . . a chybydd-dod.' Mae hyn yn disgrifio'r jihad mwyaf. Dyma'r ymrwymiad i geisio bod yn well person a byw yn ôl gorchmynion Duw. Y jihad mwyaf yw'r frwydr ysbrydol yn erbyn y tueddiad i fod yn ddiog: codi i weddïo cyn y wawr, dim ond bwyta bwyd sy'n halal (wedi'i ganiatáu), dangos caredigrwydd a haelioni tuag at bobl eraill.
- **Annog yr hyn sy'n gywir** Mae'r broses hon yn rhannol yn ymwneud â chael gwared ar ddrygioni o'r hunan, ond hefyd â gwneud y byd yn lle gwell.

Mae'r Proffwyd Muhammad yn dweud:

Pwy bynnag yn eich plith sy'n gweld rhywbeth drwg, mae'n rhaid iddo'i newid gyda'i law. Os nad yw'n gallu gwneud hynny, yna gyda'i dafod. Ac os nad yw'n gallu gwneud hynny, yna gyda'i galon, a dyna'r ffurf fwyaf gwan o ffydd.

(Hadith)

▶ **Parch at gredoau pobl eraill** Mae'r Qur'an yn annog Mwslimiaid i fod yn oddefgar a dangos parch at gredoau pobl eraill: 'I chi y mae eich crefydd chi, ac i mi y mae fy nghrefydd i' (Qur'an 109:6). Dylai Mwslimiaid fyw mewn heddwch a chytgord mewn cymdeithas, gan ddathlu gwahaniaethau ac ufuddhau i'r gyfraith. Mae'r Qur'an yn pwysleisio bod pob un bywyd yn werthfawr:

Pwy bynnag sy'n lladd enaid byw ... mae fel pe bai wedi llofruddio dynoliaeth yn llwyr. A phwy bynnag sy'n arbed un – mae fel pe bai wedi arbed dynoliaeth yn llwyr.

(Qur'an 5:32)

▶ Shahadah, y datganiad o ffydd

Y cyntaf o Bum Piler Islam yw'r **Shahadah**. Mae'n datgan, 'Does dim duw ond Allah (Duw), a Muhammad yw proffwyd Duw'. Y datganiad hwn yw prif sail 'Tŷ Islam': mae'r pedwar piler arall i gyd yn ffyrdd o fynegi'r gred ddofn hon.

Caligraffeg Arabaidd o'r Shahadah.

Datganiad o ffydd

Mae Mwslimiaid yn clywed geiriau'r Shahadah drwy gydol y dydd mewn nifer o sefyllfaoedd yn eu bywydau. Maen nhw'n cael eu cyhoeddi yn yr **adhan** (yr alwad i weddïo) o'r minarét yn y mosg (gweler t. 106) ac yn cael eu hadrodd ym mhob un o'r pum gweddi ddyddiol. Enw arall ar y geiriau hyn yw gweddi Kalimah. Dyma'r geiriau cyntaf sy'n cael eu sibrwd yng nghlust baban newydd-anedig ac, os oes modd, y geiriau olaf mae Mwslimiaid yn eu clywed ar eu gwely angau. Mae'r geiriau hyn ar wefusau milwyr Mwslimaidd wrth iddyn nhw fynd i mewn i frwydr.

Tasgau

1. Pa anawsterau sydd gennych wrth geisio byw yn y ffordd gywir? Ydych chi'n brwydro yn erbyn diogi neu hunanoldeb? Allwch chi esbonio eich teimladau?
2. Beth yw ystyr y canlynol? 'Mae gwenu mewn cyfnodau anodd yn jihad.'

Cysyniad Allweddol

Shahadah Datganiad o ffydd sy'n cynnwys y geiriau, 'Does dim duw ond Allah, y Proffwyd Muhammad yw Negesydd Allah'.

Mae'r Shahadah yn crynhoi crefydd Islam: y gred yn yr un a'r unig Dduw Hollalluog, a derbyn y Proffwyd Muhammad fel y negesydd olaf – dyn a gafodd ei anfon gan Dduw i ddatgelu'r llwybr dwyfol i fywyd (y Shari'ah).

> Mae Mwslimiaid weithiau'n cyfeirio at eiriau'r Shahadah ('Does dim duw ond Duw a Muhammad yw proffwyd Duw') fel gweddi Kalimah.

Monotheïstiaeth (undduwiaeth)

Mae'r Shahadah yn datgan bodolaeth un Duw; yr enw ar hyn yw monotheïstiaeth (undduwiaeth). Mae hyn yn golygu bod Mwslimiaid yn gwrthod credu mewn nifer o dduwiau (polytheïstiaeth, neu amldduwiaeth), ac maen nhw hefyd yn gwrthwynebu syniad atheïstiaid (anffyddwyr) o fyd heb Dduw. Mae'r Shahadah yn gwadu'r gred Gristnogol yn y Drindod (Duw y Tad, y Mab a'r Ysbryd Glân). Mae gan Fwslimiaid barch mawr tuag at Iesu (Isa), ond iddyn nhw, proffwyd mawr ydyw, nid bod dwyfol. Mae Islam (fel Iddewiaeth a Sikhiaeth) yn datgan bod Duw yn un.

Pechod shirk

Mae Islam yn rhybuddio yn erbyn pechod **shirk**. Shirk yw pan fydd rhywun yn addoli rhywbeth heblaw Duw. Un Duw sydd, ac ni all unrhyw luniau ei gynrychioli. Mae'n rhaid i Fwslimiaid addoli'r Duw go iawn, nid delwedd ohono wedi'i chreu gan ddwylo dynol.

Mae'r proffwydi'n dod â gair Duw, ond mae pob Mwslim yn deall mai dim ond dynol yw'r proffwydi; mae Duw yn ddwyfol.

Cysyniad Allweddol

Shirk Gwneud cymhariaeth; ystyried bod unrhyw beth yn gydradd ag Allah neu'n bartner iddo.

Mae'r testun hwn yn golygu Allah yn Arabeg. Mae addoli unrhyw beth heblaw Allah yn golygu cyflawni pechod shirk.

▶ Gwahardd delweddau

Mae dysgeidiaeth Fwslimaidd Tawhid yn pwysleisio bod Duw yn un. Nid oes cynorthwywyr, cydweithwyr na meibion ganddo. Mae'r byd yn bodoli oherwydd mai ei greadigaeth ef ydyw, ac mae wedi creu popeth yn y ffordd orau bosibl. Pan fydd pobl yn creu delweddau, mae'n awgrymu eu bod yn ceisio efelychu creadigaeth Duw ac mae hyn yn dangos diffyg parch tuag ato.

> Ef yw'r Duw sy'n eich ffurfio yn y groth, pa fodd bynnag mae Ef yn ei ewyllysio.
>
> (Qur'an 3:6)

Mae'r gair 'anthropomorffaeth' yn dod o'r geiriau Groeg *anthropos* sy'n golygu 'dyn' a *morphe* sy'n golygu 'siâp'. Mewn rhai crefyddau, mae darlunio Duw ar ffurf ddynol yn dderbyniol (er enghraifft mewn rhai darnau o gelf Gristnogol). Mae Islam yn gwrthod unrhyw gynrychiolaeth anthropomorffig o Dduw.

Tasg

Dewiswch ddarn o galigraffeg o wefan Free Islamic Calligraphy (freeislamiccalligraphy.com) a'i gopïo. Yna gan ddefnyddio fersiwn ar-lein o'r Qur'an, ychwanegwch eiriau'r darn yn Gymraeg (neu yn Saesneg).

Mae Mwslimiaid Sunni yn credu'n gryf iawn na ddylai lluniau fod ar y waliau mewn mosg. Yr unig gelf sy'n dderbyniol yw caligraffeg (ysgrifennu artistig) neu batrymau geometrig. Nid ydyn nhw'n caniatáu unrhyw luniau o'r Proffwyd, ac mae rhai hyd yn oed yn osgoi arddangos lluniau o deulu a ffrindiau. Mae hyn oherwydd eu bod nhw'n credu y gallai arddangos unrhyw fath o gelf arwain at addoli'r ddelwedd sydd wedi'i chynrychioli, yn hytrach na Duw.

Ar y llaw arall, byddai'r rhan fwyaf o Fwslimiaid yn dweud bod lluniau o fodau dynol dim ond yn shirk os oes posibilrwydd y gallen nhw gael eu haddoli. Wedi'r cyfan, byddai'n anodd darllen papurau newydd neu gylchgronau, gwylio'r teledu neu bori'r rhyngrwyd heb weld lluniau o bobl.

Byddai pob Mwslim yn cytuno, fodd bynnag, fod darluniau o'r Proffwyd Muhammad sy'n iselhau, bychanu neu'n amharchu ei berson a'i statws mewn unrhyw ffordd yn bechadurus. Ar sawl achlysur dros y blynyddoedd diwethaf, mae Mwslimiaid wedi cael eu cynhyrfu gan bobl yn cyhoeddi cartwnau o Muhammad. Mae rhai o'r sefyllfaoedd hyn, fel yr un gyda chylchgrawn Charlie Hebdo yn Ffrainc, wedi arwain at wrthdaro a thrais terfysgol.

Yr Al-Fatihah (y Dechreuad) yw pennod gyntaf y Qur'an. Mae'n weddi sy'n gofyn am arweiniad a thrugaredd Duw. Mae'r ddelwedd hon, wedi'i thynnu fel math o galigraffeg, yn dangos sut gall Mwslimiaid greu celf brydferth heb ddefnyddio lluniau o bobl nac anifeiliaid.

▶ Y Qur'an

Ffynonellau awdurdod mewn Islam

Mae Islam yn dysgu bod cyfraith ddwyfol, wedi'i hanfon gan Dduw, yn arwain bodau dynol at y ffordd gywir o fyw. Maen nhw'n credu bod y gyfraith hon wedi'i sefydlu yn y Qur'an, sef y cyfathrebu perffaith rhwng Duw a bodau dynol. Fodd bynnag, nid yw pob agwedd ar fywyd yn dod o dan ddysgeidiaethau'r Qur'an, felly mae Mwslimiaid yn cyfeirio at ffynonellau eraill o **awdurdod** i'w harwain – er enghraifft yr Hadith, y Sunnah, Shari'ah, imamiaid a thraddodiadau ac ysgolheigion Islamaidd.

> **Awdurdod** Y syniad bod rhywbeth neu rywun yn gyfrifol am yr hyn sy'n gywir neu'n anghywir. Rydyn ni'n troi at awdurdod am arweiniad o ran ein dealltwriaeth a'n gallu i wneud penderfyniadau.

Cysyniadau Allweddol

Qur'an Yr hyn sy'n cael ei ddarllen neu ei adrodd. Y llyfr dwyfol a gafodd ei ddatgelu i'r Proffwyd Muhammad. Datguddiad olaf Allah i ddynoliaeth.

Hadith Dywediad; adroddiad; cofnod. Dywediadau'r Proffwyd Muhammad, wedi'u cofnodi gan ei dylwyth, ei ddisgynyddion a'i gyfoedion. Dyma rai o brif ffynonellau'r gyfraith Islamaidd.

Llyfrau sanctaidd Islam: neges Duw

Mae Mwslimiaid yn credu bod Duw wedi anfon negeseuon a negeswyr i osod y deddfau a'r codau moesol y dylai pobl eu dilyn. Yr enw ar y negeseuon hyn yw datguddiadau. Y pwysicaf ohonyn nhw yw'r Qur'an, gair ysgrifenedig olaf Duw.

Mae Islam yn dysgu bod Duw wedi datgelu ei ddeddfau mewn camau drwy ei broffwydi, gan ddechrau gydag Adda, felly mae gan Fwslimiaid barch at yr holl ysgrythurau blaenorol a ddaeth gan negeswyr Duw. Serch hynny, maen nhw'n credu bod y Qur'an yn cwblhau'r llyfrau cynharach hynny (mae rhai ohonyn nhw ar goll ac eraill wedi'u llygru). Y Qur'an yw'r unig destun sy'n cael ei ystyried yn sanctaidd ac wedi'i ysbrydoli'n berffaith gan Dduw, ac felly mae'n rhydd o unrhyw gamgymeriadau neu wyrdroadau.

> Y gair Arabeg am lyfr yw 'kitab' (y lluosog yw 'kutub'). Mae'r Qur'an yn cael ei adnabod fel Umm-ul-Kitab, sef 'Mam y Llyfr' (43:4).

> **Tasg**
> Ysgrifennwch ddwy frawddeg yn esbonio beth, ym marn Mwslimiaid, sy'n unigryw am y Qur'an.

> … Ef sydd wedi dod â'r Qur'an i lawr i'th galon, [O Muhammad], drwy ganiatâd Allah, gan gadarnhau'r hyn oedd o'i flaen, yn ganllaw ac yn newyddion da i'r credinwyr. Pwy bynnag sy'n elyn i Allah a'i angylion Ef a'i negeswyr Ef a Gabriel a Michael – yna'n wir, mae Allah yn elyn i'r anghredinwyr.
>
> (Qur'an 2:97)

▶ Y Qur'an: Datguddiad perffaith Duw

Mae Mwslimiaid yn credu mai'r Qur'an yw gair uniongyrchol a pherffaith Duw. Yn ôl Mwslimiaid Sunni, mae'r Qur'an wedi bodoli erioed ac mae gyda Duw yn y nefoedd, wedi'i ysgrifennu yn Arabeg ar lechen o garreg. Mae'r Qur'an yn dweud ei fod yn 'ganllaw i'r bydoedd hyn' (3:96), ac mae Mwslimiaid yn credu bod Duw wedi anfon y canllaw hwn i lawr ar ffurf llyfr i roi ateb i unrhyw broblem ddynol.

> Mae'r Qur'an yn cyfeirio at Iddewon a Christnogion fel 'Pobl y Llyfr' (29:46). Mae'n dysgu y dylai Mwslimiaid ddangos parch arbennig atyn nhw, oherwydd eu bod nhw hefyd yn addoli yr un, gwir Dduw (Duw Abraham).

> … Rydyn ni wedi anfon y Llyfr i lawr atoch fel eglurhad am bob peth ac fel canllaw a thrugaredd a newyddion da i'r Mwslimiaid.
>
> (Qur'an 16:89)

Mae Mwslimiaid yn parchu ac yn anrhydeddu'r Qur'an ac yn ei ddefnyddio fel canllaw i'w bywydau. Mae'n eu dysgu sut i addoli, sut i drin pobl eraill a sut i fyw bywydau da. Mae'n cynnwys cyngor ar ddangos caredigrwydd tuag at rieni, rhybudd i beidio â bod yn wastraffus, cyfarwyddiadau ar gadw addewidion, bod yn onest ac ymatal rhag hel straeon, yn gwahardd godineb ac yn atgoffa bod angen helpu'r tlawd. Bydd rhai Mwslimiaid yn ei ddysgu ar y cof yn Arabeg, yn ei ddarllen a'i adrodd bob dydd; maen nhw'n cymryd gofal aruthrol i'w ysgrifennu i lawr; maen nhw'n gadael iddo arwain pob gweithred a syniad.

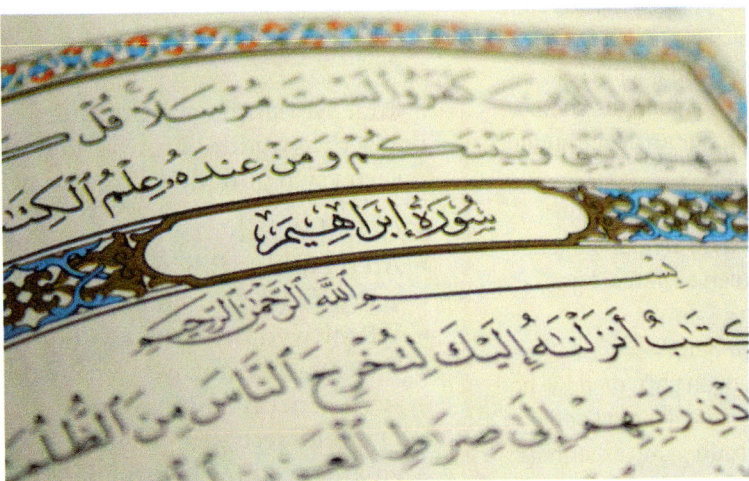

Y Qur'an yw gair perffaith ac uniongyrchol Duw, fel y cafodd ei ddatgelu i'r Proffwyd Muhammad.

Y Qur'an yw'r ffynhonnell awdurdod bwysicaf mewn Islam. Mae Mwslimiaid yn credu'r canlynol am y Qur'an:

- y Qur'an yw'r llyfr canllaw cyflawn ar gyfer pob bod dynol
- cafodd ei ddatgelu gan Dduw i'r Proffwyd Muhammad (drwy'r Angel Jibril) dros gyfnod o 23 o flynyddoedd
- cafodd ei ysgrifennu i lawr gan ei ddilynwyr a'i gasglu yn un llyfr yn fuan wedi marwolaeth y Proffwyd yn 632 OCC
- mae'n rhaid ei astudio a'i ddysgu yn Arabeg (ei iaith wreiddiol), oherwydd ni allwn newid ei eiriau.

Niyyah Bod â'r bwriad cywir, bod â'ch calon wedi'i throi tuag at Dduw.

Ystyr Qur'an yw darllen neu adrodd. Gorchmynnodd yr Angel Jibril i'r Proffwyd Muhammad adrodd neu lefaru'r geiriau roedd Duw yn eu rhoi iddo. Cafodd y Qur'an ei ddatgelu fel sain fyw ac mae'n rhaid ei lefaru er mwyn datgelu ei brydferthwch a'i wirionedd.

Niyyah: bwriad

Mae **niyyah** yn golygu bod â'r bwriad cywir i addoli Duw. Mae Mwslimiaid yn credu ei bod yn bwysig meddu ar 'ymwybyddiaeth o Dduw' (taqwa). Efallai nad ydyn nhw bob amser yn yr hwyliau cywir i addoli Duw, neu efallai eu bod yn teimlo nad ydyn nhw'n deilwng i'w gyfarfod, ond mae'n bwysig cysegru'r amser hwnnw i fod yn ei bresenoldeb drwy weddïo. Weithiau gall fod teimlad cryf bod Duw yn bresennol ac ar adegau eraill gall ymddangos yn bell, ond mae Duw yn dosturiol ac yn barnu'r dyhead i gyfathrebu ag ef, hyd yn oed os nad yw'r person yn teimlo ei fod wedi llwyddo.

Mae llawer o Fwslimiaid yn dweud bod yr arfer o adrodd y Qur'an yn Arabeg yn brofiad dwfn ac ysgubol. Mae grym a phrydferthwch yn perthyn i'r geiriau sy'n anodd i bobl o'r tu allan ei ddeall.

Hafiz Rhywun sydd wedi llwyddo i ddysgu'r Qur'an cyfan yn Arabeg ar ei gof.

Tasgau

1. Pwy yw 'Pobl y Llyfr'?
2. Esboniwch pam mae'r Qur'an yn gorchymyn i Fwslimiaid ddangos parch at Bobl y Llyfr.
3. Gwnewch restr o'r pethau mae Mwslimiaid yn eu gwneud sy'n dangos eu bod yn trin y Qur'an ag anrhydedd a pharch.
4. Pam mae Mwslimiaid yn dweud y dylai'r Qur'an gael ei ddarllen a'i astudio yn Arabeg?
5. Beth yw hafiz?
6. Pam rydych chi'n meddwl bod Mwslimiaid yn credu bod dod yn hafiz yn gamp arbennig?

Yn wir mae Islam yn dysgu y dylai'r Qur'an gael ei adrodd a'i glywed, a phan mae'n cael ei lefaru ym mhresenoldeb pobl eraill mae'n dod â bendithion ac ymwybyddiaeth ysbrydol. Uchelgais llawer o Fwslimiaid yw gallu dysgu'r 114 surah i gyd ac felly adrodd y Qur'an i gyd ar eu cof; yr enw ar berson o'r fath yw **hafiz**.

> Wrth i'r myfyrwyr ddysgu'r surah hyn, nid dim ond dysgu rhywbeth ar y cof maen nhw'n ei wneud, ond yn hytrach mewnoli'r rhythmau mewnol, y patrymau sain a deinameg y testun – yn ei gymryd i'w calonnau yn y ffordd ddyfnaf.
>
> (Michael Sells, *Approaching the Qur'an*)

Mae Mwslimiaid yn credu ei bod yn bwysig parchu'r Qur'an fel neges dragwyddol Duw i fodau dynol. Mae'n cynnwys adroddiadau pwerus sy'n gofiadwy i'r hen a'r ifanc fel ei gilydd. Er enghraifft:

- Gardd Paradwys, Adda ac Efa, y Diafol a'r Goeden
- Arch Nuh a'r dilyw mawr
- Y Proffwyd Yusuf a'i freuddwyd anarferol
- Y Proffwyd Brenin Dawud yn trechu cawr
- Y ferch ifanc anrhydeddus Maryam yn rhoi genedigaeth i fab (Isa) sy'n gwneud llawer o wyrthiau
- Dysgeidiaethau a gweithredoedd doeth Muhammad; mae pobl yn aml yn cyfeirio ato fel y Proffwyd neu'r Negesydd.

> Nid y Qur'an yw'r Qur'an oni bai ei fod yn cael ei glywed.
>
> (Kristina Nelson, *The Art of Reciting the Qur'an*)

Tasgau

1. Defnyddiwch y wefan Search Truth i wrando ar ambell Surah o'r Qur'an: www.searchtruth.com/quran_recitation/recite.php.
2. Edrychwch ar gyfieithiadau o'r darnau hyn a chopïwch rai o'r adnodau (ayat). Ceisiwch ysgrifennu sut mae clywed y Qur'an yn cael ei ddarllen yn gwneud i chi deimlo.

Mae'r Qur'an wedi'i rannu'n benodau (surah) ac adnodau (ayat). Mae'n cynnwys 114 surah a 6,616 ayat.

Y Shari'ah: ffordd o fyw i Fwslimiaid

Mae cyfraith **Shari'ah** yn sefydlu'r rheolau moesol a chrefyddol mae'n rhaid i Fwslimiaid eu dilyn. Mae'n rhoi ar waith yr egwyddorion sydd wedi'u nodi yn y Qur'an, y Sunnah a'r Hadith, felly drwy ddilyn cyfraith Shari'ah mae Mwslimiaid yn gwybod eu bod yn ufuddhau i ewyllys Duw. Mae Shari'ah yn gosod deddfau ynglŷn â beth sy'n **fard** (gorfodol), yn **halal** (wedi'i ganiatáu) ac yn **haram** (wedi'i wahardd). Mae'n delio â llawer o bynciau pob dydd, gan roi rheolau i Fwslimiaid ar faterion personol fel gweddïo, bwyd (gweler t. 117), dillad, trosedd, arian, rhyw a pherthnasoedd.

Shari'ah (llwybr syth) Ffordd o fyw i Fwslimiaid; mae Islam yn dysgu bod Duw wedi gosod llwybr clir sy'n dangos sut dylai pobl fyw. Cyfraith Shari'ah yw'r set o reolau moesol a chrefyddol sy'n rhoi'r egwyddorion sydd yn y Qur'an a'r Hadith ar waith.

Fard (gorfodol) Gweithredoedd mae'n rhaid eu gwneud, fel wudu cyn y pum gweddi ddyddiol.

Haram (wedi'i wahardd) Unrhyw weithredoedd neu bethau sy'n cael eu gwahardd mewn Islam, fel bwyta bwyd sydd wedi'i wahardd.

Kutub: llyfrau sanctaidd

Mae'r Qur'an yn enwi pedwar llyfr sanctaidd arall, sy'n cael eu hadnabod yn Arabeg fel kutub. Daw'r rhain o'r traddodiadau Iddewig a Christnogol, ac yn ôl Islam, datguddiadau gwirioneddol gan Dduw oedden nhw yn eu ffurf wreiddiol. Fodd bynnag, mae Mwslimiaid yn credu, oherwydd na chawson nhw eu hysgrifennu i lawr a'u cadw yn iawn, eu bod bellach wedi'u llygru. Felly, yn wahanol i'r Qur'an perffaith, does dim sicrwydd mai'r rhain yw gwir air Duw.

- **Sahifah**: sgroliau Ibrahim (Abraham), sydd ar goll erbyn hyn
- **Tawrat (Torah)**: y datguddiad a roddwyd i Musa (Moses)
- **Zabur (Salmau)**: a roddwyd i Dawud (Dafydd)
- **Injil (Efengylau)**: y ddysgeidiaeth a roddwyd i Isa (Iesu)

Tasgau

1. Pa lyfrau, ar wahân i'r Qur'an, sy'n sanctaidd i Fwslimiaid?
2. Allwch chi esbonio pam mae gan y llyfrau hyn statws arbennig?
3. Pam maen nhw'n llai pwysig na'r Qur'an?

Datguddiad: Duw yn datgelu ei wirionedd

Mae Islam yn dysgu nad yw Duw yn cyfathrebu'n uniongyrchol â phobl, ond yn hytrach mae'n defnyddio bodau arbennig (proffwydi ac angylion) i gario ei neges.

Mae Mwslimiaid yn credu, gan fod dyletswydd ar bawb i wasanaethu Duw, fod Duw wedi dangos i ni beth yw ei ewyllys. Fel pobl, dim ond drwy ddeall deddfau Duw gallwn ni wybod beth sy'n gywir ac yn anghywir. Gan fod Duw yn gyfiawn, mae'n deg credu bod dyletswydd ar Dduw i ddangos y llwybr cywir i ni.

Dull cyfathrebu rhwng Duw a dynoliaeth yw risalah; y proffwydi sy'n ein harwain. Bodau dynol ydynt sydd wedi'u dewis i gario canllawiau oddi wrth Dduw i bobl; nid yw eu doethineb yn dod o'r tu mewn iddyn nhw, ond oddi wrth Dduw.

Mae'r Qur'an yn dysgu bod gan bob cenhedlaeth ei phroffwyd ei hun, sy'n dod â neges Duw mewn llyfr. Mae'r neges a ddaeth gan y Proffwyd Muhammad yn union yr un fath â'r neges oedd wedi cael ei phregethu gan y proffwydi i gyd yn ôl at Adda: yr angen i addoli'r un gwir Dduw a fydd yn farnwr pawb.

Datguddiad yw'r syniad bod Duw wedi dangos ei wirionedd arbennig i fodau dynol. Yn ôl Islam derbyniodd y proffwydi neges o ysbrydoliaeth ddwyfol gan Dduw, yn dweud wrth bobl sut i fyw. Rhoddwyd neges olaf, berffaith Duw i'r Proffwyd Muhammad; daeth i lawr ato yn ystod 23 blynedd olaf ei fywyd. Cafodd pob darn ei gofio a'i gofnodi gan ei ddilynwyr, a'i hysgrifennu'n ddiweddarach i ffurfio'r Qur'an, y datguddiad olaf.

> Rydyn ni'n credu yn Nuw, ac yn y datguddiad a roddwyd i ni, ac i Abraham, Isma'il, Isaac, Jacob . . . Moses ac Iesu, a'r hyn a roddwyd i'r proffwydi i gyd oddi wrth eu Harglwydd: Nid ydyn ni'n gwahaniaethu rhwng y naill a'r llall.
>
> (Qur'an 2:136)

Datguddiad Neges wedi'i hanfon gan Dduw ac wedi'i 'datgelu' neu ei dangos i'r meddwl dynol.

> Dyma'r llyfr nad oes amheuaeth amdano, canllaw i'r rheini sy'n ymwybodol o Allah.
>
> (Qur'an 2:2)

Duw yn datgelu'r Qur'an i Muhammad

Digwyddodd datguddiad cyntaf Duw i Muhammad yn y flwyddyn 610 OCC. Roedd Muhammad yn gweddïo mewn ogof ger Makkah (Mecca) a chafodd brofiad a fyddai'n newid ei fywyd. Wrth iddo eistedd yn myfyrio, ymddangosodd yr Angel Jibril o'i flaen a'i orchymyn i adrodd y geiriau oedd wedi ymddangos yn wyrthiol o'i flaen. Mae Mwslimiaid yn galw'r digwyddiad hwn yn Laylat-ul-Qadr, Noson Nerth, ac maen nhw'n ei gofio heddiw ar y 27ain diwrnod yn ystod mis Ramadan. Dyma un o ddiwrnodau mwyaf sanctaidd y flwyddyn Fwslimaidd.

Mae'r Qur'an ei hun yn pwysleisio bod Jibril wedi dod â geiriau Duw i Muhammad ag awdurdod llawn:

> Dywed (O Muhammad, wrth ddynoliaeth): y sawl sydd yn elyn i Gabriel! Oherwydd ef sydd wedi datgelu (yr Ysgrythur hon) i'th galon drwy ganiatâd Allah, yn cadarnhau'r hyn a (ddatgelwyd) cynt, a chanllaw a newyddion da i gredinwyr; y sawl sydd yn elyn i Allah, a'i angylion Ef a'i negeswyr Ef, a Gabriel a Michael! Yna, wele! Mae Allah (Ei Hun) yn elyn i'r anghredinwyr.
>
> (Qur'an 2:97–98)

Tasgau

1. Beth mae Mwslimiaid yn galw'r bobl sy'n derbyn negeseuon o ysbrydoliaeth ddwyfol gan Dduw?
2. Pam mae'r syniad o ddatguddiad yn bwysig mewn Islam?

> Yn wir, anfonasom y Qur'an i lawr yn ystod Noson y Gorchymyn. A beth all wneud i chi wybod beth yw Noson y Gorchymyn? Mae Noson y Gorchymyn yn well na mil o fisoedd. Mae'r angylion a'r Ysbryd yn dod i lawr bryd hynny drwy ganiatâd eu Harglwydd ar gyfer pob mater. Heddwch nes daw'r wawr.
>
> (Qur'an 97:1–5)

Pererinion ger Ogof Hira lle cafodd y Qur'an ei ddatgelu gyntaf i'r Proffwyd Muhammad ar Laylat-ul-Qadr, yn 610 OCC.

Byddai datguddiadau fel y rhain yn parhau am y 23 blynedd nesaf, hyd nes marwolaeth y Proffwyd Muhammad. Nid oedd yn gweld yr Angel Jibril bob tro. Weithiau byddai'n clywed llais yn siarad ag ef, weithiau byddai'r datguddiadau hyn yn digwydd tra oedd yn gweddïo ac ar adegau eraill pan oedd yn gwneud pethau pob dydd, ond roedden nhw bob amser yn cael effaith ddramatig arno.

> Ni wnes i erioed dderbyn datguddiad heb feddwl bod fy enaid yn cael ei rwygo i ffwrdd.
>
> (Hadith)

Tasg

Ysgrifennwch grynodeb (2–3 paragraff byr) o neges y Proffwyd Muhammad i bobl Makkah.

> Dywedwch, 'Nid wyf i'n rhywbeth gwreiddiol ymhlith y negeswyr, ac nid wyf yn gwybod chwaith beth fydd yn digwydd i mi neu i chi. Y cyfan a wnaf yw dilyn yr hyn sy'n cael ei ddatgelu i mi, a'r cyfan yr wyf yw rhybuddiwr cryf.'
>
> (Qur'an 46:9)

Daeth y Proffwyd Muhammad â neges Duw i bobl Makkah. Yn ei hanfod, y neges oedd:

- Un gwir Dduw sydd, Arglwydd daioni a grym.
- Mae angen i ni ddangos diolchgarwch i Dduw drwy addoli.
- Bydd dydd y farn yn dod pan fydd Duw yn barnu ein bywydau.

Nid oedd llawer o bobl yn Makkah yn hapus iawn â'r neges hon. Cafodd y Proffwyd Muhammad ei wawdio a'i sarhau. Fodd bynnag, penderfynodd rhai ei ddilyn a daethant i gael eu hadnabod fel 'Mwslimiaid'.

Y Sunnah a'r Hadith

Mae Mwslimiaid yn credu bod y Qur'an yn berffaith a chyflawn, ond ar adegau mae angen iddyn nhw ddeall pethau nad ydyn nhw'n cael eu trafod yn ei dudalennau. Ar yr adegau hyn maen nhw'n troi at y **Sunnah** a'r Hadith, gweithredoedd a geiriau'r Proffwyd Muhammad. Sylwadau'r Proffwyd Muhammad am ystyr y Qur'an, neu'r hyn wnaeth neu ddywedodd Muhammad, yw'r canllaw gorau i Fwslim ar ôl y Qur'an.

Sunnah Gweithredoedd y Proffwyd Muhammad.

Y Sunnah: ffordd y Proffwyd

Y Sunnah yw'r cofnod o bopeth wnaeth y Proffwyd Muhammad, ac mae hyn yn helpu i arwain Mwslimiaid heddiw i fyw bywyd sydd wrth fodd Duw. Mae'r Proffwyd Muhammad yn ysbrydoliaeth i bob Mwslim, felly maen nhw'n ceisio efelychu ei ffordd o fyw. Dyma rai ffeithiau amdano:

- y Sunnah yw'r ail bwysicaf o'r ffynonellau awdurdod i Fwslimiaid
- mae'n disgrifio defodau, arferion a thraddodiadau'r Proffwyd Muhammad
- mae'n dysgu'r llwybr neu'r model perffaith o sut dylai Mwslimiaid fyw.

Mae rhai Sunnah yn cynnig enghreifftiau ymarferol o fywyd dyddiol y Proffwyd:

> Dywedodd Aisha [gwraig y Proffwyd] am y Proffwyd: 'Roedd yn arfer mynd i gysgu'n gynnar yn y nos, a chodi yn rhan olaf y nos i weddïo, ac yna mynd yn ôl i'w wely.'

Mae rhai yn rhoi manylion am sut un oedd y Proffwyd Muhammad:

> Mae I'bn Jaz yn adrodd: 'Nid wyf wedi gweld neb oedd yn gwenu mwy na Negesydd Allah.'

Mae rhai hyd yn oed yn rhoi cyngor ar ddeiet:

> Dywedodd Miqdam bin Madikarib: 'Clywais Negesydd Allah yn dweud: "Nid yw bod dynol yn llenwi llestr gwaeth na'i stumog. Mae'n ddigonol i fod dynol fwyta ychydig o gegeidiau i gadw ei asgwrn cefn yn syth. Ond os oes rhaid iddo (ei lenwi), yna traean o fwyd, traean o ddiod a thraean o aer."'

Yr Hadith: dywediadau'r Proffwyd

Mae Mwslimiaid yn caru ac yn parchu geiriau'r Proffwyd Muhammad oherwydd ei fod yn gymeriad mor eithriadol. Roedd ei ymroddiad i Dduw yn ddwfn, ond roedd hefyd yn ddyn oedd yn meddu ar ddoethineb, caredigrwydd a thosturi enfawr. Yr Hadith yw'r llyfr sy'n cynnwys ei ddywediadau, fel y cawson nhw eu cofnodi gan ei deulu a'i gyfeillion. Mae gwahanol gasgliadau o'r dywediadau hyn, ac mae pob un yn cael ei dderbyn gan grwpiau Mwslimaidd gwahanol.

> Y milwr sydd wir yn ymladd dros achos Duw yw'r un sy'n gofalu am wraig weddw neu berson tlawd.
> (Hadith)

> Os ydych yn meddwl am Dduw, byddwch yn dod o hyd iddo Ef yno o'ch blaen chi.
> (Hadith)

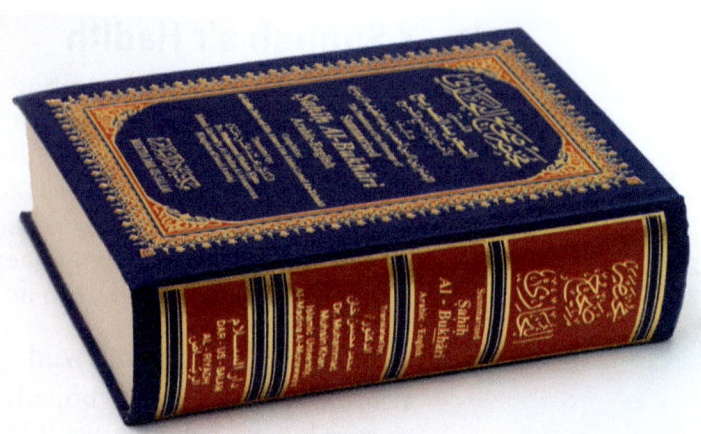

Yr Hadith yw dywediadau'r Proffwyd Muhammad.

> **Tasgau**
> 1 Beth yw'r Sunnah?
> 2 Beth yw'r Hadith?
> 3 Er bod Mwslimiaid yn trin yr Hadith â pharch enfawr, esboniwch pam nad yw'n cael ei ystyried yn sanctaidd yn yr un ffordd â'r Qur'an, yn eich barn chi.

Yn yr Hadith, mae disgrifiad o bregeth olaf y Proffwyd Muhammad, a roddodd yn Makkah ychydig cyn ei farwolaeth. Yma roedd yn gorchymyn i'w ddilynwyr fod yn ufudd i'r dysgeidiaethau sydd yn y Qur'an a'r Sunnah:

Rwyf wedi gadael yn eich plith bethau eglur, llyfr Duw a Sunnah ei broffwyd. Os ydych yn dal yn dynn yn y pethau hyn, yna ni fyddwch yn mynd ar goll.

▶ Sut mae Mwslimiaid yn dangos parch at y Qur'an

Gan fod Islam yn dysgu bod y Qur'an yn cynnwys yr un geiriau â'r rhai gafodd eu datgelu i'r Proffwyd Muhammad gan Dduw, mae'r llyfr yn cael ei drin â pharch mawr. Cafodd ei basio ymlaen heb ei newid hyd y dydd hwn. Dyma pam mae'n bwysig bod Mwslimiaid, o bob cenedl a phob iaith, yn adrodd ac astudio'r Qur'an yn yr iaith Arabeg wreiddiol. Drwy hyn, gallan nhw fod yn siŵr nad yw ystyr yr hyn maen nhw'n ei ddarllen wedi cael ei newid wrth gyfieithu.

Fel arfer mae'n cael ei lapio mewn lliain i'w warchod, ac yn cael ei osod ar silff uwch na llyfrau eraill i ddangos ei fod yn bwysicach. Mae Mwslimiaid yn ymolchi'n drwyadl cyn cyffwrdd ag ef, ac wrth ddarllen ohono maen nhw'n ei osod ar stand, yn hytrach nag yn syth ar fwrdd sy'n cael ei ddefnyddio ar gyfer tasgau pob dydd. Mae parch Mwslimiaid at y Qur'an yn cael ei ddangos mewn ffyrdd ymarferol. Er enghraifft, wrth iddo gael ei ddarllen, ni ddylen nhw fwyta, yfed, siarad na gwneud unrhyw sŵn diangen. Cyn darllen, mae'n bwysig ymolchi'n ofalus a gwneud yn siŵr eich bod yn yr hwyliau cywir (niyyah). Nid oes hawl gan fenyw ddarllen y Qur'an yn ystod cyfnod y mislif.

Yn wir, mae'r Qur'an yn urddasol o'i warchod mewn Cyflwr da; dim ond y rhai pur sy'n ei gyffwrdd.

(Qur'an 56:77–79)

Oherwydd y gred mai gair uniongyrchol Duw yw'r Qur'an, mae gan y geiriau eu hunain arwyddocâd mawr. Mae rhai Mwslimiaid (hafiz) yn ceisio ymdrwytho yn neges Duw drwy ei ddysgu a gallu ei adrodd ar y cof.

Yn y pen draw, mae Mwslimiaid yn dangos parch at y Qur'an (fel negeseuon Duw i ddynoliaeth) drwy geisio gwireddu ei neges yn eu bywydau pob dydd.

> **Tasg**
> Gwnewch restr o bwyntiau bwled o'r ffyrdd mae Mwslimiaid yn dangos parch at y Qur'an.

Adolygiad Diwedd yr Adran

Ymarfer sgiliau

1 Beth yw ystyr 'hadith'?
2 Esboniwch y gred Fwslimaidd am unoliaeth Allah.

Cofiwch

Cysyniadau allweddol:
- Hadith
- Qur'an
- Shahadah
- Shirk
- Tawhid

Dysgeidiaethau allweddol:
- Natur Duw
- Shahadah
- Ystyr ymostwng
- Y Qur'an a ffynonellau eraill o awdurdod mewn Islam

Gwirio gwybodaeth

1 Ysgrifennwch baragraff byr (tua thair brawddeg) yn esbonio beth mae Mwslimiaid yn ei gredu am Dduw (Allah).
2 Pam mae 'ymostwng i Dduw' yn bwysig i Fwslimiaid?
3 O ble mae Mwslimiaid yn credu y daeth y Qur'an?

Y Cwestiwn Mawr

'Y Qur'an yw'r unig lyfr sydd ei angen ar Fwslimiaid.'

Eich tasg

Trafodwch y gosodiad uchod, gan ddangos eich bod wedi ystyried mwy nag un safbwynt. Rhowch farn resymegol am ba mor ddilys a pha mor gryf yw'r safbwyntiau hyn.

Tasg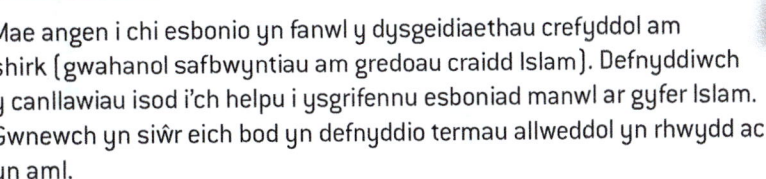

Mae angen i chi esbonio yn fanwl y dysgeidiaethau crefyddol am shirk (gwahanol safbwyntiau am gredoau craidd Islam). Defnyddiwch y canllawiau isod i'ch helpu i ysgrifennu esboniad manwl ar gyfer Islam. Gwnewch yn siŵr eich bod yn defnyddio termau allweddol yn rhwydd ac yn aml.

Mae Mwslimiaid i gyd/llawer o Fwslimiaid/y rhan fwyaf o Fwslimiaid yn credu _____.

Daw hyn o'r ddysgeidiaeth/dyfyniad _____.

Mae hyn yn golygu/Oherwydd hyn maen nhw'n _____.

Mae rhai Mwslimiaid/Mwslimiaid eraill fel _____ yn credu _____.

Daw hyn o'r ddysgeidiaeth/dyfyniad _____.

Mae hyn yn golygu/Oherwydd hyn maen nhw'n _____.

Yn olaf mae Mwslimiaid fel _____ yn credu _____.

Mae hyn yn golygu/Oherwydd hyn maen nhw'n _____.

Mae eu credoau yr un peth/yn wahanol oherwydd _____.

6 Islam: Arferion

■ Pum Piler Islam Sunni

> **Ibadah**
>
> I Fwslimiaid, mae gweithredoedd yn bwysicach na geiriau, ac nid yw bod â ffydd yn Nuw a dim mwy yn ddigon; maen nhw'n credu bod angen dangos ymrwymiad crefyddol drwy'r ffordd maen nhw'n byw eu bywydau cyfan. Mae pob gweithred yn fath o addoliad; yr enw ar hyn yw **ibadah**. Mae pobl yng ngwledydd y Gorllewin weithiau'n meddwl mai dim ond cyfres o gredoau yw crefydd, neu gasgliad o weithgareddau dewisol sy'n seiliedig ar ffydd. Fodd bynnag, mae Mwslimiaid wedi bod yn bendant iawn erioed fod Islam yn ffordd gyflawn o fyw. Mae addoli yn realiti 24/7, i'w fyw'n llawn, nid dim ond yn ôl-ystyriaeth i'w hychwanegu at ein bywydau seciwlar.

Ibadah Gweithredoedd o addoli; unrhyw weithred wedi'i chaniatáu sydd â'r bwriad o ufuddhau i Dduw.

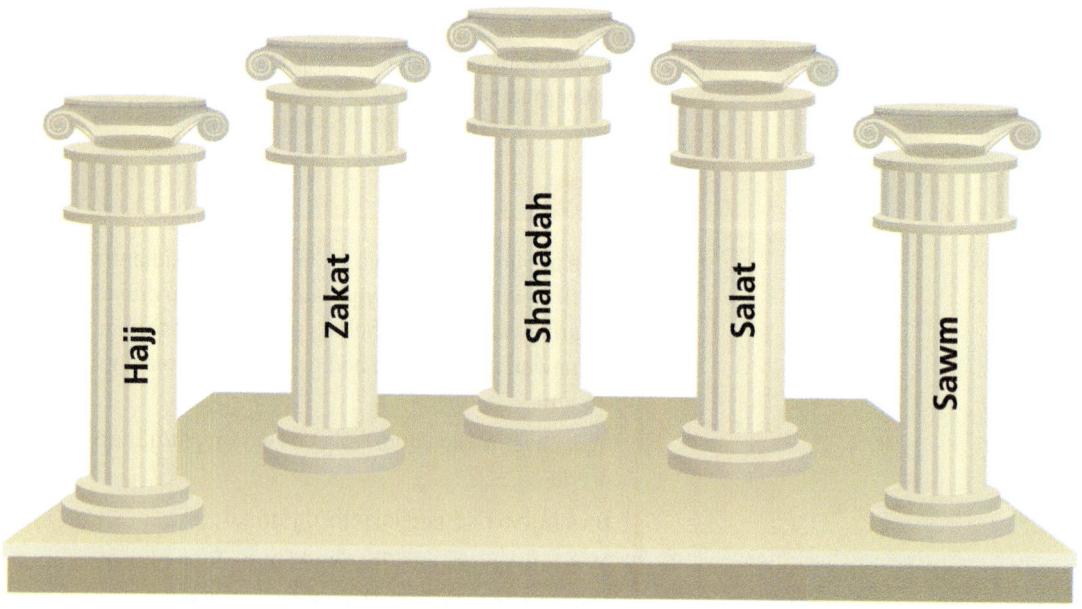

Y Pum Piler

Mae Islam yn dysgu ei bod yn ddyletswydd ar bob Mwslim i addoli Duw drwy ddilyn y Pum Piler. Mae'r gweithredoedd hyn i gyd yn ibadah – gweithredoedd o addoli gyda'r bwriad o ufuddhau i Dduw. Y Pum Piler yw:

- Shahadah: datganiad o ffydd sy'n dweud 'Does dim duw ond Duw a Muhammad yw ei broffwyd'
- Salat: gweddïo, bum gwaith y dydd
- Zakat: elusen, rhoi arian i'r tlawd
- Sawm: ymprydio yn ystod mis Ramadan
- Hajj: pererindod i Makkah.

Drwy ddilyn y rheolau hyn, mae Mwslimiaid yn credu y gallan nhw ddangos eu hufudd-dod i ewyllys Duw. Mae'r Shari'ah (cyfraith Islamaidd) yn sefydlu'r Pum Piler fel dyletswyddau crefyddol; arwyddion ymarferol ydyn nhw sy'n dangos gwir ymostwng i'r creawdwr dwyfol. Rhaid iddyn nhw gael eu gwneud gyda niyyah, sef y bwriad gwirioneddol i ymostwng i ewyllys Duw (gweler t. 97). Mae Mwslimiaid yn dweud nad oes amheuaeth eu bod wedi cael gorchymyn gan Dduw i gyflawni'r Pum Piler. Mae'r Qur'an yn cyfeirio'n aml at eu pwysigrwydd, ac yn ei bregeth olaf mae'r Proffwyd Muhammad yn amlwg yn cyfeirio atyn nhw:

> O Bobl, gwrandewch arnaf i o ddifrif; addolwch Dduw, gweddïwch bum gwaith y dydd, ymprydiwch yn ystod mis Ramadan, a rhowch Zakat. Cyflawnwch Hajj os yw hynny'n bosibl i chi.

(Pregeth olaf y Proffwyd Muhammad, Hadith)

Tasgau

1. Crynhowch y Pum Piler. Tynnwch lun o adeilad, gyda'r to'n cael ei gynnal gan Bum Piler. Ar bob un o'r pileri, ysgrifennwch enw un o Bum Piler Islam gyda disgrifiad byr o bob dyletswydd.
2. Mewn parau, profwch eich gilydd drwy gysylltu enwau'r pileri (yn Gymraeg ac Arabeg) â'r disgrifiadau.

Gweithredoedd gorfodol mewn Islam

Yn ôl cyfraith Islamaidd (Shari'ah), mae rhai gweithredoedd yn fard (**gorfodol**; gweler t. 98). Mae hyn yn golygu bod rhestr o bethau mae'n rhaid i Fwslimiaid eu gwneud er mwyn dilyn eu crefydd. Dyma rai enghreifftiau o'r arferion gorfodol hyn: y pum gweddi ddyddiol (Salat), rhoi rhywfaint o'u henillion i'r tlawd (Zakat) ac ymprydio yn ystod Ramadan (Sawm). Bydd Mwslimiaid sy'n dilyn y dyletswyddau hyn yn cael eu gwobrwyo. Os nad ydyn nhw'n eu cyflawni, byddan nhw'n wynebu cosb gan Dduw.

Gweithredoedd gorfodol (fard)
Arferion mae'n rhaid i Fwslim eu dilyn. Mae'r rhain wedi'u sefydlu yn y Gyfraith Islamaidd (Shari'ah).

Salat: gweddïo

Un o'r Pum Piler yw Salat, sef yr arfer o weddïo.

I Fwslimiaid, gweddïo yw'r ffordd bwysicaf o addoli Duw. Mae'n ddyletswydd ar bob Mwslim i weddïo bum gwaith y dydd. Dywedodd y Proffwyd Muhammad mai gweddïo yw 'piler crefydd', ac mae'n atgoffa Mwslimiaid i roi diolch am fendithion Duw ac am bwysigrwydd ymostwng i ewyllys Duw. Mae'n weithgaredd corfforol, meddyliol ac ysbrydol sy'n dod â chredinwyr yn agos at Dduw.

Dylai Mwslimiaid geisio gweddïo ar yr adegau penodedig, wedi'u rhoi yn glir yn y rhestr weddïo Islamaidd ar gyfer pob diwrnod o'r flwyddyn, ond os ydyn nhw'n colli gweddi, yna mae dal i fyny yn nes ymlaen yn dderbyniol. Fodd bynnag, byddai colli gweddïau yn gyson, heb reswm dilys, yn cael ei ystyried yn bechod.

> Os oes un ohonoch yn cysgu ac yn colli gweddi, neu'n ei hanghofio, gadewch iddo gynnig y weddi pan fydd yn cofio.

(Hadith)

Tasgau

1. Esboniwch pam rydych chi'n meddwl bod Mwslimiaid yn credu bod dilyn eu dyletswyddau crefyddol mor bwysig.
2. Pa un o'r Pum Piler sydd fwyaf pwysig i Fwslimiaid, yn eich barn chi? Esboniwch pam.

Pam mae Mwslimiaid yn gweddïo bum gwaith y dydd?

Mae'r Qur'an a'r Hadith yn cynnwys hanes taith nos y Proffwyd Muhammad. Cafodd y Proffwyd Muhammad ei ddeffro o'i gwsg, a'i gymryd ar geffyl ag adenydd i Jerwsalem ac yna i fyny drwy saith lefel y nefoedd, cyn cyrraedd presenoldeb Duw ei hun. Yno, datgelodd Duw fod yn rhaid i Fwslimiaid weddïo'n barhaus, 50 gwaith y dydd. Mae'n rhaid i addoli fod yn bresenoldeb cyson drwy gydol bywyd. Fodd bynnag, dyma Musa (Moses) yn ymyrryd gan ddweud bod hyn yn ormod, ac yn y diwedd cytunon nhw y byddai'n rhaid cael pum amser gweddïo bob dydd.

Mae Salat yn ddyletswydd ar bob Mwslim.

Yr alwad i weddïo (adhan)

Yr **adhan** yw'r alwad Islamaidd i weddïo sy'n cael ei chlywed cyn pob un o'r pum gweddi ddyddiol (Salat). Yn draddodiadol, byddai muezzin yn galw'r adhan o'r **minarét**, ond y dyddiau hyn mae fel arfer yn cael ei gyhoeddi o amgylch yr adeilad drwy system sain y mosg. Pan fydd Mwslim ffyddlon yn clywed yr adhan, bydd yn ymateb i alwad y **muezzin** drwy ddechrau'r paratoadau ar gyfer gweddïo.

Minarét Tŵr uchel sy'n sownd wrth fosg; mae'r alwad i weddïo yn digwydd o'r tŵr hwn.

Muezzin Y dyn sy'n adrodd yr alwad i weddïo o'r mosg.

Cysyniadau Allweddol

Salat Cyfathrebu gorfodol ag Allah a'i addoli dan amodau penodol, yn y modd y dysgodd y Proffwyd Muhammad, ac wedi'i adrodd yn Arabeg. Mae Mwslimiaid yn credu bod amser y pum cyfnod Salat wedi'u pennu gan Allah.

Adhan Galwad i weddïo, fel arfer wedi'i datgan gan muezzin.

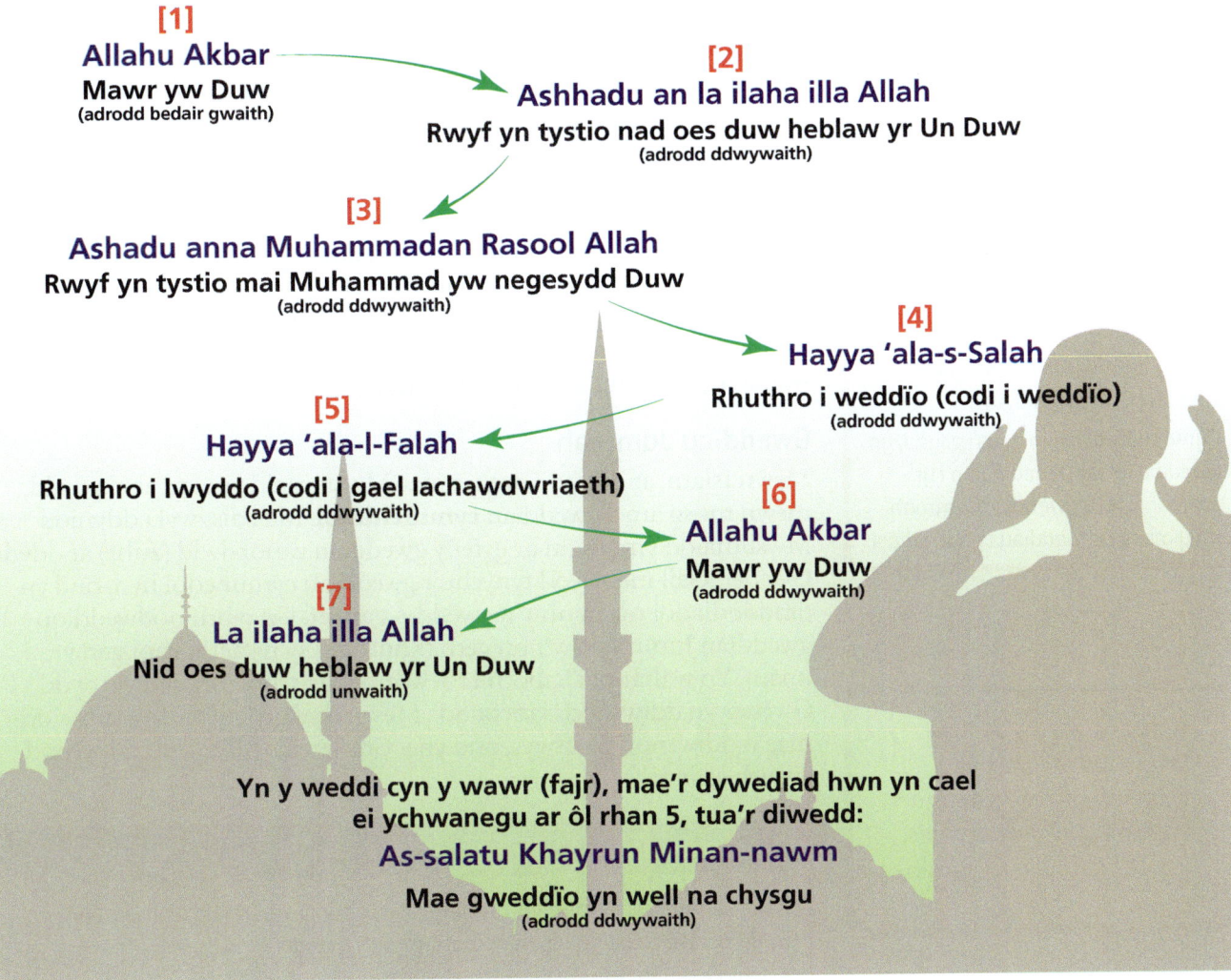

Ystyr yr adhan.

Tasgau

1. Mae gwefan www.haqaonline.com/multimedia/audio/Azan yn cynnwys nifer o wahanol fersiynau o'r adhan. Gwrandewch ar yr adhan yn cael ei alw mewn gwahanol ffyrdd. Sut maen nhw'n cymharu â'i gilydd? Ysgrifennwch eich argraffiadau o bob un.
2. Yn y clipiau fideo hyn, beth mae'r delweddau'n ei awgrymu am bwysigrwydd yr alwad i weddïo?
   - www.youtube.com/watch?v=4_LN0hznp-A
   - www.youtube.com/watch?v=zBNUdeWw-wE
   - www.youtube.com/watch?v=RS3KyTZ6Ie0

Gweddïo mewn mosg

Mae llawer o Fwslimiaid yn hoffi mynd i weddïo mewn **mosg**, yn enwedig ar ddydd Gwener, gan fod gweddïo gyda phobl eraill yn datblygu'r ummah (cymuned o Fwslimiaid) ac yn cryfhau ffydd bersonol. Mae rhai hefyd yn credu bod unigolyn sy'n gweddïo mewn mosg yn derbyn mwy o fendith gan Dduw. Mae addolwyr yn aml yn ymgasglu'n anffurfiol yn yr ystafell weddïo cyn ac ar ôl gweddïau Salat, i ddweud eu du'ah eu hunain, sef gweddïau personol. Pan ddaw amser y gweddïau Salat, bydd yr adhan yn cael ei glywed a bydd addolwyr yn sefyll mewn rhes, ysgwydd wrth ysgwydd, yn rhan flaen yr ystafell weddïo, yn wynebu **qibla**. Bydd menywod yn gweddïo mewn rhan ar wahân neu yng nghefn yr ystafell weddïo, y tu ôl i'r dynion.

Gweddïau Jummah

Mewn Islam, ar ddydd Gwener mae Mwslimiaid yn dod at ei gilydd mewn mosg am y gweddïau **cynulleidfaol**. Mae disgwyl i ddynion Mwslimaidd ymgasglu ar gyfer y gweddïau canol dydd (zuhr) ar ddydd Gwener. Gall menywod fynychu'r gweddïau cymunedol hyn, ond yn draddodiadol maen nhw'n gweddïo gartref. Un o brif nodweddion gweddïau Jummah yw'r bregeth (khutbah) sy'n cael ei rhoi gan yr imam. Yn wahanol i Saboth Iddewon a Christnogion, nid yw dydd Gwener yn ddiwrnod 'sanctaidd'. Mewn rhai gwledydd Mwslimaidd mae'n ddiwrnod gorffwys, ond yn y Gorllewin gall fod yn ddiwrnod gwaith arferol.

> **Mosg** 'Man syrthio ar yr wyneb' ar gyfer Mwslimiaid; dyma'r man addoli cymunedol ar gyfer y gymuned Fwslimaidd (Arabeg: masjid).
> **Qibla** Y cyfeiriad i'w wynebu wrth weddïo (tuag at Makkah).
> **Cynulleidfaol** Pawb gyda'i gilydd, yn gweddïo fel cymuned gyfan (yr ummah). Mae gweddïau Jummah yn y mosg yn weddïau cynulleidfaol.

> Salat yw piler y grefydd Islamaidd, ac mae pwy bynnag sy'n troi cefn arni yn dymchwel piler crefydd.
> (Hadith)

Sut i weddïo

Mae'r Qur'an a'r Sunnah yn rhoi canllawiau clir i Fwslimiaid ar sut a phryd i weddïo. Mae Salat yn digwydd bum gwaith y dydd:

- Fajr (ychydig ar ôl y wawr)
- Zuhr (ychydig ar ôl canol dydd)
- As'r (yn hwyr y prynhawn)
- Maghrib (ychydig ar ôl machlud haul)
- Isha (wedi iddi dywyllu).

■ Yr amser sydd wedi'i roi ar gyfer pob un o'r gweddïau dyddiol.

Tasg

Beth yw nodweddion allweddol gweddïau Jummah?

Gweddïo gartref

Pan fydd Mwslimiaid yn gweddïo gartref, rhaid iddynt wneud yn siŵr bod yna le tawel, glân i ymgrymu a syrthio ar yr wyneb. Os oes modd, maent yn defnyddio ystafell wedi'i neilltuo ar gyfer gweddïo, lle nad yw pobl byth yn gwisgo esgidiau, i sicrhau nad oes baw yn y carped. Mae menywod a phlant yn aml yn gweddïo gartref yn lle'r mosg, ond nid oes rheolau penodol am hyn. Mae gweddïo gartref yn galluogi addolwyr i deimlo'n fwy cyffordus am sut maent yn gweddïo. Gallant deimlo'n llai swil am gynnig eu gweddïau du'ah (preifat) eu hunain hefyd.

Du'ah – gweddi bersonol

Mae gweddïau Salat yn ddyletswydd ar bob Mwslim (ar wahân i blant ifanc), bum gwaith y dydd, ond bydd pobl sy'n caru Duw yn aml yn dewis dod o hyd i amser i greu eu cysylltiad personol eu hunain â Duw. Nid oes amserau penodol ar gyfer gweddïau du'ah; cyfleoedd digymell ydyn nhw i dreulio amser ym mhresenoldeb Duw. Mae gweddi du'ah yn weddi drosoch chi eich hun, dros eich teulu neu'n gofyn am help ar ran rhywun arall. Mae rhai Mwslimiaid yn ceisio gwneud yn siŵr bod y peth cyntaf maen nhw'n meddwl amdano yn y bore, a'r peth olaf cyn cysgu, yn canolbwyntio ar Dduw. Mae sawl math o weddi du'ah, er enghraifft:

- diolch i Dduw am fendith
- ymbil ar Dduw am help
- gofyn am faddeuant
- gofyn am arweiniad a bendithion.

Ar ôl y gweddïau Salat (gorfodol), gall Mwslimiaid barhau i foli Duw drwy eu gweddïau du'ah. Mae rhai Mwslimiaid yn defnyddio gleiniau gweddïo (subhah) i'w helpu. Yn ôl cyngor y Proffwyd Muhammad, dylai Mwslimiaid ddweud Subhanallah ('Gogoniant i Allah'), Alhamdulillah ('Moliant i Allah') ac Allahuakhbar ('Mae Allah yn fawr') 33 gwaith yr un ar ôl pob Salat. Felly gall subhah gynnwys 33 glain neu 99 (33 x 3). Mae'r 99 glain hefyd yn cynrychioli enwau Allah. Mae rhai sectau yn dweud Subhanallah 34 o weithiau, felly maen nhw'n defnyddio subhah sy'n cynnwys 100 glain.

> **Cysyniad Allweddol**
>
> **Du'ah** Gwahanol fathau o weddïo personol.

> **Tasgau**
>
> 1. Beth yw nodweddion allweddol gweddïau du'ah?
> 2. Beth yw'r prif wahaniaethau rhwng gweddïau Salat a gweddïau du'ah?
> 3. Esboniwch pa fath o weddi sydd fwyaf pwysig i Fwslim, yn eich barn chi. Pam?

Mae gleiniau gweddïo yn cynnwys 33, 99 neu 100 glain.

Paratoi i weddïo

Gall Mwslim weddïo yn unrhyw le, cyn belled â bod y lle hwnnw'n lân a bod digon o le i sefyll, penlinio ac ymgrymu, gan wynebu tuag at y Ka'ba yn Makkah. Mae Mwslimiaid yn aml yn gweddïo gartref, ond maen nhw'n cael eu hannog i fynd i'r mosg i weddïo pryd bynnag y gallan nhw. Mae hyn oherwydd bod gweddïo mewn cynulleidfa yn cynyddu'r teimlad o fod gyda'i gilydd pan fyddan nhw i gyd wedi ymgasglu mewn un man. Mae hyn yn pwysleisio pwysigrwydd yr ummah, y gymuned Fwslimaidd.

Dod o hyd i le i weddïo

Ni all gweddïo byth fod yn weithred gyffredin i Fwslimiaid oherwydd maen nhw'n credu eu bod, drwy weddïo, yn cysylltu'n uniongyrchol â Duw. Felly, ble bynnag mae Mwslim yn gweddïo, rhaid iddo wneud hyn gyda'r bwriad cywir a'r gwaith paratoi cywir.

Mae Mwslimiaid fel arfer yn defnyddio mat gweddïo. Mae hyn yn eu gwahanu'n llythrennol oddi wrth y byd cyffredin, ac mae'n symbol o'r cysylltiad rhwng y person sy'n gweddïo a Duw. Mae hefyd yn sicrhau bod y lle gweddïo yn lân. Glendid yw'r peth pwysicaf, felly os yw'r lle gweddïo yn lân yn barod, nid oes angen mat. Fodd bynnag, mae'n well gan lawer o Fwslimiaid beidio â gweddïo ar y llawr ei hun, felly gallan nhw ddefnyddio unrhyw beth glân, fel lliain neu dywel, os nad oes mat ar gael.

Mae'n rhaid i Fwslimiaid weddïo yn wynebu Makkah (enw'r cyfeiriad hwn yw qibla). Maen nhw'n defnyddio cwmpawd arbennig sy'n dangos y qibla o unrhyw leoliad yn y byd. Mae cwmpawd sy'n dangos qibla wedi'i wnïo i mewn i rai matiau gweddïo, ac mae modd lawrlwytho apiau qibla ar ffonau a thabledi.

Niyyah (bwriad)

Mae paratoi i weddïo yn hanfodol oherwydd mae dod i mewn i bresenoldeb Duw yn gofyn am ymdeimlad dwfn o barch ac edmygedd. Mae'r weddi'n dechrau gyda datganiad o fwriad (niyyah). Rhaid i hon fod yn weithred fwriadol, gyda'r bwriad o neilltuo ychydig funudau i ganolbwyntio ar Dduw a chyrraedd cyflwr o 'ymwybyddiaeth o Dduw'. Mae hyn yn galluogi Mwslimiaid i ganolbwyntio ar fawredd Duw, i ddiolch iddo a'i foli a gofyn am ei faddeuant.

Wudu: ymolchi

Cyn dechrau gweddïo, mae'n rhaid i Fwslimiaid gyflawni **wudu**, sef golchi rhannau arbennig o'r corff: dwylo, ceg, trwyn, wyneb, breichiau, pen a thraed, mewn trefn arbennig. Arwydd allanol yw hyn o'r glendid mewnol sydd ei angen i wynebu Duw.

Nodau gweddïo

Nodau gweddïo yw:

- atgoffa Mwslimiaid yn gyson am bresenoldeb Duw
- ymostwng i ewyllys Duw
- puro addolwyr o lygredigaeth y byd
- uno pob Mwslim
- dod â heddwch i'r byd
- cael gwared ar bechodau, fel mae dŵr yn cael gwared ar faw.

> **Tasg**
>
> Dywed, [O Muhammad], yr hyn a gafodd ei ddatgelu i ti o'r Llyfr, a sefydla weddïo. Yn wir, mae gweddïo yn gwahardd anfoesoldeb a drwgweithredu, ac mae cofio am Allah yn fwy. Ac mae Allah yn gwybod yr hyn rydych chi'n ei wneud.
>
> (Qur'an 29:45)
>
> Felly dyrchafwch Allah drwy foli eich Arglwydd a byddwch ymhlith y rhai sy'n syrthio ar eu hwynebau [o'i flaen]. Ac addolwch eich Arglwydd hyd nes i'r sicrwydd [h.y. marwolaeth] ddod atoch chi.
>
> (Qur'an 15:98–99)
>
> Defnyddiwch y dyfyniadau uchod i esbonio pam mae gweddïo yn bwysig i Fwslimiaid.

Wudu Ymolchi wrth baratoi i weddïo.

> **Tasg**
>
> Pam mae'n bwysig bod Mwslim yn y cyflwr meddwl cywir (niyyah) wrth baratoi i weddïo, yn eich barn chi?

Y rak'at

Mae'r **rak'at** yn ddilyniant o symudiadau, â phatrwm arbennig, sy'n ffurfio'r drefn weddïo. Mae'r gweddïau gwahanol yn ystod y dydd yn gofyn am niferoedd gwahanol o rak'ats. Mae'r gweddïau'n dilyn patrwm penodol, ond mae'r symudiadau corfforol yn llai pwysig na'r bwriad yn y galon.

Ar yr adeg briodol wrth addoli, bydd yr addolwr yn:

▸ sefyll yn dawel, gan adrodd gweddïau o'r Qur'an. Mae hyn yn cydnabod mawredd Duw, gan gau allan pob ymyriad, syniad a dyhead arall.
▸ ymgrymu'n isel, gyda'r dwylo ar y pengliniau. Mae hyn yn dangos parch a chariad at Dduw.
▸ syrthio ar yr wyneb ar y llawr. Mae hyn yn dangos ymostwng llwyr i Dduw.
▸ penlinio, gyda'r traed wedi'u plygu o dan y corff. Ystum o ostyngeiddrwydd.
▸ sefyll, gan adrodd 'Tangnefedd fo arnoch, a bendith Duw', unwaith yn wynebu'r dde ac unwaith yn wynebu'r chwith. Mae hyn yn dangos parch at yr addolwyr eraill ac at yr angylion gwarcheidiol.

Takbeerat Al-Qiyam Ruku' Qiyam

Sajjah Tashahhud Salam

Y dilyniant o symudiadau mewn rak'at.

Tasgau

1 Beth yw ystyr y gweithgareddau corfforol yn ystod Salat?
2 Allwch chi esbonio sut gallai'r symudiadau corfforol hyn wneud gwahaniaeth i'r ffordd mae Mwslim yn teimlo?

> Ac wedi i chi gwblhau'r weddi, cofiwch am Dduw, boed yn sefyll, yn eistedd, neu'n gorwedd ar eich ochrau. Ond pan fyddwch yn sicr, rhaid ailsefydlu gweddïo [rheolaidd]. Yn wir, mae gweddïo wedi cael ei orchymyn ar y credinwyr, gorchymyn o amserau penodol.
>
> (Qur'an 4:103)

▶ Gweithredoedd gorfodol
▶ Shahadah: y datganiad o ffydd

Y Shahadah yw'r datganiad Mwslimaidd o ffydd yn Allah a'r Proffwyd Muhammad, a dyma'r piler canolog o ran cred mewn Islam.

Mae'r Shahadah yn dweud:

> Does dim duw sy'n deilwng o'i addoli heblaw Duw (Allah), a Muhammad yw negesydd Duw.

Mae'r geiriau hyn yn crynhoi'r cyfan mae'n rhaid i chi gredu ynddo i fod yn Fwslim: derbyn undod Duw a phroffwydiaeth Muhammad. Drwy ddweud y geiriau hyn, mae Mwslim yn dangos ei ymrwymiad i grefydd Islam yn ei chyfanrwydd.

Bydd Mwslimiaid yn dweud ac yn clywed geiriau'r Shahadah nifer o weithiau bob dydd:

- yn y defodau gweddïo (Salat)
- yn eu gweddïau preifat eu hunain (du'ah)
- yn cael eu cyhoeddi o'r minarét yn yr alwad i weddïo (yr adhan).

Rydyn ni wedi gweld bod y Shahadah yn cael ei adrodd:

- pan fydd baban yn cael ei eni. Yn seremoni'r **aqiqah**, mae'r tad yn sibrwd y Shahadah yng nghlust baban newydd-anedig, felly dyma'r geiriau cyntaf mae plentyn yn eu clywed wrth ddod i'r byd hwn.
- pan fydd Mwslim ar fin marw. Bydd Mwslim sy'n gwybod ei fod ar fin marw yn ceisio sicrhau mai'r rhain yw'r geiriau olaf mae'n eu dweud gyda'i anadl olaf.
- pan fydd milwr yn mynd i mewn i frwydr. Mae'n bosibl mai'r rhain yw'r geiriau ar ei wefusau, fel ymrwymiad ei fod yn ymostwng i ewyllys Duw.

Mae person hefyd yn dweud y Shahadah os yw'n dod yn Fwslim. Y cyfan mae'n rhaid iddo ei wneud yw adrodd y Shahadah o flaen tystion.

Tröedigaeth neu ddychweliad

Nid oes seremonïau neu ddefodau i groesawu credinwyr newydd i Islam. Y cyfan mae angen i rywun ei wneud er mwyn dod yn Fwslim yw adrodd y Shahadah. Mae rhai pobl yn cyfeirio at hyn fel tröedigaeth, sef newid o un grefydd i'r llall. Mae eraill yn ei alw'n ddychweliad. Maen nhw'n dadlau, oherwydd mai Duw yw ein creawdwr, ein bod ni i gyd wedi'n geni i addoli'r gwir Dduw ac felly, wrth ddarganfod ffydd, rydyn ni'n dychwelyd i'n ffydd naturiol.

Aqiqah Seremoni Fwslimaidd i groesawu genedigaeth baban.

Tasgau

1. Rhestrwch yr achlysuron pan fydd y Shahadah yn cael ei glywed.
2. Pam rydych chi'n meddwl ei bod mor bwysig bod y Shahadah yn cael ei ddweud ar yr adegau hyn?

Tröedigaethau pobl enwog

Dyma ambell berson enwog sydd, yn ôl y sôn, wedi cael tröedigaeth (neu wedi dychwelyd) i Islam: Yusuf Islam (Cat Stevens), Muhammad Ali, Shaquille O'Neal, Mike Tyson, Ellen Burstyn, Janet Jackson a Malcolm X.

> Mae pwy bynnag sy'n dweud, 'Does dim duw ond Duw' yn mynd i mewn i Baradwys.
>
> (Hadith)

Tasgau

1. Ymchwiliwch i bobl sydd wedi cael tröedigaeth i Islam.
2. Pan fydd rhywun yn derbyn crefydd Islam, a yw'n fwy cywir galw hyn yn dröedigaeth neu ddychweliad? Esboniwch eich safbwyntiau.

▶ Zakat: rhoi i'r tlawd

Trydydd piler Islam yw Zakat, sef arfer elusen, rhoi arian i'r tlawd. Mae disgwyl i bob Mwslim fod yn elusengar fel dyletswydd reolaidd, a rhoi 2.5 y cant o'i gyfoeth i ffwrdd bob blwyddyn. Er bod Zakat weithiau'n cael ei alw'n dreth, nid yw'r rhan fwyaf o Fwslimiaid yn meddwl amdano fel hyn, ond yn hytrach fel rhwymedigaeth grefyddol. Gall pob Mwslim fod yn siŵr y bydd Duw'n ei wobrwyo am ei weithredoedd o roi.

Mae'r Qur'an yn rhoi gorchymyn clir: rhoi i'r rheini mewn angen, gwragedd gweddw, plant amddifad a theithwyr. Mae'n rhwymedigaeth ac yn fath o addoli, sef bod yn hael ac yn garedig er lles dynoliaeth. Mae Zakat yn cael ei gysylltu'n agos â gweddïo; pa werth sydd i weddïo dros eraill os nad ydych chi'n barod i rannu â nhw?

Mae rhoi yn arwydd o lanhau a phurdeb. Mae'r Qur'an yn dysgu y gall arian gael dylanwad llygredig; mae cyfoeth yn gallu bod yn beth drwg, oherwydd gall greu rhwyg rhwng pobl a rhwyg yn y berthynas â Duw. Mae Zakat yn ddylanwad puredig sy'n cynnig modd o buro i Fwslimiaid drwy rannu eu cyfoeth.

Yn ôl Islam, nid ni sy'n berchen ar ein cyfoeth a'n heiddo; Duw sy'n rhoi ein cyfoeth i ni, er lles pob bod dynol. Ein dyletswydd ni yw rhannu'r cyfoeth a gawsom, nid ei storio a'i wario at ddibenion hunanol yn unig. Nid yw Islam yn cymeradwyo gamblo. Dylai arian gael ei rannu, nid ei wastraffu er boddhad personol. Mae gamblo'n cael ei ystyried yn bechod, oherwydd mae'n gwneud pobl yn ddibynnol ar lwc yn hytrach na dibynnu ar Dduw.

> O chi sydd wedi credu, gwariwch o'r hyn yr ydyn Ni wedi'i ddarparu i chi cyn daw Dydd lle nad oes cyfnewid na chyfeillgarwch nac eiriolaeth. A'r anghredinwyr – nhw yw'r drwgweithredwyr.
>
> (Qur'an 2:254)

Mae'r Qur'an yn dysgu bod bodau dynol yn **khalifah** (cynrychiolwyr Duw ar y ddaear). Mae hyn yn golygu mai ni yw stiwardiaid neu ymddiriedolwyr y byd. Nid ydyn ni'n berchen arno – rydyn ni'n edrych ar ei ôl mewn ymddiriedaeth, ar ran Duw, i'w drosglwyddo i'n plant ac i genedlaethau'r dyfodol. Felly, ni ddylem ystyried mai ni sy'n berchen ar eiddo; mae popeth ar fenthyg i ni gan Dduw, felly nid oes gennym hawl absoliwt i wario arian fel y dymunwn.

Dechreuodd yr arfer o roi Zakat pan oedd y Proffwyd Muhammad yn rheoli yn Madinah. Roedd yn rhaid i Muhammad ymladd llawer o frwydrau yn erbyn y rheini oedd yn erlyn Mwslimiaid. Ar ôl y brwydrau cyntaf, roedd llawer o blant wedi colli eu rhieni a menywod wedi colli eu gŵyr, a dywedodd y proffwyd wrth ei bobl am ofalu am bawb oedd mewn angen.

> Mae'r un sy'n gofalu am ac yn gweithio dros wraig weddw a pherson tlawd yn debyg i filwr sy'n ymladd dros achos Duw.
>
> (Hadith)

Khalifah Un o gynrychiolwyr Duw; stiward.

Yn ôl Mwslimiaid Shi'a, mae'r Qur'an yn mynnu bod Zakat yn cael ei dalu ar elw o ffermio neu fasnachu mewn aur ac arian. Mae hyn yn golygu mai dim ond i ychydig iawn o bobl y mae'n berthnasol. Yn lle hynny, maen nhw'n canolbwyntio ar yr adnod ganlynol o'r Qur'an:

> A dylech wybod bod unrhyw beth y cewch o ysbail rhyfel – yna yn wir, i Allah y mae un rhan o bump ohono ac i'r Negesydd ac i'w berthnasau agos a'r amddifad, yr anghenus a'r teithiwr [sydd mewn trafferth].
>
> (Surah 8:41)

Felly mae Mwslimiaid Shi'a yn talu 20 y cant o'r cyfoeth sydd ganddyn nhw dros ben mewn gweithred o'r enw Khums. Mae hanner arian Khums yn mynd at gyfreithwyr ac ysgolheigion Shi'a (i'w wario ar addysg grefyddol neu ar eu bywydau pob dydd) a'r hanner arall yn mynd at y tlawd, yr amddifad a'r digartref.

Sut dylai Zakat gael ei wario?

Mae'r Qur'an yn enwi nifer o bobl a all dderbyn Zakat: y tlawd, yr anghenus a theithwyr. Heddiw, mae llawer o asiantaethau cymorth Mwslimaidd yn dosbarthu Zakat er mwyn cefnogi projectau cymunedol i wella cyflenwad dŵr, glanweithdra, gofal iechyd, addysg ac ati.

Nid oes hawl defnyddio Zakat i adeiladu mosgiau, i dalu am angladdau, neu i dalu dyledion rhywun a fu farw.

Mae Cymorth Mwslimaidd (Muslim Aid) yn elusen sy'n derbyn ac yn dosbarthu Zakat.

Saddaqah: rhoi o'r galon

Mae'n ddyletswydd ar bob Mwslim i dalu Zakat unwaith y flwyddyn, ond mae Islam hefyd yn dysgu bod rhoi gwirfoddol yn bwysig. **Saddaqah** yw unrhyw weithred dda sydd wedi'i gwneud allan o dosturi neu haelioni. Gallai'r rhodd fod ar ffurf amser neu'n arian i berson digartref. Gallai fod yn rhodd o gymorth i bobl eraill neu'n gyfraniad at elusen. Mae Mwslimiaid yn aml yn rhoi saddaqah os ydyn nhw eisiau maddeuant am bechod maen nhw wedi ei gyflawni, neu os ydyn nhw eisiau diolch i Dduw am rywbeth.

> Mae Mwslim sy'n plannu coeden, neu'n tyfu cae y gall dyn, adar ac anifeiliaid fwyta ohono, yn cyflawni gweithred o elusen.
>
> (Hadith)

Cysyniadau Allweddol

Zakat Puro cyfoeth drwy roi i elusen yn flynyddol. Gweithred orfodol o addoli.

Saddaqah Taliad gwirfoddol neu weithred dda am reswm elusennol.

Tasgau

1. Esboniwch y gwahaniaeth rhwng Zakat a saddaqah.
2. A yw meddwl am ein pethau fel eiddo Duw, ac nid fel ein heiddo ni'n hunain, yn agwedd dda yn eich barn chi? Esboniwch eich safbwyntiau.
3. Pam mae Mwslimiaid yn anghytuno â gamblo?
4. Ydych chi'n cytuno bod gamblo yn niweidiol?

Sawm: ymprydio yn ystod Ramadan

Pedwerydd piler Islam yw **Sawm**, yr arfer o ymprydio yn ystod mis **Ramadan**. I Fwslimiaid, dyma fis mwyaf sanctaidd y flwyddyn – cyfnod sy'n canolbwyntio ar hunanddisgyblaeth a myfyrdod ysbrydol. Mae gan Ramadan le arbennig yn y calendr Mwslimaidd oherwydd, yn ôl Mwslimiaid, dyma'r mis y derbyniodd y Proffwyd Muhammad adnodau cyntaf y Qur'an, wedi'u datgelu iddo gan Dduw.

Ymprydio yw rheoli'r corff yn fwriadol, ac mae disgwyl i Fwslimiaid ymatal rhag bwyta, yfed (gan gynnwys dŵr), ysmygu a pheidio â chael cyfathrach rywiol o'r wawr tan y machlud am gyfnod o 29/30 diwrnod. Mae'n rhaid iddyn nhw hefyd ymatal rhag cael meddyliau drwg, gwneud gweithredoedd niweidiol a siarad yn gas.

Mae Ramadan yn dechrau pan fydd y lleuad newydd (cilgant) yn ymddangos yn yr awyr, sy'n arwydd o ddechrau'r mis newydd. Mae'n dod i ben 29/30 diwrnod yn ddiweddarach ar ddechrau'r degfed mis, Shawwal, sy'n dynodi dechrau'r dathliadau ar gyfer **Id-ul-Fitr**.

Yn ôl y Qur'an, mae'n rhaid i'r ympryd ddechrau bob dydd gyda'r wawr a pharhau tan y machlud. Gyda'r wawr, mae'n rhaid stopio bwyta ac yfed ar yr eiliad mae'n dod yn ddigon golau i wahaniaethu rhwng edefyn du ac edefyn gwyn. Dim ond ar ddiwedd y dydd gall addolwyr gael bwyd a diod eto, wedi iddi dywyllu.

Caiff pryd arbennig, **suhur**, ei fwyta cyn y wawr, ac adeg y machlud caiff yr ympryd ei dorri gan yr **iftar**, sef datys a dŵr fel arfer, cyn rhannu pryd mwy. Mae'r prydau hyn yn Ramadan yn aml yn ddigwyddiadau cymdeithasol, gyda theulu, cymdogion a ffrindiau yn dod ynghyd mewn tai a mosgiau i ddarparu ar gyfer ei gilydd. Felly, mae Ramadan yn dod â chanolbwynt hapus a chymunedol i'r gymdeithas Islamaidd.

Dathlu'r Qur'an

Yn Ramadan, mae Mwslimiaid yn ymgasglu yn y mosg i gynnal gweddïau nos ychwanegol. Mae'n cynnwys adrodd rhan o'r Qur'an bob dydd fel, erbyn diwedd y mis, bydd y Qur'an cyfan wedi cael ei adrodd. Dylai pob Mwslim geisio mynd i'r mosg ar 27ain diwrnod Ramadan i ddathlu Laylat-ul-Qadr, Noson Nerth (gweler t. 100), sef dyddiad datguddiad cyntaf y Qur'an, pan ymwelodd yr Angel Jibril gyntaf â'r Proffwyd Muhammad.

Pam mae Mwslimiaid yn ymprydio?

Mae ymprydio yn Ramadan yn orfodol mewn Islam. Hynny yw, does dim dewis; mae'n ddyletswydd. Yn ôl Mwslimiaid, nid oedd y gorchymyn hwn i ymprydio, gan Dduw i'r Proffwyd Muhammad, yn orchymyn newydd. Flynyddoedd cyn hynny, roedd Isa (Iesu) wedi dysgu ei ddisgyblion i ymprydio. Ystyrir ymprydio yn weithred ysbrydol sy'n dod â chredinwyr yn nes at Dduw.

Mae Mwslimiaid yn credu bod yr ympryd yn bwysig oherwydd:

- mae wedi'i orchymyn yn y Qur'an gan Dduw
- mae'n dilyn esiampl y Proffwyd Muhammad (fel yn y Sunnah)
- mae'n dathlu'r ffaith bod Duw wedi rhoi'r Qur'an i bobl
- mae'n dod â phobl yn nes at Dduw
- mae'n atgoffa pobl am drugaredd a bendithion Duw
- mae'n helpu Mwslimiaid i uniaethu â'r tlawd

Cysyniad Allweddol

Sawm Ymprydio rhwng ychydig cyn y wawr a machlud haul. Rhaid ymwrthod â phob bwyd a diod yn ogystal ag ysmygu a pherthynas rywiol.

Ramadan Nawfed mis y calendr Islamaidd sef mis ymprydio.

Suhur Y pryd o fwyd sy'n cael ei fwyta cyn y wawr, cyn i'r ymprydio ddechrau.

Iftar Y pryd o fwyd sy'n cael ei fwyta wedi i'r haul fachlud, pan fydd yr ymprydio yn dod i ben.

Id-ul-Fitr Dathliadau i nodi diwedd Ramadan.

Ramadan yw nawfed mis y flwyddyn Islamaidd. Mae Mwslimiaid yn dilyn calendr y lleuad sy'n para 354 o ddiwrnodau – 11 diwrnod yn fyrrach na blwyddyn yr haul. Mae hyn yn golygu y bydd Ramadan yn digwydd tua wythnos a hanner yn gynt nag y gwnaeth y flwyddyn (haul) flaenorol.

Tasg

Lluniwch amserlen i Fwslim ifanc yn ei arddegau ar gyfer mis Ramadan, gan ddangos pryd dylai godi, mynd i'r gwely, bwyta, gweddïo, mynd i'r ysgol ac ati. Efallai bydd yn rhaid i chi chwilio am yr amserau gweddïo yn eich mosg lleol ac am amserau'r wawr a'r machlud.

- mae'n hybu hunanreolaeth
- mae'n helpu i fagu nerth ysbrydol newydd
- mae'n uno cymunedau Mwslimaidd (ummah).

Pwy ddylai ymprydio?

Mae Duw wedi dweud bod rhaid i bob Mwslim sy'n oedolyn ymprydio yn ystod Ramadan. Gall plant, o oed eithaf ifanc, ddechrau ymprydio am ychydig ddyddiau yn ystod y mis.

Mae'r Qur'an yn caniatáu i rai pobl gael eu hesgusodi o'r ympryd, er enghraifft os ydyn nhw'n sâl neu'n teithio. Fodd bynnag, byddai disgwyl iddyn nhw wneud iawn am y dyddiau hyn yn ddiweddarach.

Mae'r darn canlynol o'r Qur'an yn pwysleisio bod ymprydio wedi cael ei 'orchymyn' gan Dduw: nid yw'n ddewisol. Drwy ymprydio byddwch yn 'dod yn gyfiawn'; bydd ymprydio yn eich helpu i ddatblygu yn berson mwy ysbrydol.

> O chi sydd wedi credu, mae ymprydio wedi'i orchymyn arnoch fel y cafodd ei orchymyn ar y rhai o'ch blaen chi, fel y byddwch yn dod yn gyfiawn – [ymprydio am] nifer cyfyngedig o ddiwrnodau. Felly pwy bynnag yn eich plith sy'n sâl neu ar daith [yn ystod y cyfnod] – yna bydd nifer cyfartal o ddiwrnodau eraill [i'w gwneud yn ddiweddarach]. Ac ar y rhai sy'n gallu [ymprydio, ond gydag anhawster] – bydd pridwerth [yn lle] sef bwydo person tlawd [bob dydd]. A phwy bynnag sy'n gwirfoddoli i wneud mwy – gorau oll iddo ef. Ond ymprydio sydd orau i chi, pe baech chi ond yn gwybod hynny.
>
> (Qur'an 2:183–184)

'RHAID BYRHAU CYFNOD YMPRYDIO RAMADAN YN Y DEYRNAS UNEDIG, MEDD YSGOLHEIGION'

Mae torri'r ympryd ar ddiwedd pob dydd yn ystod Ramadan yn aml yn achlysur cymdeithasol, i'w rannu gyda theulu a ffrindiau.

Mae rhai Mwslimiaid yn dadlau y dylai amserau ymprydio gael eu safoni. Dim ond am uchafswm o 15 awr mae Mwslimiaid yn y Dwyrain Canol (yn nes at y cyhydedd) yn gorfod ymprydio, ond yn ystod yr haf ym Mhrydain mae Mwslimiaid weithiau'n gorfod ymprydio am hyd at 19 awr bob dydd. Mae hyn yn arbennig o anodd i fyfyrwyr ysgol sy'n sefyll arholiadau ym misoedd yr haf.

> Rwy'n gwybod pryd mae Ramadan yn dod gan fod pawb yn prynu datys. Mae'r siwgr yn helpu i dorri'r ympryd.

> Edrychaf ymlaen at yr hwyr, ar ôl i'r haul fynd i lawr. Rwy'n gallu bwyta bryd hynny. Hefyd mae'r teulu i gyd yn cwrdd, ac yna'n mynd i'r mosg i weddïo: mae'n ddigwyddiad cymunedol mawr.

> Dw i bob amser yn hoffi bod â phroject Ramadan. Mae rhai'n rhoi'r gorau i ysmygu neu regi; eleni, dw i am drio darllen y Qur'an Sanctaidd i gyd.

> Yn ystod Ramadan, gweddïaf am gryfder: am ffydd sy'n gryf, cryfder i wneud yr hyn sy'n iawn, a chryfder i gadw'r ympryd.

> Pan fydd plant yn yr ysgol yn fy ngweld heb fy mocs bwyd, mae rhai'n meddwl mod i wedi ei anghofio ac yn cynnig bwyd i mi. Dw i'n esbonio mod i'n ymprydio a pham.

> Mae ymprydio Ramadan yn anodd iawn. Anodd iawn. Ond ar ôl iddo orffen, dw i eisiau dechrau eto. Dw i'n gweld eisiau'r teimlad o bwrpas a'r mwynhad o fwyta gyda ffrindiau ar ddiwedd y dydd.

> Dw i eisiau bwyd llawer o'r amser; mae'n waeth gwybod na alla i gael unrhyw fwyd. Ond dyna'r pwynt – teimlo sut mae bod heb fwyd o gwbl.

> Wrth fynd i'r mosg, dw i'n gweld rhesi a rhesi o bobl, wedi plygu ymlaen, â'u talcen ar y llawr, fel pe baen nhw'n dweud, 'Dw i'n ddim byd'. Yn ildio i'r syniad o heddwch yn llwyr.

Gweler hefyd https://www.vice.com/en_us/article/how-to-talk-to-muslims-during-ramadan.

Tasgau

1. a Rhestrwch y manteision sy'n dod yn sgil ymprydio, yn ôl Mwslimiaid.
   b Ar gyfer pob un, esboniwch pam mae'n fantais. Gallech wneud hyn fel map meddwl.
2. Ydych chi'n meddwl y dylid trefnu arholiadau TGAU a Safon Uwch gan ystyried y gallai myfyrwyr Mwslimaidd fod yn ymprydio ar y pryd?

Haram Unrhyw weithred neu beth sydd wedi'i wahardd gan gyfraith Shari'ah, fel bwyta rhai bwydydd.
Zabiha Y dull Islamaidd o ladd anifeiliaid.

Deiet Mwslimiaid

Cysyniad Allweddol

Halal Unrhyw weithred neu beth sydd wedi'i ganiatáu neu sy'n gyfreithlon, yn aml yn cyfeirio at fwyd sy'n cael ei ganiatáu.

Mae Shari'ah (gweler t. 98) yn rhoi rheolau llym am ba fwyd dylai Mwslim ei fwyta neu beidio. Yr hyn sydd wedi'i ganiatáu i Fwslimiaid yw **halal**, a'r hyn sydd wedi'i wahardd yw **haram**.

Mae'n rhaid i anifail sy'n mynd i gael ei fwyta fod yn iach a glân pan fydd yn cael ei ladd. Dylai dderbyn bwyd a diod, ac ni ddylai weld anifeiliaid eraill yn cael eu lladd.

Mae lladd anifeiliaid yn y dull Islamaidd, neu **zabiha** (y gair Arabeg), yn digwydd drwy dorri gwythïen y gwddf, rhydweli garotid a phibell wynt yr anifail ag un toriad o gyllell finiog iawn i achosi'r lleiaf o boen. Mae'r sawl sy'n gwneud y lladd yn adrodd y Shahadah wrth wneud hynny. Rhaid iddo fod yn Fwslim.

Ni all zabiha ddigwydd yn sgil cnoc i'r pen, tagu neu achosion naturiol yn y gwyllt. Rhaid i'r gwaed i gyd gael ei ddraenio o'r corff marw.

Mae porc a chynhyrchion porc o unrhyw fath yn haram. Ni all unrhyw anifail sy'n cael ei ladd mewn man lle mae moch hefyd yn cael eu lladd fod yn halal.

▶ Adolygiad Diwedd yr Adran

Ymarfer sgiliau

1 Disgrifiwch sut mae Mwslimiaid yn gweddïo gartref.
2 'Dim ond pan fyddan nhw eisiau gweddïo dylai Mwslimiaid weddïo.' Trafodwch y gosodiad hwn gan ddangos eich bod wedi ystyried mwy nag un safbwynt. (Rhaid i chi gyfeirio at grefydd a chred yn eich ateb.)

Cofiwch

Cysyniadau allweddol:
- Adhan
- Du'ah
- Halal
- Saddaqah
- Salat
- Sawm
- Zakat

Dysgeidiaethau allweddol:
- Pum Piler Islam
- Gweddïo
- Rhoi
- Ymprydio
- Ymostwng

Gwirio gwybodaeth

1 Beth yw'r gwahanol fathau o weddïo i Fwslimiaid?
2 Sut mae Mwslimiaid yn paratoi ar gyfer gweddïau Salat?
3 Beth yw Zakat ac ar gyfer beth mae'n cael ei ddefnyddio?
4 Rhestrwch yr achlysuron pan allai Mwslim adrodd neu glywed y Shahadah.
5 Ysgrifennwch baragraff byr (tua thair brawddeg) yn esbonio beth mae Mwslimiaid yn ei wneud yn ystod Ramadan.

Y Cwestiwn Mawr

'Dylai Mwslimiaid bob amser weddïo bum gwaith y dydd.'

Eich tasg

Trafodwch y gosodiad uchod, gan ddangos eich bod wedi ystyried mwy nag un safbwynt. Rhowch farn resymegol am ba mor ddilys a pha mor gryf yw'r safbwyntiau hyn.

Tasg

Mae angen i chi esbonio yn fanwl y dysgeidiaethau crefyddol am Zakat. Defnyddiwch y canllawiau isod i'ch helpu i ysgrifennu esboniad manwl ar gyfer Islam. Gwnewch yn siŵr eich bod yn defnyddio termau allweddol yn rhwydd ac yn aml.

Mae Mwslimiaid i gyd/llawer o Fwslimiaid/y rhan fwyaf o Fwslimiaid yn credu _____.

Daw hyn o'r ddysgeidiaeth/dyfyniad o'r Qur'an _____.

Mae hyn yn golygu/Oherwydd hyn maen nhw'n _____.

Mae rhai Mwslimiaid/Mwslimiaid eraill fel _____ yn credu _____.

Daw hyn o'r ddysgeidiaeth/dyfyniad o'r Qur'an _____.

Mae hyn yn golygu/Oherwydd hyn maen nhw'n _____.

Yn olaf, mae Mwslimiaid fel_____ yn credu _____.

Mae hyn yn golygu/Oherwydd hyn maen nhw'n _____.

Mae eu credoau yr un peth/yn wahanol oherwydd _____.

Iddewiaeth

Cysyniadau Allweddol

Aron HaKodesh Yr arch sanctaidd lle mae sgroliau'r Torah yn cael eu cadw. Mae wedi'i leoli ar y wal sy'n wynebu Jerwsalem, a dyma ganolbwynt y synagog.

Diwygiedig Un o brif ganghennau Iddewiaeth, sy'n croesawu amrywiaeth o ddehongliadau o arferion a chyfraith Iddewig, ond sy'n cadw'r credoau, y gwerthoedd a'r traddodiadau sy'n ganolog i'r ffydd. Mae Iddewon Diwygiedig yn credu bod y gyfraith Iddewig wedi'i hysbrydoli gan Dduw, ac y gall pobl ddewis pa ddeddfau i'w dilyn.

Hollalluog Natur hollbwerus ac anghyfyngedig Duw.

Hollgariadus Y cyflwr o garu popeth a bod yn gwbl dda – nodwedd sy'n aml yn cael ei phriodoli i Dduw.

Kashrut Y gyfraith Iddewig sy'n dweud pa fwydydd mae Iddewon yn gallu a ddim yn gallu eu bwyta, yn ogystal â sut i baratoi'r bwydydd hyn. Mae'r gair 'kashrut' yn dod o'r Hebraeg ac yn golygu addas, priodol neu gywir. Mae'r gair 'kosher' yn disgrifio'r bwyd sy'n bodloni safonau kashrut.

Kippah Cap mae dynion a bechgyn (ac weithiau menywod) Iddewig yn ei wisgo yn ystod gwasanaethau. Mae rhai Iddewon yn gwisgo kippah drwy'r amser. Mae'n eu hatgoffa am bresenoldeb Duw. Enw arall ar y kippah yw'r yarmulke.

Ner tamid 'Goleuni tragwyddol'; lamp sydd wedi'i goleuo'n barhaus ger yr arch yn y synagog fel symbol o bresenoldeb Duw.

Rabbi Athro ac arweinydd crefyddol sydd ag awdurdod i wneud penderfyniadau ar faterion yn ymwneud â'r gyfraith Iddewig. Y rabbi yw'r prif swyddog crefyddol mewn synagog sydd yn aml (ond nid bob tro) yn arwain yr addoli ac yn cynnal defodau a seremonïau.

Shabbat Diwrnod o adnewyddu ysbrydol a gorffwys. Mae'n dechrau pan fydd yr haul yn machlud ar ddydd Gwener ac yn dod i ben wrth iddi nosi ar ddydd Sadwrn.

Shema Gweddi sy'n datgan y ffydd Iddewig; mae llawer o Iddewon yn ei hadrodd ddwywaith y dydd. Mae'r Shema'n datgan mai dim ond un Duw sydd. Mae'n cael ei rhoi yng nghas y mezuzah ac yn y tefillin.

Synagog Tŷ ymgynnull; adeilad lle mae Iddewon yn gweddïo'n gyhoeddus, yn astudio ac yn ymgynnull.

Uniongred Un o brif ganghennau Iddewiaeth, sy'n glynu'n ffyddlon wrth egwyddorion ac arferion Iddewiaeth draddodiadol. Mae Iddewon Uniongred yn credu bod Cyfraith y Torah yn dragwyddol a digyfnewid, ac maen nhw'n cadw defod y Sabath, gwyliau crefyddol, diwrnodau sanctaidd a'r deddfau bwyd.

Cwestiynau Craidd

- Sut un yw Duw?
- Pam mae Iddewon yn mynd i'r synagog?
- Pa un sydd fwyaf pwysig: y cartref neu'r synagog?
- Sut mae Iddewon yn dangos eu cred yn Nuw?
- Beth sydd fwyaf pwysig mewn synagog?
- Pam mae'n rhaid cadw'r Shabbat?
- Pam mae gwahaniaethau rhwng synagogau Uniongred a Diwygiedig?
- A yw pob Iddew yn addoli yn yr un ffordd?
- A yw cadw kosher yn dal yn bwysig i Iddewon heddiw?

▶ Cyflwyniad

Mae crefyddau mwyaf y byd, Cristnogaeth ac Islam, yn grefyddau monotheïstig (undduwaidd). Ystyr hyn yw eu bod nhw'n dysgu am fodolaeth un Duw a greodd y bydysawd ac sy'n chwarae rhan weithredol ynddo ar bob adeg ac ym mhob man. Mae rhai wedi dadlau na fyddai'r naill neu'r llall o'r crefyddau hyn wedi gallu bodoli heb Iddewiaeth, sef y ffydd gyntaf i feddwl am Dduw fel un.

Yn y bennod hon, byddwch yn darganfod beth mae Iddewon yn ei gredu am Dduw a sut mae eu credoau'n cael eu hadlewyrchu yn y ffyrdd maen nhw'n gweddïo ac yn addoli. Byddwch chi'n gweld bod Iddewiaeth yn grefydd fyd-eang sy'n cynnwys llawer o gymunedau Iddewig gwahanol. Prydain yw'r wlad sydd â'r ail boblogaeth fwyaf o Iddewon yn Ewrop a'r bumed fwyaf dros y byd i gyd.

Yn aml mae Iddewon yn cael eu labelu fel pe baen nhw i gyd yn rhannu'r un credoau ac arferion, ond nid felly mae hi. Er eich bod yn perthyn i ddosbarth arbennig yn yr ysgol, bydd gan bob myfyriwr yn y dosbarth hwnnw safbwyntiau ac arferion gwahanol, yn ogystal â safbwyntiau tebyg. Weithiau bydd traddodiadau neu gredoau'r teulu, yr ardal maen nhw'n dod ohoni a rhesymu personol wedi dylanwadu ar y safbwyntiau hyn.

Mae'r un peth yn wir am Iddewiaeth. Fel y byddwn yn ei weld, mae llawer o safbwyntiau, credoau ac arferion gwahanol o fewn Iddewiaeth, rhai ohonyn nhw'n newid dros amser ac eraill ddim. Drwy'r bennod hon, bydd cwestiynau allweddol yn cael eu nodi, ac mae llawer o safbwyntiau ac ystyriaethau gwahanol yn ymwneud â'r cwestiynau hyn.

Dyma'r prif grwpiau Iddewig yn y DU:

▸ Iddewon **Uniongred** – y gangen fwyaf o Iddewiaeth ym Mhrydain. Mae Iddewon Uniongred yn credu bod Duw wedi rhoi'r Torah ar Fynydd Sinai a bod yn rhaid i Iddewon ei ddilyn.
▸ Iddewon **Diwygiedig** – maen nhw'n credu bod angen i arferion Iddewig gyd-fynd â bywyd modern.

O fewn y grwpiau hyn mae yna amrywiaeth o gredoau ac arferion. Mae arferion hefyd yn amrywio o wlad i wlad. Mae Iddewon Ashkenazi a Sephardi yn ddwy gymuned wahanol o Iddewon sy'n

Yn y bennod hon byddwch yn edrych ar gredoau, dysgeidiaethau ac arferion Iddewig ym Mhrydain heddiw.

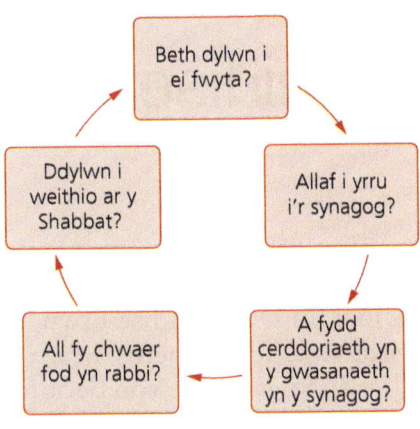

Mae'r hyn mae Iddewon yn ei feddwl am faterion fel hyn yn seiliedig ar sut maen nhw'n dehongli dysgeidiaethau'r Torah.

dod yn wreiddiol o wahanol rannau o'r byd. Er bod ganddyn nhw rai arferion gwahanol a'u bod yn defnyddio rhai termau gwahanol wrth addoli, maen nhw'n rhannu'r un credoau sylfaenol.

Mae gan Iddewon lawer o wahanol safbwyntiau am i ba raddau y dylen nhw lynu wrth ddysgeidiaethau'r Torah. Mae'n rhaid i bob Iddew benderfynu a yw'n mynd i ddilyn y Torah i gyd yn unol â'i fwriad gwreiddiol, neu a yw'n credu y dylai crefydd addasu a newid. Bydd y penderfyniad yn gwneud gwahaniaeth i'r ffordd mae'n byw ei fywyd.

Oherwydd bod cymaint o amrywiaeth o ran credoau ac arferion ymhlith Iddewon, mae'n anodd dweud yn union pa gredoau sydd ganddyn nhw yn gyffredin. Yn y ddeuddegfed ganrif, lluniodd y Rabbi Moshe ben Maimon (sy'n cael ei adnabod fel Maimonides) restr o'r 13 cred sylfaenol oedd yn y Torah. I lawer o Iddewon Uniongred, mae'r rhain yn dal i fod yn gredoau canolog. Mae rhai egwyddorion yn cael eu derbyn gan bob Iddew, fel y gred mewn un Duw. Yn achos rhai egwyddorion, fel cred mewn Meseia, mae llawer o safbwyntiau a dehongliadau gwahanol.

13 egwyddor ffydd Maimonides

1. Mae Duw yn bodoli, mae'n berffaith ac ef greodd bopeth sy'n bodoli.
2. Mae Duw yn un.
3. Nid oes gan Dduw ffurf gorfforol ac felly nid oes ganddo yr un anghenion â bodau dynol.
4. Mae Duw yn dragwyddol.
5. Dim ond Duw ddylai gael ei addoli.
6. Mae Duw yn cyfathrebu â phobl drwy broffwydi.
7. Moses yw'r proffwyd pwysicaf.
8. Cafodd y Torah ei roi i Moses gan Dduw.
9. Cyfraith Duw yw'r Torah ac nid oes modd ei newid.
10. Mae Duw yn hollwybodus ac yn gwybod popeth sy'n mynd i ddigwydd.
11. Bydd Duw yn gwobrwyo daioni ac yn cosbi drygioni.
12. Bydd y Meseia yn dod.
13. Bydd y meirw'n cael eu hatgyfodi.

Tasgau

1. Pa rai o'r gosodiadau hyn byddai Maimonides yn cytuno â nhw, yn eich barn chi?
   Mae deddfau Duw yn cael eu rhoi drwy fodau dynol
   Dim ond ar adeg y creu roedd Duw yn bodoli
   Dim ond un Duw sydd
   Mae Duw yn edrych fel bod dynol
   Nid yw Duw yn poeni am fodau dynol
2. 'Ysgrifennodd Maimonides ei egwyddorion yn y ddeuddegfed ganrif. Dydyn nhw ddim yn berthnasol heddiw.'
   Sut byddai Iddew Uniongred yn ymateb i hyn?

7 Iddewiaeth: Credoau a dysgeidiaethau

Y cysyniad o Dduw

Un o gredoau canolog Iddewiaeth yw mai un Duw sydd ac Ef yn unig ddylai gael ei addoli (monotheïstiaeth/undduwiaeth). Mae'r gred hon yn cael ei datgan ddwywaith y dydd gan Iddewon deddfol pan fyddan nhw'n adrodd gweddi'r **Shema** (gair Hebraeg am 'Gwrando'). Wedi'i chymryd o Deuteronomium 6:4, mae'r weddi bwysig yn dechrau: 'Gwrando, O Israel: y mae'r Arglwydd ein Duw yn Un Arglwydd'.

Mae'r ddysgeidiaeth am unoliaeth Duw yn golygu dau beth:

- mae Duw yn undod
- dim ond un Duw sydd.

Iddewiaeth oedd un o'r crefyddau cyntaf i bwysleisio undod Duw. Mae ail egwyddor ffydd Maimonides yn dweud:

> Mae Duw, Achos pob peth, yn un. Nid ystyr 'un' yma yw un o bâr, nac un fel rhywogaeth (sy'n cynnwys llawer o unigolion), nac un fel gwrthrych sydd wedi'i wneud o nifer o elfennau, nac fel un eitem syml sy'n gallu rhannu'n ddiddiwedd. Yn hytrach, mae Duw yn undod ac yn wahanol i unrhyw undod posibl arall.

Mae'r gred mai dim ond un Duw sydd, wedi datblygu dros amser. Yn yr hen fyd, roedd gan bob gwladwriaeth ei duw ei hun, felly roedd pobl yn credu bod llawer o dduwiau yn bodoli. Roedd pob gwladwriaeth eisiau i'w duw nhw fod yn fwy pwerus na'r lleill. Ymddangosodd y gred mai Duw Israel oedd yr unig Dduw ac yn Dduw ar yr holl fyd tua'r chweched ganrif CCC.

Mae Iddewon yn ei chael yn anodd, os nad yn amhosibl, disgrifio natur Duw. Maen nhw'n credu nad oes gan bobl yr iaith i wneud hynny. Yn wir, mae rhai Iddewon yn dadlau nad oes rhyw gan Dduw, oherwydd pan fyddwn ni'n siarad am wryw a benyw, rydyn ni'n cyfeirio at nodweddion y corff, ac nid yw'r rhain yn berthnasol wrth ddisgrifio Duw. Maen nhw'n credu nad oes modd disgrifio Duw mewn termau dynol, a'r unig ffordd o'i ddisgrifio yw drwy'r nodweddion gwahanol sy'n ymddangos yn y Torah.

Mae'r nodweddion hyn yn dangos elfennau gwahanol natur Duw, ac maen nhw'n aml yn cael eu defnyddio fel enwau i ddisgrifio Duw, fel 'creawdwr' neu 'farnwr'.

Yn ôl y Torah, pan roddodd Duw y Deg Gorchymyn i'r hen Iddewon (Exodus 20:1–17), gwnaeth osodiadau amdano'i hun a sut dylai bodau dynol feddwl amdano. Mae'n pwysleisio'r ffaith ei fod yn unigryw, ei rym a'i awdurdod. Mae'n dweud:

- ef yw Duw'r Iddewon
- ni ddylai Iddewon addoli unrhyw dduwiau eraill ac ni ddylen nhw wneud unrhyw ddelweddau o Dduw i'w haddoli
- ni ddylai Iddewon ddefnyddio enw Duw i fendithio nac i regi
- dylai Iddewon neilltuo un diwrnod bob wythnos i orffwyso ac i addoli Duw.

Cysyniad Allweddol

Shema Gweddi sy'n datgan y ffydd Iddewig; mae llawer o Iddewon yn ei hadrodd ddwywaith y dydd. Mae'r Shema'n datgan mai dim ond un Duw sydd. Mae'n cael ei rhoi yng nghas y mezuzah ac yn y tefillin.

▶ Duw y creawdwr

Mae'r Torah yn dechrau drwy ddangos sut creodd Duw y byd:

> Yn y dechreuad creodd Duw y nefoedd a'r ddaear.
>
> (Genesis 1:1)

Mae'n mynd ymlaen i ddisgrifio sut creodd Duw fodau dynol a rhoi swyddogaethau arbennig ac unigol iddyn nhw:

> Dywedodd Duw, 'Gwnawn ddyn ar ein delw, yn ôl ein llun ni, i lywodraethu ar bysgod y môr, ar adar yr awyr, ar yr anifeiliaid gwyllt, ar yr holl ddaear, ac ar bopeth sy'n ymlusgo ar y ddaear.'
>
> Felly creodd Duw ddyn ar ei ddelw ei hun; ar ddelw Duw y creodd ef; yn wryw ac yn fenyw y creodd hwy. Bendithiodd Duw hwy a dweud, 'Byddwch ffrwythlon ac amlhewch, llanwch y ddaear a darostyngwch hi; llywodraethwch ar bysgod y môr, ar adar yr awyr, ac ar bopeth byw sy'n ymlusgo ar y ddaear.'
>
> (Genesis 1:26–28)

Darlun o hanes creu'r bydysawd. Mae'r llythrennau Hebraeg yn sillafu 'YHWH', sef enw Duw.

Mae rhai'n credu mai Duw yw'r creawdwr, sy'n bodoli bob amser (hollbresennol), sy'n gallu gwneud popeth (hollalluog) ac sy'n caru popeth (hollgariadus), gan weithredu fel barnwr drwy gosbi a gwobrwyo gweithredoedd. I Iddewon, Duw yw creawdwr y bydysawd, ac oherwydd hynny mae'n drosgynnol uwchben y bydysawd. Yn ôl y Midrash (sy'n esbonio'r Beibl Iddewig), gall Duw wneud popeth ar yr un pryd:

> Gall Duw wneud popeth yr un pryd. Mae'n ein lladd ac yn ein gwneud yn fyw ar yr un eiliad.
>
> (Exodus Rabbah Yitro 28:4)

Tasgau

Edrychwch ar y darlun o'r creu ar dudalen 123.

1. Pam nad yw Duw yn cael ei ddangos yn y darlun?
2. Yn eich geiriau eich hun, esboniwch pa bwynt mae'r rabbi yn y blwch cyfagos yn ei wneud.
3. Dywedodd rabbi enwog o'r ddeunawfed ganrif, Nachman o Bratislava, 'Mae Duw yn uwch nag amser.' Esboniwch yn eich geiriau eich hun beth roedd e'n ei olygu.
   Mae angen i chi gynnwys y geiriau canlynol yn eich ateb: creawdwr, **hollalluog** a **hollgariadus**.

Cysyniad Allweddol

Hollalluog Natur hollbwerus ac anghyfyngedig Duw.

Hollbresennol Y syniad bod Duw ym mhob man drwy'r amser.

Credoau Iddewig am y creu

I Iddewon, mae'r byd yn rhy ryfeddol a chymhleth i fod wedi digwydd ar hap. Felly mae'n rhaid bod creawdwr ganddo. Mae dathlu Duw fel creawdwr yn rhan bwysig o Iddewiaeth. Mae gweddïau sy'n cael eu hadrodd mewn gwasanaethau Uniongred yn darlunio sut creodd Duw'r byd:

Bendigedig yw'r Un a siaradodd, a daeth y byd i fodolaeth.

Bob wythnos, mae Iddewon yn dathlu'r **Shabbat** (gweler t. 147). Mae'r Shabbat nid yn unig yn ddiwrnod o orffwys, ond hefyd yn achlysur i ddathlu'r creu. Gorffwysodd Duw ar y seithfed dydd, felly yn yr un modd nid yw Iddewon deddfol yn gweithio ar y Shabbat.

> Mae'r stori draddodiadol hon yn sôn am rabbi oedd eisiau dangos sut cafodd y byd ei greu. Cymerodd botel o inc a'i throi ar ei hochr fel ei bod yn arllwys i mewn i gerdd. 'Edrychwch,' meddai, 'daeth y gwynt a bwrw'r inc drosodd, ac arllwysodd gerdd ar y papur.' Dechreuodd y bobl chwerthin am ei ben. 'Mae'r fath beth yn amhosibl. Edrychwch ar y gerdd. Mae wedi'i chynllunio'n rhy dda i fod wedi cael ei chyfansoddi drwy ddamwain.' 'A,' meddai'r rabbi, 'yna sut gallech chi edrych ar y byd a meddwl ei fod wedi cael ei gynllunio drwy ddamwain?'

Duw hollalluog, hollbresennol a hollgariadus

Duw hollalluog

Mae Iddewon yn credu bod Duw yn **hollalluog**. Creodd Duw y bydysawd, ac mae ganddo bŵer a rheolaeth absoliwt drosto. Maen nhw'n credu bod gan Dduw bwrpas a chynllun terfynol ar gyfer ei fydysawd, er nad ydyn nhw'n gwybod beth yw'r cynllun hwn. Felly mae popeth yn gweithio gyda'i gilydd ac yn dilyn cynllun Duw: ef sy'n cyfarwyddo gweithredoedd y sêr a'r planedau, planhigion ac anifeiliaid, moleciwlau ac atomau, ac nid ydyn nhw'n gyfrifol o gwbl am ganlyniadau'r gweithredoedd hynny.

Dim ond bodau dynol sy'n rhydd i wneud penderfyniadau. Gallan nhw hyd yn oed benderfynu peidio â chredu yn Nuw neu weithredu yn erbyn dymuniad Duw. Fodd bynnag, ym marn Iddewon, nid yw hyn yn gwrth-ddweud y gred bod Duw yn hollalluog; yn hytrach, mae'n cefnogi'r gred hon. Y dystiolaeth sy'n profi bod Duw yn hollalluog yw'r ffaith bod Duw wedi creu bydysawd sy'n cynnwys bodau ag ewyllys rydd, ond nad yw ewyllys rydd y bodau rheini yn disodli ei gynllun terfynol.

Dywedaf, 'Fe saif fy nghyngor, a chyflawnaf fy holl fwriad ... fe'i lluniais ac fe'i gwnaf.'

(Eseia 46:10–11)

Duw hollbresennol

Ystyr y gred Iddewig bod Duw yn **hollbresennol** yw nad oes ffurf gorfforol gan Dduw. Am y rheswm hwn, nid yw'n bosibl ei gynrychioli mewn darluniau neu gerfluniau, mewn dau neu dri dimensiwn.

Mae hyn yn golygu bod Duw yn gallu llenwi'r bydysawd, ond nid mewn ffordd gorfforol. Mae Duw bob amser yn agos er mwyn clywed ei bobl pan fyddan nhw'n galw arno. Mae hyn hefyd yn golygu nad Duw'r Iddewon yn unig ydyw, ond Duw yr holl genhedloedd.

... bydd mynydd tŷ'r Arglwydd wedi ei osod ar ben y mynyddoedd ... Dylifa'r bobloedd ato, a daw cenhedloedd lawer, a dweud, 'Dewch, esgynnwn i fynydd yr Arglwydd ... er mwyn iddo ddysgu inni ei ffyrdd ac i ninnau rodio yn ei lwybrau.' ... Bydd ef yn barnu rhwng cenhedloedd ...

(Micha 4:1–3)

Duw hollgariadus

Mae Iddewiaeth yn dysgu bod Duw yn Dduw cyfiawn. Mae'n gwobrwyo'r rhai sy'n ufuddhau i'w orchmynion ac yn cosbi'r rhai sy'n mynd yn groes iddyn nhw. Fodd bynnag, yn ôl Iddewon, nid yw cyfiawnder yn gweithio heb dosturi, trugaredd a charedigrwydd. Y rheswm dros hyn yw bod Duw yn caru ei bobl: mae'n galaru pan fyddan nhw'n anufudd iddo, ac mae'n wylo pan fyddan nhw'n dioddef. Mae dau o'r enwau mwyaf cyffredin ar gyfer Duw yn y Torah – Elohim a Yaweh – yn cael eu defnyddio i ddangos y cydbwysedd rhwng ei natur gyfiawn a chariadus.

Cysyniad Allweddol

Hollgariadus Y cyflwr o garu popeth a bod yn gwbl dda – nodwedd sy'n aml yn cael ei phriodoli i Dduw.

> Graslon a thrugarog yw'r Arglwydd, araf i ddigio, a llawn ffyddlondeb. Y mae'r Arglwydd yn dda wrth bawb, ac y mae ei drugaredd tuag at ei holl waith.

(Salm 145:8–9)

▶ Dysgeidiaethau'r Shema

Gweddi yw'r Shema sy'n cynnwys tri darn o'r Beibl: Deuteronomium 6:4–9, Deuteronomium 11:13–21, a Numeri 15:37–41. Mae'r darn cyntaf yn cyhoeddi unoliaeth Duw a'r gorchymyn i'w addoli. Mae'n dweud y dylai'r datganiadau hyn gael eu pasio o genhedlaeth i genhedlaeth ac y dylai pobl gael eu hatgoffa ohonyn nhw'n gyson.

Mae'r ddau ddarn arall yn ailadrodd pwysigrwydd cael eich atgoffa o'r datganiadau.

Dyma'r darn cyntaf:

| Mae'n dechrau gyda gorchymyn: 'Gwrando' neu 'Clyw' (Shema yn Hebraeg). Mae hyn yn dangos bod gan Dduw berthynas â'i bobl a'u bod nhw'n gallu cael profiad ohono a rhyngweithio ag ef. | Mae'r gorchymyn hwn i grŵp arbennig o bobl: Israel, neu'r bobl Iddewig. Y bobl hyn yw pobl Duw. | Mae enw gan Dduw: ei enw yw Yahweh. Mae'r enw hwn mor sanctaidd, na fydd unrhyw Iddew yn ei ddweud. Yn hytrach maen nhw'n defnyddio'r gair Hebraeg Adonai, sy'n golygu Arglwydd. |

> Gwrando, O Israel: y mae'r Arglwydd ein Duw yn Un Arglwydd. Câr di yr Arglwydd dy Dduw â'th holl galon ac â'th holl enaid ac â'th holl nerth. Y mae'r geiriau hyn yr wyf yn eu gorchymyn iti heddiw i fod yn dy galon. Yr wyt i'w hadrodd i'th blant, ac i sôn amdanynt pan fyddi'n eistedd yn dy dŷ ac yn cerdded ar y ffordd, a phan fyddi'n mynd i gysgu ac yn codi. Yr wyt i'w rhwymo yn arwydd ar dy law, a byddant yn rhactalau rhwng dy lygaid. Ysgrifenna hwy ar byst dy dŷ ac ar dy byrth.

| Mae ail ran y frawddeg gyntaf yn cynnwys dwy gred bwysig am unoliaeth Duw. I ddechrau, dim ond un Duw sydd, Yahweh, ac ef yw Duw'r Iddewon. Yn ail, mae Duw yn undod; nid yw'n bosibl ei rannu na'i ddisgrifio'n ddigonol fel pe bai ei rinweddau a'i nodweddion yn bethau ar wahân. | Mae ail ran y darn yn orchymyn arall: caru Duw ar draul popeth arall. Mae'n rhoi cyfarwyddiadau ar sut dylai Iddewon fynegi eu cariad at Dduw yn ymarferol (byddwn yn edrych ar y rhain yn yr adran ar Arferion Iddewig, t. 138). |

▶ Duw trosgynnol

Yn Eseia 55:8–9, mae'r gwahaniaethau rhwng bodau dynol a Duw yn cael eu disgrifio. Mae ef yn drosgynnol – uwchlaw a thu hwnt i bob peth dynol.

> 'Oherwydd nid fy meddyliau i yw eich meddyliau chwi,
>   ac nid eich ffyrdd chwi yw fy ffyrdd i,'
> medd yr Arglwydd.
>
> 'Fel y mae'r nefoedd yn uwch na'r ddaear,
>   y mae fy ffyrdd i yn uwch na'ch ffyrdd chwi,
> a'm meddyliau i na'ch meddyliau chwi.'

Mae'r gred Iddewig bod Duw wedi creu'r bydysawd a phopeth sydd ynddo yn awgrymu ei fod yn drosgynnol. Fel rydyn ni wedi'i weld (t. 123), roedd yn bodoli cyn y bydysawd, mae'n gallu gwylio'r bydysawd ac mae y tu hwnt i ddealltwriaeth ddynol. Mae Duw yn hollalluog, yn hollwybodus (yn gwybod popeth) ac yn hollbresennol. Ni allwn ei weld; ef sy'n dewis sut mae'n ei ddatgelu ei hun.

Mae'r ddysgeidiaeth bod Duw yn unigryw i'w gweld yng nghred, addoliad a ffordd o fyw'r Iddewon. Bron 2,000 o flynyddoedd yn ôl, dywedodd y Rabbi Akiba fod natur unigryw Duw yn cael ei dangos drwy'r ffaith ei fod yn gwybod beth yw meddyliau a chymeriad pob un creadur byw. Mae Iddewon weithiau'n siarad am Shekhinah, presenoldeb anweledig Duw yn y byd (gweler t. 128). Dyma enghraifft o natur drosgynnol Duw.

▶ Duw tragwyddol, trugarog a Duw'r barnwr

Mae Iddewon yn credu bod Duw yn dragwyddol (yn bodoli bob amser). Roedd Duw yn bodoli cyn i'r bydysawd gael ei greu, ac mae Iddewon yn derbyn ei fod wedi bodoli erioed ac y bydd yn bodoli am byth. Yn y Beibl, mae'r Salmydd yn dweud:

> Cyn geni'r mynyddoedd, a chyn esgor ar y ddaear a'r byd, o dragwyddoldeb hyd dragwyddoldeb, ti sydd Dduw.

(Salm 90:2)

Mae bodolaeth Duw yn cael ei derbyn fel ffaith ac nid yw Iddewon yn teimlo angen i ddadlau neu geisio profi ei fodolaeth.

Yn y Torah, pan fydd Moses yn gofyn beth yw enw Duw, mae Duw yn ateb, 'Yr ydwyf yr hyn ydwyf'. Mae'n bosibl cyfieithu hyn mewn ffyrdd eraill: gall olygu, 'Yr ydwyf yr hyn a fyddaf' neu 'Byddaf yr hyn a fyddaf'. Mae Iddewon yn aml yn dyfynnu hyn fel tystiolaeth bod Duw yn ddiamser.

Ar hyd y canrifoedd, mae Iddewiaeth wedi dysgu bod Duw yn farnwr ond yn gweithredu mewn modd trugarog. Datgelodd Duw i'r proffwyd Moses fod ganddo ddeddfau a dyletswyddau mae disgwyl i bob Iddew eu dilyn. Mae'r rhain wedi'u cofnodi yn y Torah. Y Deg Gorchymyn/Dywediad (Exodus 20:1–17) a roddodd Duw i Moses yw'r fframwaith sy'n dangos sut byddai cymdeithas gyfiawn sy'n agos at Dduw yn gallu cael ei sefydlu.

Y Deg Gorchymyn/Dywediad a roddodd Duw i Moses.

Mae Duw yn barnu sut mae pob Iddew yn dilyn y deddfau. Drwy ufuddhau i'r deddfau, mae Iddewon nid yn unig yn cyflawni'r hyn mae Duw ei eisiau ond maen nhw hefyd yn ffurfio perthynas agos ag ef. Mae Iddewiaeth yn dysgu bod Duw yn Dduw cyfiawnder a thrugaredd ac y bydd yn barnu pob person. Mae Llyfr Exodus yn disgrifio sut mae Duw'n cydbwyso cyfiawnder â thrugaredd:

> Yr Arglwydd, yr Arglwydd, Duw trugarog a graslon, araf i ddigio, llawn cariad a ffyddlondeb; yn dangos cariad i filoedd, yn maddau drygioni a gwrthryfel a phechod, ond heb adael yr euog yn ddi-gosb …
>
> (Exodus 34:6–7)

Mae Duw yn barod i faddau i bobl sy'n pechu, cyn belled â'u bod yn wirioneddol flin am yr hyn wnaethon nhw.

Er nad yw pobl bob amser yn deall ffyrdd Duw, maen nhw'n cael eu hystyried yn rhai cyfiawn. Nid yw Duw yn mwynhau barnu pobl ar gam, felly bydd unrhyw farn mae'n ei rhoi yn gyfiawn.

Mae'r ŵyl Iddewig Rosh Hashanah yn dathlu creu'r byd. Ar y diwrnod hwn mae Iddewon yn credu y bydd Duw yn barnu pob person. Mae'r **Talmud** yn disgrifio sut mae Duw yn defnyddio clorian i bwyso gweithredoedd (**mitzvot**) pob person. Mae'n gosod y gweithredoedd da ar un ochr a'r gweithredoedd drwg ar yr ochr arall.

Gan fod Duw yn Dduw trugarog, mae deg diwrnod yn cael eu rhoi ar ôl Rosh Hashanah cyn Yom Kippur (Dydd y Cymod), ac yn y cyfnod hwn gall pobl geisio gwneud iawn am unrhyw weithredoedd drwg a gofyn am faddeuant. Ar ôl marwolaeth mae'n amhosibl edifarhau, felly mae'r amser hwn yn caniatáu i bobl fyfyrio ar eu gweithredoedd a gwneud iawn amdanyn nhw.

Gan ei fod yn dragwyddol a hollalluog, mae gan Dduw bresenoldeb parhaus yn y byd.

> **Talmud** Fersiwn ysgrifenedig o'r gyfraith lafar Iddewig ac esboniadau ohoni.
>
> **Mitzvah (Mitzvot, lluosog)**
> 1. Gorchymyn. 2. Gweithred dda.

Tasg

Ym mha ffyrdd gallai Iddewon deddfol gredu bod gan Dduw bresenoldeb yn y byd o hyd?

Mannau sanctaidd

Shekhinah Presenoldeb Duw yn y byd.

Tasg

Ydych chi'n teimlo bod angen i bobl fynd i fannau addoli er mwyn teimlo presenoldeb Duw?

Gall Iddewon addoli yn unrhyw le, ond os oes modd dylen nhw addoli mewn cymuned. Drwy addoli, mae Iddewon yn gallu cael ymdeimlad o'r **Shekhinah** – lleoliad lle mae'n bosibl teimlo presenoldeb Duw. Mae llawer yn credu y byddai'r Shekinhah, neu bresenoldeb Duw, yn dod i mewn i le drwy wneud pethau da yno, fel gweddïo, astudio neu gyflawni mitzvot. Weithiau mae Shekhinah yn cael ei ddefnyddio i gyfeirio at Dduw ei hun, ond fel arfer mae'n cyfeirio at bresenoldeb Duw yn y byd.

Os yw Duw i fod ym mhob man, beth sy'n arbennig am y Shekhinah? Byddai'r rhan fwyaf o Iddewon yn esbonio nad man lle mae Duw yn bresennol yn unig yw'r Shekhinah, ond man lle mae modd teimlo ei bresenoldeb – rhywbeth nad yw'n bosibl ei weld ond mae modd ei brofi.

Pan fyddaf yn goleuo'r canhwyllau ac yn dod â'r Shabbat i mewn i'm cartref, rwyf yn teimlo presenoldeb Duw.

Roedd Leonard Nimoy, wnaeth actio rhan Mr Spock yn Star Trek, yn Iddew. Ysgrifennodd lyfr oedd yn cynnwys ei ddehongliad o Shekhinah. Ynddo, mae'n esbonio sut mae presenoldeb Shekhinah yn teimlo.

'Rwy'n credu – rwy'n gobeithio bod y rhan fwyaf o bobl ar un adeg yn eu bywydau wedi cael teimlad o fod mewn cyflwr o ras am funud neu ddwy. Hynny yw, y teimlad bod popeth wedi dod at ei gilydd, teimlad o gytgord, teimlad o heddwch mewnol, teimlad o reddf ac ewyllys yn uno'n llwyddiannus a chyfres o gyd-ddigwyddiadau sy'n gwneud i chi deimlo eich bod yn y lle cywir ar yr amser cywir ac yn gwneud y peth cywir.'

Er y gall Iddewon addoli yn unrhyw le, mae dau brif fan addoli: y synagog a'r cartref. Mae'r rhan fwyaf o Iddewon yn ystyried bod y ddau yn bwysig ar gyfer eu credoau a'u harferion ac fel cymorth i gynnal traddodiadau teuluol.

Y synagog

> **Cysyniad Allweddol**
>
> **Synagog** Tŷ ymgynnull; adeilad lle mae Iddewon yn gweddïo'n gyhoeddus, yn astudio ac yn ymgynnull.

Mae llawer o wahanol fathau o synagogau ar draws y byd.

Synagog y Jiwbilî, Praha.

Yr hen synagog yng Nghaerdydd.

Mae synagogau hŷn yn aml yn fawr er mwyn dal nifer mawr o addolwyr. Pan fydd synagog yn cael ei hadeiladu heddiw, mae'n aml yn llai ac yn hawdd i bobl hŷn ac anabl fynd i mewn iddi.

Mae arferion a chynllun synagogau hefyd yn adlewyrchu'r traddodiad arbennig maen nhw'n perthyn iddo – er enghraifft, Uniongred, Diwygiedig, Ashkenazi neu Sephardi. Er gwaetha'r holl wahaniaethau rhyngddyn nhw, mae nifer o bethau sy'n debyg hefyd. Mae pedair prif swyddogaeth gan bob synagog ar draws y byd.

- **Fel beit tefilah, sef tŷ gweddïo.** Dyma'r man lle mae Iddewon yn ymgynnull ar gyfer gwasanaethau gweddïo cymunedol. Er y gall Iddewon weddïo yn unrhyw le, mae rhai gweddïau sy'n gorfod cael eu dweud ym mhresenoldeb minyan (deg oedolyn sy'n ddynion, er mewn rhai traddodiadau mae menywod yn cael eu cynnwys). Mae llawer o Iddewon yn credu bod ymgynnull i weddïo fel grŵp yn creu profiad mwy ysbrydol. Am y rheswm hwn bydd llawer o Iddewon deddfol yn mynd i'r synagog bob nos.
- **Fel beit midrash, sef tŷ astudio.** Yn wir mae llawer o Iddewon Ashkenazi yn cyfeirio at eu synagog fel shul, o'r gair Iddew-Almaeneg am ysgol. I'r Iddew deddfol, mae astudio testunau sanctaidd yn dasg gydol oes. Felly fel arfer bydd gan synagog lyfrgell dda o destunau Iddewig sanctaidd y gall aelodau o'r gymuned eu hastudio. Dyma hefyd lle mae plant yn derbyn eu haddysg grefyddol sylfaenol.
- **Fel lle i ddathlu.** Er bod llawer o wyliau yn cael eu dathlu yn y cartref, mae'r synagog yn fan lle mae dathliadau fel Bar Mitzvah (bachgen yn dod i oed) neu briodasau'n cael eu cydnabod yn gymunedol. Mae llawer o wyliau'n cael eu dathlu yn gymunedol yn y synagog drwy gydol y flwyddyn.
- **Fel canolbwynt bywydau Iddewon.** Yr enw Hebraeg am y synagog yw beit knesset, sy'n golygu 'tŷ ymgynnull'. Dyma lle bydd Iddewon yn addoli ac yn dathlu neu nodi gwyliau drwy gydol y flwyddyn Iddewig. Mae'r synagog yn gweithredu fel neuadd gymdeithasol ar gyfer gweithgareddau crefyddol ac anghrefyddol. Yn aml bydd y synagog yn gweithredu fel rhyw fath o neuadd y dref lle mae materion sy'n bwysig i'r gymuned yn cael eu trafod. Fel arfer bydd gan bob synagog raglen o ddigwyddiadau cymdeithasol fydd yn cynnwys cyfleoedd i ddysgu mwy am draddodiadau crefyddol a diwylliannol. Un o swyddogaethau pwysig y synagog yw fel asiantaeth lles cymdeithasol, yn casglu a dosbarthu arian ac eitemau eraill er budd y tlawd a'r anghenus yn y gymuned. Mae llawer ohonyn nhw'n cydweithio ag asiantaethau'r elusen Jewish Care.

Tasgau

1. Beth yw synagog?
2. Lluniwch dabl fel yr un isod. O dan bob pennawd, rhestrwch y gweithgareddau perthnasol sy'n cael eu cynnal yn y synagog.

Man addoli	Lle i astudio	Lle ar gyfer digwyddiadau cymdeithasol a chymunedol

Gwasanaethau wedi'u darparu gan asiantaethau Jewish Care

- **Gwasanaethau gofal a siopa** – darparu cefnogaeth a chyngor personol, a rhedeg clybiau a gweithgareddau er mwyn bodloni anghenion y gymuned. Gwasanaethau siopa i bobl sydd ddim yn gallu siopa drostyn nhw eu hunain.

- **Gwasanaeth gofalwyr** – trefnu penwythnosau seibiant i ofalwyr.

- **Cefnogaeth ariannol** – rhoi cyngor ariannol a grantiau brys i deuluoedd ac unigolion sy'n brin o arian.

- **Ymweliadau ysbytai** – cefnogi ac ymweld â chleifion mewn ysbytai.

- **Lles y gymuned** – trefnu grŵp cefnogi ar gyfer oedolion ag anableddau dysgu, neu unigolion sydd o dan straen neu'n dioddef problemau iechyd meddwl.

- **Cynllun Byw â Chymorth** – mae asiantaeth Jewish Care ar Lannau Mersi yn rhedeg y gwasanaeth Byw â Chymorth cyntaf i Iddewon, ar gyfer oedolion sy'n byw ag anableddau yn Lerpwl.

- **Prydau bwyd kosher a chlybiau** – darparu miloedd o brydau bwyd kosher bob blwyddyn. Dyma'r unig bryd bwyd kosher poeth y bydd nifer o bobl yn ei dderbyn bob wythnos. Cynnal clwb cinio a gwasanaeth 'pryd ar glud' i bobl hŷn.

- **Yom Tovim** – trefnu digwyddiadau ar gyfer gwyliau Iddewig. Maen nhw'n darparu bwyd traddodiadol mewn partïon, ac yn mynd â phryd o fwyd traddodiadol i dai Iddewon ar gyfer y Shabbat bob dydd Gwener. Adeg Rosh Hashanah, maen nhw'n anfon cardiau, afalau, a mêl i bobl sy'n defnyddio'r gwasanaeth hwn. Mae hyn yn bwysig iawn i bobl sydd heb deulu.

- **Grwpiau cefnogi i bobl â nam ar y golwg** – darparu cefnogaeth a threfnu gweithgareddau, er enghraifft dosbarthiadau cadw'n heini ac ymweliadau â'r theatr.

- **Angladdau** – mewn rhai achosion, nid yw'r person sydd wedi marw yn perthyn i synagog, ac nid oes teulu na ffrindiau ganddo/ganddi. Yn yr achosion hyn, bydd y synagog yn trefnu'r angladd a seremoni gladdu Iddewig. Maen nhw'n gweithio'n agos â'r Chevra Kadisha (cymdeithas gladdu) yn y synagog.

Cynlluniau i gynyddu'r cymorth mae asiantaeth Jewish Care yn ei gynnig.

Er bod y synagog yn bwysig ar gyfer addoli, dysgu a gweithgareddau cymunedol, mae llawer o heriau'n wynebu synagogau ym Mhrydain heddiw. Mae nifer yr Iddewon sy'n arddel eu crefydd wedi lleihau, a nifer bychan o aelodau sydd gan lawer o synagogau. Mae'r sefyllfa hon yn berthnasol i lawer o eglwysi hefyd, ond mae'r broblem gyda synagogau yn fwy anodd oherwydd bod cyfraith Iddewiaeth Uniongred yn gwahardd teithio ar y Shabbat, felly mae'n rhaid i'r synagog fod wedi'i lleoli yn y gymdogaeth Iddewig ac yn hawdd ei chyrraedd ar droed. Mae llawer o gymunedau Iddewig yn gorfod gwneud penderfyniadau ynglŷn â chynnal a chadw rôl y synagog.

YN EISIAU: RABBI
Synagog heb rabbi am ddwy flynedd!

Ychydig iawn o bobl sy'n fodlon cymryd rôl a chael eu hyfforddi i fod yn rabbi; weithiau dim ond cyflog isel mae cymunedau bach yn gallu fforddio ei dalu i rabbi. Mae cymunedau Iddewig bach yn ei chael yn anodd denu rabbiniaid; nid yw rhai rabbiniaid yn cytuno â rhai o'r arferion mae'r gymuned wedi'u mabwysiadu, fel gyrru i synagogau.

RHYBUDD DIOGELWCH MEWN SYNAGOG LEOL

Mae elusen Community Security Trust yn cynnig gwasanaeth diogelwch a gwyliadwriaeth i synagogau ar adegau addoli a phan fyddan nhw'n wag. Mae synagogau yn cael eu fandaleiddio yn aml, weithiau gyda graffiti gwrth-Semitig. Mewn rhai gwledydd mae ymosodiadau terfysgol wedi targedu synagogau.

NIFER YR ADDOLWYR YN LLEIHAU

Cafodd llawer o synagogau eu hadeiladau yn yr 1900au ac maen nhw'n aml yn fwy nag sydd ei angen heddiw. Mae patrymau preswylio yn newid wrth i Iddewon symud allan o un ardal i ardal arall, ac mae cynnydd yn nifer yr Iddewon hŷn sydd ddim yn gallu mynychu man addoli.

SYNAGOG YNG NGHAERDYDD WEDI'I THROI YN SWYDDFEYDD

Mae rhai synagogau wedi cael eu troi yn dai a hyd yn oed yn sba mewn un achos. Un defnydd arall o hen synagog yw fel amgueddfa.

Gwasanaethau 'Dros Dro' yn Gweddnewid Gweddïo

Mae gŵr a gwraig sy'n Iddewon Uniongred, Naftali a Dina Brawer, wedi bod yn cynnal gwasanaethau Shabbat arbrofol mewn lleoliadau o amgylch Llundain ers rhai blynyddoedd. Nawr maen nhw'n mynd â'u gwasanaethau 'dros dro' (*pop-up*) i lefel newydd: Mishkan, 'cymuned heb ffiniau'.

■ Dina a Naftali Brawer

Mishkan yw'r enw Hebraeg am y cysegr (man sanctaidd) symudol roedd yr Israeliaid yn ei gario gyda nhw yn yr anialwch cyn iddyn nhw gyrraedd Gwlad yr Addewid.

'Dehongliad newydd o hynny yw'r gwasanaeth dros dro,' medd Mrs Brawer. 'Mae'r syniad o greu cymuned o amgylch yr hyn mae pobl yn frwd amdano yn bwysig iawn, yn hytrach na'ch cyfyngu eich hun i ddaearyddiaeth y lle rydych chi'n digwydd byw ynddo neu'r enwad arbennig rydych chi'n perthyn iddo neu'r grŵp o ffrindiau sydd gennych. Yr hyn sy'n hyfryd yw ei fod yn dod â phobl ynghyd sy'n rhannu'r un diddordeb, pobl na fyddai'n cwrdd â'i gilydd fel arall.'

Mae'r Rabbi Brawer yn ychwanegu: 'I lawer o Iddewon, nid yw eu hunaniaeth Iddewig yn gallu cael ei chyfyngu i un lle. Maen nhw'n symud o gwmpas, yn gwibio o le i le. Maen nhw wedi arfer dewis a dethol. Rydyn ni'n mynd allan i lle mae'r bobl.'

Er bod rhai pobl yn cael eu denu i 'fan sanctaidd' fel synagog, mae pobl eraill yn anghyfforddus â hynny, yn ôl y Rabbi Brawer. 'Drwy ymddangos mewn bar neu gaffi i astudio'r Torah mewn lle cyhoeddus, rydyn ni'n gallu trawsnewid y seciwlar yn sanctaidd, sy'n gysyniad Iddewig iawn. Mae kedusha, sancteiddrwydd, ym mhob man.'

Rhan o'r rheswm dros y cynllun oedd profiadau Mrs Brawer ei hun o ddod adref yn rhy aml o wasanaeth synagog traddodiadol yn 'teimlo'n wag yn hytrach na'n ddyrchafedig. Roeddwn i'n teimlo bod angen rhywbeth gwahanol arnaf, ond daethon ni i'r casgliad bod pobl eraill yn yr un sefyllfa am amrywiol resymau.'

'Ffordd newydd o ddychmygu bywyd bywiog yn y gymuned Iddewig yw'r cynllun, mewn gwirionedd,' medd y Rabbi Brawer.

(Wedi'i addasu o erthygl yn y *Jewish Chronicle*. www.thejc.com/news/uk-news/pop-up-pair-launch-new-kind-of-prayer-1.52865)

Tasg

'Mae'n rhaid mynd i'r synagog i deimlo presenoldeb Duw.'

Nodwch dair dadl wahanol gallai Iddew eu defnyddio i anghytuno â'r gosodiad. Yn eich ateb defnyddiwch y geiriau: hollalluog, Shabbat, Shekhinah.

Gwahaniaethau rhwng traddodiadau

Mae Iddewiaeth yn grefydd hynafol sydd wedi datblygu dros filiynau o flynyddoedd. Wrth i'r grefydd esblygu, mae cymunedau wedi ymateb i newidiadau'r cyfnod mewn ffyrdd gwahanol. Maen nhw hefyd wedi ymateb yn wahanol mewn rhannau gwahanol o'r byd. Dros amser, felly, mae Iddewiaeth wedi tyfu a datblygu drwy ganghennau neu fudiadau gwahanol. Mae gan bob mudiad ei gredoau a'i ffordd ei hun o wneud pethau o fewn y traddodiad Iddewig ehangach.

Iddewon Uniongred

> **Cysyniad Allweddol**
>
> **Uniongred** Un o brif ganghennau Iddewiaeth, sy'n glynu'n ffyddlon wrth egwyddorion ac arferion Iddewiaeth draddodiadol. Mae Iddewon Uniongred yn credu bod Cyfraith y Torah yn dragwyddol a digyfnewid, ac maen nhw'n cadw defod y Sabath, gwyliau crefyddol, diwrnodau sanctaidd a'r deddfau bwyd.

Mae Iddewon **Uniongred** yn ceisio dilyn dysgeidiaethau'r Torah mor agos â phosibl. Maen nhw'n credu ei fod wedi dod oddi wrth Dduw, ac felly ni ddylai neb ei newid. Duw yw'r un sy'n pennu deddfau, ac mae'n rhaid ufuddhau i'w eiriau yn hytrach na'u dehongli. Mae Iddewon Uniongred yn ceisio ufuddhau i'r 613 mitzvot (gorchmynion). Maen nhw'n credu bod Duw wedi rhoi rheolau am sut i fyw bywydau a bod y rheolau hynny yn ddigyfnewid. Rhaid i unrhyw ddatblygiadau technolegol neu wyddonol gael eu hystyried o fewn dysgeidiaethau Iddewig. Efallai bydd cymdeithas yn newid, ond nid yw dysgeidiaethau Iddewig yn newid.

Rhaid cofio bod llawer o gymunedau gwahanol o fewn y gymuned Uniongred. Mudiad sy'n tyfu ym Mhrydain yw'r **Charedi**, sydd weithiau'n cael eu galw'n Iddewon Uchel Uniongred (*Ultra-Orthodox*). Y ffordd ddelfrydol o fyw yn ôl y Charedi yw eich cysegru eich hun i astudio ac arfer y Torah.

> **Charedi** Grwpiau o Iddewon Uchel Uniongred. Mae eu hymrwymiad i'w crefydd yn eu gosod ar wahân i rai elfennau o ddiwylliant seciwlar.

Iddewon Diwygiedig

> **Cysyniad Allweddol**
>
> **Diwygiedig** Un o brif ganghennau Iddewiaeth, sy'n croesawu amrywiaeth o ddehongliadau o arferion a chyfraith Iddewig, ond sy'n cadw'r credoau, y gwerthoedd a'r traddodiadau sy'n ganolog i'r ffydd. Mae Iddewon Diwygiedig yn credu bod y gyfraith Iddewig wedi'i hysbrydoli gan Dduw, ac y gall pobl ddewis pa ddeddfau i'w dilyn.

Pan ddechreuodd y mudiad **Diwygiedig**, gwnaeth nifer mawr o Iddewon ymbellhau oddi wrth y dysgeidiaethau Uniongred mwy traddodiadol am y tro cyntaf. Mae'r rhan fwyaf o Iddewon Diwygiedig yn credu mai dim ond deddfau moesegol y Torah sy'n orfodol. Yn ogystal â hyn, maen nhw'n credu bod deddfau eraill, fel y rheini yn y Talmud, yn gynhyrchion eu cyfnod, ac felly nid oes angen eu trin fel rhai absoliwt. Mae Iddewon o'r mudiad Diwygiedig yn ystyried bod y Torah a'i ddysgeidiaethau yn bwysig; ond maen nhw'n credu y dylai crefydd symud gyda'r oes, ac nid ydyn nhw'n credu bod angen dilyn dysgeidiaethau'r Torah yn llythrennol. Mae pa mor bell maen nhw'n dehongli'r dysgeidiaethau yn dibynnu ar eu rhesymu a'u cydwybod nhw eu hunain.

Iddewon Rhyddfrydol

Mae Iddewon Rhyddfrydol, fel Iddewon Diwygiedig, yn credu y dylai eu ffydd gyd-fynd â ffyrdd modern o feddwl, gan gynnwys syniadau gwyddonol a moesol. Felly mae Iddewiaeth Ryddfrydol yn annog pobl i ddod i gasgliad drostyn nhw eu hunain am beth i'w gredu, sut i ddehongli'r ysgrythurau Iddewig, beth sy'n gywir ac anghywir, a pha draddodiadau i'w dilyn a pha rai i'w gwrthod.

Mae'r mudiad yn ei ddisgrifio ei hun fel un sydd 'ar flaen y gad mewn Iddewiaeth fodern'.

Gwlad enedigol

Ar hyd y canrifoedd, mae Iddewon wedi cael eu gorfodi i symud rhwng gwledydd. Dyma un o'r rhesymau pam mae cymunedau bach o Iddewon wedi'u gwasgaru ar draws y byd.

Iddewon seciwlar

Nid yw rhai Iddewon yn credu yn Nuw ac nid ydyn nhw'n ystyried bod dysgeidiaethau'r Torah yn sanctaidd. Iddewon seciwlar yw'r rhain a gafodd eu geni i rieni Iddewig ond sydd ddim yn dilyn arferion crefyddol na dysgeidiaethau Iddewiaeth. Dydyn nhw ddim yn rhan o fudiad, ond mae llawer o Iddewon seciwlar yn falch o fod yn Iddewon ac yn dilyn traddodiadau Iddewig.

Tasgau

1. Beth yw'r Torah?
2. Ystyriwch y dyfyniadau isod. Penderfynwch ai Iddew Diwygiedig neu Uniongred fyddai'n fwy tebygol o'u dweud. Copïwch a llenwch y tabl isod.

Dyfyniad	Diwygiedig neu Uniongred?
Mae'r Torah yn bwysig ond mae'n rhaid i ni symud gyda'r oes.	
Daeth y Torah oddi wrth Dduw ac ni ddylen ni ei newid.	
Duw roddodd y rheolau i ni eu dilyn ac maen nhw'n dragwyddol.	
Mae angen i ni ddehongli mitzvot y Torah yn ôl yr amgylchiadau rydyn ni'n byw ynddyn nhw.	

3. Yn eich geiriau eich hun, esboniwch pam mae credoau ac arferion gwahanol ymhlith Iddewon.

Y cartref

Hunaniaeth Iddewig a'r cartref

Mae'r cartref teuluol yn cael ei werthfawrogi'n fawr gan lawer o Iddewon sy'n ei ystyried yn lloches. Wrth gwrs, mae pob teulu yn wahanol, ond yn gyffredinol mae'r cartref yn cael ei ystyried fel man lle mae gwerthoedd a chredoau Iddewiaeth yn cael eu dysgu a'u cadarnhau, a lle mae ymdeimlad o hunaniaeth Iddewig yn cael ei ffurfio. Mae arferion Iddewig hefyd yn cael eu dysgu yn y cartref. Yn ei lyfr *Faith in the Future*, mae'r cyn Brif Rabbi Jonathan Sacks yn sôn am bwysigrwydd y cartref i genedlaethau'r dyfodol:

> Mae ei effeithiau'n aros gyda ni drwy gydol ein hoes. Dyma lle mae un genhedlaeth yn trosglwyddo ei gwerthoedd i'r un nesaf ac yn sicrhau parhad gwareiddiad.

> Yn y rhan fwyaf o gartrefi Iddewig mae blwch pushke lle mae arian yn cael ei gasglu at achos da. Mewn Iddewiaeth, nid yw rhoi i'r tlawd yn cael ei ystyried yn weithred elusennol ond yn weithred o gyfiawnder neu tzedakah.

Addoli a gweddïo yn y cartref

Mae'r cartref yn lle i addoli a gweddïo, dwy nodwedd bwysig o fywyd pob dydd. Fel yn y synagog, mae'r arferion wedi parhau ers amser yr hen deml Iddewig. Mae goleuo canhwyllau'r Shabbat yn cofio am y menorah (canhwyllbren) yn y Deml, ac mae'r bwrdd bwyd yn symbol o'r allor (bwrdd yr aberth). Wrth ddeffro yn y bore, bydd llawer o Iddewon Uniongred yn diolch i Dduw drwy adrodd y modeh ani pan fyddan nhw'n dal yn y gwely. Gweddi yw hon sy'n dweud, 'Rwyf yn offrymu diolch o'th flaen, O Frenin byw a thragwyddol, oherwydd dy fod wedi adfer fy enaid oddi mewn i mi drwy dy drugaredd. Mae dy ffyddlondeb yn fawr.' Datganiad o ffydd yw'r Shema sy'n cael ei adrodd ar amserau gweddïo, ond hefyd ar adegau eraill yn ystod y dydd.

Y Mezuzah

Mewn llawer o gartrefi Iddewig, mae'r **mezuzah** i'w weld ar ffrâm y drws ffrynt, a hefyd ar ffrâm pob drws y tu mewn i'r tŷ ar wahân i'r ystafell ymolchi. Sgrôl femrwn yw'r mezuzah sy'n cael ei rhoi mewn cas. Ar y sgrôl mae gweddi'r Shema wedi'i hysgrifennu (gweler t. 138). Mae'r memrwn yn cael ei baratoi gan ysgrifennydd o'r enw'r sofer, wedi'i ysgrifennu mewn inc du parhaol gyda phen cwilsen arbennig. Rhaid i'r memrwn fod o groen anifail kosher, fel buwch, gafr neu ddafad.

Fel arfer, ar gefn y memrwn, mae'r gair Shaddai yn cael ei ysgrifennu. Ystyr hyn yw 'hollalluog' ac mae'n un o'r nifer o enwau am Dduw. Mae cas y mezuzah yn cael ei osod ar ochr dde'r drws wrth i chi fynd i mewn i'r ystafell. Dylai fod ar ychydig o ongl, gyda phen uchaf y mezuzah yn pwyntio tuag at yr ystafell a'r gwaelod yn pwyntio oddi wrthi. Bydd Iddewon yn aml yn cusanu'r cas wrth iddyn nhw fynd drwy'r drws ac yna'n cusanu eu bysedd i'w hatgoffa y dylai'r teulu fyw yn ôl geiriau'r Shema. I lawer, mae'r mezuzah yn symbol o'r ffaith bod Duw yn gwarchod y tŷ.

> **Siddur** Llyfr o weddïau dyddiol.
> **Mezuzah** Cas bychan sy'n dal y Shema wedi'i ysgrifennu ar femrwn. Mae'n cael ei osod yn sownd wrth ffrâm drws.

Y Siddur

Llyfr gweddi yw'r **siddur** sy'n rhan bwysig o Iddewiaeth ac yn arwain Iddewon drwy weddïau dyddiol yn y synagog ac yn y cartref. Mae'n dechrau gyda'r modeh ani ac yn cynnwys gweddïau ar gyfer gwasanaethau dyddiol yn ogystal â'r gweddïau ar gyfer y Shabbat a gwyliau eraill. Yn yr un modd ag y mae'r Torah yn cael ei ystyried yn rhodd gan Dduw, mae'r siddur yn cael ei ystyried yn rhodd i Dduw. Mae'r siddur yn sanctaidd i Iddewon, ac felly os yw'n disgyn i'r llawr, dylai gael ei godi mor gyflym â phosibl a'i gusanu.

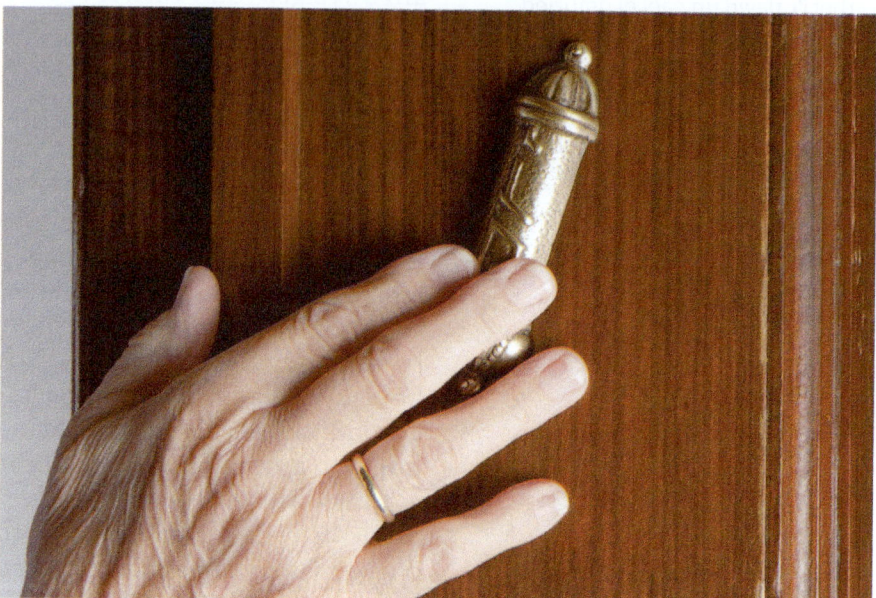

Mae cyffwrdd cas y mezuzah yn atgoffa Iddewon i fyw yn ôl geiriau'r Shema.

Tasg

Mae dywediad enwog mewn Iddewiaeth: 'Os ydych chi'n chwilio am Dduw, ewch adref.'

Esboniwch ystyr y dywediad hwn, a rhowch o leiaf tair enghraifft.

Adolygiad Diwedd yr Adran

Ymarfer sgiliau

1. Beth yw ystyr 'hollalluog'?
2. Disgrifiwch sut mae'r cartref yn lle ar gyfer traddodiadau Iddewig.

Cofiwch

Cysyniadau allweddol:
- Hollalluog
- Hollgariadus
- Diwygiedig
- Uniongred
- Shema
- Synagog

Dysgeidiaethau allweddol:
- Nodweddion Duw
- Y Shema
- Duw trosgynnol
- Duw tragwyddol
- Duw trugarog
- Duw'r barnwr
- Y synagog
- Canghennau o Iddewiaeth
- Pwysigrwydd y cartref

Gwirio gwybodaeth

1. Ysgrifennwch baragraff byr (tua thair brawddeg) yn esbonio beth mae Iddewon yn ei gredu am natur Duw.
2. Ysgrifennwch baragraff hir (tua wyth i ddeg brawddeg) yn esbonio sut mae'r cartref yn ffurfio hunaniaeth Iddewig.
3. Esboniwch y credoau Iddewig sy'n cael eu mynegi yn y Shema. Ceisiwch wneud o leiaf tri phwynt.
4. Ysgrifennwch baragraff manwl (tua chwech i wyth brawddeg) yn esbonio gwahanol swyddogaethau'r synagog.

Y Cwestiwn Mawr

'Does dim angen i Iddewon fynd i'r synagog i addoli.'

Eich tasg

Trafodwch y gosodiad uchod, gan ddangos eich bod wedi ystyried mwy nag un safbwynt. Rhowch farn resymegol am ba mor ddilys a pha mor gryf yw'r safbwyntiau hyn.

Tasg

Mae angen i chi esbonio yn fanwl y pethau sy'n debyg ac yn wahanol rhwng canghennau Iddewiaeth. Defnyddiwch y canllawiau isod i'ch helpu i ysgrifennu esboniad manwl ar gyfer Iddewiaeth. Gwnewch yn siŵr eich bod yn defnyddio termau allweddol yn rhwydd ac yn aml.

Mae Iddewon i gyd/llawer o Iddewon/y rhan fwyaf o Iddewon yn credu _____.

Daw hyn o'r ddysgeidiaeth/dyfyniad o'r Beibl _____.

Mae hyn yn golygu/Oherwydd hyn maen nhw'n _____.

Mae rhai Iddewon/Iddewon eraill fel _____ yn credu _____.

Daw hyn o'r ddysgeidiaeth/dyfyniad o'r Beibl _____.

Mae hyn yn golygu/Oherwydd hyn maen nhw'n _____.

Yn olaf, mae Iddewon fel _____ yn credu _____.

Mae hyn yn golygu/Oherwydd hyn maen nhw'n _____.

Mae eu credoau yr un peth/yn wahanol oherwydd _____.

8 Iddewiaeth: Arferion

■ Arferion sy'n dangos credoau ynglŷn â Duw

Yn eu bywydau pob dydd mae llawer o Iddewon yn dangos eu hedmygedd at Dduw drwy eu gweithredoedd, eu haddoli a'r hyn maen nhw'n ei wisgo.

▶ Y Shema

Mae credoau am Dduw yn cael eu mynegi yng ngweddi ganolog Iddewiaeth, y **Shema.** Fel rydyn ni wedi'i weld, mae'r weddi hon yn cynnwys tri darn o'r Torah, a dyma weddi bwysicaf Iddewiaeth.

Mae'r Shema ei hun yn cynnwys y gorchymyn bod angen ei adrodd 'pan fyddi'n mynd i gysgu ac yn codi' (Deuteronomium 6:7). Felly, mae Iddewon yn adrodd y Shema bob bore a phob nos. Maen nhw'n gwneud hyn yn y synagog, yn y cartref, neu mewn unrhyw le parchus arall. Gallan nhw ei adrodd ar eu pennau eu hunain neu gydag Iddewon eraill. Mae rhai Iddewon yn credu bod y wobr am adrodd y Shema ar yr adegau cywir yn fwy na'r wobr am astudio'r Torah unrhyw bryd.

Adrodd yn y bore: Dylai'r adrodd yn y bore ddigwydd mor gynnar â phosibl, wedi iddi ddechrau goleuo ond cyn i'r haul godi. Os nad yw hyn yn bosibl, y cyngor yw adrodd o leiaf y darn cyntaf o'r tri darn cyn i'r haul godi – a chyn cael paned o de neu goffi. Beth bynnag, dylai Shema'r bore gael ei adrodd yn chwarter cyntaf yr oriau golau dydd.

Adrodd gyda'r nos: Dylai adrodd y Shema gyda'r nos ddigwydd pan fydd tair seren i'w gweld yn yr awyr, a chyn hanner nos.

Nid yw'r gorchymyn i adrodd y Shema yn wir i fenywod, gan y gall fod angen iddyn nhw fod ar gael ar yr adegau penodol i ofalu am blant, ac mae'r traddodiad Iddewig yn cefnogi hyn. Fodd bynnag, mae menywod yn ei adrodd mewn gwirionedd. Nid yw plant sy'n rhy ifanc i ddarllen yn gorfod ei adrodd, ond bydd eu rhieni yn ei ddysgu iddyn nhw o oed ifanc.

Mae adrodd y Shema yn bwysig oherwydd, yn ôl dysgeidiaeth Iddewig, mae wedi'i orchymyn gan Dduw, ac mae Duw yn gwobrwyo'r rheini sy'n dilyn ei orchmynion. Fel gyda phob traddodiad, mae'n bwysig hefyd am y rheswm syml mai traddodiad ydyw: mae'n sicrhau parhad y dysgeidiaethau Iddewig a'r gymuned Iddewig.

> **Sut mae Iddewon yn gweddïo?**
>
> Cyn gweddïo, bydd Iddewon yn ymolchi a gwneud yn siŵr eu bod nhw'n gyfforddus ac yn gallu canolbwyntio. Does dim rhaid iddyn nhw adrodd y Shema yn Hebraeg (yr iaith mae'n ymddangos ynddi yn y Beibl), ond maen nhw'n credu bod gwneud hynny yn rhoi pŵer arbennig iddo. Gallan nhw ei ddweud wrth eistedd neu sefyll – neu hyd yn oed wrth gerdded. Dylai'r rhan gyntaf o leiaf gael ei hadrodd yn uchel. Dylai'r llygaid gael eu gorchuddio gyda'r llaw dde i gael gwared ar unrhyw ymyriadau ac i wella'r canolbwyntio.

▶ Cynrychioli Duw

Gwaith celf

Oherwydd bod Iddewon yn credu mai dim ond un Duw y dylen nhw ei addoli, nid oes cerfluniau neu unrhyw beth sy'n cynrychioli bodau dynol mewn synagogau. Maen nhw'n credu bod hyn yn ufuddhau i'r ail orchymyn a roddodd Duw i Moses:

> Na wna iti ddelw gerfiedig ar ffurf dim sydd yn y nefoedd uchod na'r ddaear isod nac yn y dŵr dan y ddaear…

(Exodus 20:4)

Ystyr hyn yw bod delweddau o Dduw wedi'u gwahardd rhag ofn bod pobl yn eu defnyddio i'w haddoli. Felly Duw yn unig ddylai gael ei addoli. Bydd ffenestri gwydr lliw mewn synagogau yn aml, ond ni fydd delweddau o bobl yn y ffenestri hyn.

Cynrychioli Duw yn ysgrifenedig

Mae sancteiddrwydd Duw yn berthnasol i'w enw hyd yn oed. Nid yw Iddewon yn ysgrifennu'r gair Duw fel arwydd o barch. Yn hytrach, maen nhw'n ysgrifennu D-w. Ond mae rheswm arall dros hyn. Mae llawer o Iddewon yn credu na ddylai llyfrau sydd ag enw Duw arnyn nhw gael eu dinistrio. Ni fyddai ysgrifennu enw Duw ar y cyfrifiadur yn cael ei ystyried yn amharchus, ond byddai argraffu'r ddogfen honno a'i thaflu yn halogiad ym marn rhai Iddewon. Yn hytrach, byddai angen storio dogfennau o'r fath mewn genizah, lle storio arbennig mewn rhai synagogau, hyd nes bod modd eu claddu'n briodol mewn mynwent Iddewig. Oherwydd hyn, mae llawer o Iddewon yn ysgrifennu 'D-w' yn lle 'Duw' fel y gallan nhw ddileu neu gael gwared ar y ddogfen heb ddangos amarch at Dduw.

▶ Eitemau i'w gwisgo wrth addoli

Y kippah

> **Cysyniad Allweddol**
>
> **Kippah** Cap mae dynion a bechgyn (ac weithiau menywod) Iddewig yn ei wisgo yn ystod gwasanaethau. Mae rhai Iddewon yn gwisgo kippah drwy'r amser. Mae'n eu hatgoffa am bresenoldeb Duw. Enw arall ar y kippah yw'r yarmulke.

Mae llawer o ddynion yn dewis gwisgo **kippah** (lluosog kippot) pan fyddan nhw ar ddihun i ddangos eu parch at Dduw. Nid oes neb yn gwybod beth yw union ystyr y kippah, ond i'r rhan fwyaf o Iddewon, mae'n symbol o hunaniaeth ac yn arwydd o barch at Dduw.

Drwy gydol hanes yr Iddewon, mae agweddau tuag at orchuddio'r pen wedi amrywio. Mae lluniau o'r drydedd ganrif yn dangos Iddewon heb hetiau, ond yn yr Oesoedd Canol roedd llawer o Iddewon yn gwisgo hetiau i weddïo ac astudio. Heddiw mae cryn dipyn o drafodaeth am y rheswm dros wisgo'r kippah ac a yw'n ddyletswydd gwisgo'r kippah drwy'r amser neu wrth addoli yn unig.

> Mae'r kippah bellach yn arwydd o hunaniaeth Iddewig, felly dw i'n falch o wisgo fy un i.

> Gan fy mod i'n credu mai pwrpas fy mywyd cyfan yw addoli Duw, dw i'n gwisgo kippah drwy'r amser fel symbol o barch.

> Dw i'n gwisgo kippah yn y synagog yn unig gan nad ydw i'n teimlo'n saff yn ei wisgo ar y stryd yn fy ardal i.

Dyn Iddewig yn barod i addoli. Mae'n gwisgo kippah (gorchudd pen) a tallith (siôl), gyda tzitit (taselau).

Mae siâp a maint y kippah yn amrywio hefyd yn dibynnu ar y gymuned.

Y tallith

Siôl â rhimynnau arni yw'r **tallith** sy'n gallu gorchuddio ysgwyddau dyn Iddewig. Bydd dynion yn ei gwisgo yn ystod gweddïau'r bore. Nid oes arwyddocâd i'r tallith ei hun. Mae'n bwysig oherwydd y **tzizit**, neu'r taselau, sy'n cynrychioli'r 613 mitzvot neu'r gorchymynion a roddodd Duw i'r Iddewon yn y Beibl.

Mae gwisgo'r tzizit ar y tallith yn atgoffa Iddewon mai Duw sy'n pennu deddfau, ac ef a roddodd y mitzvot y maen nhw'n seilio'u bywydau o'u hamgylch. Yn y Beibl, mae Duw'n dweud wrth Moses y dylai'r tzizit atgoffa Iddewon i ufuddhau i'r gorchmynion ac addoli Duw:

> Dywed wrth bobl Israel am iddynt, dros eu cenedlaethau, wneud taselau ar odre eu gwisg, a chlymu ruban glas ar y tasel ym mhob congl. Pan fyddwch yn edrych ar y tasel, fe gofiwch gadw holl orchmynion yr Arglwydd ...
>
> (Numeri 15:38–39)

Mae'r tzizit i'w gweld ar bedair cornel y tallith, sy'n cael ei wisgo yn ystod gwasanaethau yn y synagog. Mae'r Talmud yn cyfeirio at y 613 mitzvot yn y Torah. Mae nifer y clymau ar rimynnau'r tallith yn cynrychioli'r rhif hwn. Mae gan lythrennau Hebraeg werthoedd rhifiadol hefyd. Mae gwerthoedd y llythrennau yn y gair Hebraeg 'tzizit' yn dod i gyfanswm o 600; mae gan bob tasel wyth llinyn a phum cwlwm, sy'n gwneud cyfanswm o 613.

Mae Iddewon yn gwisgo'r rhimynnau y tu allan i'w dillad i'w hatgoffa o'r mitzvot a roddodd Duw. Fodd bynnag, dydyn nhw ddim yn gwisgo'r siôl weddi drwy'r amser, ac felly mae rhai Iddewon deddfol yn gwisgo tallith katan (tallith bach) o dan eu crys drwy'r dydd.

Yn draddodiadol, dim ond dynion sy'n gwisgo'r tallith i addoli, ond mae mwy a mwy o fenywod, yn enwedig yn y mudiad Diwygiedig, yn dewis gwisgo tallith i addoli.

Tzizit Rhimynnau wedi'u gwnïo i gorneli dillad i atgoffa Iddewon o'r gorchmynion.

Shema Gweddi sy'n datgan cred mewn un Duw. Mae'r Shema i'w gael yn y Torah.

Tallith Siôl â rhimynnau arni y mae dynion Iddewig yn ei gwisgo wrth weddïo.

Tasg

'Nid oes angen i Iddewon wisgo dillad arbennig.'

Trafodwch y gosodiad hwn gan ddangos eich bod wedi ystyried mwy nag un safbwynt.

Addoli yn y cartref a'r synagog
Pwysigrwydd y synagog: nodweddion mewnol

Rydyn ni wedi gweld nad oes cerfluniau na darluniau o fodau byw, gan gynnwys Duw, i'w cael mewn synagog. Mae hyn er mwyn atal **eilunaddoliaeth** – addoli delweddau.

> Eilunaddoliaeth Addoli delweddau.

Na wna iti ddelw gerfiedig ar ffurf dim sydd yn y nefoedd uchod na'r ddaear isod nac yn y dŵr dan y ddaear ...

(Exodus 20:4)

Bydd y tudalennau nesaf yn cynnig esboniad o bob un o brif ardaloedd y synagog. Bydd cyfeiriadau at y gwahaniaethau penodol rhwng cymunedau Diwygiedig ac Uniongred. Ar gyfer y tasgau ar t. 143, bydd gofyn i chi adnabod ac esbonio'r gwahaniaethau hyn.

Aron HaKodesh

Yr Aron HaKodesh

> **Cysyniad Allweddol**
>
> **Aron HaKodesh** Yr arch sanctaidd lle mae sgroliau'r Torah yn cael eu cadw. Mae wedi'i leoli ar y wal sy'n wynebu Jerwsalem, a dyma yw canolbwynt y synagog.

Yr **Aron HaKodesh** (sy'n cael ei adnabod hefyd fel yr arch) yw'r lle pwysicaf mewn synagog gan mai dyma lle mae sgroliau'r Torah yn cael eu cadw. Mae gwerthu seddi neu ddarllenfa o synagog, a defnyddio'r arian i brynu arch, yn dderbyniol oherwydd eu bod nhw'n llai sanctaidd; ond nid oes hawl gwerthu arch, hyd yn oed er mwyn adeiladu synagog. Yn y traddodiad Sephardi, yr enw ar yr arch yw herkal neu gysegr.

Yn ystod gweddïau penodol, bydd drysau a llenni'r arch ar agor neu ar gau. Mae'r llen naill ai y tu allan i ddrysau'r arch (traddodiad Ashkenazi) neu y tu mewn i ddrysau'r arch (traddodiad Sephardi).

Mae nifer o arferion a thraddodiadau yn gysylltiedig â'r arch. Mae'n cael ei hagor ar gyfer rhai gweddïau arbennig, ac yn ystod y Deg Diwrnod o Benyd rhwng Rosh Hashanah a Yom Kippur. Mae agor yr arch yn pwysleisio pwysigrwydd gweddïo. Pan fydd drysau'r arch ar agor, mae pawb fel arfer yn sefyll. Ym Mhrydain mae sawl dyluniad gwahanol ar gyfer yr arch, gyda rhai'n cael eu gwneud o goncrit a gwydr.

Y ner tamid.

Ner tamid

> **Cysyniad Allweddol**
>
> **Ner tamid** 'Goleuni tragwyddol'; lamp sydd wedi'i goleuo'n barhaus ger yr arch yn y synagog fel symbol o bresenoldeb Duw.

O flaen ac ychydig uwchben yr Aron HaKodesh mae'r **ner tamid**, sy'n aml yn cael ei alw'n lamp dragwyddol. Mae wedi'i goleuo'n barhaus ac ni ddylai byth gael ei diffodd. Mae'r lamp hon yn symbol o'r menorah (lamp â saith braich) oedd wedi'i goluo'n barhaus yn y Deml. Mae llawer o Iddewon yn ei hystyried yn symbol o bresenoldeb tragwyddol Duw. Lamp olew oedd y ner tamid, ond erbyn hyn mae'r rhan fwyaf wedi'u cynnal gan nwy, bylbiau trydan neu bŵer solar.

> **Bimah** Llwyfan â desg arni lle mae sgroliau'r Torah yn cael eu darllen.

Y bimah

Y **bimah** yw'r llwyfan canolog yn y synagog, ac arni mae'r ddesg lle mae sgroliau'r Torah yn cael eu darllen. Mewn synagogau Uniongred, mae'r bimah yn y canol fel arfer fel bod y rabbi yn wynebu'r gynulleidfa. Mewn synagogau Diwygiedig, mae pawb yn eistedd gyda'i gilydd ac mae'r bimah yn y blaen, gyda'r arch, yn hytrach nag yn y canol.

Y bimah.

Sgroliau'r Torah

Sgroliau'r Torah yw'r rhan fwyaf sanctaidd mewn unrhyw synagog. Maen nhw wedi'u gwneud o groen anifeiliaid ac wedi'u hysgrifennu â llaw. Mae un Torah parhaus wedi'i ysgrifennu mewn colofnau ar bob sgrôl. Mae dau ben y sgrôl yn cael eu gwnïo wrth bolyn, sy'n cael ei alw'n 'goeden bywyd'. Bydd y sgroliau yn cael eu lapio mewn sidan neu felfed pan nad ydyn nhw'n cael eu defnyddio, ac yn aml maen nhw wedi'u haddurno ag arian. Yr enw ar sgrôl sydd wedi'i hysgrifennu â llaw fel hyn yw Sefer Torah. Yn ystod gwasanaeth, bydd y sgroliau yn cael eu cario'n ofalus i'r bimah lle bydd darn o destun yn cael ei ddarllen.

Addolwr yn darllen sgrôl y Torah gyda yad (wedi'i alw'n aml yn bwyntydd y Torah).

Y Deg Gorchymyn

Mae'r Torah yn cynnwys 613 mitzvot (gorchmynion). Yn ôl y Torah, rhoddodd Duw ddeg ohonyn nhw i Moses, wedi'u hysgrifennu ar ddwy lechen o garreg. Mae Iddewon yn credu bod modd grwpio'r 603 mitzvot arall gan ddefnyddio'r deg gorchymyn fel penawdau. Er ein bod yn eu hadnabod fel y Deg Gorchymyn fel arfer, mae'r Beibl yn cyfeirio atyn nhw'n syml fel 'gosodiadau' neu 'ddywediadau'.

Mae'r Deg Gorchymyn (neu'r Deg Dywediad) yn cael eu gosod mewn lle amlwg mewn synagogau. Maen nhw'n aml i'w gweld wrth ymyl neu uwchben yr arch i atgoffa'r gynulleidfa bod y llechi gwreiddiol y cawson nhw eu hysgrifennu arnyn nhw wedi cael eu cario mewn arch. Yn bwysicach, maen nhw'n atgoffa'r addolwyr am eu dyletswydd i ddilyn gorchmynion Duw.

Mae'r Dywediadau wedi'u hysgrifennu yn Hebraeg, fel arfer dim ond dau air cyntaf pob dywediad. Maen nhw'n cael eu harddangos ar ddau blac – pump ar bob un – oherwydd, yn ôl y Beibl, derbyniodd Moses y Dywediadau gwreiddiol ar ddwy lechen o garreg.

Mae'r Deg Dywediad (Gorchymyn) yn aml i'w gweld uwchben yr Aron HaKodesh.

Trefn eistedd

Menywod yn eistedd gyda'r dynion mewn synagog Ddiwygiedig.

Menywod yn eistedd ar wahân i'r dynion mewn synagog Uniongred.

Y drefn eistedd i fenywod yw un o'r prif wahaniaethau rhwng synagogau Uniongred a Diwygiedig. Mewn synagogau Uniongred mae ardal ar wahân lle mae menywod yn eistedd. Gall hyn fod yn falconi uwchben neu'n ardal sydd wedi'i gwahanu gan wal neu len. Mae'r Talmud yn dweud y bydd dynion a menywod yn canolbwyntio mwy ar eu haddoli os ydyn nhw ar wahân. Mae arferion yn amrywio ymhlith synagogau Uniongred. Mae rhai'n dadlau, er y dylai dynion a menywod fod ar wahân, y dylen nhw fod yn agos at yr arch. I rai synagogau, mae'n bwysig cael llen tywyll yn gwahanu galeri'r menywod fel nad yw'r dynion yn gallu gweld galeri'r menywod.

Mewn synagogau Diwygiedig nid oes rhaniad rhwng dynion a menywod, a gallan nhw eistedd gyda'i gilydd drwy gydol y gwasanaeth.

> Nid yw'n bosibl gwahanu addoli yn y synagog ac addoli yn y cartref. Dw i'n dathlu'r Shabbat mewn ffordd sy'n dangos y cysylltiad rhwng y cartref a'r synagog.

Tasgau

1. Beth yw'r gwahaniaeth rhwng Sefer Torah a'r Torah?
2. Lluniwch daflen ar gyfer disgyblion blwyddyn 6 yn esbonio strwythur naill ai synagog Ddiwygiedig neu synagog Uniongred. Bydd angen i chi gynnwys tri llun sy'n dangos naill ai nodweddion Diwygiedig neu nodweddion Uniongred.
3. Atebwch y cwestiwn canlynol mewn 30–35 o eiriau.

   Pam nad oes cerfluniau neu luniau mewn synagogau?

   Mae angen i chi gynnwys y geiriau canlynol yn eich ateb: Shema, eilunaddoliaeth, monotheïstiaeth (undduwiaeth). Bydd tudalennau 140–141 yn eich helpu chi.

▶ Darllen y Torah yn ystod addoliad

> **Llyfrau Iddewig**
>
> Mae'r Beibl Iddewig yn aml yn cael ei alw'n TeNaKh. Mae'n cael ei sillafu fel hyn oherwydd ei fod yn cynnwys tair adran, a llythrennau cyntaf yr adrannau yw TNK:
>
> - Torah: llyfrau'r Gyfraith; pum llyfr cyntaf y Beibl, yn aml yn cael eu galw'n Llyfrau Moses.
> - Nevi'im: llyfrau'r proffwydi.
> - Ketuvim: y gweithiau eraill.
>
> Nid oedd rhai o'r deddfau wedi'u hysgrifennu yn y Torah yn wreiddiol ond roedden nhw wedi'u cadw ar lafar. Erbyn 200 OCC, roedden nhw wedi'u nodi yn ysgrifenedig mewn llyfr o'r enw'r Mishnah. Cafodd esboniad o'r Mishnah, sef y Gemara, ei gwblhau yn 500 OCC. Gyda'i gilydd mae'r Mishnah a'r Gemara yn cael eu hadnabod fel y Talmud.

Mae'r Torah yn cynnwys pum llyfr cyntaf y Beibl Iddewig. Weithiau maen nhw'n cael eu galw'n Llyfrau Moses. At ddibenion addoli, maen nhw wedi'u rhannu'n 54 rhan. Mae pob rhan (parsha) yn cynnwys rhwng tair a phum pennod. Drwy ddarllen un darn (weithiau dau) yr wythnos yng ngwasanaeth y Shabbat, mae'r Torah cyfan yn cael ei ddarllen dros gyfnod o flwyddyn. Mae'r cylch yn dechrau ac yn gorffen ar ddiwedd Sukkot (gŵyl yr hydref).

Bydd addolwyr yn adrodd y darnau yn yr Hebraeg gwreiddiol, ac maen nhw'n eu canu yn hytrach na'u dweud. Mae hyn yn gofyn am sgil arbennig, oherwydd nid oes llafariaid mewn geiriau Hebraeg hynafol. Mae angen i'r darllenydd wybod ei ddarn yn dda iawn er mwyn gallu adrodd yn gywir ac yn rhwydd.

Mae sgroliau'r Torah (Sefer Torah) yn cael eu cadw yn yr arch. Pan fydd yr arch yn cael ei hagor i ddatgelu'r sgroliau, mae'r gynulleidfa'n sefyll fel arwydd o barch ac yn llafarganu geiriau Moses ar ddechrau ei daith gyda'r arch wreiddiol:

Cod, Arglwydd, gwasgar d'elynion,

a boed i'r rhai sy'n dy gasáu ffoi o'th flaen.

(Numeri 10:35)

Mae'n anrhydedd fawr i aelod o'r gynulleidfa gael cais i gymryd sgrôl a'i chario i'r bimah i'w darllen. Wrth iddo ei chario, mae ei gyd-addolwyr yn ceisio cusanu'r sgrôl i ddangos eu cariad a'u parch at air Duw, ac yn canu adnodau o'r Beibl ar yr un pryd.

Pan fydd y sgrôl wedi cyrraedd y bimah, mae'n cael ei 'dadwisgo': mae'r gorchuddion a'r addurniadau sydd drosti yn cael eu tynnu i ffwrdd. Naill ai cyn y darlleniad (mewn synagogau Sephardi) neu ar ôl hynny (traddodiad Ashkenazi), mae'r sgrôl yn cael ei dadrolio ychydig er mwyn i bawb weld yr ysgrifen sydd arni. Mae'r gynulleidfa'n dweud gyda'i gilydd: 'Hwn yw'r Torah a osododd Moses gerbron pobl Israel; y Torah, wedi'i roi gan Dduw, drwy Moses.' Fel arfer mae tri pherson yn y bimah: swyddog sy'n galw pobl i fyny at y Torah, darllenydd a rhywun sy'n helpu'r darllenydd i ynganu'r Hebraeg.

Wrth ddarllen y darn o'r sgrôl, mae'r darllenydd yn defnyddio yad i ddangos ei leoliad yn y testun. Pwyntydd arian yw'r yad, tua 15–20 centimetr o hyd, sydd fel arfer ar ffurf llaw ddynol gyda bys

Tasg

Esboniwch beth sy'n digwydd yn y llun gan ddefnyddio'r geiriau: parsha, tallith, yad, Sefer Torah, bimah.

yn pwyntio. Fel arwydd o barch at y Torah, nid yw addolwyr yn cyffwrdd y sgrôl â llaw. Mae pob rhan yn cael ei rhannu yn saith adran, ac mae aelodau o'r gynulleidfa yn cael eu galw i'r bimah i ddweud bendith (aliyah) cyn ac ar ôl pob adran.

Yr arfer yw mynd â'r sgrôl i fyny i'r bimah o'r ochr dde, a mynd â hi i lawr o'r ochr chwith. Mae'n draddodiad hefyd fod y person sy'n cario'r sgrôl yn cymryd y ffordd fyrraf o'i sedd i'w chasglu o'r arch i ddangos ei fod yn edrych ymlaen, ac yn cymryd ffordd hir yn ôl i ddangos ei fod yn amharod i'w gadael. Pan fydd yn cael ei rhoi yn ôl yn yr arch, mae'r gynulleidfa unwaith eto'n dyfynnu geiriau Moses o'r Beibl:

A phan ddôi'r arch i orffwys, byddai'n dweud,
'Dychwel, Arglwydd, at fyrddiynau Israel.'

(Numeri 10:36)

Arferion amrywiol mewn synagogau Uniongred a Diwygiedig

Gwasanaethau synagogau Uniongred a Diwygiedig

Gall Iddewon ddweud gweddïau yn unrhyw le. I lawer ohonyn nhw, fodd bynnag, mae'n bwysig ymuno ag eraill ar gyfer gweddïau cymunedol. Er mwyn i hyn ddigwydd, mae'n rhaid i minyan (deg dyn) fod yn bresennol. Mae hyn er mwyn creu profiad mwy ysbrydol nag y gall pobl ei gael ar eu pennau eu hunain.

Y gred yw bod gweddïo cymunedol yn llai hunanol na gweddïo unigol. Wrth weddïo gydag eraill, mae gan bawb gyfrifoldeb cymunedol, ac mae addolwyr yn gweddïo dros y gymuned gyfan. Er bod gweddïau dyddiol fel arfer ym mhob synagog, mae'r gymuned yn dod ynghyd ar gyfer gwasanaeth y Shabbat.

Mae gweddïau yn rhan bwysig o unrhyw wasanaeth mewn synagog. Ers canrifoedd, mae rabbiniaid wedi dysgu mai gweddïo yw un o'r ffyrdd gorau o gyfleu cariad at Dduw. Mae'n ffurfio pont rhwng bodau dynol ar y ddaear a Duw. Mae gweddïo mor bwysig, mae adran gyfan o'r Talmud, o'r enw Berachot, yn seiliedig ar weddïo.

Yn hanesyddol nid oedd gweddïau arbennig i'w cael, ond gydag amser, cafodd gwahanol fathau o weddïau penodol eu sefydlu.

- **Moli Duw** – Canmol Duw am ei rinweddau. Drwy feddwl am rinweddau penodol Duw, er enghraifft cyfiawnder, mae Iddewon yn meddwl am y rhinweddau y dylen nhw anelu atynt.
- **Ceisiadau i Dduw** – Nid dim ond ceisiadau am yr hyn mae pobl ei eisiau, ond am yr hyn mae Duw yn credu sydd orau iddyn nhw.
- **Diolchgarwch** – Gweddïau sy'n diolch i Dduw am y bywyd a'r bendithion mae wedi'u rhoi.

Mae enghreifftiau o'r gweddïau hyn i'w cael yn y llyfr gweddi (siddur), sy'n cynnwys llawer o'r gweddïau mae addolwyr yn eu defnyddio mewn bywyd pob dydd ac mewn gwyliau. Mae'n well gan rai Iddewon adrodd eu gweddïau yn Hebraeg, gan ddadlau ei bod yn iaith sanctaidd a'i bod yn cysylltu pob Iddew ar draws y byd. Mae Iddewon eraill yn meddwl ei bod yn bwysicach deall yr hyn sy'n cael ei ddweud. Fel arfer mae gwasanaethau Uniongred yn cynnwys llawer o weddïau yn Hebraeg, ond mewn gwasanaethau Diwygiedig mae cymysgedd o weddïau yn Hebraeg ac yn iaith y wlad.

Er bod pob gweddi'n bwysig mewn Iddewiaeth, mae'r Amidah a'r Shema (gweler t. 138) yn cael eu hystyried yn ddwy o'r rhai pwysicaf.

Yr Amidah

Yr Amidah yw craidd pob gwasanaeth Iddewig, ac felly mae'n cael ei adnabod hefyd fel yr HaTefillah, neu 'Y weddi'. Ystyr Amidah yn llythrennol yw 'sefyll', ac mae pobl yn sefyll drwy'r weddi i ddangos eu bod ym mhresenoldeb Duw. Mae'r Amidah yn cynnwys 18 bendith, ac mae'n bosibl ei rannu'n dair rhan, pob un yn cynrychioli math gwahanol o weddi. Y tri math o weddi yn yr Amidah yw moli Duw, ceisiadau i Dduw, a diolchgarwch.

Adroddir yr Amidah yn dawel gan bob aelod o gynulleidfa neu unigolion yn gweddïo ar eu pennau eu hunain. Mewn sefyllfaoedd cymunedol, bydd yn cael ei ailadrodd yn uchel gan yr arweinydd gweddi neu'r cantor, gyda'r gynulleidfa'n adrodd 'Amen' ar ôl pob un o fendithion yr Amidah.

Tasg

Lluniwch ddiagram Venn.

Mewn un cylch, nodwch arferion Uniongred mewn synagog, ac arferion Diwygiedig yn y cylch arall. Yn y canol, nodwch unrhyw arferion sy'n gyffredin i'r ddau.

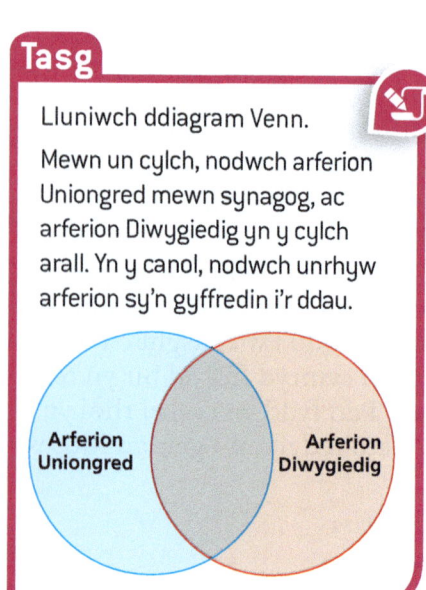

Mae'r Amidah yn gorffen yn ffurfiol drwy adrodd y llinell:

Boed i Dduw, sy'n dod â heddwch i'r byd, ddod â heddwch i ni ac i'r bobl i gyd, Israel. Amen.

Wrth adrodd hyn, mae addolwyr yn cymryd tri cham yn ôl, moesymgrymu i'r ddwy ochr, a chymryd tri cham ymlaen eto, gan adael presenoldeb symbolaidd Duw yn ffurfiol.

Tasgau

1. Darllenwch am bwysigrwydd y Shema ar dudalen 138 ac am yr Amidah uchod ac yna lluniwch a llenwch dabl fel yr un isod.

	Shema	Amidah
Beth yw hyn?		
Pam mae'n bwysig?		
Sut mae Iddewon yn dangos bod y weddi'n bwysig?		

2. Dywedodd rabbi enwog unwaith, 'Mae gweddïo yr un mor bwysig i'r enaid ag yw bwyd i'r corff.' (Y Rabbi Halevi, 1095–1150) Esboniwch yn eich geiriau eich hun beth roedd e'n ei olygu.

Cysyniad Allweddol

Shabbat Diwrnod o adnewyddu ysbrydol a gorffwys. Mae'n dechrau pan fydd yr haul yn machlud ar ddydd Gwener ac yn dod i ben wrth iddi nosi ar ddydd Sadwrn.

Haftorah Darn o un o lyfrau'r Nevi'im (proffwydi), sy'n cael ei ddarllen ar ôl y darlleniad o'r Torah.

Gwasanaeth y Shabbat yn y synagog

Mae'n bwysig iawn i Iddew gael perthynas breifat â Duw, ac mae'n bwysig hefyd i'r gymuned uno mewn addoliad. Ar adeg gwyliau, bydd seremonïau pwysig ond bob wythnos mae gwasanaeth y Shabbat (yr ŵyl wythnosol, o fachlud haul nos Wener i fachlud haul nos Sadwrn) yn dod â'r gymuned ynghyd. Mae llawer o Iddewon yn mynd i wasanaethau synagog ar y Shabbat hyd yn oed os nad ydynt yn ystod yr wythnos. Mae gwasanaethau yn y synagog ar noswyl y Shabbat (nos Wener), bore'r Shabbat (bore Sadwrn) a phrynhawn hwyr y Shabbat (prynhawn dydd Sadwrn). Mae'r cyfnodau gweddïo penodedig yn cyd-fynd â'r amserau pan oedd aberthau'n cael eu hoffrymu yn y Deml yn yr hen ddyddiau.

Gwasanaeth bore'r Shabbat yw gwasanaeth hiraf yr wythnos, a gall bara rhwng dwy a thair awr. Yn ystod y gwasanaeth, mae gweddïau pwysig fel y Shema, yr Amidah a'r Kaddish yn cael eu hoffrymu. Ym mhob gwasanaeth, bydd addolwyr yn darllen darnau o'r Torah a'r **haftorah**. Mae rabbiniaid fel arfer yn cyflwyno pregeth wythnosol sy'n canolbwyntio ar ystyr y darlleniadau o'r Torah a'r haftorah.

Wedi'r gwasanaeth, mae Kiddush yn cael ei gynnal fel arfer. Bendith arbennig yw hon sy'n cael ei hadrodd dros gwpanaid o win neu win y Shabbat cyn swper nos Wener.

Elfennau traddodiadol yw sail y gwasanaeth mewn synagog Ddiwygiedig ond mae'n cynnwys mwy o iaith y wlad ei hun a llawer llai o Hebraeg. Mae Iddewiaeth Ddiwygiedig wedi newid gwasanaethau er mwyn dangos y gwahaniaethau rhwng eu credoau nhw a chredoau Iddewiaeth Uniongred. Fel arfer dydy gweddïau a darlleniadau ddim yn sôn am y credoau am atgyfodiad corfforol, Meseia Iddewig personol, a chyfeiriadau at angylion. Mae gwasanaethau Diwygiedig yn aml yn chwarae cerddoriaeth offerynnol neu wedi'i recordio, ond canu digyfeiliant sydd i'w glywed mewn synagogau Uniongred.

Cysyniad Allweddol

Rabbi Athro ac arweinydd crefyddol sydd ag awdurdod i wneud penderfyniadau ar faterion yn ymwneud â'r gyfraith Iddewig. Y rabbi yw'r prif swyddog crefyddol mewn synagog sydd yn aml (ond nid bob tro) yn arwain yr addoli ac yn cynnal defodau a seremonïau.

Rôl y rabbi

Mae gan bob synagog fwrdd o aelodau sydd, ynghyd â'r rabbi, yn gyfrifol am y synagog. Mae rabbi fel arfer yn cael ei ddewis gan gymuned y synagog i ddysgu a rhoi arweiniad ysbrydol a chrefyddol a chynnig cyngor. I'r mwyafrif, rhinwedd bwysicaf rabbi yw ei ddealltwriaeth o Iddewiaeth. Mae hyn oherwydd mai ei rôl yw gwneud penderfyniadau a dyfarniadau am faterion sy'n ymwneud â chyfraith Iddewig. Mae'r rabbi yn aml yn arwain gwasanaethau, fel gwasanaethau'r Shabbat a gwyliau crefyddol. Er y gall aelodau eraill o'r gymuned arwain gweithredoedd o addoli, y rabbi sydd fel arfer yn cymryd rhan mewn seremonïau a dathliadau, fel priodasau, er mwyn gwneud yn siŵr eu bod yn gyfreithiol gywir.

Mae gwahaniaethau rhwng y mudiadau Uniongred a Diwygiedig o ran pwy sy'n cael bod yn rabbi. Mae synagogau Diwygiedig yn caniatáu i ddynion a menywod fod yn rabbiniaid. Uwch Rabbi yr Iddewon Diwygiedig ym Mhrydain yw Laura Janner Klausner.

Mewn synagogau Uniongred ym Mhrydain, dim ond dynion sy'n cael bod yn rabbiniaid. Yn America, fodd bynnag, mae rhai rabbiniaid benywaidd wedi cael eu hordeinio yn ddiweddar. Y Prif Rabbi ym Mhrydain yw Ephraim Mirvis. Cafodd ei sefydlu ym mis Medi 2013 mewn seremoni a oedd wedi'i mynychu gan y Tywysog Siarl – y tro cyntaf i aelod o'r teulu brenhinol fynychu gwasanaeth i sefydlu Prif Rabbi.

Mewn Iddewiaeth Uniongred, dim ond dynion sy'n cael bod yn rabbiniaid.

Laura Klausner yw Uwch Rabbi yr Iddewon Diwygiedig ym Mhrydain.

Y Rabbi Kagedan yw'r fenyw gyntaf i gael ei hordeinio yn rabbi Uniongred yng Ngogledd America. Bu'n astudio mewn athrofa (coleg diwinyddol) i fenywod yn Efrog Newydd, lle mae graddedigion yn y gorffennol wedi derbyn teitl maharat (arweinydd ysbrydol benywaidd) yn hytrach na rabbi. Dywedodd ei bod eisiau dod yn rabbi er mwyn gwasanaethu'r gymuned, ac er mwyn dangos i bobl fod ganddi yr un rôl â rabbi gwrywaidd. Er bod llawer o Iddewon wedi rhoi cefnogaeth iddi, mae llawer hefyd wedi bod yn anfodlon derbyn rabbi Uniongred benywaidd.

■ Y Rabbi Lila Kagedan, y fenyw gyntaf i fod yn rabbi Uniongred yng Ngogledd America.

Tasgau

1. Ysgrifennwch ddisgrifiad swydd ar gyfer rabbi. Cofiwch gynnwys materion a fyddai'n bwysig i'r gymuned, yn eich barn chi.
2. Pam rydych chi'n meddwl bod y Rabbi Kagedan yn anfodlon â'r teitl maharat?
3. 'Mae Iddewiaeth yn grefydd llawn traddodiadau. Dylai rabbiniaid fod yn ddynion.'
   Rhowch un rheswm o blaid ac un rheswm yn erbyn y gosodiad.

▶ Pwysigrwydd y cartref ar gyfer addoli mewn Iddewiaeth

Heriau a manteision cadw'r Shabbat

Mae pwysigrwydd y cartref i'w weld yn y dathliadau Shabbat wythnosol.

Mae cadw'r Shabbat yn ufuddhau i ddau mitzvot o'r Torah sy'n gysylltiedig â'i gilydd.

> Cofia'r dydd Saboth [y Shabbat], i'w gadw'n gysegredig. Chwe diwrnod yr wyt i weithio a gwneud dy holl waith, ond y mae'r seithfed dydd yn Saboth yr Arglwydd dy Dduw; na wna ddim gwaith y dydd hwnnw, ti na'th fab, na'th ferch, na'th was, na'th forwyn, na'th anifail, na'r estron sydd o fewn dy byrth…

(Exodus 20:8–10)

Drwy gofio'r Shabbat, mae addolwyr yn cofio'i bwysigrwydd fel dathliad o'r creu a hefyd o ryddid yr Israeliaid ar ôl bod yn gaeth yn yr Aifft. Mae cadw'r Shabbat yn golygu dangos ei fod yn sanctaidd drwy addoli yn y cartref ac yn y synagog. I lawer o Iddewon, mae cadw'r Shabbat yn golygu cydnabod y mathau o weithgareddau a thasgau sydd ddim wedi'u caniatáu.

Mae llawer o Iddewon yn ystyried mai'r Shabbat yw'r ŵyl bwysicaf. Maen nhw'n ei gweld fel rhodd gan Dduw, ac fel cyfle i anghofio am bryderon yr wythnos. Ar hyd y canrifoedd, mae'r Shabbat wedi bod yn ŵyl bwysig i Iddewon. Hyd yn oed mewn cyfnodau o erledigaeth, roedd yr Iddewon yn ceisio dathlu'r Shabbat.

Mae nifer o wahanol safbwyntiau ymhlith Iddewon am yr hyn maen nhw'n gallu a ddim yn gallu ei wneud ar y Shabbat. I lawer o Iddewon Uniongred deddfol, mae'n rhaid osgoi pob math o waith oni bai ei fod yn fater o fywyd a marwolaeth. Hefyd, ni ddylen nhw gario eitemau rhwng lleoedd preifat a chyhoeddus. Mewn rhai cymunedau, mae Iddewon Uniongred yn creu ardal arbennig (eruv) yn eu cymdogaethau. Y tu mewn i'r **eruv**, mae gan breswylwyr neu ymwelwyr Iddewig ganiatâd i gario pethau o un lle i'r llall ar y Shabbat.

> **Eruv** Rhan o dref gyda weiren o'i chwmpas, i ymestyn yr ardal lle mae cario eitemau ar y Shabbat wedi'i ganiatáu.

> Wrth i ddynion a menywod Iddewig gael eu rhoi mewn tryciau gorlawn i fynd i'r gwersylloedd crynhoi…
>
> Roedd gan un hen wraig fwndel bach, a gyda chryn ymdrech, llwyddodd i'w agor yn araf. Tynnodd allan ohono ddwy ganhwyllbren a dau hallot [bara seremonïol]. Roedd hi newydd eu paratoi ar gyfer y Shabbat pan gafodd ei llusgo o'i chartref y bore hwnnw. Dyma oedd yr unig bethau roedd hi'n eu hystyried yn werth mynd â nhw gyda hi. Cyn hir roedd canhwyllau'r Sabath yn goleuo wynebau'r Iddewon truenus ac roedd yr olygfa wedi'i thrawsnewid gan gân Lekhah Dodi. Roedd y Sabath gyda'i naws heddychlon wedi dod i lawr arnyn nhw i gyd.
>
> (Darn o *The Sabbath* gan Dayan Grunfeld, 1981)

Mae pob teulu'n dathlu'r Shabbat yn ei ffordd ei hun, er bod rhai nodweddion sy'n gyffredin i'r rhan fwyaf o ddathliadau Shabbat.

Mae'r Shabbat yn dechrau ychydig funudau cyn machlud haul ar nos Wener. Bydd yr union amser yn amrywio, yn dibynnu ar y lleoliad a'r adeg o'r flwyddyn.

Eruv yn gwneud gwahaniaeth ym Manceinion

Mae Iddewon deddfol wedi'u gwahardd rhag gwthio neu gario eitemau pob dydd rhwng machlud haul nos Wener a machlud haul nos Sadwrn, oni bai eu bod mewn ardal arbennig o'r enw eruv. Ymhlith yr eitemau hyn mae bygis, cadeiriau olwyn, allweddi tŷ neu ffonau symudol. Mewn rhai rhannau o Brydain, fel Manceinion, mae eruv yn cael ei greu gan ddefnyddio nodweddion ffisegol, fel waliau a chloddiau, llinellau rheilffordd a ffyrdd, er mwyn amgylchynu darn o dir yn llwyr. I gael ei dderbyn, rhaid iddo fodloni deddfau llym, gan gynnwys 'bod wedi'i amgáu yn llwyr' gan ffiniau naturiol sydd yno'n barod neu gan wifrau ar ben pyst.

	Amserau'r Shabbat 14 Ebrill	Amserau'r Shabbat 22 Rhagfyr
Llundain	Dechrau nos Wener 7.38 p.m.	Dechrau nos Wener 3.36 p.m.
	Gorffen nos Sadwrn 8.51 p.m.	Gorffen nos Sadwrn 4.53 p.m.
Leeds	Dechrau nos Wener 7.48 p.m.	Dechrau nos Wener 3.29 p.m.
	Gorffen nos Sadwrn 9.05 p.m.	Gorffen nos Sadwrn 4.51 p.m.
Glasgow	Dechrau nos Wener 8.04 p.m.	Dechrau nos Wener 3.28 p.m.
	Gorffen nos Sadwrn 9.26 p.m.	Gorffen nos Sadwrn 4.54 p.m.
Caerdydd	Dechrau nos Wener 7.50 p.m.	Dechrau nos Wener 3.48 p.m.
	Gorffen nos Sadwrn 9.03 p.m.	Gorffen nos Sadwrn 5.06 p.m.

■ Enghreifftiau o sut mae amser y Shabbat yn newid drwy'r wlad ar wahanol adegau o'r flwyddyn.

Tasg

Edrychwch ar sut mae amserau'r Shabbat yn newid rhwng mis Rhagfyr a mis Ebrill. Pa wahaniaethau gallai hyn eu gwneud i ffordd o fyw Iddew?

Mae'r fenyw yn y teulu yn goleuo dwy gannwyll i ddod â phresenoldeb y Shabbat i'r cartref. Dyma ddefod sy'n digwydd ar draws y byd ar yr un adeg. Mewn llawer o deuluoedd, mae'r tad yn croesawu'r Shabbat yn y synagog a phan fydd yn cyrraedd gartref, mae'r teulu'n eistedd gyda'i gilydd i gael pryd o fwyd arbennig. Bydd y paratoi i gyd wedi'i wneud cyn i'r Shabbat ddechrau.

Bydd y pryd yn dechrau drwy fendithio dwy dorth o fara, fel arfer torthau wedi'u plethu (challah). Mae'r ddwy dorth hyn yn cynrychioli'r ddau ddogn o'r manna, a gafodd eu bwyta gan yr Israeliaid yn yr anialwch ar ôl yr Exodus o'r Aifft. Bydd gweddi Kiddush yn cael ei hadrodd dros gwpanaid o win ar ddechrau prydau bwyd y Shabbat. Mae'r pryd bwyd yn achlysur hapus er mwyn ymlacio gyda'r teulu cyfan, os oes modd.

Mae canhwyllau'n cael eu goleuo, torthau'n cael eu bendithio, a gweddi'r Kiddush yn cael ei hadrodd dros gwpanaid o win ar ddechrau pryd bwyd y Shabbat.

Mae'r Shabbat yn parhau fel diwrnod o orffwys hyd nes machlud haul y diwrnod canlynol. Ar y bore Sadwrn mae'r teulu fel arfer yn mynd i'r synagog ar gyfer gwasanaeth y Shabbat. I Iddewon

Uniongred, mae'n bwysig eu bod nhw'n cerdded i'r synagog, gan y byddai gyrru car yn cael ei ystyried yn waith, sydd wedi'i wahardd. Ar ôl y gwasanaeth yn y synagog, mae'r rhan fwyaf o deuluoedd yn ymlacio ac yn mwynhau'r diwrnod. I deuluoedd Uniongred mae'n bwysig osgoi unrhyw beth a allai gael ei ystyried yn waith. Gallai hyn gynnwys troi'r trydan ymlaen, coginio neu yrru.

Datgysylltu'r Shabbat

Mae cael diwrnod heb dechnoleg yn dod yn fwy cyffredin i rai nad ydyn nhw'n Iddewon yn ogystal ag Iddewon. Mae mwy a mwy o bobl bellach yn diffodd eu cyfrifiaduron a'u ffonau am y diwrnod er mwyn rhoi sylw i ffrindiau a theulu.

Am y chwe blynedd diwethaf, mae Shlain a'i theulu wedi cadw Shabbat Technoleg, fersiwn modern o'r diwrnod gorffwys Iddewig. Maen nhw'n diffodd pob sgrin sydd ganddyn nhw – ffôn, gliniadur, teledu – cyn swper ar y nos Wener, a ddim yn ailgysylltu am 24 awr.

Adeg machlud haul ar y dydd Sadwrn, mae pwysigrwydd y Shabbat yn cael ei ddangos eto pan fydd y teulu'n dod at ei gilydd i 'ffarwelio' â'r Shabbat. Y weithred sy'n dangos hyn yw goleuo cannwyll havdallah – cannwyll wedi'i phlethu. Ystyr havdallah yw 'gwahanu', ac mae'n symbol o'r gwahaniaeth rhwng y Shabbat a gweddill yr wythnos, nawr bod y diwrnod wedi dod i ben. Mae gwydraid o win yn cael ei basio o amgylch y teulu i gymryd diferyn ohono, ac maen nhw'n arogli blwch o sbeisys melys fel symbol o'r gobaith am wythnos felys o'u blaen.

Mae Iddewon yn dathlu'r Shabbat drwy lawer o ddefodau yn y cartref a'r synagog. Yr elfen bwysicaf yw bwriad pobl yn ystod y Shabbat. Mae eu hymddygiad yn dangos bod y Shabbat yn ddiwrnod arbennig a bod dangos caredigrwydd at eraill yn ffordd o addoli Duw.

Shabbat UK y Prif Rabbi

Bob blwyddyn mae yna un Shabbat arbennig y gall Iddewon i gyd ei ddathlu, ni waeth pa mor ddeddfol ydynt o ran eu crefydd.

Mae dathliadau'r penwythnos yn dechrau fel arfer ar y dydd Iau gyda sesiynau 'Pobi Challah' (torthau wedi'u plethu) a phrydau bwyd cymunedol mewn gwahanol leoliadau, ac maen nhw'n dod i ben gyda chyngerdd enfawr i nodi diwedd y Shabbat (Havdallah) ac i groesawu'r wythnos newydd. Mae synagogau, ysgolion Iddewig a mudiadau Iddewig eraill ledled y DU yn trefnu cyfres o ddigwyddiadau i nodi'r penwythnos. Gall pawb gymryd rhan yn Shabbat UK, o'r Iddewon mwyaf deddfol i'r rheini nad ydynt erioed wedi profi pa mor wych yw'r Shabbat.

Tasgau

1. Dewiswch dri gair gwahanol o'r pos geiriau isod. Esboniwch pam mae pob un yn bwysig.

   Shabbat · kiddush · Gwener · ymlacio · canhwyllau · Gwener · siddur · Sadwrn · bendithion · Sadwrn · canhwyllau · Shabbat · swper · Shabbat · bwyd · hwyl · myfyrio · gwasanaeth · swper · ffrindiau · gwasanaeth · Shabbat · gweddïo · caneuon · bwyd · myfyrio

2. Edrychwch yn ôl ar tt. 149–151 sy'n disgrifio'r gwahanol agweddau at gadw'r Shabbat. Penderfynwch pa un o'r canlynol sy'n fwy tebygol o gael ei ddweud gan Iddewon Uniongred, Iddewon Diwygiedig neu Iddewon Uniongred a Diwygiedig fel ei gilydd.
   - Nid ein lle ni yw cwestiynu ffyrdd Duw. Rhaid ufuddhau i ddeddfau'r Shabbat.
   - Drwy gadw'r Shabbat rydyn ni'n dangos ein diolch i Dduw.
   - Os nad ydyn ni'n cael gweithio, sut gall rabbiniaid arwain gwasanaethau'r Shabbat?
   - Mae'n rhaid i ni weithredu yn ôl ein cydwybod a chofio ein bod ni'n byw yn y byd modern.
   - Nid yw'r dyletswyddau a roddodd Duw i ni wedi newid dros amser. Maen nhw'n dragwyddol.
   - Nid yw arddel crefydd yn golygu dewis y darnau rydych chi eisiau ufuddhau iddyn nhw ac anwybyddu'r lleill.

3. Cwblhewch y cofair canlynol, gan ychwanegu gosodiad perthnasol am y Shabbat sy'n dechrau gyda llythyren gyntaf pob llinell. Mae tair enghraifft wedi'u gwneud i chi.

   Seithfed diwrnod yr wythnos Iddewig yw'r Shabbat

   H

   Amser i fyfyrio a rhoi diolch i Dduw

   B

   B

   A

   Teulu'n dod ynghyd i ymlacio gyda'i gilydd

4. Lluniwch restr o fanteision a heriau cadw'r Shabbat, yn eich barn chi.

▶ Dilyn rheolau kashrut

Dilyn rheolau kosher

> **Cysyniad Allweddol**
>
> **Kashrut** Y gyfraith Iddewig sy'n dweud pa fwydydd mae Iddewon yn gallu a ddim yn gallu eu bwyta, yn ogystal â sut i baratoi'r bwydydd hyn. Mae'r gair 'kashrut' yn dod o'r Hebraeg ac yn golygu addas, priodol neu gywir. Mae'r gair 'kosher' yn disgrifio'r bwyd sy'n bodloni safonau kashrut.

Kosher Addas, priodol; yn aml yn cael ei ddefnyddio i ddisgrifio bwydydd mae Iddewon yn gallu eu bwyta.

Ystyr **kosher** yw 'addas' neu 'briodol' yn ôl y gyfraith Iddewig. Er bod modd ei ddefnyddio i ddisgrifio rhai gweithredoedd arbennig, y defnydd mwyaf cyffredin o'r gair yw i ddisgrifio bwydydd mae Iddewon deddfol yn gallu a ddim yn gallu eu bwyta. Y gwrthwyneb i kosher yw **treifa**, sy'n disgrifio gweithredoedd a bwydydd sydd wedi'u gwahardd. Yr enw ar y deddfau bwyd Iddewig sy'n penderfynu beth sy'n kosher a beth sy'n treifa yw'r **kashrut**.

Mae'r deddfau sy'n ymwneud â bwyd kosher i'w cael yn y Torah. Mae llawer o gyfeiriadau at yr hyn mae Iddewon yn gallu a ddim yn gallu ei fwyta, ond hefyd at y ffordd y dylai bwydydd gael eu paratoi. Yn ôl Genesis 1:29, llysieuwyr oedd y bodau dynol cyntaf. Dim ond ar ôl y dilyw rhoddodd Duw ganiatâd i Noa a'i deulu fwyta cig.

Mae Lefiticus 11:1–24 yn cyfeirio at nifer o faterion yn ymwneud â kosher sy'n dylanwadu ar ffordd o fyw llawer o Iddewon heddiw. Yn y darn hwn mae Duw yn rhoi cyfarwyddiadau i Moses am yr hyn mae'r Israeliaid yn gallu a ddim yn gallu ei fwyta. Wedi'u gwahardd mae:

- llawer o fathau o adar
- pysgod cregyn
- pysgod heb esgyll na chen
- anifeiliaid sydd ddim yn cnoi cil ac sydd â charnau wedi'u hollti'n llwyr.

Mae'n rhaid i anifeiliaid y mae caniatâd i'w bwyta gael eu lladd mewn ffordd arbennig er mwyn eu cyfrif yn kosher. Caiff achosi poen i unrhyw greadur byw ei wahardd yn llwyr yn y gyfraith Iddewig, ac felly defnyddir dull o'r enw **shechitah** sydd i fod i achosi llai o boen i anifeiliaid. Mae gwddf yr anifail yn cael ei dorri â chyllell finiog iawn, ac mae'r anifail yn colli ymwybyddiaeth a marw'n syth. Yr enw ar y person sy'n lladd anifeiliaid ar gyfer cig yw **shochet**. Mae rôl y shochet yn bwysig iawn, ac mae'n rhaid i shochet fyw bywyd moesol dda. Rhaid ei fod yn Iddew gan fod y dull o ladd yr anifail yn fath o gysegriad i Dduw. Mae'r Torah yn rhoi gorchymyn i Iddewon beidio â bwyta gwaed anifeiliaid ac adar. Felly ar ôl cael eu lladd, mae cig yr anifeiliaid yn cael ei osod allan i adael i'r gwaed ddraenio cyn rinsio.

Mae ffrwythau a llysiau yn kosher, a gall Iddewon eu bwyta ni waeth sut maen nhw'n cael eu paratoi.

Er bod y Torah yn eithaf clir am fwydydd sydd wedi'u caniatáu ac wedi'u gwahardd, ac am sut i'w paratoi, nid yw'n rhoi unrhyw resymau dros y deddfau. I Iddewon, mae gwybod bod kashrut wedi'i orchymyn gan Dduw yn ddigon o reswm i ufuddhau iddo.

> **Geiriau sy'n gysylltiedig â kashrut:**
>
> **Kosher** Addas; bwydydd y gall Iddewon deddfol eu bwyta.
>
> **Treifa** Wedi'u gwahardd.
>
> **Parev** Mae hawl eu bwyta gyda chig neu laeth.
>
> **Shechitah** Lladd defodol.
>
> **Shochet** Iddew sydd wedi'i hyfforddi mewn lladd defodol.

▶ Cadw llaeth a chig ar wahân mewn cegin kosher

Nid dewis yr anifeiliaid cywir i'w bwyta a'u paratoi mewn modd priodol yw'r unig ystyriaethau er mwyn glynu wrth ddeiet kosher. Mae rhai cyfuniadau sydd wedi'u gwahardd. Mae Exodus 23:19 yn dweud:

> Yr wyt i ddod â'r cyntaf o flaenffrwyth dy dir i dŷ'r Arglwydd dy Dduw. Paid â berwi myn yn llaeth ei fam.

I Iddewon sy'n cadw cartrefi kosher, mae hyn yn golygu bod rhaid cadw cynnyrch cig a llaeth ar wahân, ac na ddylid eu bwyta yn yr un pryd bwyd. Ni ddylid defnyddio unrhyw declyn coginio sydd wedi'i ddefnyddio i baratoi cig ar gyfer cynnyrch llaeth, ac i'r gwrthwyneb. Er dylid cadw seigiau cig a llaeth ar wahân, mae'n bosibl bwyta rhai bwydydd mewn unrhyw bryd. **Parev** yw'r enw ar y rhain, sy'n cynnwys llysiau, wyau a phlanhigion.

Mae llawer o wahanol benderfyniadau mae'n rhaid i deuluoedd eu gwneud o ran i ba raddau maen nhw'n dilyn rheolau kosher. Gall ystyriaethau crefyddol ac ymarferol effeithio ar arfer y rheolau hyn.

> **Tasgau**
>
> 1. Beth yw ystyr 'kosher'?
> 2. Mae angen i Kieran ystyried y gosodiad canlynol: 'Nid yw dilyn rheolau kosher yn bwysig rhagor.' O drafodaeth Sara a Tanya ar dudalen 154, nodwch chwe phwynt gwahanol gallai Kieran eu gwneud yn ei ateb.

Mae teulu Sara yn Iddewon Uniongred deddfol. Mae hi wedi gwahodd Tanya, ei ffrind sydd ddim yn Iddew, i fwyty kosher.

Sara

Tanya

Sara: Dyma'r fwydlen – paid ag edrych mor bryderus.

Tanya: Ond sut bydda i'n gwybod beth i'w fwyta? Mae llawer o bethau dwyt ti ddim yn gallu eu bwyta, a dw i ddim am dy ypsetio di.

Sara: Bwyty kosher yw hwn. A wnest ti weld y dystysgrif ar ffenestr y siop sy'n dangos ei bod wedi cael ei harchwilio a bod y bwyd wedi'i baratoi mewn ffordd addas a phriodol?

Tanya: Beth rwyt ti'n ei feddwl wrth 'addas a phriodol'? Wyt ti'n golygu eu bod nhw'n lân?

Sara: Wel ie, ond mae'n fwy na hynny. Bwyty cig yw hwn felly does dim prydau gyda llaeth yma, ac mae'r cig i gyd wedi'i ladd yn ôl y rheolau mae'n rhaid i ni eu dilyn.

Tanya: Ai dyna pam dw i ddim yn gweld byrgyr caws ar y fwydlen?

Sara: Yn union. Gartref mae gennym set o blatiau i'n bwydydd â chig a set arall i'n bwydydd â llaeth. Maen nhw'n cael eu cadw mewn rhannau gwahanol o'r gegin.

Tanya: Ond mae'n rhaid bod hynny'n ddrud iawn.

Sara: Ydy wir. Mae bwyd kosher yn ddrud iawn, yn enwedig mewn ardal heb siopau Iddewig. Mae rhai pobl wedi rhoi'r gorau i ddilyn rheolau kosher gan na allan nhw fforddio gwneud hynny.

Tanya: Beth sy'n digwydd iddyn nhw?

Sara: Beth? Wyt ti'n meddwl bydden nhw'n cael eu taro gan fellt a tharanau?! Rhaid i bob unigolyn wneud dewis a byw yn ôl ei ddewis. I mi, mae dilyn rheolau kosher yn fendith. Mae'n helpu'r berthynas â Duw. Dylen ni ddilyn y dyletswyddau mae ef wedi eu rhoi i ni, a dw i'n teimlo'n ddyledus iddo.

Tanya: Ond mae'r rheolau yna'n hen iawn, iawn. Allan nhw ddim bod yn berthnasol heddiw.

Sara: Dyna beth mae rhai ffrindiau Iddewig yn ei ddweud wrth fwyta brechdan bacwn! Rhaid iddo fod yn ddewis unigol fel mae ein perthynas â Duw yn unigol. Dw i'n dilyn rheolau kosher a gobeithio y bydda i bob amser. Mae'n dod â ni ynghyd fel teulu. Dw i'n credu hefyd fod Duw wedi gwneud y rheolau hyn am byth ac na ddylwn eu newid dim ond am ei fod yn anodd neu'n anghyfleus.

Tanya: Ond sut rwyt ti'n gwybod beth i'w fwyta? Mae'n hawdd fan hyn gan fod y fwydlen i gyd yn kosher, ond beth os wyt ti yn rhywle arall?

Sara: Mae'n naturiol i fi erbyn hyn. Mae'n debyg i fod ar ddeiet heb glwten a gwybod beth i'w fwyta a pheidio â'i fwyta. Dw i'n edrych ar y labeli, a bydd arwyddion sy'n dweud beth sy'n kosher neu'n treifah. Gall technoleg helpu hefyd. Mae gan ffrind ddyfais sy'n dweud beth mae'n gallu ei fwyta. Handi iawn wrth deithio.

Tanya: Mae'r holl siarad am fwyd yn fy ngwneud i'n llwglyd – gad i ni archebu.

8 Iddewiaeth: Arferion

Adolygiad Diwedd yr Adran

Ymarfer sgiliau

1. Esboniwch pam mae'n bwysig i Iddewon gadw cegin kosher.
2. 'Mae cadw'r Shabbat yn cymryd gormod o amser.'
   Trafodwch y gosodiad hwn gan ddangos eich bod wedi ystyried mwy nag un safbwynt. (Rhaid i chi gyfeirio at grefydd a chred yn eich ateb.)

Cofiwch

Cysyniadau allweddol:
- Ner tamid
- Rabbi
- Kashrut

Dysgeidiaethau allweddol:
- Y cysyniad o Dduw
- Addoli yn y cartref
- Addoli yn y synagog
- Cadw'r Shabbat
- Dilyn rheolau kashrut

Gwirio gwybodaeth

1. Beth yw ystyr y term 'kashrut'?
2. Ysgrifennwch baragraff byr (tua thair brawddeg) yn esbonio beth yw ystyr 'synagog'.
3. Lluniwch ddiagram Venn. Yn y canol, ysgrifennwch dair cred sy'n gyffredin i Iddewon Uniongred ac Iddewon Diwygiedig. Yn y cylchoedd allanol, ysgrifennwch ddwy gred lle mae ganddyn nhw safbwyntiau gwahanol.
4. Esboniwch beth mae Iddewon yn ei gredu am gadw'r Shabbat. Cofiwch fod yna safbwyntiau gwahanol.

Y Cwestiwn Mawr

'Dydy'r hyn rydych chi'n ei fwyta ddim yn bwysig i Dduw.'

Eich tasg

Sut byddai Iddew yn ymateb i'r gosodiad hwn, yn eich barn chi?

Ysgrifennwch o leiaf dau baragraff manwl.

Rhaid i chi gynnwys dau gyfeiriad at destunau sanctaidd a chyfeiriadau at y termau Uniongred, Diwygiedig a kashrut.

Tasg

Mae angen i chi esbonio yn fanwl y dysgeidiaethau crefyddol am y synagog. Defnyddiwch y canllawiau isod i'ch helpu i ysgrifennu esboniad manwl ar gyfer Iddewiaeth. Gwnewch yn siŵr eich bod yn defnyddio termau allweddol yn rhwydd ac yn aml.

Mae Iddewon i gyd/llawer o Iddewon/y rhan fwyaf o Iddewon yn credu _____.

Daw hyn o'r ddysgeidiaeth/dyfyniad o'r Torah _____.

Mae hyn yn golygu/Oherwydd hyn maen nhw'n _____.

Mae rhai Iddewon/Iddewon eraill fel _____ yn credu _____.

Daw hyn o'r ddysgeidiaeth/dyfyniad o'r Torah _____.

Mae hyn yn golygu/Oherwydd hyn maen nhw'n _____.

Yn olaf, mae Iddewon fel _____ yn credu _____.

Mae hyn yn golygu/Oherwydd hyn maen nhw'n _____.

Mae eu credoau yr un peth/yn wahanol oherwydd _____.

9 Materion bywyd a marwolaeth

Cysyniadau Allweddol

 Ansawdd bywyd Y graddau mae bywyd yn ystyrlon a phleserus.

 **Bywyd ar ôl marwolaeth** Y gred bod bodolaeth yn parhau ar ôl i'r corff farw.

 Cyfrifoldeb amgylcheddol Y ddyletswydd ar fodau dynol i barchu, diogelu a gofalu am yr amgylchedd naturiol. Mae cynaliadwyedd yn allweddol i gyfrifoldeb amgylcheddol.

 Enaid Ochr ysbrydol person sy'n ei gysylltu â Duw. Ystyrir yr enaid yn rhywbeth nad yw'n gorfforol, sy'n byw ar ôl i'r corff farw, mewn bywyd ar ôl marwolaeth.

 Erthylu Pan fydd beichiogrwydd yn dod i ben drwy dynnu'r ffoetws yn fwriadol o'r groth fel nad yw'n arwain at eni plentyn.

 **Esblygiad** Y broses mae gwahanol greaduriaid byw wedi datblygu drwyddi, yn ôl y sôn, o ffurfiau cynharach, llai cymhleth yn ystod hanes y byd.

 Ewthanasia O'r Groeg, *eu* 'da' + *thanatos* 'marwolaeth'. Weithiau mae'n cael ei alw'n 'lladd trugarog'. Y weithred o ladd person, naill ai'n uniongyrchol neu'n anuniongyrchol, yn sgil penderfyniad mai marwolaeth yw'r opsiwn gorau.

 **Sancteiddrwydd bywyd** Y gred bod bywyd yn werthfawr neu'n sanctaidd oherwydd bod bodau dynol wedi'u creu 'ar ddelw Duw'. I lawer o gredinwyr crefyddol, dim ond bodau dynol sy'n meddu ar y statws arbennig hwn.

Cwestiynau Craidd

- Allai bywyd fod wedi datblygu ar ei ben ei hun?
- A oes ffyrdd gwahanol o ddeall ysgrythurau crefyddol?
- A oes enaid anfarwol gan fodau dynol?
- A yw bywydau pobl yn fwy gwerthfawr na bywydau anifeiliaid?
- Beth yw stiwardiaeth amgylcheddol?
- A oes gan faban heb ei eni yr hawl i fywyd?
- A ddylen ni allu gofyn i rywun am help i farw?

Y byd

Tarddiad y byd: safbwyntiau crefyddol a gwyddonol

Crefydd: hanesion y creu

Mae gan lawer o grefyddau'r byd gredoau am sut daeth y byd i fodolaeth. Mae'r traddodiadau monotheïstig (undduwaidd), sef Iddewiaeth, Cristnogaeth ac Islam, yn credu bod yna un Duw sy'n greawdwr, yn hollalluog ac yn ffynhonnell pob bywyd. Mae hanesion y creu, sydd yn eu llyfrau sanctaidd, yn sôn am ddigwyddiad y creu ar ddechrau amser, pan ddaeth bywyd i fodolaeth o ddim byd ar orchymyn Duw. Mae gan y tair crefydd hyn wreiddiau cyffredin, felly mae elfennau o hanesion y creu o Lyfr Genesis yn y Beibl yn ymddangos hefyd yn y Qur'an.

Nid yw Hindŵaeth a Bwdhaeth yn dysgu am fodolaeth un duw monotheïstig sy'n greawdwr. Yn gyffredinol, mae'r crefyddau Dwyreiniol yn gweld tarddiad y bydysawd mewn ffordd fwy dirgel a chwedlonol. Maen nhw'n credu bod y byd yn gylchol, sy'n tueddu i awgrymu bod y byd wedi cael ei ffurfio, ei ddinistrio a'i ailffurfio nifer di-rif o weithiau.

Erbyn heddiw, mae pobl grefyddol yn deall y straeon am y creu mewn nifer mawr o ffyrdd.

> **Dehongliad** Y ffordd mae pobl yn gwneud synnwyr o destun ysgrifenedig. Mae credinwyr gwahanol yn dehongli darnau o'r llyfrau sanctaidd mewn ffyrdd gwahanol.
> **Llythrennol** Deall rhywbeth yn union fel y cafodd ei ysgrifennu.
> **Rhyddfrydol** Meddwl yn rhydd.

▶ **Dehongliad llythrennol** Mae rhai credinwyr crefyddol yn llythrenolwyr. Maen nhw'n credu y dylai testun sanctaidd gael ei ddeall air am air. Mae creadaethwyr yn llythrenolwyr: iddyn nhw, cafodd y byd ei greu yn union fel mae wedi'i ddisgrifio yn y testunau sanctaidd.

▶ **Dehongliad rhyddfrydol** Mae pobl grefyddol eraill yn cymryd safbwynt rhyddfrydol. Maen nhw'n credu y dylai pobl fod yn rhydd i ddeall y llyfrau sanctaidd mewn unrhyw ffordd, yn ôl eu dymuniad. Eu cred nhw yw y dylai'r straeon gael eu hystyried yn fwy fel trosiadau neu straeon symbolaidd. Maen nhw'n wir oherwydd bod ystyr gwirioneddol i'r straeon hyn, ond nid ydyn nhw'n cyfeirio at ddigwyddiadau hanesyddol go iawn.

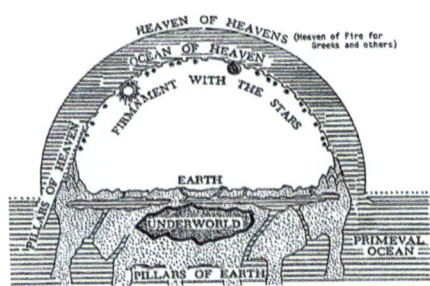

Sut roedd yr hen Hebreaid yn gweld y byd: ymgais i ddarlunio'r ddaear yn wastad a'r nefoedd fel cromen uwchben, fel sydd wedi'i ddisgrifio yn hanes y creu yn Llyfr Genesis.

> **Tasg**
>
> Copïwch y diagram Venn isod. Llenwch ef drwy nodi credoau allweddol am y creu ar gyfer llythrenolwyr a rhyddfrydwyr.
>
>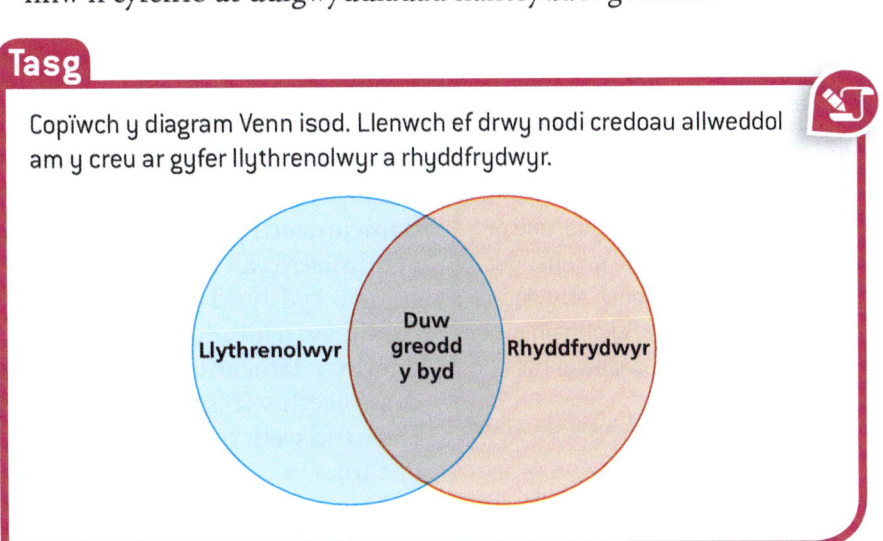

Tasgau

1. Beth yw creadaethydd?
2. Sut mae syniadau creadaethwyr am y byd naturiol yn wahanol i rai pobl anghrefyddol?
3. Darllenwch y gosodiad canlynol gan y Pab Ffransis.

   > Pan fyddwn yn darllen am y creu yn Llyfr Genesis, rydyn ni mewn perygl o ddychmygu Duw fel dewin, gyda ffon hud sy'n gallu gwneud popeth. Ond nid felly y mae. Creodd Duw fodau dynol, a gadawodd iddyn nhw ddatblygu yn ôl y deddfau mewnol a roddodd Ef i bob un er mwyn iddyn nhw gyrraedd eu cyflawniad.

   Esboniwch ai creadaethydd yw'r Pab Ffransis, yn eich barn chi. Defnyddiwch ddyfyniadau o'i osodiad i gefnogi eich pwynt.

Stephen Hawking

Un o'r ffisegwyr sydd wedi gwneud y cyfraniad mwyaf i faes cosmoleg ers dros hanner canrif yw Stephen Hawking. Roedd ei waith ymchwil ddiwedd yr 1960au yn torri tir newydd – dangosodd, pan gafodd y bydysawd ei eni, fod yn rhaid bod y cosmos wedi datblygu allan o hynodyn. Roedd ei astudiaethau'n dangos bod y bydysawd yn edrych fel pe bai'n llonydd, ond ei fod mewn gwirionedd yn ehangu ar gyflymder anhygoel, ac y gall yr ehangu hwn gael ei olrhain yn ôl i un digwyddiad cychwynnol: y Glec Fawr.

Gwyddoniaeth: damcaniaeth y Glec Fawr ac esblygiad

Ers yr unfed ganrif ar bymtheg, mae'r ffordd mae pobl yn y Gorllewin yn deall y byd naturiol wedi newid yn llwyr. Hyd nes i bobl ddechrau meddwl yn wyddonol, roedd y gymdeithas Gristnogol yn derbyn mai'r Beibl oedd gair absoliwt, digyfnewid Duw. Y safbwynt Cristnogol traddodiadol oedd bod y byd wedi'i greu gan Dduw, fel mae'n cael ei ddisgrifio yn Llyfr Genesis.

Yn yr ail ganrif ar bymtheg, cyhoeddodd yr Archesgob Ussher yn Iwerddon fod y byd wedi cael ei greu yn y flwyddyn 4004 CCC. Fodd bynnag, wrth i fwy o dystiolaeth ymddangos ym meysydd daeareg a bioleg, daeth yn amlwg bod y ddaear yn llawer hŷn na hynny. Charles Darwin oedd y person cyntaf i ddangos, gydag argyhoeddiad, fod bywyd wedi codi drwy broses araf a naturiol, sef **esblygiad**, ac felly bod yn rhaid bod y ddaear yn filiynau o flynyddoedd oed.

Yn yr ugeinfed ganrif, dechreuodd gwyddonwyr edrych y tu hwnt i'r ddaear i'r gofod am esboniad o sut cafodd y byd ei greu. Fodd bynnag, dim ond yn 1965 y cafodd damcaniaeth y Glec Fawr ei derbyn fel yr esboniad safonol o darddiad y bydysawd.

Damcaniaeth y Glec Fawr

Cosmoleg yw'r maes gwyddonol sy'n astudio tarddiad y bydysawd. Mae meddylwyr bob amser wedi dadlau ynghylch a oes tarddiad i'r bydysawd, neu a yw wedi bodoli erioed; a yw'n ehangu, neu a yw'n sefydlog (yn llonydd). Yn 1965, cyhoeddodd cosmolegwyr dystiolaeth i ddangos yn sicr bod gan y bydysawd ddechrau. Y ddamcaniaeth hon, bod amser a gofod wedi dechrau tua 15 biliwn o flynyddoedd yn ôl, yw damcaniaeth y Glec Fawr.

Yn ôl y ddamcaniaeth hon, datblygodd y bydysawd o 'hynodyn', sef pwynt sy'n anfeidraidd fach. Roedd yr hynodyn yn anfeidraidd boeth ac yn anfeidraidd ddwys ac, wrth iddo ehangu, dechreuodd gronynnau isatomig ac atomau ymddangos. Wedyn ffurfiodd sêr a phlanedau, sef elfennau'r bydysawd sy'n gyfarwydd i ni. Mae'r rhan fwyaf o ffisegwyr yn credu bydd y bydysawd yn dal i ehangu am sawl biliwn o flynyddoedd i ddod, gan fynd yn fwy, ac yn oerach.

Heddiw mae'r rhan fwyaf o wyddonwyr yn derbyn hyn fel esboniad cywir o'r byd. Daeth y dystiolaeth ar gyfer damcaniaeth y Glec Fawr yn sgil darganfod pelydriad cefndir. Yn ôl gwyddonwyr, mae'r pelydriad hwn yn weddill ers yr ehangu cychwynnol ar ddechrau'r bydysawd. Mae'n bosibl ei ganfod gyda thelesgopau pwerus.

Ymatebion crefyddol i ddamcaniaeth y Glec Fawr

Mae Bwdhyddion, Hindŵiaid a Sikhiaid yn tueddu i dderbyn damcaniaeth y Glec Fawr, ac yn credu bod y byd wedi cael ei ffurfio, ei ddinistrio a'i ailffurfio nifer di-rif o weithiau. Felly mae'r gred hon yn cyd-fynd â'r syniad bod y bydysawd yn dal i ddatblygu.

Nid yw'n anodd i Gristnogion, Iddewon a Mwslimiaid rhyddfrydol dderbyn damcaniaeth y Glec Fawr. Dydyn nhw ddim yn amau'r dystiolaeth sy'n sail i'r ddamcaniaeth, ac maen nhw'n derbyn gallai Duw fod wedi dewis y ffordd hon i ganiatáu i'r bydysawd greu bywyd deallus.

Mae creadaethwyr crefyddol yn feirniadol iawn o'r syniadau hyn. Iddyn nhw, maen nhw'n gwrth-ddweud y gwirionedd bod Duw wedi ffurfio pob bywyd drwy ei rym ei hun.

Hyd yn oed os yw gwyddonwyr yn gywir wrth ddweud bod y bydysawd wedi dechrau gyda'r Glec Fawr, ydyn nhw wir wedi datrys y cwestiwn, 'o ble mae'r bydysawd yn dod'? Dydyn ni'n dal ddim yn gwybod beth wnaeth achosi'r Glec Fawr. Mae rhai Cristnogion wedi dadlau mai Duw wnaeth ei hachosi.

Tasgau

1. **a** Mewn un frawddeg, disgrifiwch ddamcaniaeth y Glec Fawr.

    b Amlinellwch broses y Glec Fawr gan ddefnyddio siart llif.

    > Mae 'hynodyn' yn ymddangos – pwynt bach, bach o fater poeth, dwys
    >
    > ↓
    >
    > Mae'r mater yn ehangu
    >
    > ↓

2. Beth yw'r problemau gyda damcaniaeth y Glec Fawr? Cyfeiriwch at ddwy broblem wahanol yn eich ateb.

3. Copïwch a llenwch y tabl isod drwy roi'r geiriau canlynol yn y golofn gywir:

    ar hap, dyluniad, ffydd, tystiolaeth, newid, damwain, pwrpas, cynllun, tarddiad, tebygolrwydd, gwerth, bywyd, credoau, rhesymu, gobaith, ymddiriedaeth, ffeithiau, prawf.

Cysyniadau gwyddonol	Cysyniadau crefyddol

Damcaniaeth esblygiad

Yn 1859, cyhoeddodd Charles Darwin *On the Origin of Species*. Roedd y llyfr dadleuol hwn yn cyflwyno ei ddamcaniaeth esblygiad drwy **ddethol naturiol**, ac yn esbonio sut mae creaduriaid byw wedi datblygu drwy broses o newid graddol dros filiynau o flynyddoedd. Roedd tystiolaeth fanwl, wedi'i chasglu dros gyfnod o 30 mlynedd o ymchwil gwyddonol, yn sail i'w syniadau.

> [Esblygiad yw] yr un syniad gorau mae unrhyw un wedi'i gael erioed.
>
> (Daniel C Dennett)

Esblygiad dall

Ar Ynysoedd y Galapagos, oddi ar arfordir De America, roedd Darwin wedi sylwi ar adar (pincod) ar yr ynysoedd gwahanol. Sylwodd fod gwahanol fathau o bincod yn byw ar wahanol ynysoedd. Roedd pig trwchus gan rai ohonyn nhw – roedden nhw'n tueddu i fod ar ynysoedd lle mai hadau oedd y prif fwyd. Ar ynysoedd eraill, lle roedd digonedd o ffrwythau cactws tew, roedd pig hir, main gan y pincod.

Cysyniad Allweddol

Esblygiad Y broses mae gwahanol greaduriaid byw wedi datblygu drwyddi, yn ôl y sôn, o ffurfiau cynharach, llai cymhleth yn ystod hanes y byd.

Dethol naturiol Y syniad mai'r rhywogaethau sy'n ffynnu yw'r rheini sydd wedi addasu orau i'w hamgylchedd.

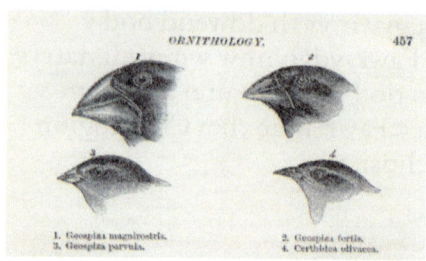

Bu Darwin yn arylswi'r gwahaniaethau ym mhig pincod. Tybiodd fod gan bob un o'r pincod hynafiad cyffredin. Drwy hyn, datblygodd ef ddamcaniaeth esblygiad drwy ddethol naturiol.

Mae ei ddamcaniaeth yn awgrymu bod nodweddion fel hyn wedi digwydd ar hap – amrywiaeth naturiol yn epil yr anifail (fel y gallech chi fod â llygaid brown a'ch brawd â llygaid glas). Mae datblygiad rhywogaethau ar hap yn y modd hwn yn cael ei alw weithiau yn esblygiad 'dall'. Fodd bynnag, weithiau roedd y nodweddion oedd wedi datblygu yn ddefnyddiol iawn; er enghraifft, roedd y pig hir a main yn helpu'r pincod hynny i fwyta'r cactws. Felly roedd yr anifeiliaid a oedd yn meddu ar y nodweddion hyn yn fwy tebygol o oroesi a bridio, a throsglwyddo'r nodwedd i'w hepil. Daeth hyn i gael ei adnabod fel 'goroesiad yr addasaf': roedd yr anifeiliaid hyn yn addasu'n dda i'w hamgylchedd. Awgrymodd Darwin fod y broses hon wedi cael ei hailadrodd drosodd a throsodd, dros gyfnodau hir iawn o amser, gan arwain at rywogaethau hollol newydd o anifeiliaid yn ymddangos.

Ymatebion crefyddol i Darwin

Heddiw, mae llawer o gredinwyr crefyddol yn croesawu damcaniaethau Darwin. Mae Cristnogion rhyddfrydol yn derbyn y syniad y gall gwyddoniaeth ddysgu pethau i ni nad oedd awduron y Beibl yn eu deall. Nid yw'r rhan fwyaf o Iddewon yn cael anhawster derbyn damcaniaeth esblygiad.

Fodd bynnag, mae rhai Cristnogion Efengylaidd a llawer o Fwslimiaid cyffredin yn ystyried esblygiad Darwin yn ymosodiad ar eu credoau. Dyma rai o'r gwrthwynebiadau sydd gan rai pobl grefyddol i ddamcaniaeth esblygiad:

- Mae esblygiad yn awgrymu bod bywyd wedi datblygu ar hap, tra bod yr ysgrythurau sanctaidd (er enghraifft, y Beibl, y Torah a'r Qur'an) yn dysgu mai Duw yw'r creawdwr.
- Mae tanseilio'r Beibl, y Torah neu'r Qur'an yn creu'r posibilrwydd o danseilio'r moesau rydyn ni'n eu rhannu fel bodau dynol, gan arwain at drosedd ac anhrefn.
- Mae ysgrythurau crefyddol yn dysgu mai dim ond bodau dynol sydd wedi derbyn *enaid* gan Dduw, ond os ydyn ni wedi esblygu o anifeiliaid, nid oes lle arbennig i'r enaid dynol.
- Mae esblygiad yn herio dysgeidiaethau'r Beibl, oherwydd mae Genesis yn dweud bod creaduriaid wedi'u gwneud 'yn ôl eu rhywogaeth' (nid yw rhywogaethau'n newid, maen nhw'n sefydlog am byth).

Mae'r 'pysgodyn Iesu' hwn yn symbol Cristnogol a oedd yn cael ei ddefnyddio gan yr Eglwys Fore.

Dyma 'bysgodyn Darwin'. Ydych chi'n meddwl ei fod yn symbol sy'n cael ei ddefnyddio gan Gristnogion sy'n credu mewn esblygiad, neu'n symbol sy'n cael ei ddefnyddio i wneud hwyl am ben credoau Cristnogol am esblygiad? Allwch chi esbonio'ch ateb?

> ### Tasgau
>
> 1 Esboniwch beth yw ystyr esblygiad. Gwnewch yn siŵr eich bod yn defnyddio'r termau canlynol yn eich ateb: damcaniaeth, dethol naturiol, goroesiad yr addasaf, Charles Darwin.
> 2 Crynhowch y prif resymau mae rhai credinwyr crefyddol yn ansicr am ddamcaniaeth esblygiad.
> 3 Edrychwch ar y dyfyniad gan Charles Darwin. Ydych chi'n meddwl ei fod yn atheist (anffyddiwr) neu'n theist? Esboniwch eich safbwynt.
>
> Mae'n ymddangos yn wirion i mi i amau y gall dyn fod yn theist brwd ac yn esblygwr... nid wyf i erioed wedi bod yn atheist yn yr ystyr fy mod yn gwadu bodolaeth Duw.
>
> (Charles Darwin, 1879)

A gafodd y byd ei ddylunio?

Y ddadl ddylunio

Ym marn llawer o gredinwyr crefyddol, mae'r ffaith bod y byd mor brydferth a threfnus yn cynnig tystiolaeth gref o fodolaeth Duw sy'n greawdwr. Eu dadl nhw yw na allai cymlethdod a chydgysylltiad natur fod wedi digwydd ar ei ben ei hun. Rhaid bod meddwl dwyfol y tu ôl i'r greadigaeth.

> **William Paley**
>
> Yn 1802, cyflwynodd y diwinydd William Paley ei gydweddiad enwog am yr oriawr. Pe byddech chi'n dod o hyd i oriawr drwy ddamwain, byddech chi'n meddwl ei bod wedi cael ei dylunio gan oriadurwr (rhywun sy'n gwneud oriawr). Yn yr un modd, wrth edrych ar y byd gyda'i batrymau a'i strwythurau cymhleth, byddech chi'n dod i'r casgliad bod yn rhaid bod rhywbeth cosmig wedi creu'r byd – Duw sy'n dylunio.

Dyluniad deallus

Mae **dyluniad deallus** yn gred boblogaidd yn UDA heddiw ymhlith Cristnogion. Yn ôl y ddamcaniaeth, mae rhai organebau sy'n fyw heddiw na allai fod wedi dod i fodolaeth drwy broses esblygiad araf, ar hap.

Rhith-ddyluniad

Mae'r biolegydd Richard Dawkins yn honni mai damcaniaeth esblygiad yw'r esboniad gorau o sut daeth bywyd i fod. Mae e'n dadlau bod y byd yn ymddangos fel pe bai wedi'i ddylunio, ond bod hynny'n codi'r cwestiwn: pwy ddyluniodd y dylunydd? Yn ôl Dawkins, mae dethol naturiol yn cynnig yr ateb i'r cwestiwn, 'O ble rydyn ni'n dod?' Fel athëist (anffyddiwr), mae e'n dadlau nad yw esblygiad yn dibynnu ar help gan Dduw.

> Mae rhith-ddyluniad y byd byw wedi'i esbonio mewn modd llawer mwy cynnil . . . gan ddethol naturiol Darwin.
>
> (Richard Dawkins)

Dyluniad deallus Y syniad ei bod yn haws esbonio rhai o nodweddion bywyd yn nhermau achos deallus, yn hytrach nag yn nhermau proses heb gyfarwyddwr, fel dethol naturiol.

Mae Richard Dawkins yn dadlau mai esblygiad yw'r esboniad gorau o sut datblygodd bywyd ar y ddaear.

Tasgau

1. Crynhowch beth yw ystyr 'dyluniad deallus'.
2. Amlinellwch y brif ddadl (Yr Oriawr) a gafodd ei chynnig gan William Paley.
3. Rhowch ddwy enghraifft sy'n awgrymu bod y byd fel pe bai wedi cael ei ddylunio. Cofiwch sôn am bethau sy'n dangos trefn yn y byd, fel y tymhorau.
4. Mae Richard Dawkins yn dweud mai rhith yw bod pethau'n ymddangos fel pe baen nhw wedi'u dylunio. Beth mae'n ei olygu wrth hyn?
5. Ydych chi'n cytuno â William Paley neu Richard Dawkins? Esboniwch y rheswm dros eich safbwynt.

Tasgau

1. Beth yw'r prif wahaniaeth rhwng gwyddoniaeth a chrefydd wrth feddwl am y creu?
2. A yw'n bosibl i Gristnogion gredu yn stori'r creu yn y Beibl a damcaniaeth esblygiad?
3. a) Dadansoddwch ganlyniadau arolwg 'Esblygiad heb Dduw? Beth yw barn pobl?'
   b) Esboniwch beth mae'r canlyniadau yn ei ddweud wrthym ni am syniadau modern am y creu. Pam byddai rhai pobl yn synnu gweld y canlyniadau hyn?

Esblygiad heb Dduw? Beth yw barn pobl?

Mewn arolwg o 2,060 o oedolion ym Mhrydain (wedi'i gynnal gan Comres yn 2008), roedd cyfranwyr yn cael y wybodaeth ganlynol:

'Esblygiad atheïstig yw'r syniad bod esblygiad yn golygu bod credu yn Nuw yn ddiangen ac yn wirion.'

Yna roedd yn rhaid iddyn nhw ateb y cwestiwn canlynol:

'Yn eich barn chi, mae esblygiad atheïstig ... ?'

Mae'r canlyniadau i'w gweld yn y tabl.

	%
Yn bendant yn gywir	13
Yn debygol o fod yn gywir	21
Yn debygol o fod yn anghywir	27
Yn bendant yn anghywir	30
Wn i ddim	9

Casgliad: Mae 34 y cant o bobl Prydain yn derbyn esblygiad atheïstig fel syniad.

▶ Dysgeidiaethau crefyddol am hanes creu'r byd

Agweddau Cristnogol at hanes creu'r byd

Mae dwy stori sy'n disgrifio Duw yn creu'r byd ac mae'r ddwy ohonyn nhw yn Llyfr Genesis. (Am ragor o fanylion gweler tt. 7–12.)

Genesis 1:1–2:3

Mae hanes cyntaf y creu yn disgrifio sut creodd Duw y byd dros gyfnod o chwe diwrnod: creu'r ddaear a'r awyr, cyn gwneud yr haul, sêr, planedau, anifeiliaid, ac yn olaf bodau dynol. Bodau dynol yw uchafbwynt creadigaeth Duw, wedi'u gwneud ar ei ddelw ef, sy'n rhoi statws unigryw iddyn nhw fel stiwardiaid y ddaear ar ran Duw. Ar y seithfed dydd gorffwysodd Duw.

> A dywedodd Duw, 'Bydded goleuni.' A bu goleuni.
> (Genesis 1:3)

> Dywedodd Duw, 'Gwnawn ddyn ar ein delw, yn ôl ein llun ni...'
> (Genesis 1:26)

Genesis 2:4–2:25

Mae ail stori'r creu yn dysgu bod Duw wedi gwneud y dyn, Adda, yn gyntaf, cyn yr anifeiliaid, a'i roi yng ngardd Eden i fyw mewn paradwys. Cafodd Adda ei ffurfio o lwch y ddaear ac o anadl Duw (symbol o'r enaid dynol), gan olygu ei fod yn fab y pridd, ond hefyd yn blentyn i Dduw. Er mwyn rhoi partner a ffrind i Adda, penderfynodd Duw greu Efa allan o un o asennau Adda.

Gweithiau sanctaidd Cristnogaeth a gwyddoniaeth

I Gristnogion, mae gan y Beibl statws unigryw fel 'Gair Duw'; nid yw'n debyg i unrhyw ddarn arall o ysgrifennu. Fodd bynnag, mae'r ffordd mae Cristnogion yn dehongli'r Beibl yn amrywio gryn dipyn.

Cristnogion Efengylaidd

Mae llawer o Gristnogion Efengylaidd yn **greadaethwyr**. Maen nhw'n dweud bod yn rhaid bod damcaniaethau gwyddonol, fel esblygiad a'r Glec Fawr, yn anghywir oherwydd eu bod yn gwrth-ddweud y ddealltwriaeth lythrennol o hanesion y creu. Fodd bynnag, mae ffyrdd gwahanol o ddeall creadaeth:

- **Creadaeth daear ifanc** yw'r safbwynt bod y byd wedi cael ei greu gan Dduw mewn chwe diwrnod yn llythrennol, a bod hyn wedi digwydd lai na 10,000 o flynyddoedd yn ôl.
- Mae **creadaeth daear hen** yn cytuno mai Duw greodd y byd, ond mae'n derbyn y syniad bod y creu wedi digwydd filiynau o flynyddoedd yn ôl. Mae chwe diwrnod y creu yn cyfeirio at gyfnodau hir o amser, yn hytrach na chyfnodau 24 awr.

Cristnogion rhyddfrydol

Mae Cristnogion rhyddfrydol yn dweud ei bod yn gwneud mwy o synnwyr ystyried hanesion y Beibl yn chwedlau (straeon sy'n cynnwys doethineb crefyddol), wedi'u hysgrifennu filoedd o flynyddoedd yn ôl gan bobl oedd yn byw mewn oes gyn-wyddonol; ni ddylen nhw gael eu hystyried yn ddigwyddiadau hanesyddol. Mae'r ffaith bod dau hanes y creu yn Genesis fel pe baen nhw'n gwrth-ddweud ei gilydd yn dystiolaeth mai straeon yw'r rhain, nid adroddiadau ffeithiol. (Mae Genesis 1 yn dweud bod bodau dynol wedi cael eu creu ar ddydd olaf y creu; yn ôl Genesis 2, bodau dynol gafodd eu creu gyntaf, cyn yr anifeiliaid.)

I Gristnogion rhyddfrydol, mae'n bosibl derbyn bod meddwl gwyddonol yn rhoi darlun cywir o realiti. Mae Cristnogion rhyddfrydol yn tueddu i gytuno ag esblygiad, ond maen nhw'n credu bod Duw wedi cynllunio y byddai bywyd yn datblygu fel hyn. Fodd bynnag, mae'n bosibl y bydden nhw'n anghytuno ar yr union ran oedd gan Dduw wrth ddod â bywyd i fodolaeth:

- **Esblygiad dan arweiniad theïstig** Y gred bod bywyd wedi dechrau drwy esblygiad, ond bod y broses hon wedi'i llywio gan ymyrraeth uniongyrchol Duw.
- **Esblygiad naturiol** Mae llawer o Gristnogion yn derbyn y dystiolaeth sydd wedi'i chyflwyno gan wyddoniaeth, sy'n dweud mai esblygiad yw'r broses naturiol sydd wedi arwain at fywyd. Serch hynny, bydden nhw'n dweud bod Duw wedi sefydlu deddfau natur cyn i'r bydysawd fodoli.

Creadaeth Y gred bod pob bywyd wedi'i greu gan Dduw, yn union fel y mae.

Agweddau Bwdhaidd at hanes creu'r byd

Nid yw Bwdhaeth yn dysgu am dduw sy'n greawdwr. Yn wir, nid yw Bwdhaeth yn poeni o gwbl am sut cafodd y byd ei greu. Dywedodd y Bwdha fod gwybod sut i oresgyn dioddefaint yn y byd yn fater llawer mwy pwysig.

Yn gyffredinol, byddai Bwdhyddion yn dweud bod cwestiynau ynglŷn â tharddiad y bydysawd yn wyddonol, a bydden nhw'n fodlon derbyn esboniad gwyddonol y Glec Fawr. Yn yr un modd, mae Bwdhyddion yn debygol o dderbyn damcaniaeth esblygiad. Fodd bynnag, ni fydden nhw'n derbyn bod y pethau hyn yn datblygu ar hap. Gan gyfeirio at esblygiad, mae'r Dalai Lama, arweinydd ysbrydol Bwdhyddion Tibet, wedi dweud:

> O safbwynt Bwdhydd, mae'r syniad bod y newidiadau hyn yn digwydd ar hap yn hynod o anfoddhaol o ystyried bod y ddamcaniaeth hon yn honni ei bod yn esbonio tarddiad bywyd.
>
> (Y Dalai Lama, *The Universe in a Single Atom: The Convergence of Science And Spirituality*)

Mae newid (addasu) yn egwyddor greiddiol mewn Bwdhaeth; mae popeth yn newid yn gyson, ond nid yw newid yn digwydd drwy ddamwain. Mae Bwdhaeth yn dysgu bod popeth yn y cosmos yn cysylltu â'i gilydd; mae popeth yn dibynnu ar bopeth arall am ei fodolaeth. Yr enw ar hyn yw 'Tarddiad Dibynnol' (pratityasamutpada). Mae bodolaeth pob peth wedi'i hachosi gan fodolaeth pethau eraill: mae eu 'tarddiad' yn 'ddibynnol' ar bethau eraill. Mae pethau'n datblygu ac yn newid wrth i'r amodau o'u hamgylch ddatblygu a newid. Dywedodd y Bwdha:

> Pan fydd hwn yn bodoli, mae hynny'n dod i fodoli;
> pan fydd hwn yn codi, mae hynny'n codi.
> Lle nad yw hwn yn bodoli, nid yw hynny'n dod i fodoli;
> pan fydd hwn yn dod i ben, mae hynny'n dod i ben.
>
> (Samyutta Sutta 12:61)

Er enghraifft, mae derwen yn tyfu o fesen; mae'n dibynnu ar y fesen am ei bodolaeth. Ond mae'n dibynnu ar bethau eraill hefyd: ansawdd y pridd, hinsawdd, glaw, tymheredd, haul ac yn y blaen. Wrth i'r amodau hyn newid, mae'r goeden yn newid.

Nid bwriad egwyddor Tarddiad Dibynnol yw esbonio sut daeth y bydysawd i fod. Fodd bynnag, mae'r egwyddor yn awgrymu nad oes achos cyntaf: nid oes dim yn dod o ddim, ac ni chafodd dim ei greu. Mae'n awgrymu nad Duw greodd y bydysawd ac nad ef greodd bywyd.

Mae Bwdhaeth yn dysgu bod digwyddiadau'n codi pan fydd yr amodau cywir yn eu lle; mae'r amodau'n parhau ac yna'n dod i ben. Mae hyn yn digwydd mewn ffyrdd rheolaidd, ac mae deddfau ffiseg, cemeg, bioleg a swoleg, er enghraifft, yn cael eu derbyn gan Fwdhyddion. Fodd bynnag, mae Bwdhaeth yn gosod amod arall ar fodau dynol, sef deddf karma. Mae karma yn dangos sut mae ein cymhelliant a'n gweithredoedd yn gallu golygu ein bod mewn cylch diddiwedd o eni a marw [samsara] neu'n bod yn cael ein rhyddhau'n raddol i ryddid Nirvana.

Wrth drafod sut mae Bwdhyddion yn meddwl am y greadigaeth, dywedodd y Dalai Lama:

> Mae hyn yn arwyddocaol gan ei fod yn eithrio dau bosibilrwydd. Y cyntaf yw'r posibilrwydd y gall pethau ymddangos o unman, heb achosion nac amodau, a'r ail yw y gall pethau ymddangos drwy ewyllys dylunydd neu greawdwr trosgynnol. Rhaid diystyru'r ddau bosibilrwydd hyn.
>
> (Dyfyniad yn *The New Mandala – Eastern Wisdom for Western Living*, John Lundin)

Agweddau Mwslimaidd at hanes creu'r byd

Mae'r Qur'an yn dysgu mai Duw yw creawdwr a chynhaliwr pob bywyd, ond yn wahanol i'r Beibl, nid yw hanes y creu ar ffurf un stori. Mae darnau am y creu wedi'u gwasgaru drwy'r Qur'an i gyd. Mae Mwslimiaid yn credu bod Duw wedi creu'r nefoedd a'r ddaear o sylwedd di-ffurf dros chwe chyfnod hir o amser. Creodd bobl allan o glai, gan fowldio Adda ac anadlu bywyd a grym i mewn iddo. Aeth ag Adda i baradwys a gwneud gwraig iddo.

> Yn wir, Allah yw eich Arglwydd a greodd y nefoedd a'r ddaear mewn chwe diwrnod ac yna ei sefydlu ei hun uwchben yr Orsedd. Mae'n gorchuddio'r nos â'r dydd, sydd ei hun wedi'i ymlid yn gyflym gan nos arall; ac Ef greodd yr haul, y lleuad, a'r sêr, o dan ei orchymyn Ef. Does dim dwywaith mai ei eiddo Ef yw'r greadigaeth a'r gorchymyn; bendigedig yw Duw, Arglwydd y bydoedd.
>
> (Qur'an 7:54)

Gweithiau sanctaidd Islam a gwyddoniaeth

Mae Islam yn dysgu bod y Qur'an yn destun sanctaidd ac mai'r geiriau sydd ynddo yw union eiriau Duw. Mae'r rhan fwyaf o Fwslimiaid yn credu bod y Qur'an yn llythrennol wir, nid yn drosiadol. Oherwydd hyn, mae llawer o Fwslimiaid yn greadaethwyr: maen nhw'n dweud mai Duw greodd y ddaear; ni allai fod wedi dod i fodolaeth ar ei ben ei hun. Mae Islam yn tueddu i arddel creadaeth daear hen, sef y syniad bod Duw wedi creu'r byd dros chwe chyfnod hir o amser.

Bydd rhai Mwslimiaid yn beirniadu damcaniaeth esblygiad. Mae'r Qur'an yn cyfeirio'n benodol at Dduw yn creu Adda. Oherwydd hyn, hyd yn oed os ydyn nhw'n derbyn y rhan fwyaf o agweddau esblygiad, bydd llawer o Fwslimiaid yn gwrthod derbyn esblygiad dynol fel syniad.

> Er bod y Qur'an, fel y Beibl, yn sôn bod y creu wedi cymryd chwe 'dydd', mae'r gair Arabaidd sy'n ymddangos yn y Qur'an yn golygu chwe chyfnod hir o amser, yn hytrach na 24 awr yn union.

> Onid yw Ef a greodd y nefoedd a'r ddaear yn gallu creu rhai tebyg iddyn nhw? Ydy, [felly y mae]; ac Ef yw'r Creawdwr Gwybodus.
>
> (Qur'an 36:81)

Fodd bynnag, mae llawer o Fwslimiaid yn gallu derbyn esboniadau gwyddonol am y byd heb drafferth o gwbl, ac yn credu yn y Qur'an yr un pryd. Nid ydyn nhw'n anghytuno â gwyddoniaeth, ac maen nhw'n derbyn esblygiad oherwydd maen nhw'n dweud nad yw syniadau gwyddonol yn gwrthbrofi bodolaeth Duw. Rhan bwysig o fod yn Fwslim yw ymdrechu i wella eu dealltwriaeth o'r byd, felly mae mwy o wybodaeth wyddonol yn rhoi ymwybyddiaeth ddyfnach o'r ffordd y creodd Duw y byd.

> Onid yw'r rheini nad oeddent yn credu wedi ystyried bod y nefoedd a'r ddaear yn un endid, a'n bod Ni wedi eu gwahanu ac wedi gwneud popeth byw o ddŵr? Yna pam nad ydyn nhw'n credu?
>
> (Qur'an 21:30)

> Gall llyfr Duw a llyfr Natur ddod at ei gilydd.
>
> (Dr Hasan)

Agweddau Iddewig at hanes creu'r byd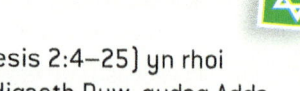

Mae Iddewon yn credu mai un Duw sydd, ac mai ef yw ffynhonnell a phwrpas pob bywyd. Mae Llyfr Genesis, sef llyfr cyntaf y Torah, yn adrodd dau hanes am darddiad y byd.

Mae'r stori gyntaf am y creu yn dweud:

> Yn y dechreuad creodd Duw y nefoedd a'r ddaear. Yr oedd y ddaear yn afluniaidd a gwag ... A dywedodd Duw, 'Bydded goleuni.'
>
> (Genesis 1:1–3)

Mae'r stori hon yn mynd ymlaen i ddisgrifio chwe 'dydd' y creu. Ar y chweched dydd, mae Duw yn creu bodau dynol: 'Felly creodd Duw ddyn ar ei ddelw ei hun…'

Mae'r ail stori am y creu (Genesis 2:4–25) yn rhoi adroddiad gwahanol am greadigaeth Duw, gydag Adda ac Efa'n cael eu creu a'u rhoi yng ngardd Eden.

Mae llawer o Iddewon yn credu mai'r Torah yw 'Gair Duw', ond os yw hyn yn wir, sut gall y ddwy stori fod yn wir?

Mae Iddewon Uniongred yn cymryd safbwynt llythrenolaidd: maen nhw'n credu bod y straeon hyn yn adroddiadau gwir am darddiad y byd. Maen nhw'n dweud y gwnaeth Duw eu datgelu i Moses, ac maen nhw'n dadlau bod yr adroddiadau gwahanol yn ymddangos fel pe baen nhw'n gwrth-ddweud ei gilydd dim ond am nad ydyn ni wedi eu deall yn iawn.

Byddai Iddewon Diwygiedig yn cymryd safbwynt mwy rhyddfrydol ac yn cwestiynu ai Moses oedd gwir awdur Genesis. Bydden nhw'n dadlau bod straeon gwahanol yn bodoli oherwydd bod ganddyn nhw awduron gwahanol, ac mai yn ddiweddarach y cawson nhw eu rhoi at ei gilydd yn y Torah.

Gweithiau sanctaidd Iddewiaeth a gwyddoniaeth

Byddai rhai Iddewon Uniongred yn ystyried y darnau am y creu yn Genesis yn ffeithiau hanesyddol, felly byddai'n anodd iddyn nhw dderbyn syniadau gwyddonol modern. Mae hanesion y creu yn dweud bod Duw wedi creu pob rhywogaeth yn union fel maen nhw heddiw, wedi'u gwneud felly am byth. Mae hyn yn eu harwain i wrthod syniadau am esblygiad, lle mae rhywogaethau'n ymddangos ac yn newid dros filiynau o flynyddoedd.

Nid yw Iddewon eraill, mwy rhyddfrydol, yn cael unrhyw anhawster derbyn damcaniaethau gwyddonol fel y Glec Fawr ac esblygiad. Fodd bynnag, ni fydden nhw'n derbyn casgliad y dyneiddwyr, sef nad oes angen Duw. Maen nhw'n dal i gredu yn Nuw fel cynhaliwr a darparwr, ond maen nhw'n dadlau mai Duw ddechreuodd y bydysawd drwy greu'r Glec Fawr, a'i fod wedi llywio proses creu bywyd drwy esblygiad.

Agweddau dyneiddwyr at hanes creu'r byd

Mae dyneiddwyr yn credu y gallwn ni ddeall y byd drwy wyddoniaeth, a bod esboniadau crefyddol am y byd yn annibynadwy. Maen nhw'n dweud nad oes rhesymau da dros gredu ym modolaeth Duw, a bod digon o dystiolaeth i awgrymu bod y byd wedi ei ffurfio ei hun drwy brosesau araf a graddol, dros gyfnod o sawl biliwn o flynyddoedd. Gall esblygiad ein helpu i ddeall y ffordd mae rhywogaethau'n perthyn i'w gilydd heddiw, yn hytrach na dibynnu ar y gred grefyddol bod y broses o greu bywyd yn 'ddirgelwch'.

Tasgau

1. Beth yw'r prif wahaniaethau rhwng hanesion y creu yn y traddodiadau Cristnogol, Iddewig a Mwslimaidd, o'u cymharu â Bwdhaeth?
2. Sut mae Cristnogion sy'n greadaethwyr yn ystyried hanesion y creu?
3. Sut mae Cristnogion rhyddfrydol yn ystyried hanesion y creu?
4. Gan ddefnyddio'r tabl isod, lluniwch restr o'r prif dermau sy'n gysylltiedig â'r creu.

Term	Diffiniad	Crynodeb
Monotheïstiaeth (undduwiaeth)		Un Duw
Cred grefyddol	Derbyn bod pwrpas ysbrydol i fywyd.	

5. Esboniwch pam mae syniadau am y creu wedi newid dros amser.

Stiwardiaeth a'r berthynas rhwng bodau dynol a'r byd naturiol

Beth yw stiwardiaeth?

Ystyr stiwardiaeth yw gofalu am y blaned a rheoli ei hadnoddau. Mae stiwardiaid fel ymddiriedolwyr neu ofalwyr; maen nhw'n gyfrifol am edrych ar ôl eiddo rhywun tra bod y person hwnnw i ffwrdd. Mae llawer o gredinwyr yn dweud bod Duw wedi rhoi dyletswydd arbennig i fodau dynol, sef gofalu am y byd ar ei ran, gan mai bodau dynol yw ei eiddo mwyaf gwerthfawr.

> Mae'r ddaear yn darparu digon i fodloni anghenion pob dyn, ond nid trachwant pob dyn.
>
> (Mahatma Gandhi)

Mae stiwardiaeth yn awgrymu ei bod yn ddyletswydd ar fodau dynol i sicrhau bod modd bodloni'r galw am adnoddau naturiol, a hynny heb leihau capasiti. Bwriad hyn yw sicrhau bod dynoliaeth i gyd a'r rhywogaethau anifeiliaid eraill i gyd, yn ogystal â phlanhigion, yn gallu byw yn dda, heddiw ac yn y dyfodol. Yr enw ar hyn yw **cynaliadwyedd amgylcheddol**.

Mae hyn, yn ei dro, yn golygu y dylen ni feddwl amdanom ni'n hunain fel **dinasyddion byd-eang**. Dylen ni ystyried y byd cyfan yn gartref i ni, nid dim ond y dref lle rydyn ni'n byw neu ein gwlad enedigol. Mae'r cyfrifoldeb i ofalu am goedwigoedd glaw'r Amazonas a newid hinsawdd byd-eang yr un mor bwysig â'r cyfrifoldeb i leihau llygredd yn ein cymunedau lleol ein hunain.

> **Cysyniad Allweddol**
>
>
>
> **Cyfrifoldeb amgylcheddol**
> Y ddyletswydd ar fodau dynol i barchu, diogelu a gofalu am yr amgylchedd naturiol. Mae cynaliadwyedd yn allweddol i gyfrifoldeb amgylcheddol.

Cynaliadwyedd amgylcheddol
Sicrhau bod y galw am adnoddau naturiol yn gallu cael ei fodloni heb leihau capasiti.

Dinasyddiaeth fyd-eang Y syniad y dylen ni ein hystyried ein hunain yn rhan o gymuned y byd.

Cymorth Cristnogol a dinasyddiaeth fyd-eang

Yn 2015, cytunodd gwledydd y Cenhedloedd Unedig ar 17 cyrchnod i roi diwedd ar dlodi, gwarchod y blaned a sicrhau ffyniant i bawb fel rhan o raglen datblygiad cynaliadwy newydd. Mae targedau penodol yn gysylltiedig â phob cyrchnod, i'w cyflawni erbyn 2030. Wrth gwrs, mae'n rhaid i lywodraethau chwarae eu rhan er mwyn cyrraedd y targedau, ond yn ôl y Cenhedloedd Unedig, mae gan bob dinesydd ran i'w chwarae hefyd sef ymddwyn fel dinesydd byd-eang i greu dyfodol cynaliadwy i bawb ar y blaned.

Mudiad Cristnogol yw Cymorth Cristnogol sy'n gweithio ar draws y byd i greu'r amodau lle gall pawb fyw gydag urddas, heb dlodi. Mae rhan o'i waith yn ymwneud â gweithio i gyflawni cynaliadwyedd amgylcheddol er mwyn i bobl allu byw mewn amgylchedd llewyrchus.

Mae Cymorth Cristnogol, felly, wedi datblygu rhaglen i helpu i gyflawni'r Cyrchnodau Datblygiad Cynaliadwy. Yn ôl yr elusen, addysg yw'r elfen fwyaf allweddol i gyflawni'r cyrchnodau, ac mae wedi cynhyrchu deunyddiau dysgu i'w defnyddio mewn ysgolion er mwyn cyfleu'r neges. Ym marn Dr Tanya Wisely, ar ran Cymorth Cristnogol:

> Mae addysg yn hanfodol i gyflawni'r Cyrchnodau Byd-eang, ac mae tegwch a chydraddoldeb, syniadau sy'n sail i lawer o'r Cyrchnodau Byd-eang, yn rhan allweddol o addysg dda. Mae'n gylch rhinweddol.

Ystyr stiwardiaeth yw gofalu am y blaned.

Dysgeidiaethau crefyddol am stiwardiaeth

Agweddau Cristnogol at stiwardiaeth

Mae Cristnogion yn credu bod bywyd yn rhodd gan Dduw, a bod Duw wedi gwneud bodau dynol yn stiwardiaid y byd. Mae Genesis 1:26 yn dysgu bod Duw wedi creu dynion a menywod yn ôl ei ddelw ei hun, sy'n golygu bod enaid gan bob bod dynol – rhywbeth unigryw ymhlith creaduriaid. Mae Genesis 2:7 yn dweud bod Duw wedi ffurfio Adda o'r llwch ac wedi anadlu ei fywyd dwyfol i mewn iddo.

Mae'r ddau ddarn hyn yn awgrymu bod pobl wedi cael eu creu â statws arbennig, uwchlaw gweddill natur. Fodd bynnag, mae hyn yn arwain at anghytuno ymhlith Cristnogion ynglŷn â sut dylen ni drin yr amgylchedd.

> Eto gwnaethost ef (bod dynol) ychydig islaw duw a'i goroni â gogoniant ac anrhydedd. Rhoist iddo awdurdod ar waith dy ddwylo, a gosod popeth dan ei draed...
>
> (Salm 8:5–6)

> Bendithiodd Duw hwy a dweud, 'Byddwch ffrwythlon ac amlhewch, llanwch y ddaear a darostyngwch hi; llywodraethwch ar bysgod y môr, ar adar yr awyr, ac ar bopeth byw sy'n ymlusgo ar y ddaear.'
>
> (Genesis 1:28)

Awdurdod: llywodraethu ar natur

Mae Cristnogion Efengylaidd yn tueddu i feddwl bod y Beibl yn llythrennol wir. Felly, oherwydd bod Genesis 1:28 yn dweud bod Duw wedi creu pobl i 'lywodraethu' ar natur, maen nhw'n credu bod hyn yn rhoi hawl i ni ddefnyddio adnoddau naturiol y byd er ein budd ein hunain. Mewn geiriau eraill, maen nhw'n credu bod gan bobl 'awdurdod' dros natur.

Stiwardiaeth: byw mewn cytgord â natur

Mae Cristnogion mwy rhyddfrydol, fodd bynnag, yn dadlau y dylai pobl fod yn stiwardiaid y ddaear, yn hytrach na manteisio arni. Mae Genesis 2:15 yn sôn am Dduw yn rhoi Adda yng ngardd Eden 'i'w thrin a'i chadw'.

Maen nhw'n dweud bod gan fodau dynol gyfrifoldeb dros yr amgylchedd, i edrych ar ôl adnoddau gwerthfawr y blaned. Mae Duw wedi ymddiried ynom ni i fyw fel stiwardiaid a dylen ni fod yn ddinasyddion byd-eang cyfrifol, gan ddefnyddio adnoddau'r byd mewn modd cynaliadwy.

Ymgyrchwyr amgylcheddol yw 'Cristnogion Gwyrdd', sy'n hybu ymwybyddiaeth a gweithredu mewn eglwysi, cymunedau ac yn genedlaethol.

Agweddau Bwdhaidd at stiwardiaeth

Pratityasamutpada (Tarddiad Dibynnol)

Mae'r egwyddor Fwdhaidd pratityasamutpada (Tarddiad Dibynnol) yn dweud bod popeth yn cysylltu â'i gilydd, ac yn dibynnu ar bopeth arall am ei fodolaeth. Nid oes dim yn dod i fodolaeth yn annibynnol, nid oes dim yn parhau i fodoli heb gysylltiad ag unrhyw beth arall.

Wrth ystyried y berthynas rhwng bodau dynol a'u hamgylchedd, mae Tarddiad Dibynnol yn awgrymu ein bod yn effeithio ar ein hamgylchedd, ond bod ein hamgylchedd yn effeithio arnom ni hefyd. Mae egwyddor karma yn dweud bod canlyniadau cymesur i weithredoedd dynol. Felly mae gweithredoedd sy'n niweidio'r amgylchedd yn dod i effeithio ar ddynoliaeth mewn ffordd negyddol. Ar y llaw arall, pan fydd pobl yn cymryd gofal cyfrifol dros y byd naturiol, maen nhw'n creu'r amodau i'r ddaear gefnogi a chynnal eu bodolaeth.

Er enghraifft, mae gweithgaredd dynol wedi golygu defnyddio 'nwyon tŷ gwydr' sy'n achosi cynhesu byd-eang. Effaith hyn yw newid hinsawdd: llenni iâ yn toddi, lefelau'r môr yn codi, mwy o law ac eira ac yn y blaen. Os yw hyn yn parhau, bydd yn fwy anodd cael dŵr croyw, bydd nifer yr ardaloedd lle mae cnydau'n tyfu'n dda yn lleihau, bydd cynefinoedd anifeiliaid yn symud a bydd afiechydon yn lledu.

I'r gwrthwyneb, pan fydd pobl yn cymryd camau i leihau eu dylanwad negyddol ar yr amgylchedd, er enghraifft drwy ailgylchu, bydd llai o dirlenwi, bydd defnydd egni yn is, a bydd llygredd yn gostwng. Mae'r pethau hyn yn lleihau effeithiau cynhesu byd-eang ac yn galluogi'r ddaear i gynhyrchu bwyd, dŵr, meddyginiaeth ac yn y blaen, mewn ffordd gynaliadwy.

Achosi niwed

Yr hyn yw egwyddor Gweithredu Cywir (pedwaredd elfen y Llwybr Wythblyg Nobl) yn ei bôn yw canllawiau i osgoi unrhyw weithredoedd sy'n niweidio'r amgylchedd o'n hamlgych, gan gynnwys, wrth gwrs, yr amgylchedd naturiol. Mae'r ail o'r Pum Argymhelliad hefyd yn rhybuddio yn erbyn cymryd yr hyn nad yw wedi'i roi am ddim, ac mae nifer yn teimlo bod bodau dynol wedi cymryd o'r amgylchedd mewn ffyrdd sydd ddim yn gynaliadwy.

Yn ôl Thich Nhat Hanh, Bwdhydd Zen o Viet Nam:

> Ni ddylen ni ein niweidio'n hunain; ni ddylen ni niweidio natur. Mae niweidio natur yn golygu ein niweidio'n hunain, ac i'r gwrthwyneb.
>
> (O'i erthygl *The Individual, Society and Nature*, o'r gyfrol *The Path of Compassion: Writings on Socially Engaged Buddhism*)

Statws bodau dynol

Er bod Bwdhaeth yn dysgu y dylen ni ofalu am yr amgylchedd, nid yw hynny er mwyn gwneud bywyd bodau dynol yn gyfforddus; mae'n arwydd o barch at bob creadur byw ac yn cydnabod ein bod yn gysylltiedig â'n gilydd.

Felly ni all Bwdhaeth gytuno â'r crefyddau hynny sy'n dweud bod gan fodau dynol statws arbennig ar y ddaear, gan gynnwys awdurdod neu stiwardiaeth ar ran Duw. Nid yw statws bodau dynol yn uwch na statws pethau byw eraill, ond mae gallu bodau dynol i ddatblygu doethineb, tosturi a charedigrwydd cariadus yn rhoi cyfrifoldeb arbennig iddyn nhw i estyn y pethau hyn i bob peth byw.

Mae rhai mudiadau Bwdhaidd wedi sefydlu canolfannau encilio sy'n cynnig modelau o fywyd cynaliadwy, yn seiliedig ar egwyddorion Bwdhaidd. Er enghraifft, cafodd Canolfan Lam Rim yn Rhaglan, Sir Fynwy, ei sefydlu yn 1978 i gynnig man tawel lle gall pobl gael profiad o ddilyn gwerthoedd Bwdhaidd. Bwriad y ganolfan yw:

> Meithrin ymwybyddiaeth ynom ni ein hunain ac mewn eraill er mwyn tynnu sylw at sefyllfa argyfyngus newid hinsawdd a dod o hyd i ffordd o atal hyn rhag parhau.

Uchelgais y ganolfan yw gwrthdroi newid hinsawdd, gan ddechrau gydag unigolion a grwpiau bach:

> Byddwn yn cymryd camau syml, ymarferol, cyraeddadwy, a realistig ar lefel llawr gwlad er mwyn datblygu gallu personol a thorfol i ymateb i'r argyfwng newid hinsawdd sy'n ein hwynebu ni i gyd.

Agweddau Mwslimaidd at stiwardiaeth

Stiwardiaeth

Mae Islam yn dysgu bod yn rhaid parchu anifeiliaid, ond yn wahanol i fodau dynol, nid ydyn nhw'n sanctaidd. Mae Mwslimiaid, fel Cristnogion, yn credu mai Duw yw creawdwr hollalluog pob bywyd, a bod bodau dynol wedi'u creu gyda chyfrifoldebau arbennig. Ni yw ei ymddiriedolwyr (**khalifah**), wedi ein penodi i ofalu am y byd a'i reoli fel byddai Duw yn ei ddymuno. Nid ein byd ni ydyw i'w wastraffu neu ei ddifetha; rhaid iddo gael ei ddiogelu ar gyfer y cenedlaethau sydd i ddod.

> **Khalifah** Y gair Arabeg am 'stiward'.
> **Fitrah** Trefn naturiol, cydbwysedd.

Cyfrifoldeb amgylcheddol

Mae Islam yn dysgu bod patrwm a chydbwysedd yn y bydysawd, o'r enw **fitrah**.

Mae goroesiad a pharhad y blaned yn dibynnu ar gynnal y cydbwysedd hwn. Rôl bodau dynol, fel khalifah, yw gweithio i gynnal y fitrah (cydbwysedd) hwn drwy fod yn ymwybodol bod angen defnyddio adnoddau'r ddaear mewn ffordd deg.

I lawer o Fwslimiaid, mae hyn yn golygu y dylen nhw ymddwyn fel dinasyddion byd-eang, gan fyw mewn ffordd gynaliadwy. Mae eraill yn dadlau mai'r rheswm y dylen nhw drin y ddaear â gofal yw oherwydd bydd Duw yn eu barnu ar y ffordd maen nhw wedi edrych ar ôl y byd naturiol.

> Mae'r ddaear yn wyrdd ac yn brydferth. Mae Duw wedi eich penodi yn stiwardiaid drosti.
>
> (Hadith)

Dywedodd y Proffwyd Muhammad bod yn rhaid trin anifeiliaid â gofal, ac adroddodd stori am butain, ar ddiwrnod poeth iawn, a aeth i gasglu dŵr o ffynnon i'w roi i gi. Oherwydd y weithred garedig hon, dywedodd y byddai Duw yn maddau iddi am ei phechodau i gyd.

> Ac Ef sydd wedi eich gwneud yn olynwyr ar y ddaear ac wedi codi rhai ohonoch uwchlaw eraill mewn graddfeydd [o safle] fel y gall Ef eich rhoi ar brawf drwy'r hyn mae Ef wedi'i roi i chi.
>
> (Qur'an 6:165)

Fodd bynnag, mae'r Qur'an yn pwysleisio bod y byd yn eiddo i'w greawdwr:

> Yn wir, Allah yw eich Arglwydd a greodd y nefoedd a'r ddaear mewn chwe diwrnod ac yna ei sefydlu ei hun uwchben yr Orsedd. Mae'n gorchuddio'r nos â'r dydd, sydd ei hun wedi'i ymlid yn gyflym gan nos arall; ac Ef greodd yr haul, y lleuad, a'r sêr, o dan ei orchymyn Ef. Does dim dwywaith mai ei eiddo Ef yw'r greadigaeth a'r gorchymyn; bendigedig yw Allah, Arglwydd y bydoedd.
>
> (Qur'an 7:54)

Felly tro dy wyneb tuag at y grefydd, gan ogwyddo tua'r gwirionedd. Glyna wrth fitrah Duw, yr hyn y mae Ef wedi'i ddefnyddio i greu'r bobl [i gyd]. Ni ddylai fod newid yng nghreadigaeth Duw. Dyna'r grefydd gywir, ond nid yw'r rhan fwyaf o bobl yn gwybod hyn.

(Qur'an 30:30)

Agweddau Iddewig at stiwardiaeth

Mae arweinwyr Iddewig heddiw yn dysgu bod yn rhaid i fodau dynol ymddwyn fel dinasyddion byd-eang cyfrifol, gan weithredu fel stiwardiaid dros greadigaeth Duw. Mae nifer o ddysgeidiaethau am sut i ofalu am y ddaear, rhai yn tarddu o'r Tenakh, eraill o'r Talmud neu o draddodiadau Iddewig.

Stiwardiaeth ac awdurdod

Mae Genesis 1 yn esbonio bod Duw wedi dweud mai bodau dynol fyddai'n rheoli natur:

...llywodraethwch ar bysgod y môr, ar adar yr awyr, ac ar bopeth byw sy'n ymlusgo ar y ddaear.

(Genesis 1:28)

Ein cyfrifoldeb ni fel Iddewon yw sicrhau bod amddiffyn natur gyfan wrth wraidd ein hymdrechion.

(Rabbi Arthur Hertzberg)

Mae'n rhaid i fodau dynol drin yr amgylchedd â pharch oherwydd bod y ddaear yn eiddo i Dduw, a ni yw'r gofalwyr dros dro. Mae stiwardiaeth yn rhodd ac yn ddyletswydd.

Cynaliadwyedd amgylcheddol

Mae gŵyl flynyddol Tu B'Shevat (Blwyddyn Newydd y Coed) yn ffordd bwerus o'n hatgoffa bod yn rhaid i fodau dynol ddysgu byw bywydau sy'n amgylcheddol gynaliadwy. Daw Tu B'Shevat ar ddechrau'r gwanwyn, ac mae Iddewon yn Israel ac o amgylch y byd yn nodi'r digwyddiad drwy blannu coed ble bynnag y gallan nhw. Maen nhw hefyd yn dathlu'r diwrnod drwy fwyta ffrwythau, yn enwedig rhai o'r mathau sy'n cael eu henwi yn y Torah: grawnwin, ffigys, pomgranadau, olifau a datys.

Mae'r Talmud yn cynnwys stori sy'n cael ei hadrodd yn aml yn ystod Tu B'Shevat, er mwyn atgoffa Iddewon bod angen diogelu'r amgylchedd ar gyfer y cenedlaethau sydd i ddod. Mae'n sôn am gymeriad o'r enw Honi a oedd yn byw yn y ganrif gyntaf CCC. Un diwrnod, roedd Honi'n teithio ar hyd ffordd pan ddaeth ar draws dyn a oedd yn plannu coeden garob. Gofynnodd i'r dyn pa mor hir byddai'n ei gymryd i'r goeden garob ddwyn ffrwyth. Atebodd y dyn, 'Saith deg o flynyddoedd'. Gofynnodd Honi i'r dyn a oedd yn siŵr y byddai'n dal i fod yn fyw mewn 70 o flynyddoedd. Ateb y dyn oedd, 'Dw i wedi gweld coed carob sydd eisoes wedi tyfu yn y byd. Fel y gwnaeth fy nghyndeidiau blannu'r rheini i mi, felly hefyd rwyf innau'n plannu'r rhain i'm plant.'

Hawliau anifeiliaid

Nid yw'r ysgrythurau Iddewig yn dweud rhyw lawer am hawliau anifeiliaid, ond maen nhw'n datgan yn glir iawn fod anifeiliaid yn rhan bwysig o greadigaeth Duw. Heddiw mae'r rhan fwyaf o Iddewon yn hapus i fwyta rhai mathau o gig, cyn belled â bod yr anifail wedi'i ladd yn ôl deddfau bwyd kosher. Rhaid i berson cymwys ladd yr anifail, a rhaid i'w wddf gael ei dorri'n sydyn, gan ddefnyddio cyllell arbennig â llafn miniog. Mae Iddewon eraill yn llysieuwyr, ac yn credu mai dyma'r ffordd y creodd Duw ni i fod, sef byw mewn cytgord ag anifeiliaid fel y gwnaeth Adda ac Efa yng ngardd Eden.

Un o feddylwyr mawr Iddewiaeth yw Maimonides a oedd yn byw yn y ddeuddegfed ganrif. Dysgodd ef fod yn rhaid parchu anifeiliaid; ni chawson nhw eu creu gan Dduw er budd bodau dynol yn unig. Yn ôl y Torah, er bod gan fodau dynol awdurdod dros anifeiliaid, nid yw hyn yn rhoi hawl i ni gymryd mantais ohonyn nhw a'u niweidio. Mae'r degfed o 13 Egwyddor Maimonides yn ymwneud â natur hollalluog a hollwybodus Duw: er bod gan fodau dynol awdurdod dros y byd, Duw sydd â'r grym pennaf.

Gofalu am yr amgylchedd

Nid yw'r Torah yn dweud llawer am sut i drin yr amgylchedd, ond mae darn yn Deuteronomium sy'n dweud:

Pan fydd tref dan warchae gennyt . . . paid â difa ei choed trwy eu torri â bwyell.

(Deuteronomium 20:19)

Yr enw ar y ddysgeidiaeth hon yw **bal tashchit**. Mae Iddewon yn gweld hyn fel gorchymyn i ddefnyddio adnoddau'r ddaear yn ddoeth, ac i beidio â'u gwastraffu neu gymryd mantais ohonyn nhw er budd tymor byr.

Yn y traddodiad Iddewig mae pwyslais mawr ar bwysigrwydd gofalu am eraill. Mae'r ymadrodd **tikkun olam** yn orchymyn i 'atgyweirio'r byd'. Mae'n annog Iddewon i weithio i ddiogelu adnoddau'r ddaear drwy eu defnyddio'n synhwyrol ac ailgylchu. Mewn Iddewiaeth mae'n mitzvah (dyletswydd) ar unigolion i fod yn hael a chyflawni **gemilut hasadim** (gweithredoedd o garedigrwydd cariadus) tuag at eraill. Gallai gofalu am yr amgylchedd olygu mynd allan o'ch ffordd i beidio â bod yn wastraffus neu fod yn barod i dalu mwy am gynnyrch moesegol.

Mae gofalu am yr amgylchedd mor bwysig, mae'n cael ei osod uwchlaw dyletswyddau crefyddol eraill:

Dywedodd Rabbi Yochanan Ben Zakkai … Os oes gennych goeden ifanc yn eich llaw, ac mae rhywun yn dweud wrthych bod y Meseia wedi dod, arhoswch i orffen ei phlannu, yna ewch allan i gyfarch y Meseia.

(Avot de Rabbi Natan, 31(B))

Gofala am y ddaear, gan na fydd neb yno i'w gwella ar dy ôl di.

(Talmud)

Bal tashchit Wedi'i nodi yn y Torah; yn llythrennol, mae'n golygu 'peidiwch â dinistrio'.

Tikkun olam Yn llythrennol mae'n golygu 'atgyweirio'r byd'. Mae Iddewon yn credu ei bod yn bwysig gweithio i wneud y byd yn lle gwell i bawb.

Gemilut hasadim Yn llythrennol mae'n golygu cyflawni 'gweithredoedd o garedigrwydd cariadus'. Mae'n pwysleisio'r angen i fod yn garedig, a gofalu am eraill ac am y byd.

Agweddau dyneiddwyr at stiwardiaeth D

Mae dyneiddwyr yn ceisio seilio eu syniadau ar resymu a thystiolaeth, gan wrthod syniadau sy'n dibynnu ar gred mewn bod goruwchnaturiol (Duw). Mae'r rhan fwyaf o ddyneiddwyr yn cytuno â'r syniadau am stiwardiaeth; maen nhw'n dweud bod gennym gyfrifoldeb i weithio i greu byd mwy cynaliadwy, gan achosi cyn lleied o niwed i'r amgylchedd ag sy'n bosibl. Fodd bynnag, maen nhw'n credu hyn oherwydd ei fod yn gwneud synnwyr, nid oherwydd bod Duw wedi ein rhoi ni yma am y rheswm hwn.

Cyfrifoldeb cymdeithasol a chymunedol: Dyneiddwyr dros fyd gwell

Carfan bwyso yw Dyneiddwyr dros Fyd Gwell, neu Humanists for a Better World (H4BW), sy'n gysylltiedig â Chymdeithas Dyneiddwyr Prydain, a dyfodd allan o glymblaid Stop Climate Chaos. Egwyddorion sylfaenol H4BW yw diogelu hawliau dynol, os ydyn nhw dan fygythiad gan dlodi, newyn ac ecsbloetio; a gweithredu yn erbyn newid hinsawdd ac o blaid cynaliadwyedd amgylcheddol. Mae ei amcan yn syml: 'Rhoi gwerthoedd dyneiddiol ar waith – oherwydd bod y byd cyfan yn ein dwylo.' Maen nhw'n lobïo o blaid achosion amgylcheddol ac wedi bod yn llafar ar faterion fel ffracio, cynhesu byd-eang a materion sy'n gysylltiedig â lles anifeiliaid.

Mae'r safbwynt dyneiddiol yn rhoi pwyslais mawr ar gyfrifoldeb personol dros ein gweithredoedd a phwysigrwydd cydweithredu cymdeithasol, ac rydyn ni'n gobeithio'n fawr y gall Dyneiddwyr dros Fyd Gwell adeiladu ar y traddodiad hwn.

(Andrew Copson, Prif Weithredwr Cymdeithas Dyneiddwyr Prydain)

Tasgau

1. Esboniwch y gwahaniaeth allweddol rhwng 'etifeddu' a 'benthyca' y ddaear.
2. Edrychwch ar y dywediad isod. Sut gallai hyn effeithio ar y ffordd mae pobl yn trin y ddaear?

   Nid ydyn ni wedi etifeddu'r tir gan ein tadau; rydyn ni wedi'i fenthyca gan ein plant.
3. Beth yw cynaliadwyedd amgylcheddol? Cefnogwch eich ateb drwy roi tair enghraifft wahanol.

▶ Adolygiad Diwedd yr Adran

Cofiwch

Cysyniadau allweddol:
- Cyfrifoldeb amgylcheddol
- Esblygiad

Dysgeidiaethau allweddol:
- Tarddiad y bydysawd
- Stiwardiaeth a chyfrifoldeb amgylcheddol
- Awdurdod
- Cynaliadwyedd
- Dinasyddiaeth fyd-eang
- Cyfrifoldeb cymdeithasol a chymunedol

Ymarfer sgiliau

1. Beth yw ystyr cyfrifoldeb amgylcheddol?
2. Esboniwch pam mae pobl o'r un grefydd yn gallu credu pethau gwahanol am y creu.

Gwirio gwybodaeth

1. Beth yw ystyr 'stiwardiaeth'?
2. Yn eich geiriau eich hun, esboniwch y gwahaniaeth rhwng esblygiad a'r creu.
3. Esboniwch y syniadau am greadaeth mewn dwy grefydd neu draddodiad crefyddol gwahanol.
4. Esboniwch beth mae Richard Dawkins yn ei olygu wrth 'rith-ddyluniad'.

Y Cwestiwn Mawr

'Mae'n rhaid bod bywyd wedi digwydd ar ei ben ei hun.'

Eich tasg

Trafodwch y gosodiad uchod, gan ddangos eich bod wedi ystyried mwy nag un safbwynt. Rhowch farn resymegol am ba mor ddilys a pha mor gryf yw'r safbwyntiau hyn.

Tasg

Ar gyfer y ddwy grefydd rydych chi'n eu hastudio, esboniwch yn fanwl y dysgeidiaethau crefyddol am stiwardiaeth.

Defnyddiwch y canllawiau isod i'ch helpu i ysgrifennu esboniad manwl ar gyfer Cristnogaeth, ac ail un ar gyfer y grefydd arall rydych chi'n ei hastudio. Gwnewch yn siŵr eich bod yn defnyddio termau allweddol yn rhwydd ac yn aml.

Mae Cristnogion i gyd/llawer o Gristnogion/y rhan fwyaf o Gristnogion yn credu _____ .

Daw hyn o'r ddysgeidiaeth/dyfyniad o'r Beibl _____ .

Mae hyn yn golygu/Oherwydd hyn maen nhw'n _____ .

Mae rhai Cristnogion/Cristnogion eraill fel _____ yn credu _____ .

Daw hyn o'r ddysgeidiaeth/dyfyniad o'r Beibl _____ .

Mae hyn yn golygu/Oherwydd hyn maen nhw'n _____ .

Yn olaf, mae Cristnogion fel _____ yn credu _____ .

Mae hyn yn golygu/Oherwydd hyn maen nhw'n _____ .

Mae eu credoau yr un peth/yn wahanol oherwydd _____ .

Tarddiad a gwerth bywyd dynol
▶ Beth yw sancteiddrwydd bywyd?

> **Cysyniad Allweddol**
>
> 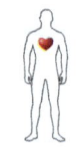 **Sancteiddrwydd bywyd** Y gred bod bywyd yn werthfawr neu'n sanctaidd oherwydd bod bodau dynol wedi'u creu 'ar ddelw Duw'. I lawer o gredinwyr crefyddol, dim ond bodau dynol sy'n meddu ar y statws arbennig hwn.

Byddai'r rhan fwyaf o bobl, p'un a ydyn nhw'n grefyddol ai peidio, yn derbyn bod bywyd dynol yn arbennig ac yn werth ei ddiogelu. I'r rhan fwyaf o gredinwyr crefyddol, mae bywyd yn arbennig oherwydd ei fod yn dod, yn y pen draw, gan Dduw. I'r rheini heb ffydd grefyddol, nid yw bywyd yn llai gwerthfawr, ond nid yw ei bwysigrwydd yn tarddu o Dduw. Mae bywyd yn amhrisiadwy oherwydd dyma'r unig fywyd sydd gennym.

Mae'r gred hon yn cael effaith enfawr ar faterion amrywiol ym maes **moeseg feddygol**, yn enwedig y rheini sy'n gysylltiedig â phrosesau creu bywyd neu ddod â bywyd i ben.

Beth sy'n ein gwneud yn ddynol?

Cynhwysion ar gyfer bodau dynol:

Saith bar o sebon

Calch – er mwyn gwyngalchu cwt ieir

Ffosfforws – ar gyfer 2,200 pen matsien

Magnesiwm – dos bach

Haearn – ar gyfer hoelen maint canolig

Potasiwm – digon i ffrwydro canon tegan bach

Siwgr – i lenwi rhidyll siwgr

Dŵr – pum bwced

Sylffwr – pinsiad

Mae'r naw llun uchod yn dangos yr elfennau ffisegol sy'n gwneud bodau dynol. Beth sydd ar goll?

Dysgeidiaethau crefyddol am sancteiddrwydd bywyd

Agweddau Cristnogol at sancteiddrwydd bywyd

Mae Cristnogion yn credu bod bywyd yn cael ei greu gan Dduw, ei warchod gan Dduw a'i werthfawrogi gan Dduw. Mae Duw yn ymddiddori ac yn cymryd rhan ym mywyd pob bod dynol. Duw sydd wedi creu pob person unigol a gwneud pob un yn unigryw, yn union fel y creodd Adda ac Efa. Mae Genesis 1:27 yn dweud bod Duw wedi creu dynoliaeth ar ei ddelw ei hun. I Gristnogion llythrenolaidd, mae hyn yn golygu bod pob bod dynol sydd wedi cerdded y ddaear erioed yn debyg i Dduw. Am y rheswm hwn, mae pob Cristion, beth bynnag yw ei enwad, yn credu bod bywyd yn sanctaidd ac yn rhodd gan Dduw.

Oherwydd y gred yn sancteiddrwydd bywyd, mae llawer o Gristnogion yn derbyn hefyd mai dim ond Duw ddylai gymryd bywyd. Mae Crynwyr yn gwrthwynebu'r gosb eithaf ac ymladd mewn rhyfeloedd oherwydd y gred bod pob person yn cynnwys adlewyrchiad o ddelw Duw, sy'n gwneud pob bod dynol yn sanctaidd. Mae hyn wedi'i nodi'n glir yn y Beibl:

> Oni wyddoch mai teml Duw ydych, a bod Ysbryd Duw yn trigo ynoch?
>
> (1 Corinthiaid 3:16)

Yn yr un modd, dim ond Duw ddylai ddewis pryd mae bywyd yn dechrau. Mae Catholigion yn dilyn y gred hon yn agos iawn, ac felly maen nhw'n anghytuno mewn egwyddor â dulliau atal cenhedlu artiffisial a ffrwythloni in vitro (pan fydd embryo'n cael ei greu y tu allan i'r corff dynol mewn labordy gan ddefnyddio sberm ac wy).

Dangosodd Iesu hefyd, drwy ei ddysgeidiaethau a'i arferion, y dylai pob bywyd gael ei werthfawrogi. Mae'r ffaith iddo iacháu'r gwahanglwyf, ymweld â chleifion a siarad â'r wraig o Samaria yn dangos bod pob bywyd yn haeddu parch a thosturi oherwydd bod pob bywyd yn dod oddi wrth Dduw ac felly ei fod yn sanctaidd.

Mae hanes y creu yn Genesis yn dweud bod Duw wedi creu bodau dynol a'i fod yn falch iawn â'r hyn a greodd:

> Gwelodd Duw y cwbl a wnaeth, ac yr oedd yn dda iawn. A bu hwyr a bu bore, y chweched dydd.
>
> (Genesis 1:31)

Yn fwy na hynny, mae'r Beibl yn dweud bod Duw'n creu pob person yn unigol a bod ganddo gynlluniau ar gyfer pob un:

> Cyn i mi dy lunio yn y groth, fe'th adnabûm, a chyn dy eni, fe'th gysegrais; rhoddais di'n broffwyd i'r cenhedloedd.
>
> (Jeremeia 1:5)

Agweddau Bwdhaidd at sancteiddrwydd bywyd

Mae crefyddau'r Gorllewin, sef Cristnogaeth, Iddewiaeth ac Islam, yn dysgu bod bywyd dynol yn sanctaidd oherwydd ei fod yn rhodd gan Dduw. Fodd bynnag, mae Bwdhyddion yn gwrthod derbyn bodolaeth Duw sy'n greawdwr. Yn ogystal â hyn, oherwydd egwyddor Tarddiad Dibynnol, nid yw dim yn barhaol. Mae bywyd yn gylch o eni, marw ac aileni, ac mae dioddefaint yn nodwedd barhaus.

Nid yw hyn yn golygu, fodd bynnag, nad oes ystyr i fywyd. I Fwdhyddion, mae arwyddocâd bywyd dynol i'w weld yn y gred mai dim ond pobl all ddatgelu natur y bwdha (Mahayana) neu ddod yn arahant (Theravada). Mae peidio â chael bywyd yn gwrthod y cyfle i fodau dynol brofi gwynfyd nirvana.

Mae Bwdhaeth yn dysgu mai peth prin a ffodus iawn yw cael eich geni yn fod dynol. Felly, er nad yw bywyd yn sanctaidd yn yr ystyr ei fod yn gysegredig neu'n ddwyfol, mae'n hynod o werthfawr.

Oherwydd Tarddiad Dibynnol, mae bywyd pob peth wedi'i glymu'n annatod wrth fywyd pob peth arall. Felly, mae Bwdhaeth yn dysgu y dylai pob math o fywyd gael ei drin â thosturi a charedigrwydd cariadus. Mae'n dysgu i beidio ag achosi niwed na defnyddio trais (ahimsa):

> Mae pawb yn ofni perygl, mae pawb yn ofni marwolaeth. Gan eich rhoi eich hun yn lle rhywun arall, ni ddylech chi niweidio na lladd pobl eraill.
>
> Mae pawb yn ofni perygl, mae pawb yn gwerthfawrogi eu bywyd. Gan eich rhoi eich hun yn lle rhywun arall, ni ddylech chi guro na lladd pobl eraill.
>
> (Dhammapada 129–130)

Yn wir, ahimsa yw'r cyntaf o'r Pum Argymhelliad, rhan o'r Llwybr Wythblyg Nobl, ac mae felly yn nodwedd bwysig o'r Ffordd Ganol: yr arfer sy'n arwain at nirvana.

Agweddau Mwslimaidd at sancteiddrwydd bywyd

Mae Mwslimiaid yn credu bod pob bywyd wedi'i greu gan Dduw, ac mai ef yn unig sydd â'r hawl i gymryd bywyd. Mae'r ddysgeidiaeth hon yn wir am bob un o greadigaethau Duw, ac mae llofruddiaeth yn cael ei gwahardd yn benodol yn y Qur'an:

> A pheidiwch â lladd yr enaid y mae Duw wedi gwahardd ei ladd, heblaw drwy hawl [gyfreithiol].
>
> (Qur'an 6:151)

Mae pob enaid wedi'i greu gan Dduw. Mae gan Dduw gynllun ar gyfer pob bywyd, wedi'i ysgrifennu cyn i bob person gael ei 'blannu fel had yng nghroth dy fam'.

Nid oes gan neb yr hawl i gymryd ei fywyd ei hun na bywyd rhywun arall. Yn ôl y Qur'an:

> Gwnaethom orchymyn ar blant Israel fod pwy bynnag sy'n lladd enaid, ac eithrio am enaid neu am lygredd [wedi'i wneud] yn y tir – mae fel pe bai wedi lladd dynoliaeth i gyd. Ac yn sicr roedd Ein negeswyr wedi cyflwyno tystiolaeth glir iddyn nhw. Yna'n wir roedd nifer ohonyn nhw, [hyd yn oed] wedi hynny drwy'r tir i gyd, yn droseddwyr.
>
> (Qur'an 5:32)

Ystyr hyn yw bod lladd un enaid yn unig yn cario pechod lladd dynoliaeth i gyd. Bydd unrhyw un sy'n cyflawni troseddau o'r fath yn cael ei gosbi'n llym gan Dduw ar Ddydd y Farn.

Mae'r Qur'an yn pwysleisio bod bywyd pob bod dynol yn sanctaidd a bod Duw yn darparu ar ei gyfer. Felly, ni ddylai neb gymryd bywyd unrhyw un arall, hyd yn oed os yw'n credu ei fod yn gwneud y peth iawn:

> Dewch, byddaf yn adrodd yr hyn mae eich Arglwydd wedi'i wahardd i chi. [Mae'n gorchymyn] na ddylech chi gysylltu unrhyw beth ag Ef; rhaid trin eich rhieni yn dda, a pheidiwch â lladd eich plant oherwydd tlodi; byddwn ni'n darparu ar eich cyfer chi ac ar eu cyfer nhw. A pheidiwch â mynd yn agos at anfoesoldeb – yr hyn sy'n amlwg amdano a'r hyn sydd ynghudd. A pheidiwch â lladd yr enaid y mae Duw wedi gwahardd ei ladd, heblaw drwy hawl [gyfreithiol]. Gorchmynnodd Ef y pethau hyn i chi er mwyn i chi ddefnyddio rheswm.'
>
> (Qur'an 6:151)

Agweddau Iddewig at sancteiddrwydd bywyd

Mae'r Torah yn dysgu bod bodau dynol wedi'u creu ar ddelw Duw. Mae eu bywyd yn rhodd gan Dduw ac felly maen nhw'n sanctaidd. Ystyr hyn yw bod bywyd pob person yn hynod o werthfawr ac na ddylai neb ei daflu i ffwrdd. Felly, mae llofruddio wedi'i wahardd i bob person. Mae'r Talmud yn esbonio bod Adda wedi'i greu er mwyn ein dysgu ni am arwyddocâd, pwysigrwydd a sancteiddrwydd pob unigolyn:

> Mae unrhyw un sy'n dinistrio bywyd dynol yn cael ei ystyried fe pe bai wedi dinistrio byd cyfan, ac mae unrhyw un sy'n diogelu bywyd dynol yn cael ei ystyried fel pe bai wedi diogelu byd cyfan.
>
> (Sanhedrin 37a)

Pikuach nefesh yw'r egwyddor yn y gyfraith Iddewig fod diogelu bywyd dynol yn bwysicach nag unrhyw ystyriaeth grefyddol arall, fwy neu lai. Mae hyn yn golygu, os yw bywyd rhywun mewn perygl, mae mitzvot (dyletswyddau) eraill y Torah yn amherthnasol. Mae bywyd dynol mor werthfawr, dylai'r rhan fwyaf o'r deddfau eraill gael eu rhoi i'r naill ochr er mwyn iddo gael ei amddiffyn a'i ddiogelu. Er enghraifft, dylid atal deddfau'r Shabbat neu wyliau Iddewig eraill er mwyn caniatáu pikuach nefesh.

Mae'r Talmud yn trafod nifer o achosion fel enghreifftiau lle byddai'n bosibl diystyru mitzvot er mwyn achub bywyd dynol (Yoma 84b 8–9).

Agweddau dyneiddwyr at sancteiddrwydd bywyd

Oherwydd bod dyneiddiaeth yn draddodiad atheïstig, nid yw dyneiddwyr yn credu bod gwerth bywyd yn dod oddi wrth Dduw. Nid yw dyneiddwyr yn credu bod gan bobl eneidiau, na bod bywyd ar ôl marwolaeth yn y nefoedd, uffern neu burdan, na chwaith bod duw yn bodoli sy'n penderfynu ble mae pobl yn mynd ar ôl marw. Maen nhw'n credu mai dim ond y bywyd hwn sydd gennym a'i fod yn dod i ben am byth pan fyddwn ni'n marw. O ganlyniad, mae gan fywyd bwysigrwydd arbennig oherwydd dyma'r unig fywyd sydd gennym.

Gan fod dyneiddwyr yn credu mai un o brif ddibenion bywyd yw ein gwneud ein hunain a phawb o'n cwmpas mor hapus â phosibl, mae bywyd yn llawn pwysigrwydd oherwydd dyma yw ein cyfle i wneud lles i eraill drwy dosturi a charedigrwydd. Oherwydd hynny, er nad yw bywyd yn cael ei ystyried yn sanctaidd, mae'n haeddu'r parch mwyaf.

Peter Singer: rhywogaethiaeth

Yr athronydd moesol Peter Singer ddaeth â'r gair 'rhywogaethiaeth' i'r amlwg. Ei ddiffiniad o'r gair hwn yw 'rhagfarn neu duedd o blaid buddiannau aelodau eich rhywogaeth eich hun, ac yn erbyn buddiannau aelodau rhywogaethau eraill.' Mae'n dadlau bod rhoi mwy o hawliau i fodau dynol nag i anifeiliaid eraill yn anghywir, yn yr un ffordd ag y mae rhoi mwy o hawliau i un grŵp o bobl nag i grŵp arall yn anghywir. Mae gwrthwynebiad Singer i rywogaethiaeth yn golygu ei fod yn credu y dylai bodau dynol ac anifeiliaid eraill gael eu trin yr un mor deg â'i gilydd. Felly mae Singer yn gwrthwynebu arbrofi ar anifeiliaid ac mae'n hyrwyddo bod yn fegan.

▶ Ansawdd bywyd

Cysyniad Allweddol

Ansawdd bywyd Y graddau mae bywyd yn ystyrlon a phleserus.

Mae llawer o bobl yn credu bod ansawdd bywyd yn fwy pwysig nag ystyried a yw bywyd yn arbennig neu'n sanctaidd. Os yw bywyd yn rhydd o boen a phryder ar y cyfan, ac os ydyn ni'n byw gyda rhyddid ac urddas, yna mae gennym ni yr hyn sy'n cael ei ystyried yn ansawdd bywyd da. Os yw maint y boen a'r dioddefaint yn fwy na'r pleser rydyn ni'n ei gael o bethau eraill yn ein bywydau, yna mae gennym ni yr hyn sy'n cael ei ystyried yn ansawdd bywyd gwael.

Sut rydyn ni'n mesur ansawdd?

Mae asesu i ba raddau mae ansawdd i fywyd rhywun yn broblem athronyddol anodd. Mae'n amhosibl dyfalu faint o bleser mae person yn ei gael wrth fwyta bar o siocled, ac yn yr un modd mae'n amhosibl gwybod sut mae person arall yn profi ac yn goddef poen. Oherwydd hynny, mae mesur ansawdd bywyd rhywun yn anodd iawn.

Mae llywodraethau ar draws y byd yn defnyddio dangosyddion ansawdd bywyd. Maen nhw'n edrych yn fras ar amodau byw materol, darpariaeth o ran iechyd ac addysg, cyfleoedd hamdden a rhyngweithio cymdeithasol, yn ogystal â ffactorau economaidd ac i ba raddau mae pobl yn cael eu hawliau dynol. Mae meddygon a chlinigwyr hefyd yn defnyddio offer i fesur ansawdd bywyd eu cleifion. Maen nhw'n edrych ar lefelau poen, hyd a lled anabledd, y gallu i fwyta a mynd i'r toiled eich hun, ymhlith pethau eraill. Fodd bynnag, mae'r rhan fwyaf o feddygon yn deall bod cyfyngiadau o ran pa mor gywir gall y mesuriadau hyn fod. Maen nhw'n sylweddoli hefyd fod problemau moesegol mawr wrth geisio asesu ansawdd bywyd.

Os nad oes ansawdd bywyd digonol gan rywun, byddai rhai'n dadlau y dylen nhw gael yr hawl i farw os ydyn nhw'n dymuno hynny. Byddai rhai'n dweud hefyd y dylai penderfyniad i drin salwch gael ei bwyso a'i fesur yn erbyn i ba raddau gall y claf fyw bywyd heb boen a dioddefaint wedyn.

Tasgau

1. Yn eich geiriau eich hun, esboniwch beth yw ystyr sancteiddrwydd bywyd. Ceisiwch gynnwys y termau canlynol: sanctaidd, amhrisiadwy, gwerth, Duw.
2. Mewn paragraff byr, esboniwch y gwahaniaethau rhwng ansawdd bywyd a sancteiddrwydd bywyd.
3. Mewn map meddwl, nodwch chwe ffordd wahanol o fesur ansawdd bywyd (er enghraifft, amodau byw materol).
4. Beth yw'r gwahaniaeth rhwng syniadau credinwr crefyddol a syniadau athëist (er enghraifft, dyneiddiwr) ynglŷn â pham mae bywyd yn arbennig?
5. Dewiswch un traddodiad crefyddol ac esboniwch y dysgeidiaethau ynglŷn â pham mae bywyd yn sanctaidd.

Pryd mae bywyd yn dechrau?

Er bod dweud bod bywyd yn dechrau adeg genedigaeth ac yn gorffen adeg marwolaeth yn ymddangos yn ateb amlwg, mae cwestiynau gwirioneddol yn codi ynglŷn â'r union adeg mae 'person' yn cael ei greu gyntaf. Pryd mae person yn dod yn berson mewn gwirionedd?

Byddai rhai yn dadlau bod person 'yn dechrau' pan fydd yn ymwybodol o'i fodolaeth ei hun am y tro cyntaf; byddai eraill yn dweud mai'r eiliad hon yw pan fydd bywyd annibynnol yn bosibl. Byddai rhai yn honni bod ffoetws yn dod yn berson go iawn pan fydd yn gallu ddioddef poen. Byddai llawer o gredinwyr crefyddol yn dweud bod bywyd, ac felly person, wedi'i greu o eiliad y cenhedlu. Nid oes atebion pendant a chlir i'r cwestiwn hwn, ac mae unrhyw atebion posibl yn dibynnu ar beth rydyn ni'n ei feddwl yw ystyr bod yn 'berson'.

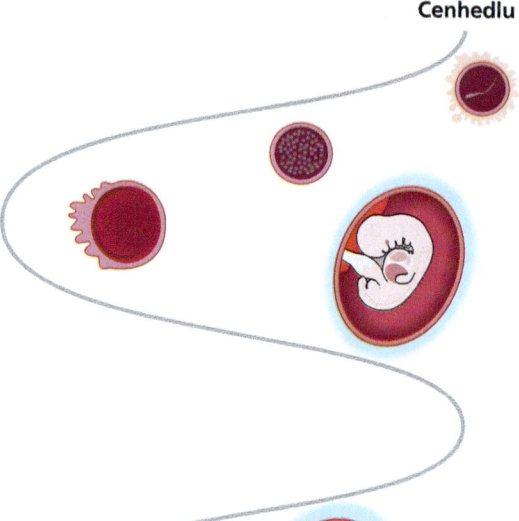

Cenhedlu Mae rhai'n credu bod bywyd yn dechrau union eiliad y cenhedlu oherwydd bod yr wy a'r sberm yn gelloedd byw sy'n creu bywyd.

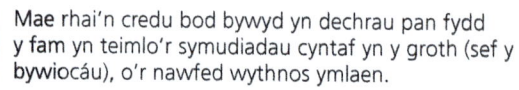

Mae rhai'n credu bod bywyd yn dechrau pan fydd y fam yn teimlo'r symudiadau cyntaf yn y groth (sef y bywiocáu), o'r nawfed wythnos ymlaen.

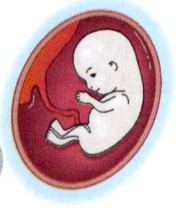

Tua wythnos 19 neu ddiwrnod 120 o'r beichiogrwydd, mae rhai'n credu bod eneidio yn digwydd, a dyma ddechrau bywyd. (Eneidio yw pan fydd yr enaid yn mynd i mewn i'r corff.) Mae pobl eraill yn nodi mai dyma'r pwynt pan fydd y system nerfol, yr ymennydd a'r organau yn datblygu.

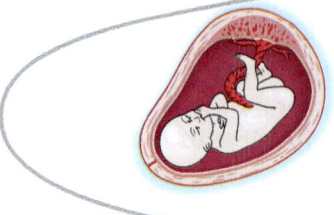

Tua wythnos 24, mae'r ffoetws yn cyrraedd cyflwr hyfywdra – yr adeg pan fyddai'n gallu goroesi y tu allan i'r groth, pe bai'n cael ei eni.

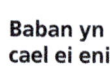
Baban yn cael ei eni

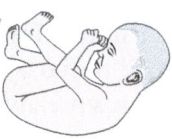

Mae llawer yn credu bod bywyd yn dechrau go iawn adeg yr enedigaeth (tua 40 wythnos ar ôl y cenhedlu)

Y ddadl fawr am erthylu

Mae moeseg erthylu wedi bod yn destun trafodaeth eang, a chafodd y driniaeth ei chyfreithloni gyntaf ym Mhrydain yn 1967. Mae'r rheini sydd yn erbyn erthylu yn honni bod lladd babanod sydd heb eu geni yn anfoesol, ni waeth beth yw amgylchiadau'r fam. Mae eraill yn dadlau nad yw ffoetws yn faban. Bydden nhw'n dweud hefyd mai ansawdd bywyd sy'n bwysig, a bod triniaethau fel erthylu yn angenrheidiol o bryd i'w gilydd yn y gymdeithas fodern. Os yw baban yn mynd i gael ei eni ag anabledd difrifol neu gyflwr sy'n derfynol neu'n cyfyngu ar fywyd, os yw'r fam yn mynd i ddioddef yn feddyliol neu'n gorfforol o ganlyniad i'r beichiogrwydd, neu hyd yn oed os cafodd y fam ei threisio, mae rhai pobl yn credu bod caniatáu erthylu yn fwy caredig er mwyn diogelu ansawdd bywyd. Am resymau fel y rhain, mae erthylu wedi dod yn bwnc dadleuol dros ben. Mae credoau am erthylu yn cael eu rhannu'n ddau gategori fel arfer, sef dros fywyd a dros ddewis:

- Mae **'dros fywyd'** yn derm sy'n disgrifio'r safbwynt bod erthylu bob amser yn anghywir a bod gan bob bod dynol yr hawl i fyw (hyd yn oed embryo bach iawn).
- Mae **'dros ddewis'** yn derm sy'n disgrifio'r gred y dylai pob menyw gael yr hawl i ddewis beth sy'n digwydd i'w chorff. Mae'r hawl honno yn cynnwys dewis p'un ai i barhau â beichiogrwydd, a chael baban, ai peidio. Nid yw hyn yn golygu bod rhywun sydd 'dros ddewis' o blaid erthylu yn llwyr – gall fod rhai sefyllfaoedd lle byddai'n anghytuno'n foesol ag erthylu. Yn hytrach, mae rhywun sydd 'dros ddewis' yn cefnogi hawl menyw i ddewis drosti hi ei hun.

Hawliau'r plentyn heb ei eni

Mae llawer o bobl (rhai crefyddol ac anghrefyddol) sy'n gwrthwynebu erthylu yn dadlau bod hawliau gan y plentyn heb ei eni (potensial) – yn benodol, yr hawl i fyw. Mae'r gyfraith, fodd bynnag, yn aneglur am hawliau'r plentyn heb ei eni, ac mewn gwirionedd, nid yw'n bosibl gwahaniaethu rhwng hawliau'r plentyn a hawliau'r fam. Ym mis Rhagfyr 2014, fel rhan o achos llys nad oedd yn ymwneud ag erthylu, dyfarnodd Llys Apêl y DU fod plentyn heb ei eni 'ddim yn berson'.

Erthylu: ffeithiau a ffigurau

Mae erthylu yn gyfreithlon ym Mhrydain cyn wythnos 24 y beichiogrwydd. Mae'n rhaid i ddau feddyg gytuno i'r driniaeth drwy benderfynu a yw'r risg i iechyd (corfforol neu feddyliol) y fam, pe bai'r beichiogrwydd yn parhau, yn fwy na'r risg i'w hiechyd pe na bai'r beichiogrwydd yn parhau. Mewn achosion prin iawn, fel annormaledd difrifol i'r ffoetws neu risg difrifol i fywyd y fam, gall erthyliad gael ei wneud ar ôl 24 wythnos.

Yn ôl amcangyfrifon, bydd un o bob tair menyw, ar ryw adeg yn ei bywyd, yn cael erthyliad. Ar hyn o bryd, nid oes hawl gyfreithiol gan dad y ffoetws i gymryd rhan yn y broses o wneud y penderfyniad, hyd yn oed os yw'r cwpl wedi priodi.

Cysyniad Allweddol

Erthylu Pan fydd beichiogrwydd yn dod i ben drwy dynnu'r ffoetws yn fwriadol o'r groth fel nad yw'n arwain at eni plentyn.

Tasgau

1. Lluniwch linell amser o'r cyfnodau gwahanol yn ystod beichiogrwydd. Nodwch bob pwynt datblygu allweddol (er enghraifft, pan fydd y ffoetws yn gallu goroesi ar ei ben ei hun) a'r pwyntiau lle mae gwahanol bobl yn credu bod y ffoetws yn dod yn berson (er enghraifft, diwrnod 120 pan fydd eneidio yn digwydd).
2. Esboniwch yn fyr pryd rydych chi'n credu bod bywyd yn dechrau, a nodwch hyn ar eich llinell amser. Rhowch reswm neu gyfiawnhad clir dros gredu hyn.
3. Diffiniwch beth yw ystyr 'dros ddewis' a 'dros fywyd'.
4. Beth yw'r cyfyngiadau cyfreithiol ar erthylu ym Mhrydain yr unfed ganrif ar hugain?
5. Lluniwch dabl â dwy golofn – un ar gyfer pob un o'r crefyddau rydych chi'n eu hastudio. Ar gyfer pob crefydd, rhowch grynodeb o'r agweddau at erthylu ar ffurf pwyntiau bwled. Cofiwch nodi unrhyw wahaniaethau barn o fewn y ddwy grefydd.

Tasg

'Mae angen dau berson i greu bywyd dynol, ond dim ond un i ddod ag ef i ben.'

Beth yw eich barn chi am y ffaith nad oes hawliau cyfreithiol gan y tad yng nghyd-destun penderfyniad i erthylu?

Dysgeidiaethau crefyddol am erthylu

Agweddau Cristnogol at erthylu

Nid un safbwynt yn unig am erthylu sydd o fewn Cristnogaeth. Mae safbwyntiau'n newid yn dibynnu ar y pwyslais mae'r enwad yn ei roi ar bryderon am sancteiddrwydd bywyd a dysgeidiaeth Iesu i weithredu â thosturi.

Yr Eglwys Gatholig Rufeinig

Mae Catholigion ac enwadau Uniongred yn cytuno y dylai erthylu gael ei wahardd mewn unrhyw amgylchiadau gan fod bywyd yn sanctaidd ac yn rhodd gan Dduw. O eiliad y cenhedlu, mae bywyd newydd ac unigryw yn dechrau. Nid bywyd potensial yw hwn, ond yn hytrach bod dynol sydd â photensial. Mae erthylu, felly, yn lladd ac mae yn erbyn y Deg Gorchymyn. Mae Catholigion yn credu bod gan y ffoetws yr hawl i fyw a datblygu, a bod terfynu'r bywyd hwn yn ddrygioni moesol mawr. Roedd yr Eglwys Gatholig yn condemnio erthylu mor gynnar â'r ail ganrif OCC. Mae'r Didache, a gafodd ei ysgrifennu yn yr ail ganrif, yn dweud:

> Ni ddylech ladd yr embryo drwy erthylu ac ni ddylech achosi i'r newydd-anedig farw.

Y Cymundeb Anglicanaidd

Nid yw'r Eglwysi Anglicanaidd yn rhannu un safbwynt am erthylu, ond mae tebygrwydd rhwng eu safbwyntiau. Mae Eglwys Loegr, er enghraifft, yn dweud:

> Mae Eglwys Loegr yn cyfuno gwrthwynebiad cryf i erthylu a chydnabyddiaeth o'r ffaith y gall fod amodau – cyfyngedig iawn – lle byddai erthylu yn well yn foesol nag unrhyw ddewis arall.

Mae'r Synod Cyffredinol, corff llywodraethu'r Eglwys, yn cadarnhau ei safbwynt. Mae'n ystyried bod pob bywyd yn werthfawr gan ei fod wedi'i greu gan Dduw. Ni ddylai erthylu gael ei ganiatáu am resymau cymdeithasol; ond, os yw bywyd y fam mewn perygl, gall erthylu gael ei ganiatáu ond nid ei annog.

Yn yr un modd, am resymau sy'n ymwneud ag 'ansawdd bywyd' ac allan o dosturi, mae erthylu'n cael ei ganiatáu os yw'r fenyw wedi cael ei threisio. Gan ystyried hyn i gyd, mae'r Synod hefyd yn credu bod y gyfraith ym Mhrydain wedi cael ei dehongli yn rhy rhyddfrydig a bod hyn wedi arwain at gyflawni gormod o erthyliadau.

Nid yw'r Eglwys yng Nghymru wedi cyhoeddi safbwynt swyddogol am erthylu. Mae'n debygol ei bod yn rhannu barn Eglwys Loegr.

Mae'r Eglwys Esgobol yn America yn cefnogi hawl menyw i gael erthyliad, ond dim ond mewn sefyllfaoedd eithafol. Fodd bynnag, mae'r enwad newydd, Eglwys Anglicanaidd Gogledd America, yn arddel safbwynt 'dros fywyd' pendant.

Eglwysi Methodistaidd

Yn gyffredinol mae Eglwysi Methodistaidd Prydain yn erbyn erthylu, ond bydden nhw'n caniatáu erthyliadau mewn amgylchiadau eithafol. Maen nhw o blaid rhoi cymorth cymdeithasol i famau fel nad oes angen erthyliad arnyn nhw.

Agweddau Bwdhaidd at erthylu

Ym marn Bwdhyddion, mae bywyd yn gylch diddiwedd o eni, bodoli, pydru, marw ac aileni, ac nid oes un pwynt lle nad yw'r embryo neu'r ffoetws yn greadur byw. Mae'n dilyn, felly, fod Bwdhyddion yn ystyried erthylu yn weithred fwriadol o gymryd bywyd dynol. Mae'r cyntaf o'r Pum Argymhelliad yn cynghori yn erbyn cymryd bywyd. Mae egwyddor ahimsa, wedi'i chymeradwyo gan Fwdhaeth, yn cael ei chyfieithu'n aml fel 'dim trais', ond mewn gwirionedd mae'n golygu 'dim niwed'. Byddai'n ymddangos bod erthylu yn mynd yn erbyn yr egwyddor hon.

Fodd bynnag, canllawiau sy'n annog gweithredu moesol yw'r Argymhellion ac nid rheolau haearnaidd. Yn anaml iawn mae materion fel erthylu yn hollol ddiamwys, ac mae'n rhaid ystyried cymhlethdod y materion hyn wrth wneud penderfyniadau moesegol. Os yw menyw yn feichiog ac yn ystyried dod â'r beichiogrwydd i ben, mae'n rhaid i holl ffactorau ei sefyllfa unigryw hi gael eu hystyried. Byddai Bwdhydd eisiau gwneud penderfyniad sy'n 'fedrus'. Gweithred fedrus yw un sy'n seiliedig ar ymwybyddiaeth, caredigrwydd a bod yn gyfrifol am eich gweithredoedd eich hun.

Gallai'r beichiogrwydd fod yn ganlyniad treisio, a byddai parhau ag ef yn achosi llawer o ddioddefaint meddyliol ac emosiynol i'r fam. Gallai'r beichiogrwydd fod yn peryglu bywyd y fam. Yn yr achosion hyn, mae dioddefaint yn anochel, beth bynnag yw'r penderfyniad am erthylu. Byddai Bwdhyddion yn teimlo tosturi (karuna) tuag at y fam mewn amgylchiadau fel hyn ac yn parchu ei phenderfyniad.

> 'Wrth gwrs, mae erthylu, o safbwynt Bwdhaidd, yn weithred o ladd ac yn beth negyddol, yn gyffredinol. Ond mae'n dibynnu ar yr amgylchiadau… Credaf y dylai erthylu gael ei ganiatáu neu ei wrthod yn ôl pob amgylchiad.'
>
> (Y Dalai Lama, cyfweliad yn *The New York Times*, 28.11.1993)

Agweddau Mwslimaidd at erthylu

Nid yw'r Qur'an yn cyfeirio'n benodol at erthylu ond mae'n cynnig canllawiau ar faterion tebyg. Mae Mwslimiaid yn credu mai Duw sy'n creu bywyd, ac mai ef yn unig all ddod â bywyd i ben (sancteiddrwydd bywyd). Mae erthylu am resymau ariannol yn unig yn cael ei wahardd yn y Qur'an:

> Peidiwch â lladd eich plant oherwydd tlodi; byddwn ni'n darparu ar eich cyfer chi ac ar eu cyfer nhw.
>
> (Qur'an 6:151)

Er bod llawer o Fwslimiaid yn credu bod erthylu yn anghywir ac yn haram (wedi'i wahardd), mae rhai hefyd yn derbyn bod modd caniatáu erthylu mewn rhai sefyllfaoedd. Bydd llawer yn caniatáu erthylu os yw bywyd y fam mewn perygl, neu os yw'r plentyn yn debygol o fod wedi'i anffurfio neu ag afiechyd difrifol. Fodd bynnag, ni ddylai penderfyniadau o'r fath gael eu gwneud yn ysgafn. Mae cymryd bywyd plentyn yn bechod, ac ar Ddydd y Farn, bydd gan y plentyn yr hawl i ofyn pam cafodd ei ladd.

Mae trafodaeth wirioneddol ymhlith Mwslimiaid ynghylch a yw erthylu'n dderbyniol, ac o dan ba amodau dylai gael ei ganiatáu. Mae rhai ysgolion o'r gyfraith Fwslimaidd yn dweud bod modd caniatáu erthylu yn ystod 16 wythnos gyntaf beichiogrwydd, tra bod ysgolion eraill yn ei ganiatáu yn ystod y saith wythnos gyntaf yn unig. Y rheswm am y dehongliadau gwahanol hyn yw bod pob un yn gosod 'eiliad' wahanol lle mae'r embryo neu'r ffoetws yn dod yn berson. Mae hyd yn oed yr ysgolheigion hynny sy'n caniatáu erthylu cynnar mewn rhai achosion yn dal i ystyried erthylu yn anghywir, ond dydyn nhw ddim yn ei ystyried yn rhywbeth ddylai gael ei gosbi. Bydden nhw'n dadlau bod y weithred o erthylu yn mynd yn waeth wrth i'r beichiogrwydd fynd yn ei flaen.

Mae'r Hadith yn dweud bod eneidio (y ffoetws yn derbyn ei enaid) yn digwydd 120 diwrnod ar ôl y cenhedlu. Yn draddodiadol mae ysgolheigion Mwslimaidd wedi credu bod hawliau'r fam yn fwy na rhai'r ffoetws hyd nes yr eneidio. Mae Islam yn caniatáu erthylu i arbed bywyd y fam oherwydd mae'n gweld hyn fel 'y lleiaf o ddau ddrwg', ac mae egwyddor gyffredinol dewis y lleiaf o ddau ddrwg wedi'i nodi yn y Shari'ah (cyfraith Fwslimaidd).

Serch hynny, mae'r Qur'an yn pwysleisio bod bywyd, yn y pen draw, yn dod oddi wrth Dduw ac mai ef sy'n ei reoli.

> Allah yw'r un a'ch creodd chi, yna a ddarparodd ar eich cyfer, wedyn bydd yn gwneud i chi farw ac yna bydd yn rhoi bywyd i chi. A oes unrhyw rai o'ch cyfoedion yn gwneud unrhyw beth tebyg i hynny? Dyrchafedig yw Ef ac uchel uwchben yr hyn maen nhw'n ei gysylltu ag Ef.
>
> (Qur'an 30:40)

Agweddau Iddewig at erthylu

Yn gyffredinol nid yw Iddewiaeth yn gwahardd erthylu, ond nid yw'n caniatáu erthylu ar gais; dim ond am resymau difrifol mae Iddewon yn caniatáu erthylu. Mae pob achos yn cael ei ystyried ar ei ben ei hun, a dim ond ar ôl ymgynghori â rabbi dylai'r penderfyniad gael ei wneud. Nid yw'r ffoetws heb ei eni yn cael ei ystyried yn 'berson' mewn cyfraith Iddewig hyd nes ei fod wedi'i eni, ac mae egwyddor pikuach nefesh (gweler t. 174) yn caniatáu i fywyd y fam gael ei achub. Fodd bynnag, mae gan Iddewon gredoau gwahanol o ran pryd gallan nhw ganiatáu erthylu, os o gwbl.

Ar y cyfan, mae Iddewon Uniongred yn gwrthwynebu erthylu. Mae hyn oherwydd eu bod yn credu mai bywyd yw rhodd fwyaf Duw ac y dylai gael ei ddiogelu ar bob cyfrif. Duw yw'r creawdwr ac ef yn unig all gymryd bywyd. O ganlyniad, mae dinistrio bywyd yn drosedd erchyll.

Mae Iddewon Diwygiedig a Rhyddfrydol yn credu bod modd caniatáu erthylu mewn rhai amgylchiadau, er enghraifft os yw bywyd y fam mewn perygl. Mewn amgylchiadau o'r fath (lle byddai gadael i'r beichiogrwydd barhau yn lladd y fam), mae Iddewiaeth yn mynnu bod yn rhaid i'r ffoetws gael ei erthylu, gan fod bywyd y fam yn fwy pwysig na bywyd y ffoetws.

Mae rhai Iddewon yn derbyn erthylu mewn achosion o dreisio a llosgach, neu os yw iechyd y fam yn gyffredinol wael.

Fodd bynnag, dim ond pan fydd y ffoetws yng nghroth y fam y gall erthylu ddigwydd. Wedi iddo gael ei eni, mae'n dod yn berson ac mae ganddo yr hawl i fyw. Yn y cyd-destun hwn, genedigaeth yw pan fydd mwy na 50 y cant o'r baban wedi gadael corff ei fam. Yn ôl y Mishnah:

1. Os yw menyw yn cael trafferth rhoi genedigaeth, maen nhw'n torri'r plentyn y tu mewn iddi a'i dynnu allan fesul rhan, oherwydd mae ei bywyd hi'n dod o flaen bywyd [y plentyn].
2. Ond os yw'r rhan fwyaf wedi dod allan, ni allwch chi gyffwrdd ag ef, oherwydd ni all rhywun osod bywyd un person o'r neilltu er mwyn bywyd person arall.

(Mishnah Oholot 7:6)

Agweddau dyneiddwyr at erthylu

Wrth ystyried erthylu, byddai dyneiddiwr yn ystyried y dystiolaeth, y canlyniadau tebygol, a hawliau a dymuniadau pawb sy'n rhan o'r penderfyniad. Byddai'n gwneud hyn gyda'r nod o geisio dod o hyd i'r ffordd fwyaf caredig o weithredu neu'r un fyddai'n gwneud y niwed lleiaf.

Mae'n anodd dweud beth sy'n gwneud gweithred yn gywir neu'n anghywir. Mae dau safbwynt am hyn:

- **Perthynoliaeth foesol**, sy'n dweud bod penderfynu a yw gweithred yn gywir neu'n anghywir yn dibynnu ar y cyd-destun cymdeithasol, diwylliannol neu bersonol.
- **Absoliwtiaeth foesol**, sy'n dweud bod egwyddorion moesol cyffredinol yn bodoli, beth bynnag yw'r cyd-destun.

Mae dyneiddwyr yn gwrthod absoliwtiaeth gan ei bod yn 'athrawiaethol'. Byddent yn dweud na all unigolyn na sefydliad benderfynu pa egwyddorion moesol sy'n berthnasol i bawb.

Ond, maent yn amharod i'w galw eu hunain yn berthynolwyr. Mae'n well ganddynt ddefnyddio 'sefyllfaolwyr', gan wneud penderfyniadau moesol ar sail achosion unigol.

Oherwydd yr ymagwedd **moeseg sefyllfa** hon, nid oes un safbwynt dyneiddiol am erthylu, ond mae dyneiddwyr yn tueddu i arddel safbwynt rhyddfrydol, dros ddewis. Mae dyneiddwyr yn rhoi pwys ar hapusrwydd a dewis personol, ac roedd nifer ohonynt yn rhan amlwg o'r ymgyrch i gyfreithloni erthylu yn yr 1960au. Gan nad yw dyneiddwyr yn credu bod bywyd yn sanctaidd, mae'r ddadl yn dibynnu ar pryd mae rhywun yn meddwl bod bywyd dynol yn dechrau, ac nid yw ffoetws yn dod yn berson â'i deimladau a'i hawliau ei hun tan ymhell ar ôl y cenhedlu. Gan fod dyneiddwyr yn ystyried mai hapusrwydd a dioddefaint yw'r prif ystyriaethau moesol, bydd ansawdd bywyd yn aml yn bwysicach na diogelu bywyd ar unrhyw gyfrif. Maent yn credu bod erthylu yn ddewis moesol derbyniol yn aml. Ond, mae'n ddewis personol y dylid ei wneud mewn modd cytbwys sy'n ystyried effeithiau tymor byr a thymor hir.

> **Moeseg sefyllfa** Barnu a yw gweithredoedd yn gywir neu'n anghywir ar sail achosion unigol.

▶ Ewthanasia

Cysyniad Allweddol

Ewthanasia O'r Groeg, *eu* 'da' + *thanatos* 'marwolaeth'. Weithiau mae'n cael ei alw'n 'lladd trugarog'. Y weithred o ladd person, naill ai'n uniongyrchol neu'n anuniongyrchol, yn sgil penderfyniad mai marwolaeth yw'r opsiwn gorau.

Pam byddai rhywun eisiau dod â'i fywyd ei hun i ben?

Yn achos rhywun sy'n dioddef o afiechyd dirywiol, tymor hir, nad oes modd ei wella, fel clefyd niwronau motor (hynny yw afiechydon sy'n gwaethygu'n raddol dros amser, heb ffordd o'u gwella), gallai'r claf ddewis dod â'i fywyd ei hun i ben cyn i'w afiechyd gyrraedd y camau olaf pan na fydd yn gallu cyfathrebu ag eraill. Gallai rhai pobl, er enghraifft y rheini sy'n dioddef o ganser marwol, ddewis dod â'u bywyd i ben cyn i'r cyfnod mwyaf poenus ac anodd ddechrau. I eraill, mae byw gyda phoen gyson nad yw'n bosibl ei reoli (oherwydd anaf, anabledd neu sgil effaith afiechydon blaenorol) yn ddigon o reswm i ystyried cyflawni ewthanasia.

Daw'r gair **ewthanasia** o'r geiriau Groeg sy'n golygu 'marwolaeth dda', ac mae'n cael ei adnabod hefyd fel lladd trugarog neu hunanladdiad â chymorth. Fel arfer mae'n cyfeirio at weithred o ddod â bywyd rhywun i ben mewn ffordd heddychlon a di-boen.

Yn dechnegol mae pedwar math gwahanol o ewthanasia.

- **Ewthanasia gwirfoddol** (neu hunanladdiad â chymorth) yw rhoi terfyn ar fywyd un sy'n gofyn yn benodol am help i farw. Yn aml bydd hyn oherwydd salwch sy'n cyfyngu ar fywyd, neu afiechyd marwol.
- **Ewthanasia gweithredol** yw person yn cymryd camau penodol i ddod â'i fywyd i ben, er enghraifft drwy gymryd dos gormodol.
- **Ewthanasia goddefol** yw tynnu triniaeth sy'n cynnal bywyd, er enghraifft tiwb bwydo neu beiriant anadlu. Yn aml bydd hyn oherwydd bod rhywun yn credu y byddai'r claf wedi dymuno cael 'marwolaeth urddasol' neu os nad oes gobaith i'r claf wella.
- **Ewthanasia anwirfoddol** yw marwolaeth sy'n cael ei gorfodi ar rywun, er enghraifft yn ystod glanhau ethnig neu'r gosb eithaf.

Mae pwnc ewthanasia yn codi llawer o faterion crefyddol, athronyddol a moesegol gwahanol, yn enwedig y ddadl am a oes gennym yr hawl i ddod â'n bywyd ein hunain i ben.

Dadl 'yr hawl i farw' – o blaid

Ymgyrchwyr yn cefnogi 'yr hawl i farw'.

Ewyllys rydd

Cafodd Daniel James ei barlysu mewn damwain rygbi pan oedd yn 22 oed. Roedd mewn poen yn gyson, ac yn teimlo bod ei gorff fel carchar gan nad oedd yn gallu symud. Penderfynodd fynd i glinig Dignitas yn y Swistir i ddod â'i fywyd i ben. Cafodd gymorth gan ei rieni. Er iddyn nhw ddod o dan ymchwiliad, ni chawson nhw eu herlyn am ei helpu. Mae Gwasanaeth Erlyn y Goron wedi dweud bellach fod teuluoedd sy'n helpu perthnasau i farw yn y modd hwn yn annhebygol o gael eu herlyn.

Mae llawer o bobl sy'n dioddef o afiechydon dirywiol tymor hir eisiau rheoli sut a phryd maen nhw'n marw. Iddyn nhw, nid yw hyn yn fater o ewyllys rydd yn unig, ond yn hytrach yn fater o gynnal urddas dynol. Er enghraifft, penderfynodd Dr Anne Turner, oedd yn dioddef o glefyd nerfol dirywiol, ddod â'i bywyd ei hun i ben cyn iddi gyrraedd y pwynt lle na fyddai'n gallu cerdded, bwyta, gwisgo na siarad drosti hi ei hun.

Mae rhai'n credu y dylai pobl allu bod yn rhydd i wneud penderfyniadau am eu dyfodol nhw eu hunain. Maen nhw'n meddwl ei bod yn foesegol anghywir i rywun sydd heb unrhyw obaith o wella barhau i gymryd triniaeth ddrud i gynnal bywyd.

Babi RB

Ym mis Tachwedd 2009, penderfynodd tad bachgen bach, oedd yn cael ei adnabod fel Babi RB, y byddai'n mynd i'r llys i ymladd yn erbyn penderfyniad yr ysbyty i ddiffodd peiriant cynnal bywyd ei fab. Yn 13 mis oed, nid oedd Babi RB yn gallu symud, anadlu na llyncu ar ei ben ei hun. Roedd ganddo anhwylder niwrogyhyrol difrifol nad oedd modd ei wella, ac roedd wedi dibynnu ar beiriant anadlu ers yr awr gyntaf ar ôl iddo gael ei eni. Roedd ei fam yn cefnogi penderfyniad yr ysbyty, gan ei bod yn teimlo nad oedd unrhyw ansawdd bywyd gan ei mab.

Yn y diwedd cytunodd y tad â meddygon yr ysbyty, ac roedd y ddau riant yn bresennol pan gafodd peiriant cynnal bywyd Babi RB ei ddiffodd.

Stephen Hawking

Yn 2013, dywedodd Stephen Hawking yn gyhoeddus ei fod yn cefnogi'r ddadl dros farw â chymorth, gan ddweud, 'Nid ydyn ni'n gadael i anifeiliaid ddioddef, felly pam pobl?' Dywedodd y byddai'n ystyried ewthanasia pe bai'n cyrraedd pwynt lle roedd yn teimlo nad oedd ganddo ddim ar ôl i'w gynnig neu ei fod yn faich i eraill.

Mae Stephen Hawking yn cefnogi marw â chymorth.

AR GOLL
Urddas dynol yn gyffredinol
Os dewch o hyd iddo, ffoniwch
077 3858 1664

Dadl 'yr hawl i farw' – yn erbyn

Harold Shipman

Meddyg o Brydain oedd Harold Shipman (1946–2004), ac ef yw un o'r llofruddion sydd wedi lladd y nifer mwyaf o bobl ar gofnod mewn hanes diweddar. Ar 31 Ionawr 2000, penderfynodd rheithgor fod Shipman yn euog o 15 llofruddiaeth. Cafodd ei ddedfrydu i garchar am oes, ac awgrymodd y barnwr na ddylai byth gael ei ryddhau.

Ar ôl ei dreial, dechreuodd Ymchwiliad Shipman. Pwrpas yr ymchwiliad hwn oedd casglu tystiolaeth am yr holl farwolaethau a oedd wedi'u cyflawni gan Shipman. Roedd tua 80 y cant o'r rhai fu farw yn fenywod. Roedd y dioddefwr ifancaf yn ddyn 41 oed. Buon nhw farw o ganlyniad i gael chwistrelliadau marwol o'r cyffur morffin. Cafodd llawer o strwythur cyfreithiol Prydain o ran gofal iechyd a meddyginiaeth ei adolygu a'i newid o ganlyniad uniongyrchol ac anuniongyrchol i droseddau Shipman. Shipman yw'r unig feddyg ym Mhrydain sydd wedi'i ddyfarnu'n euog o lofruddio ei gleifion.

Byddai cyfreithloni ewthanasia â chymorth meddyg yn ei gwneud yn haws i bobl fel Shipman gyflawni troseddau dychrynllyd.

■ Cafwyd Harold Shipman yn euog o lofruddiaeth yn 2000.

Pe bai ewthanasia yn cael ei gyfreithloni, byddai'r ysgogiad neu'r awydd i ymchwilio i afiechydon marwol yn lleihau.

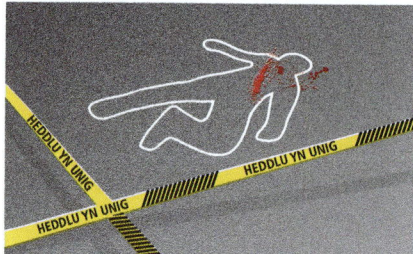

Mae ewthanasia yn llofruddiaeth.

Mae pob bywyd yn arbennig ac yn haeddu cael ei warchod.

Dadl 'y llethr llithrig'

Mae dadl 'y llethr llithrig' yn honni y byddai derbyn rhai arferion, fel hunanladdiad â chymorth meddyg neu ewthanasia gwirfoddol, yn arwain yn anochel at dderbyn a gweithredu arferion sy'n cael eu hystyried yn annerbyniol ar hyn o bryd, fel ewthanasia anwirfoddol. Er mwyn atal yr arferion annymunol hyn rhag digwydd, rhaid i ni beidio â chymryd y cam cyntaf.

Gallai cyfreithloni ewthanasia achosi i bobl sydd yng nghyfnod olaf eu bywyd deimlo eu bod yn faich, neu deimlo dyletswydd i ystyried dod â'u bywydau i ben, sydd hyd yn oed yn waeth.

Mae hosbisau yn cynnig dewis arall i bobl sy'n teimlo na allan nhw ymdopi â symptomau afiechydon marwol.

Hosbisau

Yn 1967, agorodd Hosbis St Christopher yn Sydenham, Llundain. Dyma oedd yr hosbis gyntaf ym Mhrydain, a chafodd ei hagor gan y Fonesig Cicely Saunders. Nod Cicely Saunders oedd darparu cymorth corfforol, ysbrydol, emosiynol a seicolegol i bobl oedd yng nghyfnod olaf eu salwch/bywyd. Roedd hi eisiau cynnig gofal a oedd yn canolbwyntio ar bob elfen o anghenion claf yn hytrach na thrin symptomau corfforol claf yn unig. Dyma oedd dechrau'r Mudiad Hosbis, fel mae'n cael ei adnabod heddiw.

Er nad yw hosbisau yn lleoedd crefyddol yn benodol, roedd y Fonesig Cicely Saunders yn cydnabod mai ei chredoau Cristnogol oedd y prif gymhelliant o ran ei gwaith. Yn ogystal â hyn, mae llawer o hosbisau yn cael cefnogaeth neu roddion ariannol gan sefydliadau crefyddol. Mae hosbisau yn cyflawni'r dyhead Cristnogol i leihau dioddefaint y cleifion a'u teuluoedd ym munudau olaf bywyd, yn ogystal â galluogi credinwyr i gynnal sancteiddrwydd bywyd yn hytrach na gorfod cyflawni ewthanasia.

Mae llawer o bobl yn credu bod hosbisau yn cynnig ateb arall yn lle ewthanasia. Maen nhw'n caniatáu i bobl farw ag urddas mewn amgylchedd cariadus a gofalgar, gyda'u teuluoedd o'u hamgylch os ydyn nhw'n dymuno hynny. Nid yw'r cleifion yn gorfod teimlo eu bod nhw'n faich. Bydd ansawdd bywyd ganddyn nhw o hyd gan fod lleddfu poen yn driniaeth liniarol sy'n canolbwyntio ar reoli symptomau a chadw'r claf yn ymwybodol.

Dylen ni bob amser ystyried ansawdd bywyd yn ogystal â'i hyd.
(Y Fonesig Cicely Saunders)

Marw ag urddas, byw ag urddas

Ar hyn o bryd mae dros 260 o hosbisau ar gyfer cleifion mewnol ym Mhrydain.

Mae rhai yn benodol ar gyfer gofalu am blant a babanod, ac maen nhw'n cynnig cefnogaeth amhrisiadwy i'r claf a'r teulu, yn ogystal â gofal seibiant a thriniaethau lliniarol diwedd bywyd. Mae hosbisau eraill yn canolbwyntio'n llwyr ar ofal diwedd bywyd i oedolion, gyda rhai yn arbenigo mewn afiechydon penodol fel canser.

Mae'r syniad bod pobl ond yn mynd i hosbis i farw yn cael ei chwalu yn raddol, wrth i fwy a mwy o bobl fynd i mewn am gyfnodau byr o amser (rhwng 12 ac 14 diwrnod ar gyfartaledd) i'w helpu i reoli poen a lleddfu symptomau eraill sy'n gysylltiedig â'u salwch.

Mae dros 4 y cant o farwolaethau yn digwydd mewn hosbis, gyda llawer mwy o gleifion a theuluoedd yn elwa o'r amser maen nhw'n ei dreulio mewn hosbis cyn i'r claf farw.

Hosbis Katharine House ar gyfer oedolion â chyflyrau sy'n cyfyngu ar fywyd.

Dysgeidiaethau crefyddol am ewthanasia

Agweddau Cristnogol at ewthanasia

Mae'r rhan fwyaf o Gristnogion yn cytuno nad yw ewthanasia yn dderbyniol oherwydd:

- Mae pob bywyd yn sanctaidd (sancteiddrwydd bywyd) ac mae cymryd unrhyw fywyd yn anghywir.
- Mae'r rhai sy'n helpu yn cymryd rhan mewn llofruddiaeth, sydd yn erbyn y Deg Gorchymyn.
- Mae bywyd yn rhodd gan Dduw ac felly mae'n werthfawr.
- Weithiau mae pwrpas i ddioddefaint a rhaid goddef hynny, gan na fydd Duw yn rhoi mwy o ddioddefaint i ni nag y gallwn ni ymdopi ag ef.
- Mae hosbisau yn cynnig dewis arall lle gall y claf gael gofal a chefnogaeth. Mae hyn yn caniatáu i'r claf farw ag urddas tra bod y boen yn cael ei rheoli.

Mae rhai Cristnogion rhyddfrydol yn credu bod diffodd peiriant cynnal bywyd yn dderbyniol os oes tystiolaeth feddygol bod ymennydd y person wedi marw. Maen nhw'n credu bod y person hwnnw wedi marw yn barod a bod y peiriant yn cyflawni swyddogaethau'r corff yn unig. Bydden nhw hefyd yn ystyried gwrthod triniaeth os yw'n ymestyn salwch poenus, yn seiliedig ar ddysgeidiaeth Iesu am weithredu yn y ffordd fwyaf cariadus a thosturiol tuag at berson arall.

Mae'r Eglwys Gatholig yn erbyn ewthanasia yn llwyr. Er gwaetha'r dadleuon nad ymestyn bywyd o boen a dioddefaint yw'r ffordd fwyaf trugarog o weithredu, mae'r Eglwys yn dweud nad oes unrhyw amgylchiadau sy'n cyfiawnhau lladd bod dynol; mae gofal lliniarol yn ddewis arall ymarferol. Yn 2006, dywedodd Archesgob Catholig Caerdydd:

> Mae brwydr foesegol fawr yma ynglŷn â'r ffordd rydyn ni'n delio â phobl ag afiechyd marwol, pobl fregus iawn a phobl sâl iawn. Rydyn ni'n dweud na ddylen ni ladd pobl. Beth sydd ei angen arnyn nhw yw rhywun i'w caru a gofalu amdanyn nhw.

Er bod yr Eglwys yng Nghymru yn cytuno'n fras na all ymyrraeth ddynol roi terfyn ar fywyd sydd wedi'i roi gan Dduw, mae ei pholisi ar ewthanasia yn niwtral. Mae'n argymell mwy o astudio a gweddïo cyn iddi ddatgan safbwynt cadarn.

Agweddau Bwdhaidd at ewthanasia

Mae Bwdhaeth yn dysgu bod bodau dynol yn mynd drwy gylch diddiwedd o eni, bodoli, pydru, marw ac aileni (samsara). Mae'n dysgu nad oes y fath beth ag 'enaid', sef hanfod sefydlog unigolyn. Yr hyn sy'n mynd drwy gylch samsara yw karma. Mae karma yn newid yn gyson wrth i achosion newydd gael eu creu ac wrth i hen rai ddod i rym. Felly, beth bynnag yw cyflwr karmig bywyd rhywun pan fydd yn marw, yr un cyflwr karmig fydd ganddo ar ôl aileni.

Yn ôl Bwdhaeth, mae cyflawni ewthanasia neu roi cymorth gyda hunanladdiad yn ddibwrpas: ni fydd yn lleddfu dioddefaint (dukkha) ym myd samsara. Yn wir, mae mynachod Bwdhaidd yn gallu cael eu diarddel o'r Sangha mynachaidd os ydyn nhw'n annog rhywun i gyflawni hunanladdiad. Yr unig sefyllfa lle gallai ewthanasia leddfu dioddefaint yw yn achos bod goleuedig sydd ar fin cael ei ryddhau o samsara. Yn wir, mae ysgrythurau Bwdhaidd yn sôn am achosion lle mae'r Bwdha yn cymeradwyo hunanladdiad mynachod mewn cyflwr o nirvana a oedd yn dymuno cael eu rhyddhau o ddioddefaint bywyd.

Yn ogystal â hyn, penderfynodd y Bwdha, fel bod goleuedig, gyflymu ei farwolaeth ei hun drwy fwyta bwyd marwol yn fwriadol, er ei fod yn gwahardd pobl eraill rhag ei fwyta.

Felly byddai rhai Bwdhyddion yn dweud bod ewthanasia, mewn rhai achosion penodol iawn, yn dderbyniol er mwyn lleddfu dioddefaint. Gallai gael ei ystyried yn weithred drugarog (karuna). Mae'r Dalai Lama wedi cymharu ewthanasia ag erthylu, gan ddweud, am y ddau bwnc, fod angen i achosion gael eu hystyried yn unigol:

> ... y ffordd Fwdhaidd yw barnu'r cywir a'r anghywir neu'r rhesymau o blaid ac yn erbyn... Credaf, o'r safbwynt Bwdhaidd, fod yna achosion eithriadol, felly mae'n well barnu ar sail achosion unigol.
>
> (Y Dalai Lama, wedi'i ddyfynnu yn *The World Tibet Network News*, 18.09.1996)

Ar y llaw arall, rhaid cofio bod cymryd bywyd dynol yn fwriadol yn mynd yn erbyn y cyntaf o'r Pum Argymhelliad ac yn erbyn egwyddor ahimsa (dim niwed). Mae Bwdhyddion yn ystyried bod bywyd dynol yn eithriadol o werthfawr. Am y rheswm hwn, mae'r Dalai Lama yn dweud am ewthanasia, 'Credaf y byddai'n well ei osgoi.'

Agweddau Mwslimaidd at ewthanasia

Mae Islam yn nodi'n glir bod bywyd yn cael ei greu gan Dduw (sancteiddrwydd bywyd) ac mai dim ond Duw all benderfynu pryd mae person yn marw. Mae popeth sy'n digwydd yn digwydd oherwydd bod Duw eisiau iddo ddigwydd. Mae pwrpas i ddioddefaint, hyd yn oed.

Mae'n bwysig dangos tosturi tuag at y rheini sydd mewn poen neu sy'n dioddef. Pan fydd hyn yn digwydd, ni ddylai fod angen cyflawni ewthanasia. Ni waeth ym mha gyflwr mae'r corff, mae'r enaid yn dal yn berffaith a dyna sy'n bwysig i Dduw.

Mae cyfreithwyr Mwslimaidd wedi dadlau'n ddiweddar ei bod yn dderbyniol diffodd peiriannau cynnal bywyd yn achos person mewn coma sy'n cael ei gadw'n fyw gan y peiriannau, heb unrhyw obaith o wella. Mae hyn oherwydd bod ei fywyd wedi dod i ben yn barod ac nid yw'r peiriant yn ddefnyddiol fel triniaeth mewn gwirionedd.

Agweddau Iddewig at ewthanasia

Mae Iddewon yn gwrthwynebu ewthanasia ar y cyfan. Mae ewthanasia gweithredol yn cael ei weld fel llofruddiaeth. Mae pob bywyd yn werthfawr ac yn rhodd gan Dduw — nid ein lle ni yw ei daflu i ffwrdd. Dim ond y creawdwr all benderfynu pryd dylai bywyd ddod i ben. Yn ôl Iddewon, mae gan bob munud o fywyd dynol yr un gwerth â blynyddoedd lawer o fywyd. 'Mae gwerth bywyd dynol yn anfeidraidd ac yn anfesuradwy. Mae pob rhan o fywyd, hyd yn oed awr neu eiliad, o'r un gwerth yn union â saith deg mlynedd ohono, yn yr un modd ag y mae ffracsiwn o anfeidredd, gan nad oes modd ei rannu, yn aros yn anfeidraidd.'

Yr Arglwydd Jakobovits, cyn Brif Rabbi y DU

Mae'r Talmud yn dweud, 'Ac na foed i'ch natur ddrwg eich perswadio mai'r bedd fydd eich noddfa' (Moeseg y Tadau 4:22). Mewn geiriau eraill, mae'r byw a'r marw yn atebol i Dduw. Ni all ewthanasia gael ei weld fel dihangfa o farn Duw.

Gall meddyginiaeth sy'n lleddfu poen gael ei rhoi, hyd yn oed os yw'n prysuro marwolaeth fel sgil effaith. Y peth allweddol yma yw sicrhau nad lladd yw'r pwrpas na'r bwriad, ond lleddfu poen. Yn yr un modd, gall Iddewon weddïo i ddod â phoen a dioddefaint rhywun i ben, ond mae byrhau bywyd person yn anghywir (hyd yn oed os yw'n ymddangos y bydd yn dod i ben yn naturiol yn fuan iawn).

Mae rhai Iddewon yn credu bod modd diffodd peiriant cynnal bywyd claf os nad oes ganddo obaith o wella. Mae rhai'n credu hefyd na ddylai meddygon achosi i rywun ddioddef yn fwy drwy ymestyn ei fywyd mewn ffordd artiffisial.

Agweddau dyneiddwyr at ewthanasia

Mae dyneiddwyr wedi cefnogi ymdrechion i gyfreithloni marw â chymorth, hunanladdiad â chymorth ac ewthanasia gwirfoddol ar draws y DU. Maen nhw'n credu na ddylai ewthanasia gael ei gyfyngu i bobl sy'n dioddef o afiechydon marwol yn unig, ac maen nhw eisiau i'r gyfraith gael ei diwygio er mwyn ystyried anghenion pobl eraill sy'n 'dioddef yn barhaus, heb obaith o wella' — er enghraifft, pobl sydd wedi'u parlysu.

Mae dyneiddwyr yn amddiffyn yr hawl i fywyd, ond dydyn nhw ddim yn credu y dylai bywyd gael ei ymestyn os byddai hynny'n arwain at ddioddefaint dibwrpas. Dylai gallu marw ag urddas, yn ôl ein dymuniad, fod yn hawl ddynol sylfaenol.

Mudiad Dignity in Dying

Mae mudiad Dignity in Dying yn lobïo i gael dewis, mynediad a rheolaeth mewn materion sy'n ymwneud â marwolaeth.

- Maen nhw eisiau i bobl gael yr hawl i ddewis ble maen nhw'n marw, pwy sy'n bresennol a pha driniaethau sydd ar gael.
- Maen nhw eisiau i bobl gael mynediad at wybodaeth arbenigol ar ddewisiadau yn ymwneud â diwedd bywyd, yn ogystal â gofal diwedd bywyd o ansawdd da.
- Maen nhw hefyd yn galw am reolaeth dros sut mae pobl yn marw, pa symptomau gallan nhw eu rheoli eu hunain, dulliau lleddfu poen a chynllunio eu marwolaeth eu hunain.
- Maen nhw'n gweithio gyda mudiad arall, Compassion in Dying, i roi cyngor a chefnogaeth i unrhyw un sy'n ystyried posibiliadau o ran diwedd bywyd a marw â chymorth.

Fel grŵp, maen nhw'n credu mai'r ddeddf gywir i'r DU yw un sy'n sicrhau bod pobl sy'n marw, gyda chwe mis neu lai i fyw, yn cael dewis rheoli eu marwolaeth. Nid ydyn nhw'n cefnogi deddf ehangach nac un sy'n berthnasol i bob cyflwr sy'n cyfyngu ar fywyd. Mae Dignity in Dying yn awyddus i'r DU fabwysiadu model sy'n cael ei ddefnyddio'n llwyddiannus mewn rhai taleithiau yn →

UDA. Yno, mewn taleithiau fel Oregon a California, gall claf ag afiechyd marwol gwblhau cais i farw â chymorth a'i gyflwyno i banel o feddygon a barnwr uchel lys. Wedi i'r cais gael ei gymeradwyo, ac ar ôl 'cyfnod i feddwl', mae'r claf yn derbyn dos marwol o gyffuriau i'w gymryd yn ei gartref. Yn allweddol, mae hyn yn golygu bod y claf yn gallu cynllunio ei farwolaeth ei hun, a marw yn ei gartref ei hun.

Rhoi organau yng Nghymru

Mae Cymru'n unigryw ymhlith gwledydd y Deyrnas Unedig gan fod ganddi system 'optio allan' o ran caniatâd i roi organau. Oherwydd hyn, ar ôl i berson farw, mae'n bosibl y bydd ei organau yn cael eu rhoi i rywun sydd angen trawsblaniad, oni bai ei fod wedi dweud ymlaen llaw nad yw eisiau i hyn ddigwydd.

Yr hyn sy'n unigryw am y system yng Nghymru yw ei bod yn tybio bod rhywun yn cytuno i roi organau, oni bai ei fod yn nodi fel arall ('optio allan'). Yr enw ar hyn yw 'caniatâd tybiedig'.

Felly gall pob oedolyn yng Nghymru ddewis un o bedwar opsiwn:

- Optio i mewn i roi organau drwy gofrestru tra'i fod yn dal yn fyw. Mae hyn yn golygu nad oes amheuaeth am y penderfyniad.
- Optio allan drwy gofrestru i beidio â rhoi.
- Gwneud dim, ac felly mae caniatâd tybiedig yn cael ei nodi.
- Dewis aelod o'r teulu neu ffrind i benderfynu am roi organau ar ôl marwolaeth.

Yn gyffredinol, mae'r rhan fwyaf o grefyddau yng Nghymru yn cefnogi'r syniad o roi organau, neu dydyn nhw ddim yn llwyr yn ei erbyn o leiaf. Maen nhw'n tueddu i ddysgu ei fod yn ddewis i'r unigolyn.

Mae Cristnogaeth o blaid rhoi organau:

- Mae Cristnogion yn ystyried rhoi organau yn weithred gariadus ac yn ffordd o ddilyn esiampl Iesu.
- Mae Cristnogion yn credu mewn bywyd tragwyddol, ac na ddylen ni ofni paratoi ar gyfer marwolaeth.
- Mae Cristnogion yn credu na all dim sy'n digwydd i'n corff, cyn neu ar ôl marwolaeth, gael effaith ar ein perthynas â Duw.

Mae'r Eglwysi Cristnogol yng Nghymru yn cefnogi rhoi organau yn llwyr:

- Yn 2011, dywedodd Barry Morgan, Archesgob Cymru, fod rhoi organau yn weithred o agape: 'Rhoi organau yw'r weithred fwyaf hael o roi ohonoch chi eich hun y gallwn ni ei ddychmygu.'
- Yn 2015, gwnaeth esgobion yr Eglwys yng Nghymru y datganiad canlynol: 'Fel Esgobion rydyn ni'n gyfan gwbl o blaid rhoi organau. Dyma beth yw cariad ar waith, ac mae'n enghraifft ardderchog o garu ein cymdogion, yn enwedig y rheini sydd mewn angen. Mae haelioni o'r fath yn ymateb i haelioni Duw tuag aton ni.'
- Yn 2000, dywedodd y Pab Ioan Paul II: 'Mae angen rhoi yng nghalonnau pobl, yn enwedig yng nghalonnau'r ifanc, werthfawrogiad gwirioneddol a dwfn o'r angen am gariad brawdol, cariad all gael ei fynegi yn y penderfyniad i fod yn rhoddwr organau.'
- Mae'r Eglwys Fethodistaidd yn dweud: 'Mae'r Eglwys Fethodistaidd wedi datgan ei chefnogaeth gyson i roi organau a thrawsblannu o dan yr amgylchiadau priodol, fel gweithred sy'n arwain at iacháu corfforol ac ysbrydol.'

Fodd bynnag, nid yw'r Eglwysi o reidrwydd yn cefnogi'r system 'optio allan':

- Mae'r Eglwys yng Nghymru a'r Eglwys Gatholig wedi gofyn i Lywodraeth Cymru ailystyried caniatâd tybiedig. Maen nhw'n dadlau bod rhoi organau yn rhodd wirfoddol ac y byddai cymryd organau heb ganiatâd yn tanseilio hyn a hefyd yn bygwth hawliau dynol.
- Nid oes barn benodol gan yr Eglwys Fethodistaidd, y Bedyddwyr na'r Eglwys Ddiwygiedig Unedig ar ganiatâd tybiedig. Maen nhw'n dweud bod llawer o bobl yn anghysurus â'r syniad o ganiatâd tybiedig.
- Galwodd Barry Morgan, Archesgob Cymru ar y pryd, ar Lywodraeth Cymru i gael gwared ar ddeddf 'optio allan'. Yn ôl John Davies, a ddaeth yn Archesgob Cymru ar 6 Medi 2017, 'Byddai'n well pe bai rhoi organau yn rhodd, ac felly rwy'n anghyfforddus â'r syniad o ganiatâd tybiedig.'

Adolygiad Diwedd yr Adran

Ymarfer sgiliau

Disgrifiwch ddysgeidiaethau crefyddol am werth bywyd dynol.

> **Cofiwch**
>
> Cysyniadau allweddol:
> - Erthylu
> - Ewthanasia
> - Sancteiddrwydd bywyd
> - Ansawdd bywyd
>
> Dysgeidiaethau allweddol:
> - Sancteiddrwydd bywyd
> - Erthylu
> - Ewthanasia

Gwirio gwybodaeth

1. Beth yw hosbis? Sut mae'n wahanol i ysbyty?
2. Lluniwch ddiagram Venn i gymharu sancteiddrwydd bywyd ag ansawdd bywyd.
3. Rhowch dri rheswm gwahanol pam byddai Cristnogion yn anghytuno ag ewthanasia. Ar ôl i chi roi pob rheswm, rhowch esboniad pellach gyda brawddeg gysylltiol, fel 'Mae hyn yn golygu bod ...', neu 'Mae hyn oherwydd ...', neu 'Mae hyn yn dod o'r ddysgeidiaeth ...'.

Y Cwestiwn Mawr

'Dylai pawb gael yr hawl i ddewis sut a phryd maen nhw'n marw.'

Eich tasg

Trafodwch y gosodiad uchod, gan ddangos eich bod wedi ystyried mwy nag un safbwynt. Rhowch farn resymegol am ba mor ddilys a pha mor gryf yw'r safbwyntiau hyn.

Tasg

Ar gyfer y ddwy grefydd rydych chi'n eu hastudio, esboniwch yn fanwl y dysgeidiaethau crefyddol am ewthanasia. Defnyddiwch y canllawiau isod i'ch helpu i ysgrifennu esboniad manwl ar gyfer Cristnogaeth. Gwnewch yn siŵr eich bod yn defnyddio termau allweddol yn rhwydd ac yn aml.

Mae Cristnogion i gyd/llawer o Gristnogion/y rhan fwyaf o Gristnogion yn credu _____ .

Daw hyn o'r ddysgeidiaeth/dyfyniad o'r Beibl _____ .

Mae hyn yn golygu/Oherwydd hyn maen nhw'n _____ .

Mae rhai Cristnogion/Cristnogion eraill fel _____ yn credu _____ .

Daw hyn o'r ddysgeidiaeth/dyfyniad o'r Beibl _____ .

Mae hyn yn golygu/Oherwydd hyn maen nhw'n _____ .

Yn olaf, mae Cristnogion fel _____ yn credu _____ .

Mae hyn yn golygu/Oherwydd hyn maen nhw'n _____ .

Mae eu credoau yr un peth/yn wahanol oherwydd _____ .

Credoau ynglŷn â marwolaeth a bywyd ar ôl marwolaeth

▶ Yr enaid

> **Cysyniad Allweddol**
>
>
> **Enaid** Ochr ysbrydol person sy'n ei gysylltu â Duw. Ystyrir yr enaid yn rhywbeth nad yw'n gorfforol, sy'n byw ar ôl i'r corff farw, mewn bywyd ar ôl marwolaeth.

Mae credu ym modolaeth **enaid** yn un o nodweddion canolog nifer o draddodiadau crefyddol ac athronyddol. I Gristnogaeth, Islam ac Iddewiaeth, dim ond pobl, nid rhywogaethau eraill, sy'n meddu ar eneidiau anfarwol. Nid yw Bwdhaeth yn dysgu bod gan fodau dynol enaid sy'n rhoi hunaniaeth iddynt. Maent yn credu bod pob bod byw yn gysylltiedig, a heb hunaniaeth sefydlog, unigryw. Mae dyneiddwyr hefyd yn gwrthod y synaid o enaid.

Mae dau safbwynt am yr enaid a'i berthynas â'n corff ffisegol:

▶ **Deuoliaeth** yw'r gred ein bod wedi'n gwneud o ddwy ran ar wahân: corff ffisegol, enaid ysbrydol. Mae deuolwyr yn credu bod enaid (neu ysbryd) yn byw yn ein corff ffisegol. Yr enaid yw'r rhan fewnol, go iawn ohonom fydd yn dal i fyw ar ôl i'n corff materol farw.

▶ **Materoliaeth** yw'r safbwynt nad oes dim arall yn bodoli heblaw mater. Y cyfan sydd gennym, fel bodau dynol, yw corff ffisegol; nid oes enaid nac ysbryd.

▶ Dysgeidiaethau crefyddol am yr enaid

Agweddau Cristnogol at yr enaid

Mae Cristnogion yn credu mai'r enaid yw rhan fewnol ein bodolaeth ac mai'r corff yw cartref yr enaid. Yr enaid sy'n gwneud i ni deimlo 'yn fyw', sy'n ffurfio ein personoliaeth ac sy'n rhoi unigoliaeth i ni. Yn ôl Genesis 2:7, ar ôl i Dduw ffurfio corff Adda o lwch y tir, anadlodd fywyd (enaid) i mewn iddo. Yn yr un modd, mae Duw'n creu enaid ym mhob un ohonom. Gallwn gysylltu â Duw drwy'n henaid. **Eneidio** yw'r eiliad pan fydd yr enaid yn mynd i mewn i'r corff. Dysgodd Sant Thomas Aquinas fod hyn yn digwydd pan fydd y ffoetws yn datblygu yn y groth.

Mae rhai Cristnogion yn ddeuolwyr. Maent yn credu ein bod wedi ein gwneud o ddwy ran ar wahân: corff ac enaid. Maent yn dweud mai'r enaid yw'r rhan fewnol, go iawn ohonom; mae'n dragwyddol a bydd yn dal i fyw, hyd yn oed ar ôl marwolaeth ein corff materol. Ein henaid fydd yn codi i fywyd tragwyddol yn y nefoedd. Dydy rhai Cristnogion eraill ddim yn ddeuolwyr. Yn ôl y rhain mae'r corff a'r enaid yn un ac nid oes modd eu gwahanu. Maent yn cytuno bod gennym enaid, ond yn credu ei fod yn rhan annatod ohonom y mae'n amhosibl ei wahanu oddi wrth y corff. Ar ôl marwolaeth mae'r enaid ar wahân i'r corff dros dro, ond bydd y corff a'r enaid yn ailuno ar Ddydd y Farn. Yn yr atgyfodiad y diwrnod hwnnw, byddwn ni'n codi'n gorfforol o farw'n fyw, yn union fel cododd Iesu o farw'n fyw ac esgyn i'r nefoedd fel bod corfforol.

> **Eneidio** Yn ôl Cristnogion, dyma'r eiliad pan fydd yr enaid dynol yn mynd i mewn i gorff baban (fel arfer bydd hyn yn digwydd yn y groth, yn gynnar yn y beichiogrwydd).

> Soniodd yr athronydd Gilbert Ryle am 'yr ysbryd yn y peiriant'. Hynny yw, mae pobl yn credu bod ganddynt enaid, ond mewn gwirionedd does dim byd yno.

Agweddau Bwdhaidd at yr enaid

Mae Bwdhyddion yn credu mewn samsara: hynny yw, mae bywyd yn gylch diddiwedd o eni, bodoli, marw ac aileni. Yn yr un modd ag y mae bod yn effro a chysgu yn rhan o fywyd o ddydd i ddydd, mae bodoli yn y byd a bod yn farw hefyd yn rhan o fywyd.

Nid yw Bwdhyddion yn credu bod gan fodau dynol eneidiau (anatta); yn hytrach, karma yw'r elfen sy'n symud o oes i oes. Felly nid yw enaid yn cael ei aileni mewn corff newydd: nid oes enaid ac ni all dim byd ddigwydd ar ei ben ei hun (gweler Tarddiad Dibynnol, t. 163). Karma sy'n effeithio ar y 'corff newydd' sy'n cael ei eni: lliw, maint, rhyw, personoliaeth y corff – karma yw'r cyfan. Mae'r pethau hyn sy'n dod at ei gilydd i greu person yn cael eu galw'n skandha (weithiau kandha). Maen nhw fel pe baen nhw'n ffurfio person; mae'n ymddangos eu bod yn eich gwneud chi yn chi.

Fodd bynnag, mae Bwdhaeth yn dysgu bod popeth yn cael ei gyflyru gan bopeth arall. Nid oes dim yn barhaol, nid oes dim yn para, mae popeth yn newid, mae popeth yn gysylltiedig â'i gilydd. Felly nid oes chi parhaol.

Wrth i chi fynd yn hŷn, mae eich corff yn newid: mae'n mynd yn fwy tal, yn fwy tew; mae eich gwallt a'ch ewinedd yn tyfu'n hirach; mae eich meddwl yn newid: mae syniadau a safbwyntiau'n aeddfedu; rydych chi'n newid eich meddwl am yr hyn rydych chi'n ei hoffi a ddim yn ei hoffi. Nid oes dim yn aros yr un peth. Mae celloedd y corff, fel popeth arall, yn pydru a marw, a rhai newydd yn dod yn eu lle. O ble mae'r rhai newydd yn dod? Dydyn nhw ddim yn ymddangos ar eu pennau eu hunain. Maen nhw'n ganlyniad yr hyn rydych chi'n ei fwyta – byrgers, cŵn poeth, ysgewyll: Tarddiad Dibynnol yw hyn. Nid oes chi.

Twyll yw glynu wrth y syniad o fi. Mae'n achosi dukkha ac yn achosi i samsara barhau i droelli.

Felly cam yng nghylch samsara yw marwolaeth. Ac nid oes bywyd ar ôl marwolaeth: dim ond bywyd sydd.

Agweddau Mwslimaidd at yr enaid

Mae Islam yn dysgu bod gennym ni, fel bodau dynol, agweddau corfforol ac agweddau anghorfforol. Mae'r enaid yn rhan anweledig o fodolaeth unigolyn sy'n 'bur' adeg ei enedigaeth. Yn ôl y Qur'an, penderfynodd Duw greu Adda 'o'r tir', felly mae gennym ni gorff ffisegol. Rydyn ni hefyd wedi ein bendithio ag enaid (ruh); dyma'r rhan anghorfforol o'n bodolaeth sy'n ein gwneud yn berson go iawn.

Mae'r Qur'an yn dysgu bod bodau dynol yn cael eu creu pan fydd Duw yn 'anadlu' enaid i mewn iddyn nhw. Yn yr Hadith mae darn sy'n dweud bod yr eneidio hwn yn digwydd yn y groth 120 diwrnod ar ôl cenhedlu.

Mae Islam yn dysgu, pan fydd plentyn yn cael ei eni, fod ei enaid yn cael ei drwytho â chred yn Nuw. Yr enw ar y gred naturiol hon yn Nuw yw **fitrah**. I Fwslimiaid, mae'r syniad o fitrah yn disgrifio ein natur ddynol: rydyn ni'n cael ein geni mewn cyflwr o burdeb, gyda greddf naturiol fewnol i ymostwng i Dduw a byw yn ôl ei ddeddfau. Felly, yn ôl Islam, mae hyn yn golygu mai gwir natur ein henaid yw ein bod yn tyfu i fyny fel Mwslim ac yn cyflwyno ein bywydau i Dduw.

> Mae pob plentyn newydd-anedig yn cael ei eni mewn cyflwr o 'fitrah' (purdeb).
>
> (M Hanif)

Fitrah Y reddf naturiol sydd gan bob bod dynol, o'r groth, i adnabod ac addoli Duw.

Agweddau Iddewig at yr enaid

Yn y traddodiad Iddewig, mae'r enaid yn egni dwyfol ym mhob person – darn bach o Dduw ym mhob bod dynol. Mae'r corff a'r enaid yn agweddau gwahanol, ond nid oes modd eu gwahanu. I Iddewon, mae'r anadl yn aml yn symbol o'r enaid (neu'r ysbryd) y tu mewn i ni.

Mewn Iddewiaeth, yr enaid yw'r 'Fi' sy'n byw yn ein corff. Byddai bod dynol heb enaid fel cannwyll heb fflam neu fwyd heb unrhyw flas. Mae'r enaid yn rhoi bywyd, personoliaeth, emosiynau a hunaniaeth i'r corff.

Yr enaid yw'r wreichionen o dduwioldeb ym mhob un ohonon ni. Mae'n fynegiant o ddyhead Duw, sef bod pob un ohonon ni yn fod unigol, unigryw. Mae'r enaid yn fwy na pheiriant bywyd, oherwydd dyma yw *pam* ein bodolaeth: mae'r enaid yn ymgorffori ystyr a phwrpas ein bywyd.

Agweddau dyneiddwyr at yr enaid

Mae dyneiddwyr yn faterolwyr, felly maen nhw'n diystyru'r awgrym bod enaid gennym ni. Maen nhw'n credu mewn disgrifiad gwyddonol o fywyd dynol ac maen nhw'n gwrthod credoau am ein bodolaeth ysbrydol. Bodau ffisegol ydyn ni, a byddwn ni'n pydru pan fyddwn ni'n marw. Ni fydd unrhyw ran dragwyddol, oruwchnaturiol ohonon ni yn parhau i fyw.

'The Reunion of the Soul and the Body' gan William Blake.

> **Tasgau**
>
> 1. Lluniwch fap meddwl ar gyfer cysyniad yr 'enaid'. Cofiwch gynnwys syniadau a chredoau crefyddol ac anghrefyddol.
> 2. a) Esboniwch beth yw ystyr 'deuoliaeth'.
>   b) Sut mae deuoliaeth yn wahanol i fateroliaeth?
> 3. Copïwch y diagram Venn isod a defnyddiwch ef i ysgrifennu'r prif syniadau am yr enaid mewn Islam, Cristnogaeth ac Iddewiaeth.
>
>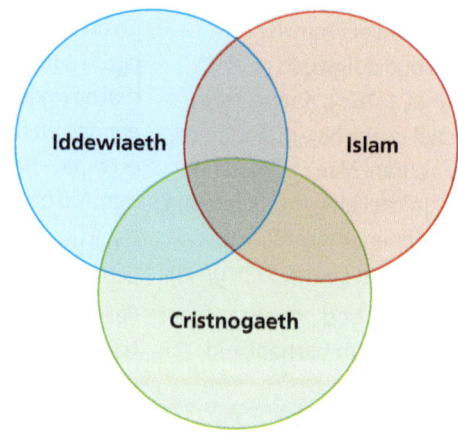
>
> 4. Ble byddech chi'n rhoi Bwdhaeth ar eich diagram Venn?

▶ Beth sy'n digwydd pan fyddwn ni'n marw?

Mae tri phrif fath o gred am yr hyn sy'n digwydd ar ôl marwolaeth:

- Mae **atheïstiaid a dyneiddwyr** yn credu nad oes dim yn goroesi marwolaeth. Maen nhw'n siŵr nad oes enaid gan fodau dynol; dim ond bodau ffisegol, materol ydyn ni, felly pan fyddwn ni'n marw, dyna'r diwedd. Nid oes dim yn bodoli y tu hwnt i'r bedd – mae cemegion ein cyrff yn cael eu hailgylchu yn yr amgylchedd.
- Mae **Hindŵiaid, Bwdhyddion a Sikhiaid** yn rhannu cred bod bywyd yn gylch o eni, marw ac aileni (samsara), ac mai ein karma (gweithredoedd da neu ddrwg) sy'n penderfynu ar ffurf ein bywyd nesaf. Nod pob bod dynol yw dianc o gylch samsara drwy ennill goleuedigaeth. Fodd bynnag, bydd y rhan fwyaf ohonon ni yn cael ein geni dro ar ôl tro, sawl gwaith, ar hyd y ffordd. Mae Bwdhyddion yn credu mewn ailenedigaeth; ar ôl marw bydd egni karmig ein bywyd blaenorol yn cymryd ffurf ffisegol newydd.
- Mae **Iddewon, Cristnogion a Mwslimiaid** yn credu mai unwaith yn unig rydyn ni, fel bodau dynol, yn byw ar y ddaear, a bydd bywyd tragwyddol yn dilyn yn y byd sydd i ddod. Mae llawer o gredinwyr traddodiadol yn credu y byddwn ni, ar ôl marwolaeth, yn codi o farw'n fyw i gael ein barnu gan Dduw, a bydd y rheini mae Duw yn eu barnu'n deilwng (y da neu'r cyfiawn) yn cael eu codi i fywyd tragwyddol. Nid yw credinwyr Iddewig, Cristnogol a Mwslimaidd yn cytuno ar fodolaeth uffern.

> **Cysyniad Allweddol** 🔑
>
>  **Bywyd ar ôl marwolaeth** Y gred bod bodolaeth yn parhau ar ôl i'r corff farw.

Cysyniadau am nefoedd ac uffern: ydyn nhw'n lleoedd go iawn?

Mae hanes Iesu a'r bedd gwag yn rhoi hyder i Gristnogion gredu y bydd Duw, ar ôl marwolaeth, yn codi'r meirw i fywyd tragwyddol.

Mae darlun syml o'r nefoedd yn ei dangos wedi'i lleoli yn y cymylau, lle mae Duw, wedi'i amgylchynu gan angylion, yn eistedd ar orsedd aur. Yn ôl y darlun hwn, mae'r nefoedd yn 'lle' go iawn lle mae eneidiau pobl yn mynd fel gwobr am fyw bywyd da. Fodd bynnag, rydyn ni'n gwybod digon am y bydysawd heddiw i fod yn siŵr nad yw'r nefoedd yn lle go iawn ychydig uwchben y ddaear. Am y rheswm hwn, mae llawer o bobl grefyddol yn dweud ei bod yn haws deall y cysyniad o'r nefoedd fel trosiad sy'n cynrychioli'r heddwch a'r cytgord sydd gennym ni pan fyddwn ni mewn perthynas â Duw.

A yw uffern wir yn lle tanllyd o artaith ddiddiwedd, yn ddwfn o dan y ddaear? Allai'r cysyniad o uffern fod yn ddisgrifiad o gyflwr meddwl rhywun sy'n llawn casineb, dicter a drwgdeimlad, sy'n gwrthod pob caredigrwydd a chariad, ac sydd wedi'i wahanu oddi wrth Dduw/daioni?

Tasgau

1. Copïwch y tabl isod. Llenwch ef drwy amlinellu'r gred am fywyd ar ôl marwolaeth ar gyfer pob grŵp o draddodiadau crefyddol; yna rhowch grynodeb o bob cred mewn tri gair.

Traddodiad	Cred	Crynodeb mewn tri gair
Atheïstiaid a dyneiddwyr		Nid oes dim yn goroesi marwolaeth
Hindŵiaid, Sikhiaid a Bwdhyddion		
Iddewon, Cristnogion a Mwslimiaid		

2. Darllenwch y dyfyniad hwn o Efengyl Ioan ac astudiwch y sylwadau amdano.

> 'Mi wn,' meddai Martha wrtho, 'y bydd [Lasarus] yn atgyfodi yn yr atgyfodiad ar y dydd olaf.' Dywedodd Iesu wrthi, 'Myfi yw'r atgyfodiad a'r bywyd. Pwy bynnag sy'n credu ynof fi, er iddo farw, fe fydd byw; a phob un sy'n byw ac yn credu ynof fi, ni bydd marw byth. A wyt ti'n credu hyn?' 'Ydwyf, Arglwydd,' atebodd hithau, 'yr wyf yn credu mai tydi yw'r Meseia, Mab Duw, yr Un sy'n dod i'r byd.'

- Yn ystod oes Iesu, roedd nifer o Iddewon yn credu byddai Duw yn codi pobl o farw'n fyw ar Ddydd y Farn.
- Mae Iesu'n dweud y bydd unrhyw un sy'n credu ynddo yn byw eto ar ôl marwolaeth. Ond ar ba ffurf? A fydd pobl yn byw fel ysbrydion tragwyddol, neu a fyddan nhw'n atgyfodi mewn 'corff', fel Iesu?
- Drwy honni mai ef yw'r 'atgyfodiad a'r bywyd', mae Iesu'n dweud mai ef yw ffynhonnell y ddau beth: nid yw bywyd ar ôl marwolaeth yn bosibl hebddo ef.
- Mae'r rhan fwyaf o Gristnogion yn credu bydd y rheini sy'n 'credu yn' Iesu yn cael bywyd tragwyddol.
- Y 'Meseia' yw'r un arbennig, yr eneiniog – roedd yr Iddewon yn credu byddai Duw yn ei anfon i achub y byd.

3. Esboniwch beth gall Cristnogion ei ddysgu am fywyd ar ôl marwolaeth o'r dyfyniad hwn.

Dysgeidiaethau crefyddol am farn, nefoedd ac uffern

Agweddau Cristnogol at farn, nefoedd ac uffern

Mae Cristnogion yn credu mewn atgyfodiad a bywyd tragwyddol; nid y diwedd yw marwolaeth, ond y porth i fodolaeth berffaith. Mae rhai Cristnogion yn dweud mai'r nefoedd yw ein gwir gartref, a bod ein bywydau yma ar y ddaear yn fan profi ar gyfer bywyd yn nhragwyddoldeb.

Barn

Mae Cristnogion yn credu, yn yr un modd ag y gwnaeth Iesu godi eto ar ôl marw, byddwn ni'n gwneud hefyd. Mae'r Beibl yn dysgu mai Duw yw'r Barnwr Dwyfol, ac ar Ddydd y Farn bydd yn penderfynu pwy sy'n cael eu gwobrwyo â bywyd tragwyddol ym mharadwys a phwy sy'n cael eu cosbi. Bydd y rheini sy'n credu yn Iesu ac sydd wedi byw bywyd da yn mynd i'r nefoedd. Bydd y rheini sydd wedi gwrthod cariad Duw ac wedi achosi niwed i eraill yn cael eu hanfon i uffern.

Atgyfodiad

Deuolwyr yw rhai Cristnogion sy'n credu bod yr enaid, wrth i ni farw, yn gwahanu a gadael y corff. Mae'r corff yn pydru ond mae'r enaid anfarwol yn uno â Duw yn y nef.

Mae Cristnogion eraill (Catholigion, er enghraifft) yn dweud y byddwn ni, ar ôl marw, yn profi 'atgyfodiad corfforol' fel Iesu, a ddaeth o farw'n fyw mewn ffurf gorfforol. Yn ei lythyr at y Corinthiaid, mae Paul yn dweud y byddwn ni, ar ôl marw, yn cael ein codi fel cyrff ysbrydol, nid dim ond fel eneidiau heb gorff.

> Felly hefyd y bydd gyda golwg ar atgyfodiad y meirw. Heuir mewn llygredigaeth, cyfodir mewn anllygredigaeth. Heuir mewn gwaradwydd, cyfodir mewn gogoniant. Heuir mewn gwendid, cyfodir mewn nerth. Yn gorff anianol yr heuir ef, yn gorff ysbrydol y cyfodir ef. Os oes corff anianol, y mae hefyd gorff ysbrydol.
>
> (1 Corinthiaid 15:42–44)

Beth mae Paul yn ei olygu pan fydd yn sôn am 'gorff ysbrydol'? Mae'n debyg mai'r agosaf gallwn ni ddod at ddeall y syniad hwn yw meddwl am angel. Yn ôl Cristnogion, mae angylion yn gorfforol, ond maen nhw hefyd yn ysbrydol ac yn anfarwol. Mae'n bosibl eu gweld, ond nid ydyn nhw o'r byd hwn. A yw Paul yn dweud y byddwn ni'n bodoli am byth fel angylion?

Darllenwch y ddameg am y defaid a'r geifr (Mathew 25:31–46). Esboniwch beth mae'r stori hon yn ei ddysgu i Gristnogion am sut dylai dilynwyr Iesu fyw eu bywydau.

Nefoedd ac uffern

I Gristnogion, bod yn y nef yw bod ym mhresenoldeb Duw, a bodoli mewn cyflwr o harddwch a charedigrwydd pur. Bod yn uffern yw bod mewn artaith gyson, wedi'ch gwahanu oddi wrth bopeth sy'n dda ac yn gariadus.

Mae llawer o Gristnogion Efengylaidd yn sôn am nefoedd ac uffern fel lleoedd go iawn lle bydd bodau dynol yn byw'n dragwyddol. Dywed Cristnogion Rhyddfrydol fod y syniadau hyn yn symbolaidd ac yn ein hatgoffa bod canlyniadau i'n meddyliau a'n gweithredoedd.

Un cwestiwn sy'n peri gofid i lawer o Gristnogion yw: sut gall Duw cariadus gondemnio pobl i uffern? Mae rhai'n ateb nad Duw, ond ni fel unigolion, sy'n gwneud hyn.

Agweddau Bwdhaidd at farn, nefoedd ac uffern

Mae Bwdhaeth yn dysgu nad marw yw diwedd bywyd, a does dim duw sy'n greawdwr yn rheoli'r bydysawd ac yn dal unigolion i gyfrif am eu gweithredoedd moesol.

I Fwdhydd, mae marwolaeth yn rhan o fywyd. Os oes nefoedd ac uffern, maent yn bodoli yn ein bywydau. Mae samsara, sef bodolaeth gyflyredig (ddibynnol) ym myd dioddefaint, yn golygu bod karma yn symud o oes i oes. Mae karma ei hun wedi'i gyflyru, yn yr ystyr bod emosiynau ac amgylchiadau'n dylanwadu ar weithredoedd; weithiau maent yn creu effeithiau cadarnhaol, weithiau rhai negyddol. Mae'r effeithiau yn eu tro yn creu'r amodau ar gyfer gweithredoedd newydd.

Cyflyrau meddyliol yw'r amodau hyn. Mae cyflwr meddyliol neu emosiynol person yn dibynnu ar y karma sydd ganddo. Yna, bydd yn dylanwadu ar feddyliau a gweithredoedd y person neu bydd yn cyflyru mwy o karma.

Er enghraifft, gall person golli ei arian oherwydd ei fod yn esgeulus. Dyma ei karma – profi effeithiau ei esgeulustod. Effaith y karma hwnnw yw profi cyflwr emosiynol: anhapusrwydd. Yr anhapusrwydd hwn sy'n penderfynu ar y math o karma mae'r person yn mynd ymlaen i'w greu – gallai droi at ddwyn, er enghraifft, er mwyn ceisio cael arian.

Yr enw ar y cyflyrau emosiynol hyn yw Chwe Theyrnas Bodolaeth. Gyda'i gilydd maent yn disgrifio bron pob emosiwn dynol: anhapusrwydd, trahauster, trachwant, dicter, tangnefedd, hapusrwydd a phopeth rhyngddynt.

Gall ymddangos bod y Chwe Theyrnas yn ddyfarniadau ar weithredoedd person; mae'n well bod yn hapus nag yn anhapus. Ond mae pob cyflwr yn fyrhoedlog, dros dro ac felly yn fath o dukkha. Nid oes barn. Er bod anhapusrwydd yn cael ei alw'n Deyrnas Uffern, a hapusrwydd yn Deyrnas Nefoedd, nid cosbau a gwobrwyon ydynt. Dim ond cyflyrau bywyd mae pawb yn eu profi o dro i dro ydynt. Mae Bwdhaeth yn dweud na allwch atal eich karma rhag dod i rym, ond gallwch wella eich karma.

Yn y pen draw, nid profi Teyrnas Nefoedd cymaint â phosibl yw nod Bwdhaeth, ond dianc o Chwe Theyrnas samsara yn gyfan gwbl: nirvana.

Un o ganghennau Bwdhaeth a ddechreuodd yn y Gorllewin yw Triratna. Yn ôl ei sylfaenydd, Sangharakshita (Dennis Lingwood yn wreiddiol), mae'n anodd i bobl y Gorllewin dderbyn syniad ailenedigaeth. Ond mae'n dweud mai'r broblem gyda derbyn syniad ailenedigaeth yw ei bod yn rhy hawdd canolbwyntio ar y dyfodol yn lle byw yn y presennol. Mae rhai dilynwyr Triratna felly yn canolbwyntio ar ailenedigaeth 'eiliad wrth eiliad', sy'n pwysleisio mai karma sy'n achosi beth bynnag sy'n digwydd mewn bywyd ar bob eiliad. Ac wrth i bob eiliad arwain at eiliad arall, mae karma yn parhau fel edefyn yn cael ei wehyddu drwy frethyn. Mae dilyniant karmig yn golygu bod gan berson, ar bob eiliad o'i fywyd, y rhyddid i ymateb i beth bynnag mae ei karma yn ei greu. Mae Sangharakshita yn cydnabod bod canghennau 'traddodiadol' Bwdhaeth yn dysgu ailenedigaeth mewn samsara, ond mae'n annog Bwdhyddion Triratna i gadw meddwl agored am hyn.

Agweddau Mwslimaidd at farn, nefoedd ac uffern

I Fwslimiaid, nid y byd hwn yw'r diwedd. Bydd ein bodolaeth ddynol yn parhau ar ôl marwolaeth; dim ond paratoad ar gyfer y bywyd tragwyddol sydd i ddod (**akhirah**) yw ein bywyd ar y ddaear.

Maent yn credu bydd Dydd y Farn ar ddiwedd y byd. Dim ond Duw sy'n gwybod pryd daw Dydd y Farn. Mae Mwslimiaid yn credu y daw archangel marwolaeth, Azrail, i fynd ag eneidiau'r rhai sy'n marw cyn y dydd hwn i aros amdano. Cânt eu cadw mewn cyflwr o **barzakh** (aros) hyd nes i'r archangel Israfil chwythu ei utgorn i gyhoeddi atgyfodiad pawb o'r marw.

Ar Ddydd y Farn, yn ôl Islam, caiff y meirw eu codi o'u beddi, a bydd y bobl i gyd yn sefyll gerbron Duw i gael eu dedfrydu yn ôl y ffordd y bu iddynt fyw eu bywydau. Caiff llyfr, sy'n cynrychioli popeth mae unigolyn wedi'i wneud, ei gyflwyno i bob un ohonynt. Esbonia'r Qur'an: 'Ac mae popeth a wnaethant ar gofnod yn ysgrifenedig' (Qur'an 54:52).

Os yw rhywun wedi gwneud mwy o weithredoedd da na gweithredoedd drwg, yna bydd yn derbyn y llyfr yn ei law dde ac yn mynd ymlaen i'r nefoedd. Os yw'r llyfr yn cael ei roi yn ei law chwith, mae'r person hwnnw wedi'i ddamnio. Mae pob person yn gyfrifol am ei dynged ei hun:

> A bydd canlyniadau drwg yr hyn a wnaethon nhw yn ymddangos o'u blaen, a bydd yr hyn roedden nhw'n arfer ei wawdio yn eu hamgylchynu.
>
> (Qur'an 46:33)

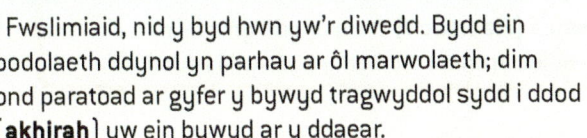

Akhirah Y term am fywyd ar ôl marwolaeth mewn Islam. Mae llawer o gyfeiriadau at akhirah, a rhybuddion amdano, yn y Qur'an.

Barzakh Lle i aros, ar ôl marw, cyn i Ddydd y Farn ddod.

Dyfodiad y Mahdi

Mae Mwslimiaid yn credu bydd y Mahdi (yr 'un ag arweiniad') yn cyrraedd ar Ddydd y Farn. Ef yw'r gwaredwr, wedi hir ddisgwyl, fydd yn dod i achub y byd. Mae Mwslimiaid Sunni yn credu bydd yn ymddangos adeg Amser y Diwedd, gydag Isa (Iesu). Mae Mwslimiaid Shi'a hefyd yn disgwyl y Madhi, ond maen nhw'n credu bydd yn datgelu mai ef yw'r Imam Cudd (neu'r 12fed Imam) (gweler t. 87).

Nefoedd ac uffern

Mae'r rhan fwyaf o Fwslimiaid yn dehongli hanesion am fywyd ar ôl marwolaeth mewn ffordd lythrennol iawn. Yn y Qur'an, mae'r nefoedd (Janna) ac uffern (Jahannan) yn cael eu disgrifio mewn termau corfforol iawn. Mae'r nefoedd yn ardd o fodlonrwydd, yn llawn blodau, ffrwythau a ffynhonnau dŵr. Mae uffern yn gyflwr o artaith ac arswyd, lle mae'r rhai sydd wedi'u damnio yn cael eu gwahanu oddi wrth Dduw; maen nhw'n wynebu dŵr berwedig, tân crasboeth a mwg du. Mae rhai Mwslimiaid yn dehongli'r disgrifiadau hyn mewn ffordd symbolaidd.

Mae'r Qur'an yn esbonio bydd Duw yn drugarog i'r rhai sy'n credu ynddo ef, a bydd yn eu harbed rhag tân uffern:

> Y bobl gyfiawn yw'r rheini sy'n gweddïo: 'Ein Tad! Rydyn ni'n credu'n ddiffuant ynot Ti; maddau ein pechodau ac arbed ni rhag artaith Tân Uffern.'
>
> (Qur'an 3:16)

Agweddau Iddewig at farn, nefoedd ac uffern

Mae Iddewiaeth yn dysgu bod y corff a'r enaid yn un; nid oes modd eu gwahanu. Nid yw'r enaid yn bodoli heb y corff. Pan gafodd Adda ei greu, mae'r Beibl yn dweud bod Duw wedi 'anadlu yn ei ffroenau anadl einioes' (Genesis 2:7). Mae Iddewon yn ystyried mai'r enaid sy'n gwneud i berson deimlo 'yn fyw'. Mae'n drosiad am yr hyn sy'n ein gwneud yn fodau dynol; nid yw'n endid ar wahân sy'n meddu ar ei fywyd ei hun heb y corff.

Iddewiaeth gynnar

Nid yw'r ysgrythurau Iddewig yn dweud fawr ddim am fywyd ar ôl marwolaeth; nid ydyn nhw'n awgrymu bod ffigyrau fel Adda, Abraham, Moses a Dafydd wedi parhau i fyw ar ôl marwolaeth. Roedden nhw'n derbyn, pan fydden nhw'n marw, er y bydden nhw'n byw yng nghof pobl am genedlaethau i ddod, y byddai eu cyrff a'u heneidiau yn darfod am byth. Os oedd unrhyw ddealltwriaeth o fywyd ar ôl marwolaeth yn bodoli bryd hynny, y syniad oedd bod y meirw'n cael eu cludo i **Sheol**, bodolaeth ddiflas yn y cysgodion o dan y ddaear, ond nid oedd hwn yn syniad cyffredin.

> **Sheol** Lle tywyll lle mae'r meirw – y da a'r drwg – yn cael eu hanfon.

Iddewiaeth heddiw

Yn fwy diweddar, mae Iddewon wedi dod i dderbyn y syniad o fywyd ar ôl marwolaeth (**Olam Ha-Ba**). Heddiw, mae Iddewiaeth yn tueddu i ddysgu y bydd y corff a'r enaid yn gwahanu dros dro adeg marwolaeth, ond y byddan nhw'n ailuno ar Ddydd y Farn.

Erbyn hyn mae llawer o Iddewon Uniongred yn credu mewn rhyw fath o atgyfodiad, ac y bydd pobl yn cael eu codi i fywyd tragwyddol mewn atgyfodiad corfforol ar ddiwedd amser. Bydd pobl gyfiawn yn cael eu gwobrwyo â bywyd tragwyddol ym mharadwys, tra bydd y rhai drwg yn cael eu hanfon i le cosbi. Mae llawer o Iddewon yn credu y bydd y farn a'r atgyfodiad yn digwydd ar ôl dyfodiad y **Meseia** (**Mashiach**).

> **Olam Ha-ba** Bywyd ar ôl marwolaeth. Mae'n golygu 'y byd sydd i ddod'.
> **Meseia (Mashiach)** Yr un a fydd yn cael ei eneinio'n frenin i reoli yn y byd sydd i ddod.

Agweddau dyneiddwyr at farn, nefoedd ac uffern

Un o'r cwestiynau sydd wedi peri gofid i bobl ers dechrau amser yw beth sy'n digwydd ar ôl marwolaeth. Ateb y dyneiddwyr yw dim byd; dim ond unwaith rydyn ni'n byw, ac nid oes ail gyfle. Nid oes enaid nac ymwybod anfarwol, dim barnwr cosmig, paradwys ddwyfol nac uffern danllyd. Oherwydd hyn, dylen ni wneud y mwyaf o'n bodolaeth tra gallwn ni, a byw bywydau moesol – nid oherwydd y bydd Duw yn ein barnu, ond oherwydd bod gwneud hynny yn dangos tosturi at eraill a pharch aton ni ein hunain.

Mae'r rhan fwyaf o ddyneiddwyr yn faterolwyr; maen nhw'n credu nad ydyn ni'n ddim mwy na mater. Nid oes elfen ysbrydol na goruwchnaturiol i fywyd.

Tasg

Ar gyfer y ddwy grefydd rydych chi'n eu hastudio, esboniwch yn fanwl y dysgeidiaethau crefyddol am fywyd ar ôl marwolaeth. Defnyddiwch y canllawiau isod i'ch helpu i ysgrifennu esboniad manwl ar gyfer Cristnogaeth. Gwnewch yn siŵr eich bod yn defnyddio termau allweddol yn rhwydd ac yn aml.

Mae Cristnogion i gyd/llawer o Gristnogion/y rhan fwyaf o Gristnogion yn credu _____ .

Daw hyn o'r ddysgeidiaeth/dyfyniad o'r Beibl _____ .

Mae hyn yn golygu/Oherwydd hyn maen nhw'n _____ .

Mae rhai Cristnogion/Cristnogion eraill fel _____ yn credu _____ .

Daw hyn o'r ddysgeidiaeth/dyfyniad o'r Beibl _____ .

Mae hyn yn golygu/Oherwydd hyn maen nhw'n _____ .

Yn olaf, mae Cristnogion fel _____ yn credu _____ .

Mae hyn yn golygu/Oherwydd hyn maen nhw'n _____ .

Mae eu credoau yr un peth/yn wahanol oherwydd _____ .

Sut mae defodau angladdol yn adlewyrchu credoau pobl am fywyd ar ôl marwolaeth?

Pan fydd rhywun yn marw, fel arfer byddwn yn nodi'r farwolaeth ac yn dathlu bywyd y person hwnnw mewn rhyw fath o seremoni. Mae gan wahanol grefyddau eu defodau a'u harferion penodol eu hunain. Mae'r adran hon yn rhoi manylion am **ddefodau** angladdol crefyddol ac anghrefyddol, ac yn esbonio sut mae'r seremonïau hyn yn adlewyrchu credoau am fywyd ar ôl marwolaeth.

> **Defod** Arfer neu seremoni gysegredig.

Defodau angladdol Cristnogol a'u hystyr

Pan fydd credinwr Catholig ar fin marw, os oes modd bydd offeiriad yn galw i ddweud yr eneiniad olaf. Bydd yr offeiriad yn gweddïo dros y person sy'n marw, a gall y person hwnnw ofyn i Dduw faddau ei bechodau. Arfer Catholig yw'r eneiniad olaf, ac weithiau bydd yr offeiriad yn rhoi'r Cymun Bendigaid hefyd.

Ystyr: Mae hyn yn helpu i ollwng y person sy'n marw i'r bywyd ar ôl marwolaeth, ac yn ei alluogi i farw'n heddychlon ar ôl gofyn am faddeuant Duw.

Yn yr Eglwys Gatholig a'r Eglwys yng Nghymru, mae'r angladd ei hun yn cael ei gynnal mewn eglwys fel arfer. Mae'r arch yn cael ei chario i ran flaen yr eglwys, ac mae gwasanaeth yn cael ei gynnal i anrhydeddu'r person sydd wedi marw. Bydd blodau yn addurno'r eglwys, a bydd y gweinidog a'r gynulleidfa yn adrodd gweddïau ac weithiau'n goleuo canhwyllau. Bydd y gweinidog hefyd yn darllen geiriau Iesu:

> Myfi yw'r atgyfodiad a'r bywyd. (Ioan 11:25)

Ystyr: Mae'r canhwyllau yn cynrychioli Iesu fel 'goleuni'r byd', am ei fod yn arwain pobl ar hyd y llwybr i'r nefoedd. Bwriad adnod 'Myfi yw'r atgyfodiad' yw atgoffa'r gynulleidfa y bydd pobl sy'n credu yn Iesu yn cael eu hatgyfodi, i dreulio tragwyddoldeb gyda Duw.

Mae Salm 23, 'Yr Arglwydd yw fy mugail', yn cael ei darllen yn aml mewn angladdau. Mae'n dweud, hyd yn oed pan fyddwn yn 'cerdded trwy ddyffryn tywyll du', bydd Duw yn dal wrth ein hochr. Weithiau bydd Catholigion yn cynnal Offeren (gwasanaeth cymun) gyda bara a gwin mewn angladd.

Ystyr: Nid yw Duw wedi ein hanghofio ni; bydd yn cysuro'n rhai sy'n galaru ac yn mynd gyda'r rheini sydd wedi marw.

Wedi hyn, bydd y person yn cael ei gladdu, gyda'r geiriau 'pridd i'r pridd, lludw i'r lludw, llwch i'r llwch'. Heddiw, mae llawer o Gristnogion yn dewis cael eu hamlosgi, ond yn draddodiadol roedd yn rhaid i'r meirw gael eu claddu.

Ystyr: Roedd Cristnogaeth yn arfer dysgu bod yn rhaid gadael esgyrn y meirw yn gyfan, er mwyn bod modd ailffurfio'r person ar Ddydd y Farn a'i godi i atgyfodiad corfforol gyda Duw yn y nefoedd. Mae rhai Cristnogion heddiw'n credu mai dim ond yr enaid sy'n mynd i'r nefoedd, felly mae amlosgi'r corff yn dderbyniol.

Er bod yr Eglwys Gatholig yn dysgu am atgyfodiad y corff, mae'n cydnabod bod llawer o bobl yn dewis amlosgi. O ganlyniad, mae'n caniatáu amlosgi, er ei bod yn galw'r weithred yn 'ddifrod creulon' i'r corff ac yn pwysleisio mai claddu yw'r dewis gorau.

Defodau angladdol Bwdhaidd a'u hystyr

I Fwdhyddion, nid yw marwolaeth yn nodi diwedd bywyd; dim ond cam o fywyd ydyw rhwng bodolaeth ac ailenedigaeth. Fodd bynnag, mae'n gam lle nad oes gan y person marw ddylanwad dros ei karma: nid yw'n gallu gwneud unrhyw beth a fydd yn fanteisiol iddo yn y dyfodol.

Felly, mae angladdau yn gyfleoedd pwysig i'r byw allu helpu'r meirw, a chael dylanwad cadarnhaol ar amgylchiadau eu hailenedigaeth. Yr enw ar hyn yw 'trosglwyddo haeddiant'. 'Haeddiant' yw karma da neu ffodus, ac mae Bwdhyddion yn credu eu bod yn gallu cyfrannu eu haeddiant i'r person marw er mwyn hwyluso ailenedigaeth ffafriol. Mae'r trosglwyddo'n digwydd drwy feddwl yn gadarnhaol, ond mae'n rhaid bod hyn wedi'i gymell gan haelioni a dymuniad didwyll bod y person marw yn elwa.

Yn nefodau angladdol Bwdhaeth Theravada, bydd mynachod yn llafarganu bob dydd am saith diwrnod fel bod y person marw yn cael haeddiant. Yn ystod y cyfnod hwn, gall un o'r perthnasau gwrywaidd ifanc ddod yn fynach, oherwydd yn ôl Bwdhyddion, mae gan fynachod fwy o ddylanwad ysbrydol na phobl leyg. Mae dŵr yn cael ei arllwys o jwg i ddysgl fach. Mae corff y person marw yn cael ei olchi ac mae perthnasau'n taenu dŵr persawrus ar ei law dde, unwaith eto fel symbol o drosglwyddo haeddiant.

Ystyr: Mae'r gweithredoedd hyn yn symbol o drosglwyddo haeddiant o'r byw i'r marw.

Wedyn, defnyddir edefyn gwyn i rwymo dwylo a thraed y person marw. Bydd pen arall yr edefyn yn cael ei dynnu tu allan i'r arch a'i ddal gan y mynachod. Caiff yr arch ei chludo i'r deml leol ar gert i gael ei hamlosgi. Perthnasau agos sy'n arwain yr orymdaith angladdol, gan ddal llun o'r person marw. Y tu ôl i'r perthnasau bydd y mynachod, sy'n dal yr edefyn gwyn sydd wedi'i glymu wrth y person marw yn yr arch tu ôl iddynt.

Ystyr: Drwy gysylltu'r person marw â'r mynachod gyda'r edefyn mae'n cadw cysylltiad ag egni'r mynachod sy'n rhoi haeddiant.

Yn y deml, mae perthnasau'n gosod gwisg mynach ar yr arch. Mae'r mynachod yn mynd â'r wisg oddi yno, fel pe bai'n rhodd gan y person marw.

Ystyr: Gall y person marw gael mwy o haeddiant drwy hyn.

Mae traddodiadau angladdol Mahayana yn amrywio o wlad i wlad. Fel arfer, fel yn y defodau Theravada, ceir llafarganu dros gyfnod o saith diwrnod, yna bob saith diwrnod am saith wythnos.

Ystyr: Yn ôl Bwdhyddion, mae'r 49 diwrnod hyn yn arwyddocaol iawn i'r person marw. Dyma'r cyfnod pan fydd karma'r person marw yn mynd i mewn i'w ailenedigaeth.

Mae defodau marwolaeth Bwdhaeth Tibet yn adlewyrchu'r credoau cyfriniol sydd gan Fwdhyddion Tibet am farwolaeth. Yr enw ar y cyfnodau rhwng bywydau yw 'bardo'. Maen nhw wedi'u disgrifio mewn llyfr o'r enw *Bardo Thodol*, Llyfr Tibetaidd y Meirw. Mae'n cael ei ddarllen i berson wrth iddo farw.

Ystyr: Mae hyn yn atgoffa'r person sy'n marw am yr hyn dylai ei ddisgwyl wrth iddo symud o farwolaeth i ailenedigaeth.

Ar ôl marwolaeth, weithiau bydd y corff yn cael ei amlosgi, neu yn Tibet gall gael ei offrymu mewn claddedigaeth awyr. Claddedigaeth awyr yw pan fydd corff yn cael ei symud i safle yn y mynyddoedd lle mae'n cael ei dorri yn ddarnau a'i fwydo i fwlturiaid.

Ystyr: Mae claddedigaeth awyr yn dangos, mewn ffordd ddramatig, pa mor fyrhoedlog yw bywyd, a'r cysylltiad (Tarddiad Dibynnol) rhwng pob peth.

Yng Nghymru, mae Bwdhaeth yn dal i fod yn grefydd ifanc felly nid oes trefnwyr angladdau Bwdhaidd yma. Os yw Bwdhydd yn marw, perthnasau'r person hwnnw a'r mudiad Bwdhaidd roedd yn perthyn iddo sy'n trefnu'r angladd fel arfer. Mae'r gwasanaeth yn digwydd mewn amlosgfa fel arfer, er bod gweddïau a llafarganu yn gallu cael eu cynnal mewn canolfan Fwdhaidd neu yng nghartref Bwdhydd arall cyn yr angladd. Mae'n debyg na fydd y rhan fwyaf o'r galarwyr mewn angladd Bwdhydd yng Nghymru yn Fwdhyddion eu hunain. O ganlyniad, bydd y gwasanaeth yn syml, gyda darlleniadau o destunau Bwdhaidd a dymuniadau cadarnhaol, fel bod pawb yn gallu ei ddilyn.

Defodau angladdol Mwslimaidd a'u hystyr

Pan fydd Mwslim ar fin marw, mae'n ceisio adrodd geiriau olaf y Proffwyd Muhammad: 'O Dduw, helpa fi drwy galedi ac artaith marwolaeth.' Bydd y bobl sydd gyda'r person yn ymateb: 'I Dduw rydym yn perthyn ac at Dduw rydym yn dychwelyd.'

Mae'r **Kalimah** (sy'n cael ei adnabod yn aml fel y **Shahadah**) yn cael ei sibrwd yn ei glust, yn union fel cafodd y geiriau hyn eu sibrwd yn ei glust fel baban newydd-anedig.

Ystyr: Mae hyn yn pwysleisio'r gred ein bod, wrth farw, yn dychwelyd at ein creawdwr (Duw).

Os yw'n bosibl, mae angladdau'n digwydd o fewn 24 awr i'r farwolaeth. Mae corff y person marw yn cael ei olchi: yr enw ar hyn yw ghusl. Yna mae'r corff yn cael ei lapio mewn gorchudd gwyn. Ym Mhrydain bydd yn cael ei roi mewn arch, ond mewn rhai gwledydd Islamaidd mae Mwslimiaid yn dewis cael eu claddu heb arch.

Ystyr: Mae'r gorchudd gwyn syml yn cynrychioli purdeb a chydraddoldeb: mae pawb yn gydradd o flaen Duw mewn marwolaeth.

Nid yw Mwslimiaid yn cytuno ag amlosgi. Mae cyrff yn cael eu claddu yn wynebu Makkah.

Ystyr: Mae Mwslimiaid yn credu bod yn rhaid i'r corff aros yn gyfan, yn wynebu'r Ddinas Sanctaidd. Bydd hyn yn galluogi'r person i gael ei atgyfodi ar Ddydd y Farn.

Wrth ymyl y bedd, mae'r galarwyr yn adrodd pennod gyntaf (Surah) y Qur'an (yr al-Fatihah):

> Yn enw Duw, y Mwyaf Graslon a Thrugarog. Mawl fo i Dduw, yr Un sy'n trysori a chynnal y bydoedd ...

Yn ystod y gweddïau, mae'r takbir (Allahu Akbar) yn cael ei adrodd — bedair gwaith gan Fwslimiaid Sunni a phum gwaith gan Fwslimiaid Shi'a.

Pan fydd y corff wedi'i ostwng i mewn i'r bedd, mae'r geiriau canlynol yn cael eu hadrodd:

> O'r pridd y cefaist dy greu gennym Ni. Ac i'r pridd byddwn Ni'n achosi i ti ddychwelyd ac o'r pridd byddwn Ni'n dod â thi allan unwaith eto.
>
> (Qur'an 20:55)

Hefyd, mae Mwslimiaid Shi'a yn adrodd cyfarwyddiadau i'r person marw, neu'r Talqin. Caiff y datganiad hwn ei adrodd o flaen y person marw i roi sicrwydd iddo, cadarnhau ei fod yn Fwslim a'i atgoffa am yr hyn fydd yn digwydd iddo.

Ystyr: Mae'r gweddïau hyn yn pwysleisio mawredd Duw a'r gred y bydd yn dod â phobl o farw'n fyw.

Nid yw Mwslimiaid yn cael cerrig beddi fel arfer, ond mae safle'r bedd yn aml wedi'i godi mewn tomen, uwchben lefel y ddaear ac yn cael ei nodi gan arwydd syml.

Ystyr: Mae pawb yn gydradd mewn marwolaeth.

Kalimah (Shahadah) Y datganiad: 'Does dim duw ond Duw, a Muhammad yw ei broffwyd'.

Defodau angladdol Iddewig a'u hystyr

Wrth iddyn nhw farw, mae Iddewon yn ceisio adrodd gweddi'r Shema: 'Gwrando, O Israel: y mae'r Arglwydd ein Duw yn Un Arglwydd.'

Ystyr: Mae hyn yn dangos eu cred ddofn mewn un Duw.

Pan fydd rhywun yn marw, mae'n rhaid gwneud trefniadau i'w gladdu cyn gynted â phosibl, o fewn 24 awr i'r farwolaeth os oes modd. Bydd y corff yn cael ei olchi a'i wisgo mewn gorchudd gwyn syml (tachrichim). Mae'n bosibl y bydd dynion yn cael eu lapio yn eu siôl weddi (tallith) hefyd, sydd weithiau'n cael ei thorri. Yna bydd y corff yn cael ei osod mewn arch syml.

Ystyr: Mae cael eu golchi a'u gwisgo mewn gorchudd gwyn syml, a'u gosod mewn arch syml, yn dangos bod y cyfoethog a'r tlawd yn gydradd mewn marwolaeth.

Cyn i'r claddu ddigwydd mae'r galarwyr yn gwneud rhwyg yn eu dillad. Yr enw ar hyn yw keriah.

Ystyr: Caiff rhimynnau'r siôl weddi eu torri i ddangos bod yr addolwr yn rhydd o ddeddfau crefyddol ar ôl marw. Mae rhwygo dillad yn cynrychioli galar y teulu a'r ffrindiau agos.

Nid yw Iddewiaeth Uniongred yn caniatáu amlosgi, ond mae rhai Iddewon rhyddfrydol yn ei ganiatáu. Ar ôl y claddu adroddir bendith: 'Boed i Dduw eich cysuro ymhlith holl alarwyr Seion a Jerwsalem'.

Dros y saith diwrnod nesaf mae'r teulu yn cadw shiva, sef aros yn y cartref a goleuo cannwyll sy'n llosgi drwy'r adeg. Maent yn dweud y Kaddish dair gwaith y dydd. Caiff pob drych yn y tŷ ei orchuddio, ac mae pobl yn eistedd ar stolion isel heb eillio na thorri eu gwallt.

Mae'r galaru'n para am 30 diwrnod ar ôl y claddu ac nid yw'r galarwyr yn mynd allan er mwyn pleser. Yr enw ar hyn yw Sheloshim.

Mae'r teulu yn cofio am y person marw bob blwyddyn, ar ddyddiad ei farwolaeth, drwy oleuo cannwyll ac adrodd y Kaddish.

Ystyr: Bwriad y defodau a'r gweddïau hyn yw dangos parch at Dduw ac at y person marw, a helpu anwyliaid y person hwnnw i gofio amdano.

Mynwent Iddewig ym Merthyr Tudful.

Gwasanaethau angladdol anghrefyddol

Mae llawer o bobl heddiw yn anghyfforddus â seremonïau crefyddol, ac o ganlyniad mae gwasanaethau angladdol anghrefyddol yn dod yn fwy a mwy poblogaidd. Mae llawer o bobl eisiau seremoni sy'n fwy anffurfiol a phersonol, lle gallan nhw ddewis y caneuon a'r darlleniadau a lle nad oes sôn am Dduw.

Bydd angladd dyneiddiol yn cael ei arwain gan weinyddwr dyneiddiol. Mewn angladd dyneiddiol, bydd y rhai sy'n bresennol yn cofio am fywyd y person sydd wedi marw, ac yn myfyrio ar ei gyfraniad i'r byd ac i bobl eraill. Gall y seremoni gynnwys:

- cerddoriaeth
- myfyrdod anghrefyddol am farwolaeth
- barddoniaeth
- rhannu atgofion am y person
- teyrnged (sy'n disgrifio pam roedd yn berson arbennig)
- goleuo canhwyllau
- cyfnodau o fyfyrdod tawel.

Ystyr: Bydd y gwasanaeth yn ceisio dangos parch at y person marw heb awgrymu ei fod yn mynd i le gwell. Bydd yn cael ei gofio am ei rinweddau arbennig ac unigryw, ac am ei fywyd a'r hyn a gyflawnodd.

> …angladd sy'n canolbwyntio ar y person sydd wedi marw a'i fywyd – nid ar y syniad o fywyd ar ôl marwolaeth – ac sy'n ffordd urddasol a didwyll o ddweud ffarwél.
>
> (Dyneiddwyr Cymru)

Mae cwmnïau bellach yn gallu creu arch anarferol, sydd wedi'i chynllunio i ddangos rhywbeth arbennig am fywyd y person sydd wedi marw.

Mae claddedigaethau gwyrdd yn dod yn fwy poblogaidd yn y DU. Mae mwy a mwy o bobl yn dewis cael eu claddu mewn coedwig.

Tasgau

1. Copïwch a llenwch y tabl isod, gan nodi'r prif ddefodau mewn angladd Cristnogol, ac ystyr neu symbolaeth y defodau hyn.

Defod angladdol	Ystyr/Symbolaeth

2. Esboniwch brif fanteision anglladd i'r byw ac i'r marw. Rhowch enghreifftiau penodol o'r traddodiadau crefyddol rydych chi'n eu hastudio, os yw'n bosibl.

▶ **Adolygiad Diwedd yr Adran**

Cofiwch

Cysyniadau allweddol:
- Bywyd ar ôl marwolaeth
- Enaid

Dysgeidiaethau allweddol:
- Bywyd ar ôl marwolaeth
- Barn

Arferion allweddol:
- Agweddau crefyddol ac anghrefyddol at angladdau

Gwirio gwybodaeth

1 Ysgrifennwch baragraff byr (tua thair brawddeg) yn esbonio beth yw ystyr 'enaid'.
2 Pam gallai fod gwahanol gredoau am fywyd ar ôl marwolaeth o fewn un grefydd?
3 Esboniwch sut mae angladd yn adlewyrchu credoau crefyddol am fywyd ar ôl marwolaeth.

Ymarfer sgiliau

'Credu mewn bywyd ar ôl marwolaeth yw'r gred bwysicaf.'
Trafodwch y gosodiad hwn gan ddangos eich bod wedi ystyried mwy nag un safbwynt. (Yn eich ateb, rhaid i chi gyfeirio at gredoau crefyddol ac anghrefyddol.)

Y Cwestiwn Mawr

'Marwolaeth yw'r diwedd.'

Eich tasg

Trafodwch y gosodiad uchod, gan ddangos eich bod wedi ystyried mwy nag un safbwynt. Rhowch farn resymegol am ba mor ddilys a pha mor gryf yw'r safbwyntiau hyn.

Tasg

Ar gyfer y ddwy grefydd rydych chi'n eu hastudio, esboniwch yn fanwl y dysgeidiaethau crefyddol am farn. Defnyddiwch y canllawiau isod i'ch helpu i ysgrifennu esboniad manwl ar gyfer Cristnogaeth, ac ail un ar gyfer y grefydd arall rydych chi'n ei hastudio. Gwnewch yn siŵr eich bod yn defnyddio termau allweddol yn rhwydd ac yn aml.

Mae Cristnogion i gyd/llawer o Gristnogion/y rhan fwyaf o Gristnogion yn credu _____ .

Daw hyn o'r ddysgeidiaeth/dyfyniad o'r Beibl _____ .

Mae hyn yn golygu/Oherwydd hyn maen nhw'n _____ .

Mae rhai Cristnogion/Cristnogion eraill fel _____ yn credu _____ .

Daw hyn o'r ddysgeidiaeth/dyfyniad o'r Beibl _____ .

Mae hyn yn golygu/Oherwydd hyn maen nhw'n _____ .

Yn olaf, mae Cristnogion fel _____ yn credu _____ .

Mae hyn yn golygu/Oherwydd hyn maen nhw'n _____ .

Mae eu credoau yr un peth/yn wahanol oherwydd _____ .

Materion daioni a drygioni

Cysyniadau Allweddol

 Cydwybod Synnwyr moesol person o'r hyn sy'n gywir neu'n anghywir. Mae rhai pobl grefyddol yn credu mai'r gydwybod yw'r arweiniad mewnol sy'n dod gan Dduw.

 Cyfiawnder Tegwch; pan fydd pawb yn cael darpariaeth gyfartal a chyfle cyfartal, ac yn derbyn yr hyn sy'n ddyledus iddyn nhw.

 Daioni Yr hyn sy'n cael ei ystyried yn gywir yn foesol, neu'n fuddiol ac o fantais i ni.

 Dioddefaint Gofid neu boen sydd wedi'u hachosi gan anaf, salwch neu golled. Gall dioddefaint fod yn gorfforol, yn emosiynol/ seicolegol neu'n ysbrydol.

 Drygioni Yr hyn sy'n cael ei ystyried yn hynod anfoesol, yn ddrwg, ac yn anghywir.

 Ewyllys rydd Y gallu i wneud dewisiadau (yn enwedig dewisiadau moesol) yn wirfoddol ac yn annibynnol. Y gred nad oes dim wedi'i ragordeinio.

 Heddychiaeth Y gred bod cyfiawnhau rhyfel a thrais yn amhosibl.

 Maddeuant Rhoi pardwn am ddrwgweithredu; rhoi'r gorau i ddicter a'r dyhead i dalu'r pwyth yn ôl i ddrwgweithredwr.

 **Moesoldeb** Egwyddorion a safonau sy'n penderfynu pa weithredoedd sy'n gywir neu'n anghywir.

Cwestiynau Craidd

- Beth sy'n gwneud i weithred fod yn anghywir?
- Pam mae pobl yn dioddef?
- Beth sy'n achosi trosedd?
- Beth yw amcanion cosbi?
- Sut mae troseddwyr yn cael eu trin yn yr unfed ganrif ar hugain?
- A yw dienyddio byth yn iawn?
- A yw maddau wir yn bosibl?

Trosedd a chosb

Sut mae pobl yn gwneud penderfyniadau moesol?

Nid yw gwneud penderfyniadau moesol yn broses syml. Mae gan bob un ohonon ni gydwybod sy'n ein helpu i benderfynu beth yw'r dewis cywir wrth ystyried sefyllfa. Mae rhai'n credu bod ein cydwybod yn datblygu wrth i ni fynd yn hŷn, a'i bod yn tyfu drwy'r broses o wneud penderfyniadau cywir. Mae hefyd yn tyfu drwy'r euogrwydd rydyn ni'n ei deimlo wrth wneud y penderfyniadau anghywir. Mae rhai pobl yn credu hefyd fod ein cydwybod yn rhoi rhybudd ymlaen llaw sy'n nodi p'un a yw'r penderfyniad rydyn ni ar fin ei wneud yn gywir neu'n anghywir. Yna rydyn ni'n dewis. Ein hewyllys rydd sy'n ein galluogi i wneud penderfyniadau a dewisiadau sydd wir yn perthyn i ni.

Fodd bynnag, mae nifer o ffactorau yn dylanwadu ar ein penderfyniadau moesol. Dyma rai ohonyn nhw.

> **Cysyniadau Allweddol**
>
>
> **Moesoldeb**
> Egwyddorion a safonau sy'n penderfynu pa weithredoedd sy'n gywir neu'n anghywir.
>
>
> **Cydwybod** Synnwyr moesol person o'r hyn sy'n gywir neu'n anghywir. Mae rhai pobl grefyddol yn credu mai'r gydwybod yw'r arweiniad mewnol sy'n dod gan Dduw.

- Drwy ein profiadau blaenorol, rydyn ni'n dysgu a yw ein gweithredoedd yn gywir neu'n anghywir, yn rhannol yn seiliedig ar sut mae pobl eraill yn ymateb i'n hymddygiad a'n dewisiadau. Mae'r ymennydd dynol wedi esblygu i ddysgu o brofiadau blaenorol ac i ddefnyddio'r teimladau hyn i'n helpu i wneud penderfyniadau yn y dyfodol.
- Mae'r gyfraith yn cynnig canllawiau llym i ni o ran ein hymddygiad. Mae ein cynrychiolwyr etholedig yn y llywodraeth a barnwyr yn llunio deddfau, a phwrpas y deddfau hyn yw cadw trefn, heddwch a chytgord. Mae torri'r deddfau yn arwain at gosb, er enghraifft dirwy, gwasanaeth cymunedol neu garchar.
- Mae llawer o bobl, yn enwedig credinwyr crefyddol, yn gofyn i arweinwyr crefyddol neu aelodau hŷn y gymuned am gyngor ac arweiniad cyn gwneud penderfyniadau moesol anodd. Mae llawer o bobl yn derbyn bod gan yr arweinwyr hyn ddoethineb, profiad a gwybodaeth i allu cynnig cyngor. Fel arfer maen nhw wedi derbyn hyfforddiant arbennig i ddeall a dehongli ysgrythurau a dysgeidiaethau sanctaidd, ac mae llawer yn cael eu hystyried yn gynrychiolwyr Duw ar y ddaear.
- Mae credinwyr crefyddol hefyd yn ystyried dysgeidiaethau eu crefydd cyn gwneud penderfyniadau moesol. Mae'r rhain i'w cael yn nhestunau sanctaidd pob traddodiad: y Beibl; y Tipitaka neu'r sutras; y Qur'an a'r Hadith; a'r Torah. Yn y byd modern, mae nifer o benderfyniadau moesol na all testunau sanctaidd hynafol roi arweiniad penodol arnyn nhw. Mewn sefyllfaoedd fel hyn, mae credinwyr yn mynd at eu harweinwyr crefyddol i ddehongli a cheisio cymhwyso dysgeidiaethau eu crefydd. Maen nhw hefyd yn edrych ar esiampl proffwydi fel Muhammad neu unigolion nodedig eraill o'r traddodiad crefyddol, fel Martin Luther King neu'r Archesgob Desmond Tutu.

Gall mathau eraill o gred, sy'n bodoli ar wahân i godau moesol a chredoau crefyddol llym, hefyd lywio penderfyniadau. Er enghraifft, mae llawer o bobl yn cymryd yr hyn sy'n cael ei alw'n ymagwedd moeseg sefyllfa at wneud penderfyniadau.

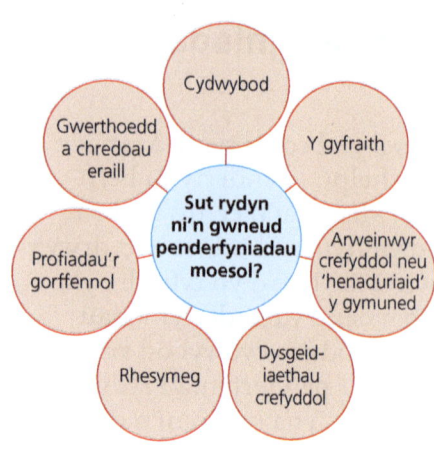

Mae pob penderfyniad moesol yn cael ei ystyried yn gwbl unigryw oherwydd bod amgylchiadau pob penderfyniad yn wahanol, ac mae pobl yn gwneud dewisiadau gan ddilyn yr egwyddor mai lles pobl eraill yw'r peth pwysicaf.

Enghraifft arall o system o arweiniad moesol sydd ddim yn dibynnu ar god moesol yw iwtilitariaeth. Wrth wneud penderfyniadau iwtilitaraidd, mae'r dewisiadau yn seiliedig ar yr egwyddor o greu'r hapusrwydd mwyaf i'r nifer mwyaf o bobl.

Yn olaf, mae rhai pobl yn dibynnu ar resymeg i arwain eu penderfyniadau moesol. Dyna sy'n digwydd pan fydd penderfyniadau'n cael eu gwneud yn ôl egwyddorion caeth. Yn ymarferol, mae'n golygu edrych ar y broblem foesol gan ddiystyru emosiynau a syniadau crefyddol, cyfreithiol neu godau ymddygiad moesol, a gwneud penderfyniad yn rhesymegol yn ôl cyfres benodol o egwyddorion.

▶ ## Mathau o foesoldeb

Mae dau fath cyffredin o **foesoldeb**.

▶ **Moesoldeb absoliwt** yw pan fydd person yn dilyn egwyddor fel 'mae lladd yn anghywir' ac yn glynu wrthi. Mae'n cymhwyso'r egwyddor neu'r safon foesol hon at bob sefyllfa, beth bynnag yw'r cyd-destun neu'r amgylchiadau. Gallai'r person hwn gredu bod pob lladd, gan gynnwys mewn rhyfel, yn anghywir. O fewn Islam a Christnogaeth, mae rhai grwpiau sydd yn draddodiadol yn mabwysiadu ymagwedd absoliwt foesol at rai materion, er enghraifft safbwynt y Catholigion am erthylu a safbwynt y Crynwyr am ryfel. Mae cyfraith Shari'ah mewn Islam yn seiliedig ar absoliwtiaeth foesol.

▶ **Moesoldeb perthynol** yw pan fydd person yn dilyn egwyddor foesol ond mae'n barod i'w haddasu neu ei newid mewn rhai amgylchiadau. Gallai'r person hwn gredu y gall lladd mewn rhyfel fod yn angenrheidiol os yw'n lleihau dioddefaint yn y dyfodol. Byddai Bwdhyddion a llawer o enwadau Cristnogol Protestannaidd, fel yr Eglwys yng Nghymru, yn cael eu hystyried yn berthynolwyr moesol.

Tasgau

1. Yn eich geiriau eich hun, esboniwch beth yw gwneud penderfyniadau moesol, a rhowch grynodeb o bum ffordd o wneud penderfyniadau moesol.
2. Esboniwch y gwahaniaeth rhwng moesoldeb absoliwt a moesoldeb perthynol. Rhowch enghraifft o safbwynt a fyddai gan bob un (er enghraifft, bod erthylu bob amser yn anghywir) a grŵp crefyddol a fyddai'n dilyn y safbwynt hwnnw.
3. Dewiswch dri ffactor gwahanol sy'n ein helpu i wneud penderfyniadau moesol. Esboniwch bwysigrwydd pob ffactor a sut mae'n gweithio.
4. Darllenwch a chopïwch y dyfyniad isod gan William Penn. A yw Penn yn absoliwtydd neu'n berthynolydd moesol? Esboniwch sut rydych chi'n gwybod hyn.

   Cywir yw cywir, hyd yn oed os yw pawb yn ei erbyn, ac anghywir yw anghywir, hyd yn oed os yw pawb o'i blaid.

   (William Penn, Crynwr o'r ail ganrif ar bymtheg a sylfaenydd Pennsylvania, UDA)

▶ Trosedd

Beth yw trosedd?

Trosedd yw unrhyw fath o dramgwyddo sy'n cael ei gosbi gan y gyfraith. Mae'r llywodraeth yn llunio deddfau sy'n rheoli ein hymddygiad, mae'r heddlu'n atal ac yn darganfod troseddau, a phrif waith y system cyfiawnder troseddol (gan gynnwys llysoedd a barnwyr) yw gweithredu'r deddfau hyn a chosbi troseddau. Drwy gydol hanes, mae'r hyn sy'n cael ei ystyried yn drosedd, syniadau am achosion trosedd, a sut dylai troseddwyr gael eu cosbi, wedi newid.

Trosedd yn erbyn pechod

Er bod nifer o bechodau yn gallu cael eu cosbi gan y gyfraith, mae cryn dipyn o bechodau sydd ddim yn cael eu hystyried yn droseddau yn y gymdeithas fodern. Er enghraifft, er bod godinebu (cael perthynas y tu allan i briodas) a gweithio ar y Sabath yn mynd yn erbyn y Deg Gorchymyn, nid yw'r ddau beth hyn yn droseddau yn ôl y gyfraith.

Mae canlyniadau cyflawni pechod yn hollol wahanol mewn traddodiadau crefyddol gwahanol:

▶ I Gristnogion, gall ymddygiad pechadurus arwain at ddioddefaint personol, tramgwyddo Duw, ysgymuniad (cael eich diarddel o'r Eglwys), neu hyd yn oed cael eich cau allan o'r nefoedd.
▶ Mae Iddewon yn credu, er bod pechu yn rhan o fywyd dynol, y bydd y rheini sy'n pechu yn dioddef yn y bywyd hwn er mwyn gwneud iawn am eu hymddygiad.
▶ Nid yw'r syniad o bechod yn bodoli mewn Hindŵaeth a Bwdhaeth. Mae gweithredoedd sydd wedi'u bwriadu i achosi niwed yn debygol o gael effeithiau negyddol ar y person sy'n cyflawni'r weithred, naill ai yn y bywyd hwn neu mewn ailenedigaeth yn y dyfodol.
▶ Drwy **gyfraith Shari'ah**, mae Mwslimiaid sy'n mynd yn erbyn codau crefyddol safonol yn agored yn gallu derbyn cosbau penodol sydd wedi'u pennu gan Dduw. Bydd y bobl hynny sydd wedi troi cefn ar Dduw, neu bobl sydd wedi cyflawni mwy o weithredoedd drwg nag o weithredoedd da, yn cael eu hanfon i uffern ar Ddydd y Farn.

> **Cyfraith Shari'ah** Y gyfraith Islamaidd sy'n seiliedig ar y Qur'an. Mae'r rhan fwyaf o wledydd Islamaidd yn cynnwys agweddau o gyfraith Shari'ah yn eu fframweithiau cyfreithiol cenedlaethol.

Enghreifftiau o bechodau

Mae'r saith pechod marwol yn tarddu o'r traddodiad Cristnogol. Mae rhai'n credu mai'r rhain yw ffynhonnell pob math arall o ymddygiad anfoesol.

- Balchder
- Trachwant
- Chwant
- Cenfigen
- Glythineb
- Dicter
- Diogi

Ystadegau trosedd

Ym Mhrydain, mae'n debyg bod dros 30,000 o droseddau'n cael eu cyflawni bob dydd. Mae'r rhain yn amrywio o droseddau yn erbyn eiddo a phobl, i droseddau ar y rhyngrwyd a thwyll. Nid yw llawer o'r troseddau hyn yn cael eu hadrodd i'r heddlu, sy'n golygu ei bod yn anodd iawn gwybod beth yn union yw hyd a lled ymddygiad troseddol ym Mhrydain. Mae ystadegau trosedd diweddar yn dangos bod pobl mewn mwy o berygl o ddioddef seiberdroseddu nag erioed o'r blaen.

Er gwaetha'r ffaith mai ymddygiad gwrthgymdeithasol yw'r perygl mwyaf yn ystadegol, mae cymdeithas yn pryderu mwy am eithafiaeth, terfysgaeth a throseddau rhywiol.

Trosedd yng Nghymru a Lloegr, Medi 2015–Ebrill 2016

Categorïau: Difrod troseddol, Trais, Dwyn beiciau, Lladrata, Dwyn cerbydau, Bwrgleriaeth, Dwyn, Twyll a chamddefnyddio cyfrifiadurol

Achosion trosedd

Mae achosion trosedd yn gymhleth. Mae'r rhan fwyaf o bobl heddiw yn derbyn bod tlodi, esgeuluso gan rieni, hunan-barch isel a cham-drin alcohol a chyffuriau i gyd yn gysylltiedig wrth geisio esbonio pam mae pobl yn cyflawni troseddau. Mae rhai pobl yn fwy tebygol o ddod yn droseddwyr oherwydd yr amgylchiadau y cawson nhw eu geni iddyn nhw.

Tasgau

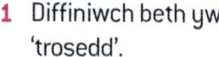

1. Diffiniwch beth yw 'trosedd'.
2. Esboniwch y gwahaniaeth rhwng trosedd a phechod. Rhowch ddwy enghraifft o bob un.
3. Ysgrifennwch baragraff byr yn nodi prif achosion trosedd. Rhowch enghraifft glir o dri o'r achosion hyn.

Mewn cymdeithas, mae'n bwysig bod pobl yn cael eu magu â dealltwriaeth dda o'r cysyniadau 'da' a 'drwg', a'r gwahaniaeth rhwng y ddau. Mae'n ddyletswydd ar aelodau o unrhyw gymdeithas i ddilyn cyfraith y wlad. Pan fydd dinasyddion yn dewis peidio ag ufuddhau i'r gyfraith, mae anhrefn yn dilyn. Oherwydd hyn, mae gan rieni ac ysgolion gyfrifoldeb moesol i ddysgu'r gwahaniaeth rhwng cywir ac anghywir er mwyn sicrhau bod pobl ifanc yn parchu eraill ac, yn allweddol, yn peidio â throseddu. Mae pob un o'r prif grefyddau'n cytuno ar bwysigrwydd y gyfraith mewn cymdeithas a'r rôl sydd ganddi o ran cadw trefn a gwarchod dinasyddion.

Cosb Rhoi penyd i rywun am ryw drosedd neu ddrwg mae wedi'i gyflawni.

Amcanion cosbi

Pan fydd yn cael ei ddarganfod a'i erlyn, mae ymddygiad troseddol yn arwain at **gosb**. Mae nifer o opsiynau gwahanol ar gael i farnwyr o ran cosb (fel gwasanaeth cymunedol, dirwyon a chyfnodau yn y carchar). Yn aml, bydd barnwr yn ystyried sawl pwrpas gwahanol wrth ddedfrydu rhywun am gyflawni trosedd.

Amddiffyn
Mae cosb yn aml yn ceisio amddiffyn mwy o bobl rhag dioddef trosedd yn eu herbyn. Oherwydd bod dedfryd o garchar yn tynnu troseddwr allan o gymdeithas, mae hyn yn sicrhau nad yw pobl ddiniwed yn dioddef drwgweithredu gan nad yw'r troseddwr yn gallu troseddu eto. Mae pobl sy'n euog o derfysgaeth, llofruddio, treisio a gwerthu cyffuriau yn mynd i'r carchar oherwydd eu bod yn fygythiad i weddill cymdeithas.

Dial (retribution)
Yn syml, ystyr 'dial' yw talu'r pwyth yn ôl. Mae'r person sydd wedi cyflawni trosedd yn dioddef oherwydd ei fod wedi gwneud i bobl eraill ddioddef. I rai pobl sydd wedi dioddef trosedd yn eu herbyn, dyma'r unig ffordd o weinyddu cyfiawnder.

Atgyweirio
Ystyr atgyweirio yw gwneud iawn am unrhyw niwed yn sgil trosedd. Mae rhaglenni cyfiawnder adferol, er enghraifft glanhau yn y gymuned i fandaliaid, yn rhoi cyfle i'r troseddwyr wneud iawn am eu troseddau.

Amcanion cosbi

Atal
I nifer o bobl, un o brif amcanion cosbi yw atal neu rwystro pobl rhag troseddu yn y lle cyntaf. Dyma, yn hanesyddol, oedd prif fwriad y gosb eithaf yn y DU, a dyma yw ei phrif fwriad mewn rhai taleithiau yn UDA o hyd lle mae llofruddion yn cael eu dienyddio. Er mwyn i atal weithio fel techneg, mae'n rhaid cosbi troseddwyr er mwyn rhybuddio pobl eraill mewn cymdeithas i beidio â throseddu.

Cyfiawnhau
Drwy gosbi'n effeithiol, mae'r llywodraeth yn dangos bod angen parchu a dilyn y gyfraith. Bwriad cosb yw arddangos awdurdod y gyfraith, ac atgoffa pobl y byddai cymdeithas heb gyfraith yn anhrefn llwyr. Un o amcanion cosbi yw atgyfnerthu hyder pobl yn y gyfraith, a pharch at y rôl sydd ganddi o ran cynnal trefn mewn cymdeithas.

Diwygio
Os nad yw cosb yn ceisio datrys achosion trosedd a'r rhesymau pam mae pobl yn troseddu, ni fydd y gosb yn gwbl lwyddiannus. Oherwydd hyn, un o brif amcanion cosbi heddiw yw diwygio neu adsefydlu troseddwyr er mwyn iddyn nhw ddeall pam gwnaethon nhw droseddu, a cheisio datrys y problemau hyn. Ymhlith y technegau diwygio mae therapi, cwnsela, addysg neu hyfforddiant.

Tasg

Lluniwch dabl fel yr un isod. Copïwch chwech o amcanion cosbi o'r diagram uchod i'r golofn gyntaf. Esboniwch beth yw ystyr pob amcan yn yr ail golofn ac yna rhowch grynodeb o bob un, mewn dim mwy na phedwar gair, yn y golofn olaf.

Amcan	Esboniad	Crynodeb (pedwar gair)
Dial		Talu'r pwyth yn ôl

Cysyniad Allweddol

Cyfiawnder
Tegwch; pan fydd pawb yn cael darpariaeth gyfartal a chyfle cyfartal, ac yn derbyn yr hyn sy'n ddyledus iddyn nhw.

Cosb a chyfiawnder

Beth yw cyfiawnder?

Yn llythrennol, ystyr **cyfiawnder** yw tegwch. Wrth siarad am drosedd a chosb, mae'r rhan fwyaf o bobl yn cymryd mai cyfiawnder yw bod troseddwr yn cael ei ddal, yn cael ei roi ar brawf yn deg yn y llys, ac yn cael cosb sy'n addas i'r drosedd ac sy'n galluogi'r dioddefwr i ddod dros ei ddrwgdeimlad.

Mae crefyddau a llywodraethau yn rhoi pwyslais ar gynnal cyfiawnder fel nodwedd allweddol o gymdeithas foesol.

Y berthynas rhwng cyfiawnder a chosb

Byddai llawer o bobl yn cytuno nad yw'n bosibl cael cyfiawnder heb ryw fath o gosb. Er mwyn cyflawni cyfiawnder mewn gwirionedd, fodd bynnag, mae'n rhaid i'r gosb fynd i'r afael ag achos y drosedd ac adlewyrchu difrifoldeb y drosedd. Byddai rhoi cosb o wasanaeth cymunedol i lofrudd yn gwbl anaddas, ond yn yr un modd, byddai rhoi dedfryd oes mewn carchar diogelwch uchel i rywun sy'n gaeth i gyffuriau yn aneffeithiol.

> Mae'n well cymryd risg ac arbed person euog na chondemnio person dieuog.
>
> (Voltaire, awdur ac athronydd o'r ddeunawfed ganrif)

Ai 'ysgolion trosedd' yw carcharau?

Mae'r system garcharau ym Mhrydain ar fin torri. Mae nifer y bobl mewn carcharau yn uwch nag erioed, ond mae cyfraddau aildroseddu ar ôl dod allan o'r carchar yr un mor uchel. Mae'n ymddangos bod rhywbeth o'i le ar y system. Mae llawer o fanteision i garcharau. Maen nhw'n gwarchod cymdeithas rhag troseddwyr treisgar a pheryglus, ac yn gwahanu pobl sydd wedi camymddwyn oddi wrth eu teuluoedd, eu ffrindiau a'u cymunedau (dial). Yno, bydd troseddwyr yn cael cyfle i fyfyrio ar eu gweithredoedd, a diwygio o bosibl. Yn ôl rhai, dylai'r carchar fod yn rhybudd i bobl beidio â throseddu.

Ar y llaw arall, mae llawer o garcharorion yn aildroseddu ar ôl iddyn nhw gael eu rhyddhau, ac mae'r cyfraddau aildroseddu'n uwch i'r rheini sy'n derbyn dedfrydau byr o lai na blwyddyn. Nid yw cyfnod mewn carchar yn effeithiol o ran lleihau aildroseddu – mae 47 y cant o oedolion yn cael eu dyfarnu'n euog o aildroseddu o fewn blwyddyn i gael eu rhyddhau. I'r rheini sy'n cael dedfrydau sy'n llai na 12 mis, mae'r canran hwn yn codi i 60 y cant. Mae dros ddwy ran o dair (68 y cant) o'r rhai o dan 18 oed yn cael eu dyfarnu'n euog o aildroseddu o fewn blwyddyn i gael eu rhyddhau. Mae nifer o resymau dros hyn. Mae cael swydd gyda record droseddol yn gallu bod yn anodd iawn – gall hyn ychwanegu at y chwerwder a'r drwgdeimlad mae rhywun yn ei deimlo ar ôl bod yn y carchar. Ar ben hyn, mae carcharau yn aml yn cael eu galw'n 'ysgolion trosedd', ac rydyn ni'n gwybod bod llawer o garcharorion yn addysgu ei gilydd am ddulliau troseddol.

(Ystadegau o PrisonReformTrust.org. Bromley Briefings, Haf 2016)

Tasgau

1. Beth yw 'cyfiawnder'?
2. Esboniwch pam mae'n bwysig meddwl am gyfiawnder wrth gosbi rhywun am drosedd.
3. Ar gyfer y crefyddau rydych chi'n eu hastudio, esboniwch eu hagweddau at gosb a chyfiawnder. Gwnewch yn siŵr eich bod yn amlinellu'r credoau (dysgeidiaethau a syniadau) a'r arferion (gweithredoedd ac ymddygiad).
4. Edrychwch ar y dyfyniad uchod gan Voltaire. Beth yw ei safbwynt am gosb, yn eich barn chi?

Dysgeidiaethau crefyddol am gosb a chyfiawnder

Agweddau Cristnogol at gosb a chyfiawnder

Mae Cristnogaeth yn pwysleisio maddeuant, ac felly nid yw Cristnogion yn cefnogi'r syniad mai dial yw un o ddibenion cosbi. Ond mae Cristnogion yn credu mewn cyfiawnder, sy'n golygu dylai maddeuant a chosb fynd law yn llaw. Dylai Cristnogion geisio dilyn esiampl Iesu, a faddeuodd i'r rhai a wnaeth ei fradychu. Oherwydd hyn, mae llawer yn cefnogi arferion cosbi sy'n arwain at faddeuant, fel rhaglenni **cyfiawnder adferol** mewn carcharau.

Yn yr un modd, neges Iesu oedd tosturi ac nid dial; oherwydd hyn mae llawer o Gristnogion wedi ymgyrchu dros ddiwygio carcharau er mwyn sicrhau bod pobl yn cael eu trin yn drugarog yn y carchar. Maen nhw hefyd yn credu ei bod yn bwysig adnabod a mynd i'r afael ag achosion ymddygiad troseddol, fel tlodi, diweithdra ac amodau cymdeithasol gwael, fel ffordd o adfer cyfiawnder cymdeithasol ac atal trosedd. Mae'r rhan fwyaf o Gristnogion yn credu'n gryf hefyd y dylai cosb annog person i ddiwygio – i newid ei ffordd o fyw wedi iddo gael ei ryddhau o'r carchar ac i ychwanegu gwerth i'r gymuned. Mae rhai Cristnogion wedi mynd yn gaplaniaid carcharau (gweler t. 210) er mwyn helpu carcharorion i ddiwygio yn effeithiol.

> Ond llifed barn fel dyfroedd a chyfiawnder fel afon gref.
>
> (Amos 5:24)

Cyfiawnder adferol System gyfiawnder sy'n galluogi troseddwyr i wneud iawn am eu hymddygiad drwy gwrdd â'r dioddefwr ac ymddiheuro.

Agweddau Bwdhaidd at gosb a chyfiawnder

Wrth i Fwdhydd feddwl am gyfiawnder, mae'n meddwl am gyfiawnder i bawb. Lle mae trosedd wedi'i chyflawni yn erbyn unigolyn, wrth gwrs byddai Bwdhydd am weld bod cyfiawnder yn digwydd ar ran y dioddefwr. Ond bydd hefyd am sicrhau bod y troseddwr yn cael ei drin yn deg.

Mae ymddygiad troseddol ei hun wedi'i gyflyru; mae wedi'i gymell gan y Tri Gwenwyn sef trachwant, dicter ac anwybodaeth. Mae'n cael ei gyflyru hefyd gan amgylchiadau a chefndir rhywun, sef cynnyrch karma. Er enghraifft, gall karma person achosi iddo gael ei eni i deulu cythryblus. Gallai ei amgylchiadau ei 'gyflyru' i fod yn ddig ac yn dreisgar. Bydd ei weithredoedd treisgar yn niweidio eraill a bydd yn wynebu canlyniadau hynny, efallai drwy gael ei garcharu.

Cyfiawnder naturiol yw karma i Fwdhydd: bydd y rheini sy'n niweidio eraill yn dioddef yr effeithiau yn y pen draw. Weithiau, mae byw gan wybod beth rydych wedi'i wneud yn ddigon o gosb ynddo'i hun.

Wrth gwrs, nid yw hyn yn golygu bod modd esgusodi ymddygiad troseddol ar y sail ei fod wedi'i gyflyru gan karma. Mae Bwdhydd yn credu gall pobl oresgyn eu karma drwy'r Llwybr Wythblyg Nobl. Os yw pobl yn dewis ymddwyn yn wael, dylent wynebu canlyniadau eu gweithredoedd. Felly mae'r gosb mae pobl yn ei derbyn am eu hymddygiad troseddol yn enghraifft o gyfiawnder karmig.

Fodd bynnag, mae Bwdhydd hefyd yn gweld ei bod yn anodd dianc o gylch karmig negyddol troseddoldeb. Bydd yn cefnogi rhaglenni sy'n helpu i ddiwygio troseddwyr a rhoi cyfleoedd iddynt i greu gwell karma a byw bywydau mwy cadarnhaol. Mae sefydliad Angulimala yn enghraifft o hyn (gweler t. 215).

Byddai Bwdhydd hefyd yn cefnogi cynlluniau i leihau tlodi ac anghydraddoldeb cymdeithasol fel bod gan bobl lai o gymhelliant i gyflawni troseddau.

Agweddau Islamaidd at gosb a chyfiawnder

Mae Islam yn dysgu bod bywyd pob person wedi'i ragordeinio: nid oes dim yn digwydd sydd ddim wedi'i ewyllysio gan Allah, ac mae ef yn gwybod ymlaen llaw beth bydd pob person yn ei wneud. O ganlyniad, mae Duw yn gwybod am weithgareddau troseddwr cyn iddynt gael eu cyflawni. Ond nid yw hyn yn golygu nad yw troseddwyr yn gyfrifol am eu gweithredoedd. Er bod gweithredoedd wedi'u rhagordeinio a bod Duw'n gwybod beth bydd pob un yn ei wneud, nid yw'r unigolyn yn gwybod ymlaen llaw. Mae gan bawb ewyllys rydd i wneud penderfyniadau o'u gwirfodd. Felly, mae troseddwyr yn dal i fod yn gyfrifol am eu troseddau, er eu bod yn cyflawni ewyllys Allah.

Er bod maddeuant yn bwysig iawn mewn Islam, mae'r angen i ddiogelu'r gymdeithas (yr ummah) a chadw cyfraith a threfn yr un mor bwysig. Mae cosb, felly, yn cael ei gweld fel rhywbeth sy'n ganolog i gyfiawnder ac sy'n hanfodol i gadw pobl rhag crwydro oddi wrth yr hyn sy'n dda ac yn gyfiawn. Y cyfieithiad o 'Shari'ah' yw 'llwybr syth', ac mae cyfraith Shari'ah yn amlinellu'r rheolau i'w dilyn wrth fyw, yn ogystal â'r cosbau os yw'r rheolau hyn yn cael eu torri.

Mae cyfraith Shari'ah wedi'i gosod yn y Qur'an, gair Duw. Mae Mwslimiaid, felly, wedi'u rhwymo wrth gyfraith Shari'ah.

Mae llawer o'r cosbau yng nghyfraith Shari'ah wedi'u llunio i atal troseddu yn ogystal â diogelu cymdeithas rhag camymddwyn pellach, fel torri llaw i ffwrdd am ladrata, neu guro rhywun o flaen y gymuned leol. Er bod Mwslimiaid wedi'u rhwymo wrth gyfraith Shari'ah, nid oes yr un wlad wedi cynnwys Shari'ah yn llwyr yn ei system gyfreithiol.

Mae gan rai gwledydd Islamaidd systemau cymysg a dyma'r model arferol. Nid oes statws cyfreithiol gan Shari'ah yn y DU a rhaid i Fwslimiaid ufuddhau i gyfraith Prydain. Ond mae llysoedd Shari'ah ar gael yn y DU ar gyfer Mwslimiaid sydd am eu defnyddio, er nad yw dyfarniadau'r llysoedd yn rhwymo'n gyfreithiol, a rhaid i unrhyw gosb fod o fewn cyfraith y DU. Ni chaniateir torri aelodau o'r corff a churo, er enghraifft. I Fwslimiaid, nid yw cosb yn ymwneud â chael gwared ar bechod, gan mai dim ond Duw all faddau – ffordd o gadw cyfraith a threfn yw cosb. Ond mae Mwslimiaid yn gobeithio bydd y troseddwyr yn edifarhau, yn diwygio ac yn gofyn am faddeuant gan Dduw a'u dioddefwyr.

> Yn wir, mae Duw yn gorchymyn cyfiawnder ac ymddygiad da a rhoi [cymorth] i berthnasau, ac mae'n gwahardd anfoesoldeb ac ymddygiad gwael a gormes. Mae'n eich ceryddu er mwyn eich atgoffa.
>
> (Qur'an 16:90)

Cyfraith Shari'ah yng Nghymru

Nid oes gan gyfraith Shari'ah unrhyw awdurdod cyfreithiol yng Nghymru ac nid oes llys Shari'ah yng Nghymru chwaith. Fodd bynnag, mae'r Cyngor Shari'ah wedi'i sefydlu i gynghori Mwslimiaid ar sut i gymhwyso Shari'ah at sefyllfaoedd a phroblemau cyffredin – er enghraifft, priodi ac ysgaru, etifeddu ac anghydfodau personol. Mae'r Cyngor yn ffynhonnell ddefnyddiol i gyfreithwyr yng Nghymru sydd eisiau deall safbwyntiau Islamaidd am achosion sy'n ymwneud â theuluoedd Islamaidd.

Yn ôl Saleem Kidwai, Ysgrifennydd Cyngor Mwslimaidd Cymru:

> Nid oes gan Gyngor Shari'ah yr un pŵer â Goruchaf Lys neu Uchel Lys. Y cyfan mae'n ei wneud yw rhoi cyngor, a dewis yr unigolyn yw p'un ai i ddilyn y cyngor hwnnw ai peidio. Nid oes gan Gyngor Shari'ah unrhyw awdurdod cyfreithiol. Ni allwch chi orfodi crefydd ar unrhyw un.

Yn wir, nid yw'n credu ei bod yn addas i Gymru a Lloegr fabwysiadu cyfraith Shari'ah, er gwaetha'r ffaith bod y boblogaeth Fwslimaidd yn y ddwy wlad yn tyfu:

> Pan fydd pobl yn sôn am gyfraith Shari'ah, maen nhw'n siarad am chwipio, torri dwylo i ffwrdd a dienyddio.
>
> Mae hynny'n ein gwneud ni'n drist. Cosbau i atal pobl rhag troseddu yw'r rhain, ac maen nhw ond yn cael eu defnyddio mewn sefyllfaoedd eithafol dramor. Dydyn ni ddim yn gofyn am gael dod â'r rheini i'r wlad hon.

Agweddau Iddewig at gosb a chyfiawnder

Mewn Iddewiaeth, mae egwyddor gadarn bod pobl wedi cael ewyllys rydd ac felly bod yn rhaid iddyn nhw gymryd cyfrifoldeb dros eu gweithredoedd. Mae Iddewon yn credu y dylai cosbi atal troseddu, diogelu cymdeithas, bod yn fodd o ddial a hyrwyddo cyfiawnder. Oherwydd bod Duw wedi creu byd cyfiawn, mae Iddewon yn credu bod yn rhaid iddyn nhw ddangos cyfiawnder eu hunain. Rhaid penodi barnwyr i ddyfarnu ar weithredoedd pobl eraill. Dylen nhw fod yn deg ac yn anllygradwy.

Mae'r Torah hefyd yn cynnwys llawer o ddeddfau sy'n rhoi cyfarwyddiadau ar sut i gosbi troseddau. Mae nifer o safbwyntiau gwahanol am gosb mewn Iddewiaeth. Mae Iddewon Diwygiedig yn aml yn weithgar yn protestio dros roi triniaeth deg i garcharorion. Fel crefyddau eraill, mae Iddewiaeth yn dysgu y dylai pobl fod yn faddeugar; fodd bynnag, mae'n dysgu hefyd mai dim ond y dioddefwr all faddau, gan na all neb dderbyn maddeuant ar ran rhywun arall. Dylai troseddwyr edifarhau a gofyn am faddeuant Duw drwy osgoi troseddu eto, rhoi arian i elusen ac ympryddio, yn enwedig ar Ddydd y Cymod.

▶ Trin troseddwyr yn y system garcharau

Sut mae troseddwyr yn cael eu trin mewn carcharau modern?

> **Sut dylai carcharau drin troseddwyr?**
>
> Ers i garcharau gael eu hadeiladu gyntaf, mae pobl wedi pryderu ynglŷn â sut mae'r carcharorion yn cael eu trin. Mae llawer o safbwyntiau gwahanol am beth dylai carchar ei gyflawni, ac oherwydd hyn mae llawer o safbwyntiau am y math o driniaeth dylai carcharorion ei dderbyn. Mae rhai'n teimlo y dylai'r carchar fod yn lle i ynysu a chosbi pobl, ac na ddylai carcharorion gael llawer o freintiau, er enghraifft gwylio'r teledu neu ddefnyddio'r cyfrifiadur. Fodd bynnag, mae eraill yn gweld carcharau fel lle i adsefydlu a diwygio pobl. Oherwydd hyn, maen nhw'n teimlo y dylai'r driniaeth mae carcharorion yn ei derbyn roi'r gallu iddyn nhw i fynd i'r afael â'r rheswm gwaelodol dros eu trosedd, a'u paratoi ar gyfer bywyd fel dinasyddion cyfrifol.
>
> Mae triniaeth carcharorion yn cael ei monitro'n ofalus. Mae gan garcharorion hawl i driniaeth ddyngarol sy'n dangos parch at eu hawliau dynol. Beth bynnag yw'r dadleuon am y system carcharau, y gwir yw bod llawer o garcharorion yn parhau i gwyno am orlenwi, triniaeth wael a diffyg mynediad at wasanaethau pwysig. Mae llawer yn dadlau bod amodau gwael yn y carchar yn arwain at achosion cynyddol o ymosodiadau, hunan-niweidio a hunanladdiad ymhlith y carcharorion.

Diwygwyr carcharau

Mae sawl **diwygiwr** carcharau adnabyddus yn dod o Brydain, a chafodd nifer ohonyn nhw eu hysbrydoli gan eu credoau crefyddol i lobïo am newid.

Roedd John Howard yn Gristion Calfinaidd (Protestannaidd) pybyr, ac roedd yn arolygu carcharau ar ddiwedd y ddeunawfed ganrif. Gwelodd Howard fod y carcharau hyn yn llawn afiechyd, yn frwnt ac yn llygredig, a rhoddodd dystiolaeth i Dŷ'r Cyffredin gydag argymhellion bod angen gwella'r amodau a'r arferion. Galwodd am ddarpariaethau sylfaenol ond hanfodol – er enghraifft, dŵr glân, celloedd ar wahân i ddynion a menywod, mynediad at feddygon a mwy o swyddogion i gynnal a sicrhau diogelwch y carcharorion. Roedd hyn ar adeg pan oedd y rhan fwyaf o garcharau yn breifat ac yn cael eu rhedeg er mwyn gwneud elw.

Crynwr a diwygiwr carcharau o'r bedwaredd ganrif ar bymtheg oedd Elizabeth Fry. Cysegrodd ei bywyd i wella cyflwr carcharau Prydain ar ôl ymweld â charchar Newgate yn Llundain yn 1813. Roedd hi'n dadlau'n gryf o blaid addysg mewn carcharau, a'i nod oedd diwygio carcharorion yn hytrach na'u cadw ar wahân i gymdeithas yn unig. Y prif reswm dros ei henwogrwydd oedd ei gwaith yn dysgu menywod mewn carcharau i ddarllen ac ysgrifennu, ac yn trefnu darlleniadau o'r Beibl ar gyfer y carcharorion.

Erbyn yr 1870au, roedd syniadau am garcharau, a'r carcharau eu hunain, wedi newid yn ddramatig. Roedd carcharau newydd (fel carchar Pentonville yn Llundain) yn ymddangos ar draws Prydain, a dechreuodd trafodaethau bywiog am sut i drin carcharorion wedi iddyn nhw gyrraedd y carchar. Yn olaf, roedd pobl yn meddwl o ddifrif am sut i ddiwygio unigolion wedi iddyn nhw gael eu carcharu.

Diwygiwr Rhywun sy'n lobïo neu'n pwyso am newid.

Crynwr Aelod o Gymdeithas y Cyfeillion, sy'n enwad Cristnogol. Ei gred ganolog yw bod pob bod dynol yn cynnwys adlewyrchiad o ddelw Duw.

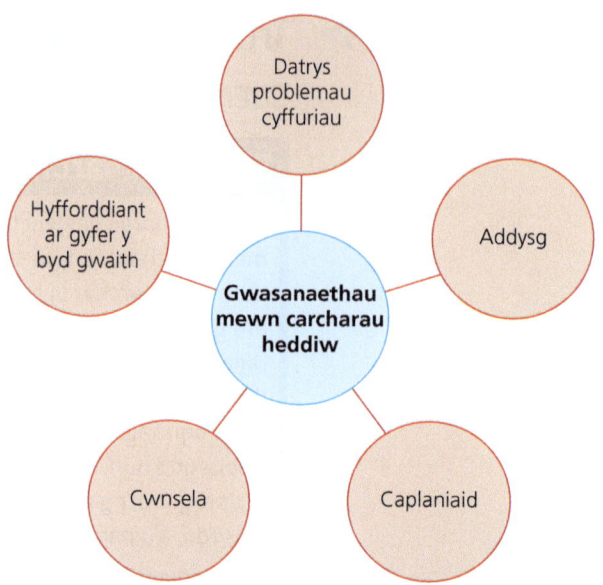

Diwygio carcharau yn yr unfed ganrif ar hugain

Mae 85,442 o bobl mewn carcharau yng Nghymru a Lloegr ar hyn o bryd, o'i gymharu â 44,246 yn 1993. Mae cyfraddau aildroseddu yn uchel. Yn ôl Swyddfa Archwilio Prydain, mae aildroseddu yn costio yr un faint ag y byddai cynnal Gemau Olympaidd bob blwyddyn. Yng ngoleuni'r ffigurau hyn, mae llawer yn galw unwaith eto am ddiwygio carcharau a'r system carcharau.

Yn ôl ystadegau llywodraeth y DU, dim ond 53 y cant o garcharorion sy'n meddu ar unrhyw gymwysterau, o'i gymharu ag 85 y cant o'r boblogaeth gyffredinol sydd o oedran gweithio. Oherwydd hyn, addysg yw prif ffocws y trafodaethau am ddiwygio carcharau ar hyn o bryd. Yn ddiweddar, cyhoeddodd llywodraeth y DU gynlluniau i wneud newid mawr i'r system garcharau yng Nghymru a Lloegr, gan alw ar garcharorion i gael eu gweld a'u trin fel 'mantais bosibl, yn hytrach na baich'.

Tasgau

1. Yn eich geiriau eich hun, esboniwch ystyr y term 'diwygiwr'.
2. Beth oedd o'i le ar y carcharau cynnar ym Mhrydain?
3. Mewn map meddwl, nodwch y pedwar prif awgrym a wnaeth John Howard i wella carcharau yn y ddeunawfed ganrif. Ar gyfer pob awgrym, awgrymwch sut byddai'n gwella carcharau.
4. Esboniwch y pryderon ynglŷn â charcharau ym Mhrydain yr unfed ganrif ar hugain. Yn ôl llywodraeth y DU, beth yw'r ffordd fwyaf pwysig o ddiwygio carcharau? Pam?

Gofalu am garcharorion – caplaniaid

Beth yw caplan?

I lawer ohonon ni, yr unig brofiad sydd gennym o gaplaniaid yw drwy ffilmiau neu'r teledu. Ar y sgrin, maen nhw'n aml yn cael eu portreadu fel pobl ar yr ymylon, heb iwnifform na swydd amlwg, sy'n cynnig cyngor chwim a bachog. Yn draddodiadol, mae caplan yn weinidog, fel offeiriad, rabbi neu imam, neu'n arweinydd cymunedol mewn traddodiad crefyddol. Maen nhw'n gweithio gyda sefydliadau anghrefyddol fel ysbytai, carcharau, ysgolion neu brifysgolion. Eu gwaith yw rhoi gofal bugeiliol i gleifion, disgyblion, neu yn yr achos hwn, i garcharorion.

Beth yw eu rôl?

Mae caplaniaid carcharau yn gwneud gwaith anodd a hanfodol, sef cwnsela carcharorion, eu cefnogi drwy'r broses adsefydlu a gofalu am eu hanghenion ysbrydol (a chrefyddol yn aml). Mae carcharorion yn gorfod delio â chymysgedd cymhleth o emosiynau ac anghenion yn ystod eu cyfnod dan glo, ac yn aml mae angen rhywun arnyn nhw sydd ddim yn swyddog neu'n warden carchar i roi cefnogaeth. Ofn, unigrwydd, euogrwydd, pryderon am eu teuluoedd neu eu plant – mae caplan y carchar yn gorfod delio â phob un o'r rhain fel rhan o'i swydd. Yn ogystal â hyn, mae caplaniaid yn aml yn helpu carcharorion i fynd yn ôl i mewn i'r gymuned, drwy weithio ar y cyd â **swyddogion parôl** a gwirfoddolwyr eraill. Mae teuluoedd y carcharorion hefyd yn gallu gofyn am gymorth caplaniaid carchar. Yn aml, aelodau'r teulu yw dioddefwyr troseddau'r carcharor, ac mae angen gofal y caplan arnyn nhw lawn cymaint ag ar y carcharor ei hun.

Swyddog parôl Person sy'n cefnogi carcharor wedi iddo gael ei ryddhau o'r carchar ac wrth iddo ddychwelyd i'r gymuned.

> Rydych chi yno, yn bennaf, ar gyfer y carcharorion. Mae'r rhan fwyaf o droseddwyr yn ddioddefwyr hefyd. Nid yw hynny'n meddwl ein bod ni'n teimlo trueni drostyn nhw; ond rydyn ni'n cynnig digon o dosturi iddyn nhw.
>
> (Kate Johnson, Crynwr a chaplan carchar)

Mae caplaniaid carchar yn helpu carcharorion i ddelio â'u hanghenion emosiynol ac ymarferol.

Nid oes yn rhaid i gaplaniaid fod yn grefyddol, ac yn ôl un ymchwiliad, mae 32 y cant o garcharorion yn dweud nad ydyn nhw'n gredinwyr crefyddol. Ers 2011, mae Cymdeithas Dyneiddwyr Prydain wedi bod yn rhedeg project ar y cyd â gwirfoddolwyr i ddarparu gofal bugeiliol yng ngharchar Caer-wynt (Winchester). Mae hyn yn golygu cwrdd â charcharorion sydd wedi rhoi 'dim' fel eu crefydd wrth gyrraedd y carchar, yn ogystal â chynnal grwpiau trafod a sesiynau cwnsela (er enghraifft cymorth ar ôl profedigaeth). Mae hyn yn arbennig o bwysig oherwydd yn aml nid yw carcharorion yn gallu mynd i angladdau eu hanwyliaid na manteisio ar y math o gynhaliaeth gymunedol sydd gan bobl sydd wedi colli teulu neu ffrindiau.

Tasg

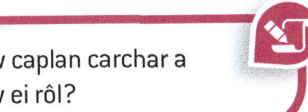

Beth yw caplan carchar a beth yw ei rôl?

Y gosb eithaf

Mae'r gosb eithaf wedi bod yn ffordd o gosbi pobl ers miloedd o flynyddoedd. Mae cymdeithasau ar draws y byd wedi defnyddio'r dull hwn i atal trosedd a chosbi'r ymddygiad troseddol gwaethaf. Mae dienyddio yn enw arall ar y gosb eithaf, ac mae'n dal i fod yn gyfreithlon mewn dros 80 o wledydd gwahanol (er nad yw 50 o'r gwledydd hyn wedi defnyddio'r gosb eithaf yn ystod y deng mlynedd diwethaf). Gwledydd Affrica neu wledydd Asia-Pasiffig fel China, Afghanistan ac Iran sy'n dal i arddel y gosb eithaf ar y cyfan. Un eithriad amlwg i'r duedd hon yw Unol Daleithiau America. O'r 50 o daleithiau yn America, mae 31 yn caniatáu dienyddio yn gyfreithiol ac yn ymarferol fel cosb am droseddau llofruddiaeth a bradwriaeth. Mae 'death row' – yr enw sy'n cael ei roi ar yr ardal mewn carchar lle mae'r rhai sy'n disgwyl y gosb eithaf yn aros – yn rhan boblogaidd o ffilmiau, rhaglenni teledu a rhaglenni dogfen erbyn hyn.

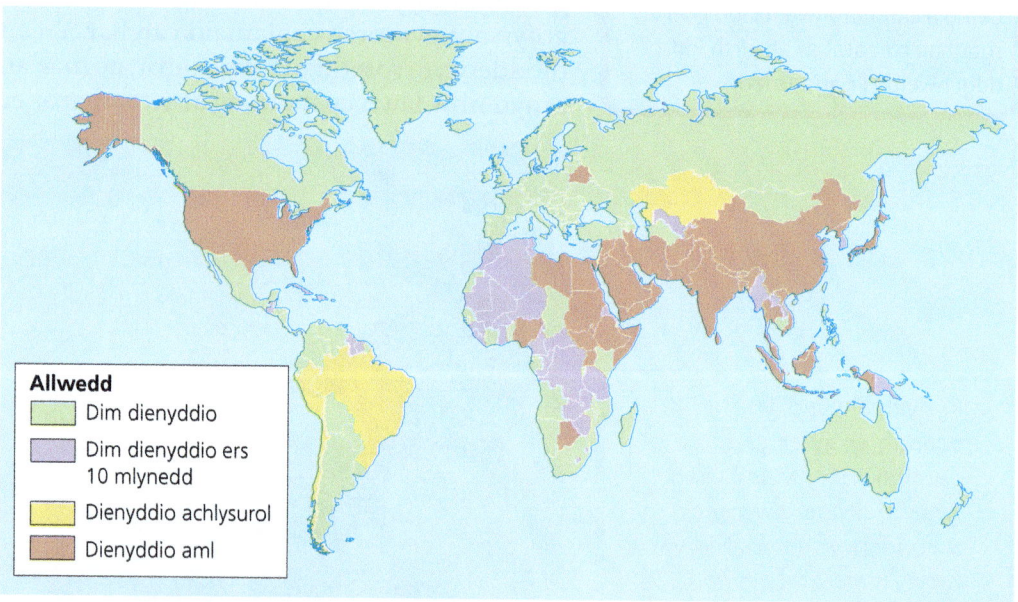

Defnydd o'r gosb eithaf ar draws y byd, 2016.

Mae dulliau'r lladd wedi newid dros y ganrif ddiwethaf, wrth i lywodraethau chwilio am ffyrdd rhatach ond mwy trugarog o ddod â bywydau carcharorion i ben. Yn America, mae'r lladd yn digwydd ar ffurf chwistrelliad marwol, cadair drydan, siambr nwy, saethu neu grogi (er mai chwistrelliad marwol sy'n cael ei ddefnyddio amlaf mewn gwirionedd). Mae rhai dulliau llai trugarog yn dal i gael eu defnyddio mewn rhai gwledydd – torri pen y troseddwr (Gogledd Korea a Saudi Arabia), saethu'r troseddwr o dan ddylanwad anaesthetig (Taiwan) a thaflu cerrig at y troseddwr (Sudan).

Tasgau

1. Copïwch a llenwch y tabl isod. Ychwanegwch bum gosodiad o blaid y gosb eithaf a phum gosodiad yn ei herbyn.

Rhesymau o blaid defnyddio'r gosb eithaf	Rhesymau yn erbyn defnyddio'r gosb eithaf

2. Ysgrifennwch beth mae'r gosb eithaf i fod i'w gyflawni, yn eich barn chi.

Y gosb eithaf ym Mhrydain

Cafodd y gosb eithaf ei diddymu gan Senedd y DU yn 1969. Er bod barn y cyhoedd ar adegau wedi bod o blaid adfer dienyddio yn achos y troseddwyr gwaethaf, mae pob ymdrech i ddod â'r gosb eithaf yn ôl wedi methu. Mae rhai o'r bobl olaf i gael eu dienyddio – gan gynnwys Derek Bentley, a gafodd ei ddyfarnu'n euog o fod â rhan mewn lladd heddwas – wedi derbyn pardwn ar ôl eu marwolaeth. I bob pwrpas, mae hyn yn golygu na ddylen nhw fod wedi cael eu dyfarnu'n euog yn y lle cyntaf.

Y tro diwethaf i'r gosb eithaf gael ei thrafod yn Nhŷ'r Cyffredin oedd yn 1998 pan gafodd y Ddeddf Hawliau Dynol ei phasio, ac mae'r pwnc bob amser wedi bod yn destun dadl ffyrnig. Mae arolwg i Agweddau Cymdeithasol Prydain wedi cofnodi agweddau'r cyhoedd at y gosb eithaf ers 1983. Ers hynny, mae nifer y bobl sydd o blaid dienyddio wedi disgyn o 75 y cant i 48 y cant yn 2015. Mae'r DU bellach ymhlith yr 82 y cant o wledydd y byd sydd ddim yn defnyddio'r gosb eithaf.

- Y cwbl yw'r gosb eithaf yw llofruddiaeth wedi'i hawdurdodi gan y wladwriaeth.
- Mae tystiolaeth bod pobl ddiniwed wedi cael eu dienyddio.
- Nid yw'r gosb eithaf yn atal pobl rhag llofruddio.
- Dim ond Duw sydd â'r hawl i ddod â bywyd i ben.
- Nid yw dau ddrwg yn gwneud un da.
- Dylai'r wladwriaeth hyrwyddo daioni moesol.
- Mae maddeuant yn bwysig.
- Pobl dlawd, a phobl o leiafrifoedd ethnig a chymunedau crefyddol lleiafrifol, sy'n cael dedfryd o'r gosb eithaf fel arfer.
- Mae dedfryd o garchar am oes yn ddrud iawn – £40,000 y flwyddyn.
- Nid yw'n bosibl diwygio rhai pobl, er enghraifft pobl ag afiechydon meddwl.
- Y gosb eithaf yw'r unig ffordd o roi tawelwch meddwl i'r dioddefwyr.
- Mae'n rhaid bod cosb eithaf yn bodoli ar gyfer y troseddau gwaethaf oll.
- Ym Mhrydain, mae dedfryd o garchar am oes yn 15 mlynedd o hyd.
- Dienyddio yw'r unig ffordd o amddiffyn cymdeithas yn llwyr rhag llofruddion a therfysgwyr peryglus.

Mae llawer o ddadleuon a chredoau allweddol yn gysylltiedig â'r gosb eithaf.

Dysgeidiaethau crefyddol am y gosb eithaf

Agweddau Cristnogol at y gosb eithaf

Mae agweddau Cristnogol at y gosb eithaf yn amrywio. Mae hyn oherwydd yr amrywiol ddehongliadau o'r Beibl (yn benodol yr Hen Destament), ac i ba raddau mae dysgeidiaethau am sancteiddrwydd bywyd ac esiampl Iesu fel gŵr tosturiol a maddeugar yn disodli'r dysgeidiaethau beiblaidd cynnar am gyfiawnder.

Cristnogion rhyddfrydol

Mae'r rhan fwyaf o Gristnogion yn credu mai Duw yn unig sydd â'r hawl i gymryd bywyd. Mae dienyddio yn mynd yn erbyn sancteiddrwydd bywyd, gan fod pob bywyd yn werthfawr a dim ond Duw ddylai ddod ag ef i ben. Mae Cristnogion yn credu bod Duw wedi gorchymyn, 'Na ladd' (Exodus 20:13), a bod hwn yn gyfarwyddyd clir. Dylai Cristnogion ddilyn dysgeidiaethau Iesu hefyd, sef bod yn drugarog a maddeugar. Maddeuodd Iesu'n agored i wraig oedd yn godinebu (Ioan 8), a hefyd ymbiliodd ar Dduw i faddau i'w ddienyddwyr pan oedd ar y groes:

> O Dad, maddau iddynt, oherwydd ni wyddant beth y maent yn ei wneud.
>
> (Luc 23:33–34)

Mae llawer o Gristnogion o blaid diwygio yn hytrach na dienyddio, ac oherwydd hyn mae llawer wedi ymgyrchu dros ddiwygio carcharau ac wedi mynd ymlaen i weithio fel caplaniaid carcharau. Dysgodd Iesu hefyd y dylen ni 'droi'r foch arall' (Mathew 5:38–39), caru ein gelynion a maddau (Mathew 5:43–47). Mae dienyddio yn gwneud pob un o'r rhain yn amhosibl. Mae'r Rheol Euraidd, '[p]a beth bynnag y dymunwch i eraill ei wneud i chwi, gwnewch chwithau felly iddynt hwy', yn ein gorfodi hefyd i drin pobl eraill fel yr hoffem ni gael ein trin.

Crynwyr

Mae Crynwyr wedi ymgyrchu yn erbyn y gosb eithaf ers 1818. Ym marn Crynwyr, dylai pob bywyd dynol gael ei barchu, gan fod pob person yn adlewyrchiad o Dduw ac yn cynnwys elfen o Dduw. Mae Crynwyr yn credu'n gryf y dylai cosbau gael eu defnyddio i ddiwygio. Roedd rhai o'r diwygwyr carcharau cyntaf yn Grynwyr a fu'n gweithio i gynnal urddas a dynoliaeth carcharorion.

> Peidiwch â thalu drwg am ddrwg i neb. Bydded eich amcanion yn anrhydeddus yng ngolwg pawb. Os yw'n bosibl, ac os yw'n dibynnu arnoch chwi, daliwch mewn heddwch â phawb.
>
> (Rhufeiniaid 12:17–18)

Cristnogion ceidwadol

Mae rhai Cristnogion traddodiadol iawn, neu lythrenolwyr, o blaid y gosb eithaf. Maen nhw'n credu ei bod yn dilyn cyfraith yr Hen Destament sef 'llygad am lygad'. Yn yr Hen Destament mae'n dweud:

> A dywallto waed dyn, trwy ddyn y tywelltir ei waed yntau.
>
> (Genesis 9:6)

Mae'r Hen Destament yn nodi cyfanswm o 36 o droseddau fyddai'n arwain at y gosb eithaf – er enghraifft, eilunaddoliaeth, hud a lledrith, cabledd a llofruddiaeth. Felly byddai rhai Cristnogion yn dadlau bod y gosb eithaf nid yn unig wedi'i chymeradwyo gan Dduw, ond ei bod wedi'i chreu ganddo. Mae rhai Cristnogion yn dadlau hefyd fod y gosb eithaf yn gwireddu'r gorchymyn, 'Na ladd', drwy ddangos pa mor ddifrifol yw llofruddio rhywun.

Catholigion

Mae Cristnogion Catholig yn anghytuno ar y mater hwn hefyd. Yn draddodiadol mae'r Eglwys Gatholig wedi caniatáu'r gosb eithaf (ond nid yw wedi'i hannog). Yn 1997, cyhoeddodd y Fatican ddatganiad yn dweud bod dienyddio yn dderbyniol pan nad oedd unrhyw amheuaeth pwy oedd y troseddwr, a phan mai dienyddio oedd yr unig ffordd o warchod cymdeithas rhag yr ymosodwr. Ond, nododd y datganiad hefyd fod dulliau cosbi sydd ddim yn farwol

> ... yn fwy cydnaws ag amodau pendant y budd cyffredin ac . . . urddas y person dynol.
>
> (Y Pab Ioan Paul II – *Efengyl Bywyd*)

Agweddau Bwdhaidd at y gosb eithaf

Mae egwyddor ahimsa (dim trais, dim niwed) yn bwysig dros ben mewn Bwdhaeth. Dyma'r egwyddor sydd wrth galon y cyntaf o'r Pum Argymhelliad, sef peidio â chymryd bywyd.

Mae karuna (tosturi) yn golygu eich rhoi eich hun yn lle rhywun arall, ceisio dychmygu eu teimladau ac arfer metta (caredigrwydd cariadus). Dywedodd y Bwdha:

> Mae pawb yn crynu gerbron trais; mae pawb yn ofni marwolaeth.
>
> Gan eich rhoi eich hun yn lle rhywun arall, ni ddylech chi ladd nac achosi i rywun arall ladd.
>
> (Dhammapada 129)

Mae'r gosb eithaf, felly, fel pe bai'n mynd yn erbyn egwyddorion Bwdhaidd. Gan fod Bwdhaeth yn dysgu bod gan bawb y gallu i gyflawni goleuedigaeth neu gyrraedd nirvana, mae'r gosb eithaf yn golygu nad yw'r troseddwr yn cael cyfle i weithio i wella'i hun a gwneud iawn am ei weithredoedd. Yn ôl y Dalai Lama:

> Mae'r gosb eithaf yn atal pobl rhag troseddu, ond mae hefyd yn amlwg yn fath o ddial. Mae'n gosb sy'n llym iawn oherwydd ei bod mor derfynol. Mae'r bywyd dynol yn dod i ben ac nid yw'r person sydd wedi'i ddienyddio yn cael cyfle i newid, i atgyweirio'r niwed a wnaeth neu i wneud iawn amdano.
>
> (Y Dalai Lama, Neges yn Cefnogi'r Moratoriwm ar y Gosb Eithaf, 09.04.1999)

Mae'n debyg iawn bod y Dalai Lama yn meddwl am stori Milarepa, athro Bwdhaidd o Tibet yn yr Oesoedd Canol. Roedd Milarepa yn arfer dewiniaeth ddu pan oedd yn ddyn ifanc a lladdodd nifer mawr o bobl, gan gynnwys aelodau o'i deulu ei hun. Yn ddiweddarach, edifarhaodd am hyn a dechreuodd ymarfer yn galed i ddod yn lama (athro) Bwdhaidd. Roedd yr holl egni roedd wedi'i ddefnyddio i ddinistrio yn cael ei ailgyfeirio i wneud daioni – ond dim ond ar ôl ymdrech aruthrol i gael gwared ar ei ddyheadau hunanol a dinistriol.

Llwyddodd Milarepa i weithio drwy effeithiau ei karma negyddol i gyflawni goleuedigaeth, a daeth yn ŵr doeth Bwdhaidd adnabyddus. Pe bai wedi cael ei ladd am ei weithredoedd dinistriol, ni fyddai wedi gallu arwain eraill at oleuedigaeth.

Yn yr un modd, mae ysgrythurau Theravada yn sôn am hanes Angulimala. Roedd Angulimala yn lladdwr didostur oedd yn casglu bysedd ei ddioddefwyr ac yn eu gwisgo ar fwclis. Ei fwriad oedd lladd y Bwdha, ond llwyddodd y Bwdha i'w rwystro rhag parhau â'i ladd gwyllt. Edifarhaodd Angulimala am ei weithredoedd arswydus a dechreuodd arfer y Dharma. Er hyn, roedd yn rhaid iddo brofi effeithiau karmig ei weithredoedd, a dioddefodd sawl ymosodiad yn ei erbyn. Fodd bynnag, llwyddodd i ddod yn arahant (gweler t. 173).

Mae Bwdhyddion yn credu y gall hyd yn oed y troseddwyr mwyaf treisgar a llygredig newid, ac y dylen nhw gael pob cyfle i wneud hynny.

Mae sefydliad Angulimala yn cynnig gwasanaethau caplaniaeth i garcharorion yng Nghymru, Lloegr a'r Alban. Nod y sefydliad yw cyflwyno dysgeidiaeth Fwdhaidd i garcharorion a'u helpu i arfer Bwdhaeth. Maen nhw'n gweithio gyda charcharau a'r gwasanaethau prawf i sicrhau bod carcharorion yn cael cyfle i weithio drwy eu karma a byw bywydau adeiladol.

Agweddau Islamaidd at y gosb eithaf

Mae Islam yn derbyn y gosb eithaf ar y cyfan. Mae Mwslimiaid yn credu bod y gosb eithaf yn ddedfryd ddifrifol ond bod modd ei dyfarnu am y troseddau mwyaf difrifol. Er bydd troseddwyr yn cael eu cosbi gan Dduw ar Ddydd y Farn, mae Mwslimiaid yn credu hefyd y dylen nhw gael eu cosbi ar y ddaear.

Mae maddeuant yn bwysig (a dyma'r dewis gorau, os yw'n bosibl), ond mae gwarchod yr ummah (y gymuned Islamaidd) hefyd yn bwysig. Mae Islam yn gweld cosb fel rhywbeth sy'n ganolog i gyfiawnder. Ystyr hyn yw bod pob cosb yn rhan o gyfiawnder ac yn atal pobl rhag crwydro ar hyd y llwybr anghywir.

Mae'r Qur'an 17:33 yn gwahardd cymryd bywyd ac eithrio mewn sefyllfaoedd eithafol:

> A phaid â chymryd bywyd – y mae Duw wedi ei sancteiddio, heblaw am achos cyfiawn.

Mae'r rhan fwyaf o Fwslimiaid yn cytuno bod yr 'achos cyfiawn' hwn, sy'n caniatáu'r gosb eithaf, yn cynnwys troseddau llofruddio a 'lledaenu drygioni ar hyd y tir', sy'n golygu ymosod ar awdurdod neu ansefydlogi'r wladwriaeth.

Mae'r rhan fwyaf o wledydd Islamaidd (er enghraifft, Saudi Arabia ac Iran) yn defnyddio'r gosb eithaf. Mae dulliau dienyddio mewn gwledydd Islamaidd yn amrywio, ond maen nhw'n gallu cynnwys torri pen, saethu, crogi a thaflu cerrig. Mewn rhai gwledydd, mae dienyddio'n digwydd yn gyhoeddus er mwyn atal troseddu pellach. Mae'r gwledydd Islamaidd sy'n dilyn fersiwn llym iawn o gyfraith Shari'ah yn cael eu hadnabod fel lleoedd sy'n defnyddio'r gosb eithaf am yr amrywiaeth fwyaf o droseddau (gan gynnwys rhai gweithredoedd nad ydyn nhw'n cael eu hystyried yn droseddau yn y Gorllewin), er enghraifft, godineb, cyfunrywioldeb, terfysgaeth a bradwriaeth.

Mae nifer bach ond cynyddol o Fwslimiaid yn anghytuno â'r gosb eithaf ac yn galw am ei diddymu. Maen nhw'n dadlau bod cyfraith Shari'ah yn cael ei defnyddio'n aml gan lywodraethau gormesol i ymosod ar fenywod ac ar y tlawd. Yn ogystal, mewn rhai achosion yn y gwledydd hyn, mae pobl wedi cael eu dienyddio heb gyfle i alw cyfreithiwr na chael treial go iawn. Mae'r gweithredoedd hyn yn mynd yn erbyn y syniad o gyfiawnder Islamaidd ym mhob ffordd.

Agweddau Iddewig at y gosb eithaf

Mae nifer o safbwyntiau gwahanol am y gosb eithaf ymhlith Iddewon.

Mae'r Torah yn nodi sawl trosedd sy'n haeddu'r gosb eithaf, ac mae ei ganllawiau am ddefnyddio'r gosb eithaf yn glir:

> Os bydd rhywun yn cymryd bywyd rhywun arall rhaid ei roi i farwolaeth. Os bydd rhywun yn lladd anifail rhywun arall, rhaid iddo wneud iawn, einioes am einioes. Os bydd rhywun yn niweidio'i gymydog, rhaid gwneud yr un peth iddo yntau, briw am friw, llygad am lygad, dant am ddant. Fel y bu iddo ef achosi niwed, felly y gwneir iddo yntau.
>
> (Lefiticus 24:17–20)

> **Mishnah** Y Torah Llafar.
>
> **Sanhedrin** Cyngor neu gynulliad o ddynion oedd yn cael ei benodi ym mhob dinas yng ngwlad Israel.

Yn ôl y **Mishnah**, dim ond **Sanhedrin**, yn cynnwys 23 barnwr, allai awdurdodi'r gosb eithaf, a hynny ar ôl treial, ac mae'n nodi pedwar math o gosb eithaf: taflu cerrig, llosgi, lladd gyda chleddyf a thagu. Mae'r Mishnah hefyd yn rhoi cyfyngiadau ac amodau caeth ar ddienyddio – er enghraifft, mae'n rhaid bod dau dyst i'r drosedd ei hun, a bod y ddau dyst wedi rhoi rhybudd i'r troseddwr ei fod ar fin cyflawni trosedd ddifrifol.

Iddewiaeth Uniongred

Gan fod y gosb eithaf yn cael ei chaniatáu yn y Torah, mae rhai Iddewon Uniongred yn credu y dylai gael ei chaniatáu ar gyfer rhai troseddau heddiw. Fodd bynnag, mae llawer o rabbiniaid ac academyddion Iddewig yn amau'r canllaw hwn gan ei fod yn golygu, yn ymarferol, y byddai'n amhosibl dyfarnu'r gosb eithaf. Yr hyn mae'n ei ddangos yw ei fod yn caniatáu'r gosb eithaf, ond dylai gael ei defnyddio â gofal mawr.

Mae Israel yn caniatáu'r gosb eithaf mewn achosion o hil-laddiad, bradwriaeth a llofruddiaeth, er mai'n anaml iawn mae hyn yn digwydd mewn gwirionedd. Yn wir, pan ddaeth Israel yn Wladwriaeth Iddewig, roedd trafodaeth eang ynglŷn â diddymu'r gosb eithaf yn llwyr. Y person olaf i gael ei ddienyddio yn Israel oedd y troseddwr rhyfel Natsïaidd, Adolf Eichmann, yn 1962. Erbyn hyn mae'r gosb eithaf yn bodoli fel rhybudd i atal troseddu pellach, ac nid fel ffordd o ddial.

Iddewiaeth Ddiwygiedig

Ers 1959, mae'r Undeb Iddewiaeth Ddiwygiedig wedi gwrthwynebu'r gosb eithaf yn ffurfiol. Maen nhw'n dweud, 'o ran egwyddor ac yn ymarferol, mae'r gosb eithaf wedi bod yn annerbyniol i'r traddodiad Iddewig erioed', ac nid oes tystiolaeth sy'n perswadio 'bod y gosb eithaf yn gweithio fel rhywbeth i atal troseddu'. Mae'r gosb eithaf hefyd yn mynd yn erbyn y gorchymyn i beidio â lladd (Exodus 20:13).

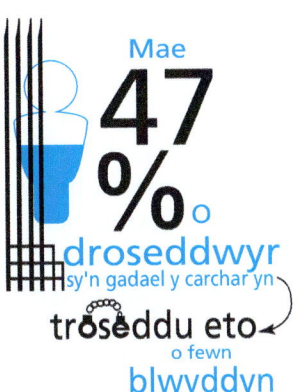

Mae **47%** o droseddwyr sy'n gadael y carchar yn **troseddu eto** o fewn blwyddyn

▶ Dadleon o blaid y gosb eithaf

I bobl sydd ddim yn arddel cred grefyddol gaeth, mae nifer o ffactorau yn gallu effeithio ar eu safbwyntiau am y gosb eithaf. Mae rhai pobl yn dadlau bod angen cosb eithaf fel rhybudd i atal troseddu pellach, ac maen nhw'n teimlo ei bod yn angenrheidiol er lles y gymdeithas. Mae rhai credinwyr crefyddol yn cytuno â'r dadleuon hyn, ac yn credu bod dysgeidiaethau crefyddol am gyfiawnder yn caniatáu defnyddio'r gosb eithaf.

Dadleuon o blaid defnyddio'r gosb eithaf ym Mhrydain

Dros y blynyddoedd diwethaf, mae system gyfiawnder a chosbi y DU wedi methu ar sawl achlysur, ac mae troseddwyr peryglus wedi cyflawni gweithredoedd mor wael fel bod rhai yn meddwl bod angen cael gwared arnyn nhw o gymdeithas yn gyfan gwbl. Dyma rai o'r achosion hyn, a'r rhai gafodd eu llofruddio:

- Cafodd Jane Clough, 26, ei llofruddio gan ei chyn-gariad, Jonathan Vass, 30, o Blackpool, ar ôl iddo gael ei ryddhau ar fechnïaeth am ei threisio. Cafodd ei garcharu am 30 mlynedd.
- Cafodd Mark Bridger o Bowys ei ddyfarnu'n euog o lofruddio April Jones, 5 oed, yn 2013. Roedd ganddo ddedfrydau blaenorol, gan gynnwys troseddau'n ymwneud â gynnau, curo ac ymosod, dros gyfnod o 30 mlynedd. Cafodd ddedfryd o garchar am oes am lofruddio April, ac mae'n annhebygol y caiff ei ryddhau o'r carchar byth.
- Cafodd David Cook o Gaerffili ei ddyfarnu'n euog o lofruddio Beryl Maynard yn 1988. Cafodd ei garcharu a'i ryddhau yn 2009, er ei fod wedi dianc o garchar agored yn 2008. Yn 2012, cafodd ei ddyfarnu'n euog o lofruddio ei gymydog.

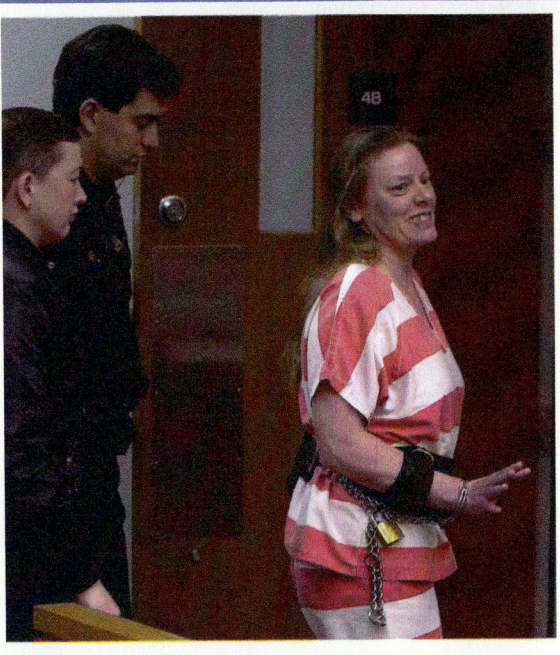

■ 'Mae'n rhaid i chi fy lladd i. Rwy'n berson drwg. Os na wnewch chi, bydda i'n lladd eto.' Aileen Wuornos, euog o lofruddio sawl person, Florida. Wedi'i dienyddio yn 2002.

■ Cost gyfartalog cadw person mewn carchar am flwyddyn yn UDA: $58,351.

■ Cost gyfartalog chwistrelliad marwol yn UDA: $1,300.

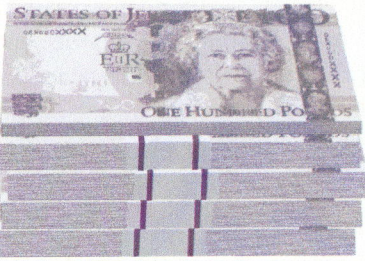

■ Cost cadw person mewn carchar categori A am flwyddyn yn y DU: £41,200.

Dadleuon yn erbyn y gosb eithaf

Mae rhai pobl yn meddwl bod unrhyw fath o ddienyddio yn anghywir yn foesol, a gallen nhw ddadlau nad oes llawer o dystiolaeth bod y gosb eithaf yn gweithio fel dull sy'n atal troseddu pellach. Gallai pobl grefyddol gytuno â'r safbwyntiau hyn; mae llawer yn credu bod bywyd yn sanctaidd ac na ddylai bodau dynol ddod ag unrhyw fywyd i ben.

'Allwch chi ddim cael cosb sy'n amhosibl ei dad-wneud – sy'n amhosibl ei chymryd yn ôl wedyn a dweud, "Mae'n ddrwg gen i, roedden ni'n anghywir"… Mae'r gosb yn cael ei rhoi gan fodau dynol, ac mae bodau dynol yn gwneud camgymeriadau.'
Ray Krone, cyn-garcharor ar 'death row' a gafodd ei ddyfarnu'n euog o lofruddiaeth ar gam.

Amnest Rhyngwladol

Mae Amnest Rhyngwladol yn gwrthwynebu'r gosb eithaf yn llwyr, ar gyfer pob trosedd yn ddieithriad. Yn ôl Amnest Rhyngwladol:

- Mae'r gosb eithaf, ym mhob achos, yn diystyru hawliau dynol sylfaenol.
- Mae tystiolaeth yn dangos nad yw'n atal troseddu. Mae'n aml yn cael ei defnyddio mewn systemau cyfiawnder sy'n llygredig neu'n annheg.
- Mae'n aml yn gwahaniaethu. Mae ystadegau'n dangos mai pobl dlawd, a phobl o leiafrifoedd ethnig a chymunedau crefyddol lleiafrifol sy'n cael dedfryd o'r gosb eithaf fel arfer. Mae hefyd yn gwahaniaethu yn seiliedig ar hil y dioddefwr: yn UDA rydych chi'n llawer mwy tebygol o dderbyn dedfryd o'r gosb eithaf os oedd y dioddefwr yn wyn nag ydych chi os oedd y dioddefwr yn berson Affro-Americanaidd.
- Mae'n gallu cael ei defnyddio fel tacteg wleidyddol. Yn UDA, mae llywodraethwyr sawl talaith wedi trefnu bod carcharorion yn cael eu dienyddio yn gynt yn ystod adeg etholiad er mwyn profi eu bod yn 'gadarn yn erbyn trosedd'. Yn yr un modd, mae llawer o wleidyddion yn defnyddio mater y gosb eithaf i brofi eu bod yn rhoi blaenoriaeth i ddiogelwch a chyfiawnder.

Mae fy ngwrthwynebiad i'r gosb eithaf yn seiliedig ar y syniad mai gwlad ddemocrataidd yw hon, ac mewn gwlad ddemocrataidd, fi yw'r llywodraeth, ac os yw'r llywodraeth yn lladd rhywun, yna rwyf i'n lladd rhywun.

(Steve Earle, cerddor)

Cost gyfartalog carcharor yn cael dedfryd o'r gosb eithaf yn UDA: $3 miliwn.

Cost gyfartalog carcharor yn cael dedfrydu o garchar am oes yn UDA: $1.1 miliwn.

Nid wyf yn meddwl bod Duw yn cymeradwyo'r gosb eithaf am unrhyw drosedd, gan gynnwys treisio a llofruddio. Mae'r gosb eithaf yn mynd yn erbyn tueddiad naturiol troseddeg fodern, ac yn fwy na dim, yn erbyn cariad a natur Duw.

(Martin Luther King)

Tasg

'Dylai pob llofrudd gael ei ddienyddio.'

Edrychwch ar y tudalennau blaenorol a thrafodwch y gosodiad uchod, gan gyfeirio at ddwy ochr y ddadl.

Ceisiwch ysgrifennu o leiaf un paragraff ar gyfer pob ochr y ddadl, a rhowch farn resymegol am ba mor ddilys a pha mor gryf yw'r ddadl honno. Dewch i gasgliad ar ddiwedd eich ateb drwy gyfiawnhau eich safbwynt eich hun.

Adolygiad Diwedd yr Adran

Cofiwch

Cysyniadau allweddol:
- Moesoldeb
- Cydwybod
- Ewyllys rydd
- Cyfiawnder

Dysgeidiaethau allweddol:
- Trosedd a chosb
- Y gosb eithaf

Gwirio gwybodaeth

1. Rhestrwch o leiaf pedwar o amcanion cosbi. Ar gyfer pob un, ysgrifennwch frawddeg yn esbonio'r amcan.
2. Esboniwch y gwahaniaethau rhwng moesoldeb absoliwt a moesoldeb perthynol.
3. Lluniwch dabl gyda dwy golofn. Ychwanegwch bum rheswm o blaid a phum rheswm yn erbyn y gosb eithaf.
4. Lluniwch ddiagram Venn yn crynhoi prif gredoau'r ddwy grefydd rydych chi'n eu hastudio am gosb. Os yw'r credoau'n gorgyffwrdd, nodwch y pethau sy'n debyg amdanynt.
5. Ysgrifennwch baragraff byr (tair neu bedair brawddeg) ar rôl caplan carchar.

Ymarfer sgiliau

Beth yw ystyr 'cydwybod'?

Y Cwestiwn Mawr

'Nod cosb yw diwygio'r troseddwr.'

Eich tasg

Trafodwch y gosodiad uchod, gan ddangos eich bod wedi ystyried mwy nag un safbwynt. Rhowch farn resymegol am ba mor ddilys a pha mor gryf yw'r safbwyntiau hyn.

Tasg

Ar gyfer y ddwy grefydd rydych chi'n eu hastudio, esboniwch yn fanwl y dysgeidiaethau crefyddol am y gosb eithaf. Defnyddiwch y canllawiau isod i'ch helpu i ysgrifennu esboniad manwl ar gyfer Cristnogaeth, ac ail un ar gyfer y grefydd arall rydych chi'n ei hastudio. Gwnewch yn siŵr eich bod yn defnyddio termau allweddol yn rhwydd ac yn aml.

Mae Cristnogion i gyd/llawer o Gristnogion/y rhan fwyaf o Gristnogion yn credu _____ .

Daw hyn o'r ddysgeidiaeth/dyfyniad o'r Beibl _____ .

Mae hyn yn golygu/Oherwydd hyn maen nhw'n _____ .

Mae rhai Cristnogion/Cristnogion eraill fel _____ yn credu _____ .

Daw hyn o'r ddysgeidiaeth/dyfyniad o'r Beibl _____ .

Mae hyn yn golygu/Oherwydd hyn maen nhw'n _____ .

Yn olaf, mae Cristnogion fel _____ yn credu _____ .

Mae hyn yn golygu/Oherwydd hyn maen nhw'n _____ .

Mae eu credoau yr un peth/yn wahanol oherwydd _____ .

Maddeuant

▶ Heddwch a gwrthdaro

Gwrthdaro yw anghytuno rhwng dau neu fwy o grwpiau, yn enwedig os oes gan y grwpiau hyn deimladau negyddol neu niweidiol tuag at ei gilydd. Pan fydd gwrthdaro'n digwydd ar raddfa genedlaethol neu ryngwladol, mae'n cael ei alw'n rhyfel.

Mae'r rhan fwyaf o grefyddau'n dysgu y dylai pobl, yn ddelfrydol, fyw ochr yn ochr â'i gilydd, gan ddangos goddefgarwch a pharch y naill at y llall. Mewn gwirionedd, fodd bynnag, mae'r rhan fwyaf yn derbyn bod rhyfel yn anochel weithiau.

Mae rhai pobl (credinwyr crefyddol neu fel arall) yn heddychwyr. Maen nhw'n credu nad yw byth yn bosibl cyfiawnhau rhyfel na thrais.

> **Cysyniad Allweddol**
>
>
>
> **Heddychiaeth**
> Y gred bod cyfiawnhau rhyfel a thrais yn amhosibl.

Y Deml Heddwch ac Iechyd yng Nghaerdydd.

Agweddau Cristnogol at heddwch a gwrthdaro

Mae llawer o gyfeiriadau yn y Beibl sy'n anghytuno â gwrthdaro treisgar, a llawer sy'n hyrwyddo heddwch. Mae'r gorchymyn i beidio â lladd yn un o'r Deg Gorchymyn. Yn ei Bregeth ar y Mynydd, mae Iesu'n mynd ymhellach, ac yn dweud bod hyd yn oed dicter a chasineb yn ddinistriol:

> Ond rwyf fi'n dweud wrthych y bydd pob un sy'n ddig wrth ei frawd yn atebol i farn.
>
> (Mathew 5:22)

Mae'n annog ei gynulleidfa nid yn unig i osgoi gwrthdaro, ond i gymryd camau i'w atal:

> Gwyn eu byd y tangnefeddwyr, oherwydd cânt hwy eu galw'n blant i Dduw.
>
> (Mathew 5:9)

Yng ngoleuni hyn, mae llawer o Gristnogion yn heddychwyr ac yn credu nad yw cyfiawnhau rhyfel byth yn bosibl. Un grŵp Cristnogol heddychol yw Cymdeithas Grefyddol y Cyfeillion, neu'r Crynwyr.

Cymdeithas y Cyfeillion yng Nghymru/ Crynwyr

Mae Crynwyr yn credu'n gryf fod pob un wedi cael ei greu gan Dduw yn gyfartal, ac y dylai pawb dystio i hynny drwy ddangos parch at ei gilydd. Maen nhw'n credu bod gan bob unigolyn elfen o Dduw ynddo, ac y dylai ei weithredoedd gael eu cymell gan y cariad mae Duw wedi'i roi iddo.

Felly, mae Crynwyr yn gwrthwynebu trais a rhyfel. Mae llawer ohonyn nhw yn gweithio dros heddwch, yn ceisio dod â chymunedau ynghyd mewn ardaloedd o wrthdaro. Mae Crynwyr yn gwrthod cofrestru gyda gwasanaeth milwrol ar adegau o ryfel. Yr enw ar rywun sy'n gwneud hyn yw gwrthwynebydd cydwybodol.

Yr enw ar Gymdeithas y Cyfeillion yng Nghymru yw'r Crynwyr yng Nghymru. Maen nhw'n dweud:

> Mae Crynwyr yn cydnabod gwerth cyfartal a natur unigryw pob person. Oherwydd hyn, rydyn ni'n gweithio i newid y systemau

sy'n achosi anghyfiawnder ac sy'n llesteirio gwir gymuned. Rydyn ni hefyd yn gweithio gyda phobl sy'n dioddef anghyfiawnder, fel carcharorion a cheiswyr lloches.

Damcaniaeth rhyfel cyfiawn

Fodd bynnag, mae llawer o Gristnogion yn cydnabod, er bod rhyfel yn ofnadwy, ei fod weithiau'n llai ofnadwy na pheidio ag ymladd. Yn ystod y drydedd ganrif ar ddeg, datblygodd Thomas Aquinas, meddyliwr Cristnogol, amodau a fyddai'n cyfiawnhau rhyfel. Mae rhyfel sy'n bodloni'r amodau hyn yn cael ei alw'n rhyfel cyfiawn.

Yr amodau yw:

1. Rhaid i'r rhyfel fod dros achos cyfiawn (teg/da).
2. Rhaid i ryfel gael ei gyhoeddi neu ei ganiatáu gan awdurdod cyfreithlon: er enghraifft, llywodraeth neu'r Cenhedloedd Unedig.
3. Rhaid i ryfel gael ei ymladd er mwyn cyflawni daioni a chael gwared ar ddrygioni.
4. Rhaid i bob ymdrech arall fod wedi methu.
5. Rhaid bod gobaith rhesymol y bydd y rhyfel yn llwyddiant.
6. Rhaid defnyddio grym angenrheidiol yn unig.
7. Rhaid ymosod ar dargedau cyfreithlon yn unig.

Mae'r rhan fwyaf o enwadau Cristnogol yn cytuno â damcaniaeth rhyfel cyfiawn.

Agweddau Bwdhaidd at heddwch a gwrthdaro

Awydd ac ymlyniad sy'n achosi gwrthdaro, ac mae'r rhain, yn eu tro, yn deillio o'r Tri Gwenwyn, sef trachwant, dicter/casineb ac anwybodaeth. Ym aml, gall y dyhead am dir, adnoddau, rheolaeth neu ddial arwain at ryfel. Mae'r karma mae rhyfel yn ei greu yn karma torfol: mae'n effeithio ar genedl gyfan. Bydd gwledydd sy'n mynd i ryfel yn erbyn gwledydd eraill yn dioddef eu colledion eu hunain.

> Mae dynion yn codi cleddyfau a tharianau, yn clymu bwâu a saethau o'u hamgylch, ac yn rhuthro i mewn i frwydr... lle maent yn cael eu clwyfo gan saethau a gwaywffyn, a'u pennau'n cael eu torri i ffwrdd gan gleddyfau... ac mae hylifau berwedig yn tasgu drostynt a phwysau trwm yn disgyn ar eu pennau.
>
> (Majjhima Nikaya 13:12–13)

Mae Bwdhaeth yn dysgu ahimsa, sy'n awgrymu na ddylai gwledydd ymladd rhyfeloedd. Fodd bynnag, mewn gwirionedd, nid yw sefyllfaoedd sy'n gofyn am benderfyniadau moesol yn syml fel arfer, a dylai penderfyniadau fel hyn gael eu pwyso a'u mesur gan ystyried holl ffeithiau'r sefyllfa. Mewn un ddysgeidiaeth Fwdhaidd (Samyutta Nikaya 4:20), mae'r Bwdha'n gofyn a oes modd rheoli gwlad heb orfod ymladd rhyfeloedd i ddatrys gwrthdaro. Nid yw'r Bwdha yn cynnig ateb i'r cwestiwn hwn.

Agweddau Islamaidd at heddwch a gwrthdaro

Ystyr y gair Arabeg 'jihad' yw 'brwydr'. Mae Islam yn dysgu ei bod yn bwysig ymladd yn erbyn grymoedd negyddol er mwyn cyflawni rhywbeth da.

Y math pwysicaf o jihad i Fwslimiaid yw'r frwydr fewnol yn erbyn y temtasiwn i osgoi gwneud yr hyn sy'n iawn. Yr enw ar hyn yw'r jihad mwyaf (gweler t. 92). Drwy ddilyn y jihad mwyaf, gall Mwslimiaid ddatblygu eu hymrwymiad i Islam ac ymostwng yn llwyr i Dduw.

Jihad lleiaf a rhyfel cyfiawn

Mae Islam yn dysgu bod angen cymryd rhan mewn jihad corfforol weithiau er mwyn amddiffyn Islam, os yw rhywun yn amharchu neu'n ymosod ar ei chredoau, egwyddorion, gwerthoedd neu arferion. Yr enw ar hyn yw'r jihad lleiaf. Weithiau, gall y jihad lleiaf olygu brwydr arfog. Fodd bynnag, er mwyn i ryfel fod yn jihad, mae'n rhaid iddo fodloni nifer o amodau. Os yw'n gwneud hynny, mae modd ei alw'n rhyfel cyfiawn. Dyma'r amodau:

1. Rhaid i'r rhyfel fod dros achos cyfiawn: bod rhywun yn ymosod ar Islam neu bod pobl yn dioddef.
2. Rhaid i bob ymdrech arall fod wedi methu: mae pob dull di-drais posibl o ddatrys y sefyllfa wedi cael ei ddefnyddio.
3. Rhaid iddo gael ei ganiatáu gan awdurdod Islamaidd – hynny yw gan arweinydd crefyddol neu gyngor o arweinwyr.
4. Rhaid iddo achosi'r dioddefaint lleiaf posibl.
5. Ni ddylai dargedu pobl gyffredin ddiniwed, yn enwedig yr henoed, menywod a phlant.
6. Rhaid iddo ddod i ben pan fydd y gelyn yn ildio; rhaid i garcharorion rhyfel gael eu rhyddhau.

Mae'r gair Islam yn tarddu o'r gair 'salaam', sy'n golygu 'heddwch'. Fodd bynnag, nid yw hyn yn golygu bod Islam yn grefydd sy'n arddel heddychiaeth. Mae

Mwslimiaid sy'n cefnogi'r jihad lleiaf yn ei gyfiawnhau am y rhesymau canlynol:

- Mae'r Qur'an yn dysgu y gall Mwslimiaid ymladd i'w hamddiffyn eu hunain, cyn belled â bod y rhyfel yn gyfiawn:

   > Ymladdwch yn ffordd Allah y sawl sy'n ymladd yn eich erbyn, ond peidiwch â thorri'r rheolau. Yn wir. Nid yw Allah yn hoffi'r rhai sy'n torri rheolau.
   >
   > (Surah 2:190)

- Bu'r Proffwyd Muhammad ei hun yn ymladd mewn brwydrau.
- Dywedodd y Proffwyd Muhammad fod ymladd i amddiffyn Islam yn dderbyniol:

   > Mae'r sawl sy'n brwydro i sicrhau mai gair Allah sydd oruchaf yn gwasanaethu achos Allah.
   >
   > (Hadith)

Heddychiaeth

Ar y llaw arall, mae rhai Mwslimiaid yn heddychwyr. Un enghraifft yw Abdul Ghaffar Khan (1890–1988). Ymgyrchydd oedd Khan a oedd yn gwrthwynebu Prydain yn llywodraethu dros India, ond roedd wedi'i ymrwymo i ddulliau di-drais. Dywedodd:

> 'Rwyf yn mynd i roi i chi y fath arf na fydd yr heddlu na'r fyddin yn gallu sefyll yn ei erbyn. Arf y Proffwyd ydyw, ond nid ydych chi'n ymwybodol ohono. Yr arf hwnnw yw amynedd a chyfiawnder. Ni all unrhyw bŵer ar y ddaear sefyll yn ei erbyn.'

Yn yr un modd, mae rhai Mwslimiaid unigol wedi gwrthod ymladd mewn rhyfeloedd, gan gyfeirio at ddysgeidiaethau Islamaidd am heddwch fel rheswm dros eu penderfyniad. Roedd y bocsiwr Affro-Americanaidd Muhammad Ali yn un o'r rhai wnaeth wrthod ymladd yn Rhyfel Viet Nam yn yr 1960au. Gwnaeth gais i fod yn wrthwynebydd cydwybodol, ond cafodd ei gais ei wrthod. Cafodd y penderfyniad hwn ei wrthdroi, fodd bynnag, yn sgil apêl i Oruchaf Lys yr Unol Daleithiau:

> Mae credoau Ali yn seiliedig ar ddaliadau crefydd Islam fel y mae ef yn eu deall.

Agweddau Iddewig at heddwch a gwrthdaro

Mae'r Beibl Iddewig yn sôn mewn sawl man am yr hen Israeliaid yn cymryd rhan mewn brwydrau arfog. Mewn rhai achosion, mae'n dweud yn bendant fod Duw yn eu cefnogi yn y frwydr:

> Pan fyddi'n mynd allan i ryfel yn erbyn dy elynion, ac yn canfod meirch a cherbydau a byddin, a'r rheini'n gryfach na'th rai di, paid â'u hofni, oherwydd gyda thi y mae yr Arglwydd dy Dduw, a ddaeth â thi i fyny o wlad yr Aifft.
>
> (Deuteronomium 20:1)

Rhyfel cyfiawn

Felly nid yw Iddewiaeth yn grefydd sy'n arddel heddychiaeth. Mae Iddewiaeth yn nodi tri math o ryfel mae modd eu cyfiawnhau.

- Rhyfeloedd gorfodol – rhyfeloedd sydd wedi'u gorchymyn gan Dduw. Mae dau ryfel o'r fath wedi'u cofnodi yn y Beibl Iddewig.
- Rhyfeloedd amddiffynnol – rhyfeloedd sy'n cael eu hymladd naill ai fel hunanamddiffyniad neu i atal ymosodiad.
- Rhyfeloedd dewisol – rhyfeloedd cyfiawn sy'n bodloni amodau arbennig:
   1. Rhaid i bob ymdrech arall fod wedi methu: rhaid bod dulliau heddychlon o ddatrys yr anghydfod i gyd wedi methu.
   2. Rhaid gwneud pob ymgais i sicrhau mai ymladdwyr yn unig, ac nid pobl gyffredin, sy'n cael eu lladd.

Yn ychwanegol, dylai'r gelyn gael ei drin yn drugarog:

> Os yw dy elyn yn newynu, rho iddo fara i'w fwyta, ac os yw'n sychedig, rho iddo ddŵr i'w yfed.
>
> (Diarhebion 25:21)

Er bod Iddewiaeth yn derbyn y gall rhyfel fod yn anochel mewn rhai amgylchiadau, y peth delfrydol yw ceisio heddwch bob amser, a hynny ar lefel bersonol ac ar lefel ryngwladol:

> Yn llygaid Duw, y dyn sy'n sefyll yn uchel yw'r un sy'n gwneud heddwch rhwng dynion... Ond yr un sy'n sefyll uchaf yw'r un sy'n sefydlu heddwch rhwng y cenhedloedd.
>
> (Talmud)

Heddychiaeth

Mae nifer sylweddol o Iddewon yn credu bod dysgeidiaethau Iddewiaeth yn hyrwyddo dulliau di-drais. Mae'r Gymdeithas Heddwch Iddewig yn fudiad sy'n cefnogi gwrthwynebwyr cydwybodol. Dau o'i amcanion yw:

- gweithio i ddileu rhyfel a chreu cymuned o ofal sy'n mynd y tu hwnt i ffiniau cenedlaethol a buddiannau hunanol
- ymatal rhag cymryd rhan mewn rhyfel neu wasanaeth milwrol.

> **Cysyniad Allweddol**
>
> **Maddeuant**
> Rhoi pardwn am ddrwgweithredu; rhoi'r gorau i ddicter a'r dyhead i dalu'r pwyth yn ôl i ddrwgweithredwr.

Maddeuant

Mae crefyddau'n dysgu, os ydyn ni'n gweithio dros heddwch a chytgord, yn ceisio adfer perthynas ar ôl anghydfdod, neu'n wynebu gwahaniaethau barn a gelyniaeth, fod **maddeuant** yn hanfodol. Mae maddeuant yn ein galluogi i gydnabod camgymeriadau ac i adfer perthnasoedd.

A yw gwir faddeuant yn bodoli?

Nid yw gwir faddeuant yn golygu anghofio am y pethau drwg mae pobl eraill wedi'u gwneud i ni – yn wir, yn aml mae'n golygu'r gwrthwyneb. Er mwyn maddau'n iawn, mae'n rhaid i ni gofio'r pethau drwg, eu dadansoddi, eu deall, eu derbyn ac yna parhau i fyw ein bywydau.

Mae gan bob crefydd ddysgeidiaethau amlwg am bwysigrwydd maddeuant. Nid ydyn nhw'n awgrymu bod maddau yn hawdd neu ei fod yn dod heb wrthdaro pellach, ond maen nhw'n glir bod maddeuant yn galluogi credinwyr i gyrraedd dealltwriaeth ysbrydol ddyfnach ohonyn nhw eu hunain.

Nid yw'n bosibl dysgu sut i faddau oddi wrth rywun arall. Rydyn ni'n dysgu maddau drwy ein profiadau dynol ein hunain; drwy ddarllen dysgeidiaethau crefyddol, drwy dderbyn maddeuant gan bobl eraill a thrwy ddysgu am bobl eraill sydd wedi maddau, er gwaethaf y pethau erchyll mae pobl eraill wedi'u gwneud iddyn nhw.

Ar ôl i Eglwys Gadeiriol Coventry gael ei dinistrio gan luoedd arfog yr Almaen yn 1940, penderfynodd y gymuned na fyddai'n ceisio talu'r pwyth yn ôl, ond byddai'n ceisio maddau i'r rheini oedd yn gyfrifol a chymodi. Ar yr allor sy'n sefyll yn adfeilion yr eglwys, mae croes bren sydd wedi llosgi a gafodd ei chreu o'r pren a ddaeth o'r adfeilion, ac mae'r geiriau 'Father forgive' ar y wal y tu ôl iddi. Erbyn hyn mae'r eglwys yn gartref i fudiad The Centre for Reconciliation sydd wedi rhoi cefnogaeth i filoedd o Gristnogion, ac sy'n mynd i'r afael â phroblemau gwrthdaro a maddau.

Dysgeidiaethau crefyddol am faddeuant

Agweddau Cristnogol at faddeuant

Mae maddeuant yn thema amlwg yn y Beibl ac mewn Cristnogaeth drwyddi draw. Mae Cristnogaeth yn cael ei hadnabod fel crefydd sy'n arddel maddeuant, cariad a thosturi, ac mae'r themâu hyn yn amlwg mewn dysgeidiaethau crefyddol yn ogystal ag ym mywyd Iesu ac arweinwyr eraill yn y ffydd, fel Martin Luther King.

Dysgeidiaethau Iesu

Mae'r gorchymyn i faddau yn y Beibl yn glir:

> Peidiwch â barnu, ac ni chewch eich barnu. Peidiwch â chondemnio, ac ni chewch eich condemnio. Maddeuwch, ac fe faddeuir i chwi.
>
> (Luc 6:37)

Mae pwysigrwydd maddeuant yn cael ei bwysleisio yng Ngweddi'r Arglwydd. Mae Cristnogion yn gofyn i Dduw 'faddau ein dyledion, fel y maddeuwn ninnau i'n dyledwyr.' Mae hyn yn golygu y gall Cristnogion ddisgwyl derbyn maddeuant gan Dduw dim ond os ydyn nhw'n fodlon maddau i eraill.

Mae Iesu hefyd yn pwysleisio pwysigrwydd maddeuant yn ei Bregeth ar y Mynydd, yn y **Gwynfydau**:

> Gwyn eu byd y rhai trugarog, oherwydd cânt hwy dderbyn trugaredd.
>
> (Mathew 5:7)

Mae ei eiriau ar y groes yn dangos pa mor ganolog yw maddeuant i'r traddodiad Cristnogol:

> O Dad, maddau iddynt, oherwydd ni wyddant beth y maent yn ei wneud.
>
> (Luc 23:34)

Gweithredoedd Iesu

Mae gweithredoedd Iesu yn cynnig esiamplau pellach i Gristnogion eu dilyn, ac mae disgwyl iddyn nhw wneud hynny. Aeth Iesu i ymweld â'r casglwr trethi, Sacheus, er ei fod yn twyllo ac yn hunanol, ac thrwy hynny cynorthwyodd Sacheus i wneud iawn a diwygio (Luc 19:2–10). Yn yr un modd maddeuodd i wraig oedd yn godinebu (Ioan 8:1–11), gan ddweud wrthi, 'Dos, ac o hyn allan paid â phechu mwyach.'

Straeon y Beibl

Mae straeon y Beibl hefyd yn dangos pwysigrwydd maddeuant. Mae'r stori am y mab colledig (afradlon) yn dysgu'n benodol am faddeuant ac edifeirwch. Mae'n cael ei hadnabod weithiau fel Dameg y Tad Maddeugar, ac mae'n adrodd hanes mab sy'n mynnu ei etifeddiaeth gan ei dad, yn gadael cartref y teulu i geisio gwneud ei ffortiwn yn rhywle arall, ac yn dychwelyd flynyddoedd wedyn, yn dlawd ac yn llwgu. Mae'r tad yn maddau i'w fab ac yn rhoi croeso mawr iddo, er iddo gamymddwyn (Luc 15:11–24).

Mae Dameg y Gwas Anfaddeugar (Mathew 18:21–22) yn atgyfnerthu dwy ddysgeidiaeth, sef bod yn rhaid i ni faddau i eraill er mwyn i eraill faddau i ni, ac na ddylai fod terfyn ar faddeuant. Yn y ddameg hon, mae'r gwas yn gwrthod maddau i gyfaill am fenthyca swm bach o arian pan oedd ef ei hun wedi cael swm mawr iawn o arian oddi wrth ei feistr. Mae hyn yn dysgu Cristnogion nad oes terfyn ar sawl gwaith gallan nhw faddau oherwydd byddan nhw'n cael maddeuant gan Dduw am eu holl bechodau.

Y Gwynfydau Y bendithion a gafodd eu rhestru gan Iesu yn y Bregeth ar y Mynydd.

Oherwydd os maddeuwch i eraill eu camweddau, bydd eich Tad nefol hefyd yn maddau i chwi. Ond os na faddeuwch i eraill eu camweddau, ni fydd eich Tad chwaith yn maddau eich camweddau chwi.

(Mathew 6:14–15)

Sut i dderbyn maddeuant

I Gatholigion, mae maddeuant yn dod drwy gyffesu ac arfer gweithredoedd crefyddol o wneud iawn, er enghraifft adrodd gweddïau penodol. Mae'r Eglwys Gatholig yn dysgu bod Iesu wedi sefydlu sacrament penyd, ac mae Catholigion yn credu eu bod yn derbyn maddeuant Duw drwy bardwn yr offeiriad ar ôl cyffesu. Fodd bynnag, mae llawer o Gristnogion eraill, gan gynnwys Cristnogion Efengylaidd, yn credu mai Duw sy'n maddau pechodau a bod hynny'n dibynnu ar ffydd. I'r Cristnogion hyn, nid yw cyffesu yn cael ei dderbyn fel llwybr at faddeuant.

Agweddau Bwdhaidd at faddeuant

'Mae ef wedi fy sarhau i, wedi fy nghuro i, wedi lladrata oddi arnaf i!'

Meddyliwch fel hyn ac ni ddaw casineb byth i ben.

'Mae ef wedi fy sarhau i, wedi fy nghuro i, wedi lladrata oddi arnaf i!'

Anghofiwch am hyn a daw eich casineb i ben.

Nid yw casineb yn cael ei drechu gan gasineb; mae casineb yn cael ei Ddiffodd gan gariad. Dyma'r gyfraith dragwyddol.

(Dhammapada 3–5)

Mae Bwdhaeth yn dysgu bod dal dig yn achosi mwy o gasineb a dioddefaint. Mewn sefyllfa lle mae un person wedi brifo person arall, ni fydd y niwed mae'r dioddefwr yn ei deimlo byth yn gwella os yw'n parhau i gasáu. Mae ei gasineb yn ei heintio.

Gan gyfeirio at ddal gafael ar deimladau o gasineb a dicter, dywedodd Buddhaghosa, esboniwr Bwdhaidd o'r bumed ganrif:

Drwy wneud hyn rydych chi fel dyn sydd eisiau taro dyn arall ac sy'n codi glo sy'n llosgi neu garthion yn ei law; mae'n ei losgi ei hun yn gyntaf neu'n gwneud i'w hun ddrewi.

(Buddhaghosa, Visuddhimagga 9:23)

Mae Bwdhaeth yn dweud mai dim ond cariad (metta) sydd â'r grym i oresgyn casineb. Mae defnyddio cariad mewn sefyllfa lle mae'r ddwy ochr yn casáu ei gilydd yn cael ei fynegi drwy faddeuant. Mae maddeuant yn ystyried gallu'r troseddwr i ddiwygio ac yn ei gynorthwyo i newid.

I Fwdhyddion, mae defnyddio caredigrwydd cariadus (metta) a thosturi (karuna) yn cael gwared ar ddioddefaint ac yn dod â hapusrwydd.

Dyhead ac ymlyniad sy'n achosi gwrthdaro. Mae'n naturiol i fod eisiau ymateb pan fydd pobl eraill yn ein brifo ac mae'n anodd gollwng gafael ar y dyhead hwn. Ond mae Bwdhaeth yn dweud, os ydyn ni'n brifo rhywun sy'n ein brifo ni, y cyfan rydyn ni'n ei wneud yw ymuno â'u karma negyddol nhw, gan greu cylch dieflig. Dim ond maddeuant all dorri'r cylch dieflig hwn.

Agweddau Islamaidd at faddeuant

Mae'r Qur'an yn nodi y bydd Duw yn gwobrwyo pobl sy'n maddau i eraill, ac mai maddeuant yw'r llwybr at heddwch. Mae Islam yn derbyn nad yw bodau dynol yn berffaith, a bod pawb yn gwneud camgymeriadau mewn bywyd ac yn pechu'n ddiarwybod.

Yn ôl Islam, mae dau fath o faddeuant: maddeuant Duw a maddeuant dynol. Mae angen y ddau ar bobl, gan eu bod yn gwneud camgymeriadau yn eu gweithredoedd tuag at ei gilydd a'u gweithredoedd tuag at Dduw. Yn ôl y Qur'an, nid oes terfyn ar faddeuant Duw, ac mae Duw yn barod i anwybyddu llawer o'r ffaeleddau dynol sydd gan y rheini sy'n credu ynddo:

> Os yw eich bywyd yn llawn adfyd, eich dwylo chi sy'n gyfrifol am hynny; ac eto, mae Ef yn maddau llawer o'r camweddau a wnewch.
>
> (Qur'an 42:30)

Mae'r geiriau, 'Duw yw'r Maddeuwr Mawr, y Mwyaf Trugarog', yn cael eu hailadrodd sawl gwaith yn y Qur'an. Yn Islam, mae unigolion sy'n cyflawni pechod yn gofyn am faddeuant yn uniongyrchol gan Dduw; nid oes cyfryngwr rhyngddyn nhw ac ef. Maen nhw'n credu y bydd Duw yn maddau i bawb sydd wir yn edifarhau. Yn ôl y Qur'an:

> Mae Duw yn caru'r rheini sy'n troi ato Ef mewn edifeirwch, ac mae Ef yn caru'r rheini sy'n cadw eu hunain yn bur.
>
> (Qur'an 2:222)

Dylai Mwslimiaid ddilyn esiampl y Proffwyd Muhammad. Mae un hanes amdano yn helpu hen wraig oedd yn sâl, er ei bod hi wedi brwsio baw tuag ato sawl gwaith.

Hyd yn oed wrth gosbi, mae maddeuant yn bwysig ac yn werthfawr.

> (O, chi sydd wedi credu – yn wir, ymhlith eich gwŷr a'ch gwragedd priod a'ch plant mae gelynion i chi, felly gochelwch rhagddyn nhw. Ond...) os ydych chi'n rhoi pardwn ac yn anghofio ac yn maddau – yna'n wir, mae Duw yn Faddeugar ac yn Drugarog.
>
> (Qur'an 64:14)

Agweddau Iddewig at faddeuant

Mae Iddewon yn credu bod maddau yn mitzvah, sef gorchymyn neu ddyletswydd dwyfol gan Dduw. Mae'r Torah yn sôn yn benodol fod dial neu ddal dig wedi'i wahardd. Mae'n gorchymyn hefyd:

> Nid wyt i gasáu dy frawd a'th chwaer yn dy galon.
>
> (Lefiticus 19:17)

Mae Iddewon yn credu'n gryf fod bodau dynol yn gyfrifol am eu gweithredoedd. Os yw rhywun yn gwneud rhywbeth gwael, mae'n gyfrifoldeb arnyn nhw i sylweddoli hynny, i edifarhau, i benderfynu na fydd byth yn gwneud hynny eto, i gyfaddef wrth yr un a gafodd ei gam-drin ac i ofyn am faddeuant. Os yw'r un sydd wedi achosi niwed yn ymddiheuro'n ddidwyll, mae rhwymedigaeth grefyddol ar y person a gafodd niwed i faddau iddo. Ond, dim ond y dioddefwr all faddau. Hyd yn oed heb ymddiheuriad, mae maddeuant yn cael ei ystyried yn weithred deilwng a rhinweddol.

Mae edifeirwch yn bwysig. Mae teshuva (yn llythrennol 'dychwelyd') yn ffordd o wneud iawn. Er mwyn cyflawni teshuva, mae'n rhaid i berson stopio gweithred niweidiol, bod yn flin am yr hyn a wnaeth, cyfaddef ac yna edifarhau. Yom Kippur yw Dydd y Cymod, pan fydd Iddewon yn gwneud ymdrech arbennig i gyflawni teshuva. Dyma un diwrnod sy'n cael ei neilltuo i wneud iawn am bechodau'r flwyddyn flaenorol. Mae Iddewon yn ymprydio, yn mynd i'r synagog, ac yn ymatal rhag gweithio, cael cyfathrach rywiol, cael bath a gwisgo colur am 25 awr. Byddan nhw'n treulio llawer o'r amser hwn yn gweddïo ac yn myfyrio er mwyn ceisio maddeuant am bechodau.

Mae'r Talmud yn dysgu bod dal dig yn beth poenus ynddo'i hun, a bod rhywun sy'n methu â maddau yn ei frifo ei hun:

> Mae'r sawl sy'n talu'r pwyth yn ôl neu sy'n dal dig yn ymddwyn fel rhywun sydd eisoes wedi torri un llaw wrth ddal cyllell, ac yn dial arno'i hun drwy drywanu'r llaw arall.
>
> (Talmud Jerwsalem, Nedarim 9:4)

Dylai pobl ddilyn esiampl Duw – nid yw ei gariad yn gadael iddo beidio â maddau:

> Pwy sydd Dduw fel ti, yn maddau camwedd, ac yn mynd heibio i drosedd gweddill ei etifeddiaeth? Nid yw'n dal ei ddig am byth, ond ymhyfryda mewn trugaredd.
>
> (Micha 7:18)

Enghreifftiau o faddeuant yn deillio o gredoau personol

- Mahatma Gandhi (1869–1948) – Hindŵ ac arweinydd y mudiad annibyniaeth yn India pan oedd dan reolaeth Prydain.

Nid yw'r gwan yn gallu maddau. Rhinwedd person cryf yw maddeuant.

- Dominique Walker – chwaer Anthony Walker, a gafodd ei lofruddio mewn ymosodiad hiliol ar Lannau Mersi yn 2005.

'Saith deg seithwaith' mae'n rhaid i ni faddau. Dyna sy'n cael ei ddysgu i ni, dyna sydd yn y Beibl, dyna mae'n rhaid i ni ei wneud. Mae'n rhywbeth sy'n digwydd bob dydd. Mae'n anodd, mor anodd, ond rydych chi'n dod drwyddi. Mae'n lleihau'r chwerwder a'r dicter os gallwch chi ddeffro yn y bore a meddwl, 'Maddau, maddau, maddau'.

Perthnasau'r dioddefwyr ac aelodau Eglwys Esgobol Fethodistaidd Affricanaidd Emanuel, yn siarad ar ôl y saethu yn Ne Carolina pan gafodd naw o bobl eu lladd mewn ymosodiad hiliol gan Dylann Roof:

Rwy'n diolch i chi ar ran fy nheulu am beidio â gadael i gasineb ennill. O'm rhan i, dw i'n dal i brosesu pethau, a dw i'n cydnabod 'mod i'n ddig iawn. Ond…

Nid oes gennym ni le ar gyfer casineb. Mae'n rhaid i ni faddau. Rwy'n gweddïo i Dduw am ei enaid. Ac rwy'n diolch i Dduw hefyd na fyddaf i yno pan ddaw dydd y farn iddo ef.

- Nelson Mandela (1918–2013) – protestiwr gwrth-apartheid o Dde Affrica ac Arlywydd du cyntaf De Affrica.

Mae dal dig fel yfed gwenwyn ac yna gobeithio y bydd yn lladd eich gelynion.

Wrth i mi gerdded allan o ddrws y carchar tuag at y glwyd a fyddai'n arwain at ryddid, roeddwn i'n gwybod, pe na byddwn yn gadael fy chwerwder a'm casineb ar fy ôl, byddwn yn dal i fod yn y carchar hwnnw.

Nid yw cael cam yn ddim byd, oni bai eich bod yn parhau i'w gofio.

■ Confucius (551–479 CCC) – athronydd o China yr henfyd.

I mi, mae maddeuant yn golygu dod o hyd i heddwch mewnol a derbyn y cardiau mae bywyd yn eu delio i chi. Nid yw'n golygu bod y boen wedi diflannu neu bod pethau yn ôl fel roedden nhw o'r blaen. Mae maddeuant yn golygu derbyn ein bod ni i gyd yn fodau dynol, ac nad ydyn ni wedi ein gwahanu hyd yn oed oddi wrth y rheini sydd wedi ein brifo ni.

■ Elizabeth Turner – gwraig Simon Turner a gafodd ei ladd yn ymosodiad terfysgol 9/11 yn 2001 tra oedd hi gartref yn Llundain.

Tasg

Dewiswch dri o'r enghreifftiau o faddeuant. Ar gyfer pob unigolyn rydych chi'n ei ddewis, rhowch ddyfyniad am faddeuant sy'n cyd-fynd â'i safbwynt, ac esboniwch ystyr y dyfyniad.

Person / Unigolyn	Dyfyniad am faddeuant	Ystyr

Adolygiad Diwedd yr Adran

Ymarfer sgiliau

1 'Mae'n bwysig maddau i bobl eraill bob tro.'
   Trafodwch y gosodiad hwn gan ddangos eich bod wedi ystyried mwy nag un safbwynt. (Rhaid i chi gyfeirio at grefydd a chred yn eich ateb.)

Cofiwch
Cysyniadau allweddol:
- Heddychiaeth
- Maddeuant

Gwirio gwybodaeth

1 Yn eich geiriau eich hun, esboniwch beth yw maddeuant a pham mae'n gallu bod yn anodd ei gyflawni.
2 Beth sy'n bwysig am yr allor yn Eglwys Gadeiriol Coventry? Beth mae'r allor yn ei gynrychioli?
3 Ar gyfer pob un o'r crefyddau rydych chi'n eu hastudio, lluniwch fap meddwl manwl yn disgrifio'r dysgeidiaethau am heddwch a gwrthdaro. Gwnewch yn siŵr eich bod yn cyfeirio at ddysgeidiaethau'r arweinwyr crefyddol perthnasol, hanesion o'r testunau sanctaidd, ac o leiaf un dyfyniad ar gyfer pob crefydd. Dylai fod o leiaf pedair braich ar bob map meddwl.
4 Esboniwch ddamcaniaeth rhyfel cyfiawn o safbwynt Cristnogaeth ac un grefydd arall.

Y Cwestiwn Mawr

'Mae gwir faddeuant yn amhosibl.'

Eich tasg

Trafodwch y gosodiad uchod, gan ddangos eich bod wedi ystyried mwy nag un safbwynt. Rhowch farn resymegol am ba mor ddilys a pha mor gryf yw'r safbwyntiau hyn.

Tasg

Ar gyfer y ddwy grefydd rydych chi'n eu hastudio, esboniwch yn fanwl y dysgeidiaethau crefyddol am heddychiaeth. Defnyddiwch y canllawiau isod i'ch helpu i ysgrifennu esboniad manwl ar gyfer Cristnogaeth, ac ail un ar gyfer y grefydd arall rydych chi'n ei hastudio. Gwnewch yn siŵr eich bod yn defnyddio termau allweddol yn rhwydd ac yn aml.

Mae Cristnogion i gyd/llawer o Gristnogion/y rhan fwyaf o Gristnogion yn credu _____ .

Daw hyn o'r ddysgeidiaeth/dyfyniad o'r Beibl _____ .

Mae hyn yn golygu/Oherwydd hyn maen nhw'n _____ .

Mae rhai Cristnogion/Cristnogion eraill fel _____ yn credu _____ .

Daw hyn o'r ddysgeidiaeth/dyfyniad o'r Beibl _____

Mae hyn yn golygu/Oherwydd hyn maen nhw'n _____ .

Yn olaf, mae Cristnogion fel _____ yn credu _____ .

Mae hyn yn golygu/Oherwydd hyn maen nhw'n _____ .

Mae eu credoau yr un peth/yn wahanol oherwydd _____ .

Daioni, drygioni a dioddefaint

Mae **daioni** yn golygu rhywbeth gwahanol i bobl wahanol. Mae'n air cyffredin, ac mae gan bob un ohonon ni syniad o'r hyn mae'n ei olygu. Fodd bynnag, mae'n anodd iawn cyfleu'r ystyr hwnnw mewn geiriau.

Beth yw 'daioni'?

Un o'r problemau o ran diffinio daioni yw'r ffaith bod gan bobl syniadau gwahanol iawn am beth sy'n gwneud rhywbeth yn dda: gallai daioni i un person fod yn ddrygioni i berson arall. Yn yr un modd, mae'n gysyniad hyblyg – mae gennym ni rai elfennau da a rhai elfennau drwg, a gallwn ni hyd yn oed weithio i ddatblygu daioni ynom ni ein hunain.

Natur daioni

Byddai rhai pobl yn dweud mai'r cyfan yw daioni yw absenoldeb drygioni neu 'natur ddrwg'. Byddai eraill yn dadlau ei fod yn rhywbeth sy'n cael ei gymeradwyo neu sy'n ddymunol. Y naill ffordd neu'r llall, byddai'r rhan fwyaf o bobl yn cytuno mai rhywbeth sy'n gywir yn foesol yw daioni.

Mae rhinweddau da yn tueddu i gael eu cysylltu ag empathi. Fel arfer mae pobl ofalgar, anhunanol, elusengar, caredig a hael yn cael eu hystyried yn dda. Mae'r bobl hynny sy'n eu haberthu eu hunain dros eraill, sy'n dosturiol, ac sy'n trin pawb yn gyfartal hefyd yn cael eu hystyried yn dda. Wrth feddwl am y bobl ar hyd y canrifoedd sydd wedi ennyn parch – o Mahatma Gandhi a Martin Luther King i'r Fam Teresa – rydyn ni'n gweld bod y rhinweddau hyn gan bob un ohonyn nhw, sef tosturi tuag at eraill ac anhunanoldeb.

Fodd bynnag, ni fyddai pawb yn cytuno bod yr unigolion hyn yn bobl dda. Felly y cwestiwn yw, a yw'n bosibl i berson fod yn dda neu ai dim ond ei weithredoedd sy'n dda? Mae llawer yn credu nad yw daioni yn rhywbeth cynhenid – nid yw'n rhywbeth sydd gennym ni fel rhan naturiol ohonon ni. Mae gweithredoedd da yn dod o'n cydwybod, ac rydyn ni'n gallu cyflawni gweithredoedd da o ganlyniad i'n **hewyllys rydd**. Oherwydd hynny, gall daioni ddod o ffactorau amgylcheddol fel plentyndod, neu o ffactorau cymdeithasol fel teulu a ffrindiau. Byddai rhywun sydd, o'i ewyllys rydd ei hun, yn gwneud dewisiadau da yn gyson, sydd wedi'u hysgogi gan rinweddau empathi, o ganlyniad yn berson da.

> ### Cysyniadau Allweddol
>
> **Daioni** Yr hyn sy'n cael ei ystyried yn gywir yn foesol, neu'n fuddiol ac o fantais i ni.
>
> **Ewyllys rydd** Y gallu i wneud dewisiadau (yn enwedig dewisiadau moesol) yn wirfoddol ac yn annibynnol. Y gred nad oes dim wedi'i ragordeinio.

> ### Daioni a gwerthoedd ym Mhrydain
>
> Ym Mhrydain heddiw, mae ymddygiad da yn aml yn cael ei farnu yn nhermau'r gwerthoedd moesol sydd, ym marn nifer, yn sail i gymdeithas: goddefgarwch, parch, democratiaeth, amddiffyn rhyddid yr unigolyn, a pharch at wahanol grefyddau, credoau a'r rheini sydd heb ffydd o gwbl. Oherwydd hyn, yn gyffredinol mae unrhyw weithred sy'n mynd yn erbyn y gwerthoedd hyn yn cael ei hystyried yn weithred anghywir.

Dysgeidiaethau crefyddol am ddaioni

Agweddau Cristnogol at ddaioni

Yn ôl Genesis, Duw greodd y ddaear, 'ac yr oedd yn dda iawn'. Mae'r byd mae Duw wedi'i greu yn sylfaenol dda. Ond, mae Duw wedi rhoi ewyllys rydd i bobl – y gallu i ddewis rhwng cywir ac anghywir drostyn nhw eu hunain. Mae brwydr dynoliaeth i wahaniaethu rhwng daioni a drygioni i'w gweld yn hanes Adda ac Efa yng ngardd Eden (Genesis 3). Dewisodd Adda ac Efa anufuddhau i Dduw drwy fwyta ffrwyth Pren Gwybodaeth Da a Drwg. Yr enw ar hyn yw'r cwymp, ac mae'n esbonio sut mae defnyddio ewyllys rydd yn gallu ein harwain oddi wrth yr hyn sy'n dda.

Mae Duw wedi dangos sut gallwn ni fyw bywydau da drwy'r rheolau ymddygiad yn y Beibl (er enghraifft, y Deg Gorchymyn – rhestr o reolau crefyddol a moesol a roddodd Duw i Moses ar Fynydd Sinai), a thrwy ddysgeidiaethau crefyddol. Mae bywyd ac esiampl Iesu hefyd yn dangos sut gall Cristnogion fyw bywyd moesol, da a chyfiawn. Unigolion eu hunain sy'n dewis p'un ai i ddilyn cyfarwyddiadau Duw ai peidio.

Mae rhinweddau da – goddefgarwch, tosturi a chariad – yn gwbl greiddiol i Gristnogaeth. Roedd pob un o'r rhinweddau hyn ar waith gan Iesu drwy gydol ei fywyd, ac mae dangos caredigrwydd a thrugaredd, a derbyn pobl eraill yn ddi-wahân, yn cael ei ystyried yn ddyletswydd Gristnogol.

Agweddau Bwdhaidd at ddaioni

Mae Bwdhaeth yn dysgu bod moesoldeb yn gymharol. Felly nid rheolau yw camau'r Llwybr Wythblyg Nobl sy'n cyfrannu at sila (Siarad Cywir, Gweithredu Cywir a Bywoliaeth Gywir); awgrymiadau ydyn nhw sy'n arwain at y math o fywyd fyddai'n galluogi pobl i fod yn unigolion iach a hapus.

Bydd person doeth, o dan arweiniad yr awgrymiadau hyn, yn gwybod beth i'w wneud ym mhob sefyllfa benodol. Fodd bynnag, mae hyn yn grefft ac nid yw'n fater o ufuddhau i reolau yn unig. Mae'n golygu teilwra gweithredoedd i amgylchiadau penodol. I Fwdhyddion, daw'r grefft hon o arfer y Llwybr Wythblyg Nobl, gan ddefnyddio'r doethineb, y caredigrwydd cariadus (metta) a'r tosturi (karuna) a ddaw o wneud hynny. Mae Bwdhyddion yn ceisio datblygu meddwl pur er mwyn ymddwyn yn ddoeth. Yr enw ar y doethineb hwn yw upaya kausala (dulliau crefftus).

Felly mae Bwdhyddion yn sôn am weithredoedd fel rhai medrus neu anfedrus yn hytrach na rhai da neu ddrwg. Gweithred fedrus yw un sy'n creu'r niwed lleiaf posibl (ahimsa) ac sy'n creu'r hapusrwydd mwyaf posibl.

Y bwriad y tu ôl i'r weithred yw'r peth pwysicaf. Mae gweithredoedd sydd wedi'u cymell gan drachwant, casineb neu anwybodaeth yn debygol o fod yn niweidiol. Ar y llaw arall, mae gweithredoedd sydd wedi'u cymell gan ddiffyg ymlyniad, cymwynasgarwch a dealltwriaeth yn debyg o arwain at yr hapusrwydd mwyaf. O ganlyniad, mae gweithredoedd sydd â bwriadau cadarnhaol yn arwain at karma ffodus, ac mae gweithredoedd â bwriadau negyddol yn arwain at karma anffodus. Felly mae person sy'n gweithredu â bwriadau pur yn ennill karma cadarnhaol, hyd yn oed os yw ei weithredoedd (yn anfwriadol) yn achosi niwed.

Dywedodd y Bwdha:

> Dywedaf wrthych, karma yw bwriad. Drwy fwriadu, mae rhywun yn gwneud karma drwy ei gorff, ei eiriau, a'i feddwl.
>
> (Anguttara Nikaya 6:63)

Mewn man arall, mae'n disgrifio'r berthynas rhwng bwriadau gwahanol a'u heffeithiau:

> Rwy'n datgan bod pedwar math o weithred (karma), ar ôl i mi eu gwireddu drosof fi fy hun gyda gwybodaeth uniongyrchol. Beth yw'r pedwar math? Gweithred dywyll gyda chanlyniad tywyll; gweithred ddisglair gyda chanlyniad disglair; gweithred tywyll-a-disglair gyda chanlyniad tywyll-a-disglair; a gweithred nad yw'n dywyll nac yn ddisglair gyda chanlyniad nad yw'n dywyll nac yn ddisglair.
>
> (Majjhima Nikaya 57)

Agweddau Islamaidd at ddaioni

Rydyn ni i gyd yn cael ein geni gyda greddf naturiol i ddeall y gwahaniaeth rhwng cywir ac anghywir (fitrah). Mae pob bod dynol yn meddu ar ewyllys rydd, ac mae'n rhaid i bobl ddewis rhwng cywir ac anghywir. Yn ôl rhai, mae hyn yn golygu dewis rhwng llwybr Duw a themtasiynau **Shaytan** (y diafol). Mae gwneud daioni a dilyn y gred gywir yn mynd law yn llaw mewn Islam. Mae'r Qur'an yn dweud sawl gwaith mai'r gwir Fwslimiaid yw'r 'rheini sy'n credu ac yn gwneud gweithredoedd da'. Nid yw'n bosibl gwahaniaethu rhwng gwneud ewyllys Duw a gwneud daioni.

Mae'r Qur'an a'r Proffwyd Muhammad yn amlinellu'r rhinweddau sydd eu hangen ar gyfer daioni, gan gynnwys gonestrwydd, amynedd, gostyngeiddrwydd a charedigrwydd at eraill. Mae disgwyl i Fwslimiaid ddilyn yr esiampl hon yn eu gweithredoedd a'u dewisiadau mewn bywyd pob dydd, er enghraifft drwy gyflawni **saddaqah**.

Bydd Duw yn barnu pob person yn unigol yn ôl ei ffydd a'i weithredoedd da. Bydd Duw yn drugarog ac yn deg wrth benderfynu ar ei farn. Yn ôl dysgeidiaethau Islamaidd, bydd y rheini sy'n credu yn Nuw ac yn cyflawni gweithredoedd da yn cael eu gwobrwyo yn y nefoedd yn dragwyddol.

> **Shaytan** Satan neu'r diafol.
>
> **Saddaqah** Rhoi i elusen yn wirfoddol fel gweithred o garedigrwydd. Dywedodd y Proffwyd Muhammad fod pob gweithred sy'n cael ei gwneud i foddhau Duw neu i wneud bywyd yn fwy dymunol yn saddaqah.

Agweddau Iddewig at ddaioni

Mae Iddewiaeth yn dysgu bod Duw yn dda, ac y bydd bob amser yn gwarchod ac yn gofalu am bobl. Mae daioni Duw i'w weld yn ei weithredoedd – creu'r byd, rhoi'r Deg Gorchymyn ac achub yr Israeliaid.

Yn ôl Iddewon, pan greodd Duw fodau dynol, rhoddodd ewyllys rydd iddyn nhw er mwyn eu galluogi i ddewis p'un ai i'w addoli ef ai peidio. Os yw ewyllys rydd yn golygu unrhyw beth, yna mae'n rhaid i fodau dynol fyw mewn byd sy'n gadael iddyn nhw wneud dewisiadau moesol rhwng da a drwg. Mae canllawiau ar sut i gyflawni gweithredoedd da wedi'u rhoi yn y Torah, a'r Deg Gorchymyn yw'r prif ganllaw ar sut i fyw bywyd da.

Er bod pobl yn cael eu geni gyda'r awydd i wneud daioni, mae Iddewiaeth hefyd yn cydnabod bod gan bawb gymhelliad i wneud drygioni. Mae empathi, tosturi a rhoi yn cael eu hannog fel cymhellion da – er enghraifft, drwy arfer pushke yn y cartref. Am ragor o wybodaeth am Iddewiaeth ac ewyllys rydd, gweler t. 208.

Tasgau

1. Beth yw 'daioni'? Rhowch rai enghreifftiau o rinweddau da.
2. Copïwch a llenwch y tabl isod. Ar gyfer pob un o'r crefyddau rydych chi'n eu hastudio, esboniwch dair dysgeidiaeth wahanol am 'ddaioni'. Yna rhowch grynodeb o bob dysgeidiaeth mewn dim mwy na phedwar gair.

Crefydd	Dysgeidiaeth am 'ddaioni'	Crynodeb (pedwar gair)

Beth yw 'drygioni'?

Mae pobl yn siarad am **ddrygioni** mewn gwahanol ffyrdd: pobl ddrwg, gweithredoedd drwg a drygioni fel grym sydd rywsut yn gwneud i bobl wneud pethau anghywir.

> ### Cysyniad Allweddol
>
> **Drygioni** Yr hyn sy'n cael ei ystyried yn hynod anfoesol, yn ddrwg, ac yn anghywir.

Mae cwestiwn drygioni yn enghraifft o gwestiwn eithaf (cwestiwn am egwyddorion sylfaenol bywyd). Mae llawer o atebion gwahanol i pam mae drygioni'n bodoli yn y byd, ac nid yw'r un ohonyn nhw'n anghywir o reidrwydd. Rhaid i bob unigolyn benderfynu pa ateb sy'n gywir yn seiliedig ar ei gredoau crefyddol, ei brofiadau, ei resymu a'i fagwraeth.

Mae dau fath gwahanol o ddrygioni yn y byd: moesol a naturiol. Mae'r ddau'n arwain at ddioddefaint, ond mae ganddyn nhw achosion neu ffynonellau gwahanol.

Drygioni moesol

Canlyniad gweithredoedd dynol yw drygioni moesol, ac mae'n digwydd pan fydd bodau dynol yn ymddwyn mewn ffordd sy'n cael ei hystyried yn anghywir yn foesol.

Drygioni naturiol

Digwyddiadau sy'n annibynnol ar bobl ac sy'n gysylltiedig â chyflwr y byd yw drygioni naturiol – er enghraifft, trychinebau naturiol fel llosgfynyddoedd yn echdorri, llifogydd neu ddaeargrynfeydd. Nid yw gweithredoedd dynol yn gallu rhwystro na dylanwadu ar y digwyddiadau hyn. Mae salwch ac afiechydon hefyd yn enghreifftiau o ddrygioni naturiol.

Mae hyd yn oed Prydain, gyda'i hinsawdd dymherus, wedi wynebu trychinebau naturiol dros y blynyddoedd.

Bydd drygioni dynol a drygioni naturiol yn aml yn gweithio gyda'i gilydd, gyda drygioni dynol yn gwneud drygioni naturiol yn waeth fyth (er enghraifft, pobl yn dwyn ar ôl daeargryn neu'n creu'r amodau amgylcheddol sy'n achosi tirlithriad).

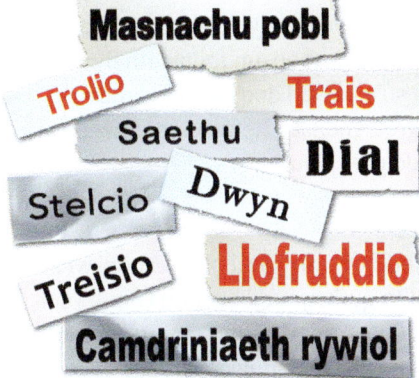

Mae'r rhain i gyd yn enghreifftiau o ddrygioni moesol.

Mae tywydd eithafol sy'n achosi dioddefaint, fel corwyntoedd, yn enghreifftiau o ddrygioni naturiol.

Tasgau

1. Mewn paragraff byr (tua thair brawddeg), esboniwch beth yw ystyr 'drygioni'.
2. Copïwch a llenwch y tabl isod. Disgrifiwch bum math gwahanol o ddrygioni moesol a phum math gwahanol o ddrygioni naturiol.

Drygioni moesol	Drygioni naturiol

Dysgeidiaethau crefyddol am ddrygioni

Agweddau Cristnogol at ddrygioni

Mae gan Gristnogion safbwyntiau gwahanol am achosion drygioni a dioddefaint, a tharddiad neu ffynhonnell drygioni yn y byd. Mae llawer yn dadlau bod Duw wedi rhoi ewyllys rydd i bobl, ac oherwydd nad yw pobl wedi'u rhaglennu fel cyfrifiaduron, y gallan nhw ddewis p'un ai i gyflawni daioni neu ddrygioni. Pan fyddan nhw'n dewis drygioni, mae dioddefaint yn digwydd.

Creu eneidiau

Yn ôl rhai Cristnogion, mae Duw yn caniatáu i ddrygioni fodoli oherwydd bod dioddefaint drwy ddrygioni yn angenrheidiol er mwyn i unigolion ddatblygu neu gwblhau eu heneidiau moesol. Yr enw ar y cysyniad hwn yw 'creu eneidiau'. Mae angen i ni ddysgu beth yw moesoldeb a datblygu'r rhinweddau priodol. Nid ydyn ni'n cael ein geni yn gwybod yn reddfol beth yw moesoldeb a daioni. Mae ein dioddefaint ni ein hunain a dioddefaint pobl eraill yn hanfodol er mwyn dysgu gwersi am foesoldeb a rhinwedd. Heb y cyfleoedd mae dioddefaint a drygioni yn eu cynnig, ni fyddai pobl yn cael cyfle i ddatblygu neu ddangos rhinweddau moesol, fel tosturi neu ddewrder.

Sant Irenaeus

Roedd Sant Irenaeus (130–202 OCC) yn un o dadau'r Eglwys Fore. Iddo ef, nid oedd dynoliaeth wedi'i chreu yn berffaith, ond yn hytrach roedd angen i fodau dynol gael cyfle i dyfu er mwyn dod yn berffaith yn ysbrydol ac yn foesol. Yn ôl Irenaeus, nid bwriad Duw oedd mai drwy ddrygioni yn unig y byddai person yn gallu tyfu'n ysbrydol yn y modd hwn, oherwydd gallai person dyfu i berffeithrwydd ysbrydol drwy ufuddhau i ddeddfau Duw yn unig. Roedd Irenaeus hefyd yn credu nad yw Duw yn ymyrryd mewn materion dynol er mwyn atal drygioni gan y byddai hynny'n golygu ymyrryd ag ewyllys rydd.

Awstin

Roedd Awstin yn feddyliwr Cristnogol cynnar. Ei farn ef oedd bod pethau'n cael eu creu'n dda, ond bod ewyllys rydd yn galluogi pethau i dyfu i ffwrdd oddi wrth ddaioni a dod yn ddrwg. Mae bodau dynol yn defnyddio eu hewyllys rydd i ddewis cyflawni drygioni. Mae enghreifftiau o ddrygioni naturiol dim ond yn dod yn ddrwg pan fyddan nhw'n dod i gysylltiad â phobl: nid yw afiechydon a llosgfynyddoedd yn ddrwg ynddyn nhw eu hunain, ond maen nhw'n dod yn ddrwg pan fydd pobl yn eu rhoi eu hunain yn ffordd niwed.

Yn ddiweddarach yn ei fywyd, daeth Awstin i gredu nad yw'n bosibl i ni ddeall meddwl Duw, ac nad yw'r hyn sy'n ymddangos yn ddrwg o reidrwydd yn ddrwg bob tro: ni all bodau dynol farnu Duw.

John Hick

Roedd John Hick (1922–2012) yn cytuno â damcaniaeth Irenaeus (sy'n cael ei hadnabod fel Theodiciaeth Irenaeus). Roedd e'n credu bod Duw wedi creu bodau dynol gyda'r potensial i dyfu'n ysbrydol. Dadl Hick oedd bod y broses o greu eneidiau yn ffordd o ymateb i'r drygioni yn y byd. Pe na bai llofruddiaeth, canser a drygioni naturiol yn bodoli, ni fydden ni'n gallu datblygu a pherffeithio ein hunain yn ysbrydol. Mae rhai mathau o ddioddefaint yn y byd na fyddwn ni byth yn gallu eu deall na'u rhesymoli, sy'n profi na allwn ni byth wir ddeall rheswm neu gynllun Duw.

Roedd Hick hefyd yn credu bod bodau dynol yn cael eu geni â phellter anferth rhyngddyn nhw a Duw. Ar y naill law, mae hyn yn beth da: mae'n golygu nad yw Duw mor agos ei fod yn cyfyngu ar ewyllys rydd. Ar yr un pryd, rydyn ni'n cael ein geni heb wybod am fodolaeth Duw, ac nid yw'n rhywbeth sy'n hawdd dod i wybod amdano. Felly, mae'r broses o greu eneidiau hefyd yn cynnwys yr ymdrech i ganfod ffydd grefyddol.

Pechod gwreiddiol

Mae Catholigion yn credu bod drygioni yn dod oddi wrth fodau dynol. Adda ac Efa gyflwynodd bechod i'r byd (sef y pechod gwreiddiol). Gwnaethon nhw hyn yng ngardd Eden drwy ddewis anufuddhau i Dduw a bwyta o Bren Gwybodaeth Da a Drwg. Drwy'r weithred hon, daeth pechod yn rhan o ddynoliaeth. Ers hynny, mae pobl wedi cael eu geni gyda'r gallu i gyflawni gweithredoedd drwg. Ym marn Catholigion, mae pob baban yn cael ei eni â **phechod gwreiddiol**.

> **Pechod gwreiddiol** Y pechod cyntaf erioed – Adda ac Efa yn bwyta ffrwyth oedd wedi'i wahardd yng ngardd Eden. Y weithred a ddaeth â phechod a drygioni i'r byd.

Bywyd fel prawf

Mae llawer o Gristnogion hefyd yn credu bod bywyd yn brawf. Rhan o'r prawf hwn yw gweld a yw unigolyn yn gallu goddef dioddefaint a chadw ei ffydd. Ymateb pobl i ddioddefaint a drygioni sy'n penderfynu a ydyn nhw'n mynd i'r nefoedd neu i uffern mewn bywyd ar ôl marwolaeth. Mae stori Job yn y Beibl yn enghraifft o sut gall dioddefaint effeithio ar unrhyw un, hyd yn oed y mwyaf sanctaidd a rhinweddol, ac mae ei hanes yn awgrymu y bydd Duw yn ein barnu ar sut gwnaethon ni ymddwyn yn ystod y dioddefaint hwnnw. Mae Job yn dioddef yn wael ac yn mynd o lwyddiant mawr i drychineb. Dehongliad ei ffrindiau oedd ei fod yn dioddef oherwydd ei bechodau ei hun yn y gorffennol. Mae Job yn ymateb drwy holi Duw am hyn ond nid yw'n cael atebion uniongyrchol. Rywsut mae'n cadw ei ffydd yn Nuw ac yn cael ei wobrwyo pan ddaw ei ddioddefaint i ben.

Drygioni a dioddefaint fel cysyniadau sydd y tu hwnt i ddealltwriaeth ddynol

Mae stori Job hefyd yn dangos i Gristnogion na ddylen ni gwestiynu pam rydyn ni'n dioddef, ond y dylen ni dderbyn y dioddefaint hwnnw. Yn ôl llawer o Gristnogion, 'mae Duw yn gweithio drwy ddirgel ffyrdd', ac mae ganddo resymau dros adael i ddrygioni a dioddefaint ddigwydd, ond ni fydd bodau dynol byth yn gallu deall meddwl Duw. Mae llawer o gredinwyr crefyddol hefyd yn derbyn bod Duw wedi dewis dioddefaint i ni a bod pwrpas iddo. Eu dadl nhw yw bod Duw yn drugarog ac yn cydymdeimlo, ac na fydd byth yn gwneud i ni ddioddef mwy nag y gallwn ni wir ymdopi ag ef.

Dioddefaint yn helpu pobl i ddeall Iesu

Mae Cristnogion yn cyfeirio at Iesu er mwyn esbonio dioddefaint a'i bwrpas. Dewis Iesu oedd goddef dioddefaint a phoen er mwyn cyrraedd daioni gwell. Bwriad ei farwolaeth a'i atgyfodiad oedd dod â marwolaeth a dioddefaint i ben am byth, gyda'r addewid o fywyd tragwyddol a nefoedd a daear newydd. I lawer o Gristnogion, mae dioddefaint yn ffordd o wella eu dealltwriaeth o Iesu a'i ddioddefaint, ac mae'n arwain at fwy o ddaioni.

Esboniadau eraill o ddrygioni a dioddefaint

Yn ôl rhai Cristnogion, y cyfan yw drygioni yw absenoldeb daioni. Mae eraill yn dadlau bod drygioni yn dod oddi wrth y diafol. Mae'r diafol yn creu drygioni ar ffurf temtasiwn, poen a dioddefaint.

Dadl arall yw bod drygioni'n bodoli oherwydd bod daioni'n bodoli. Nid yw'r byd yn berffaith – nid yw bodolaeth drygioni yn y byd yn rhywbeth maleisus, ond yn hytrach yn rhywbeth naturiol.

Agweddau Bwdhaidd at ddrygioni

Dydy Bwdhyddion ddim yn debygol o ddefnyddio'r gair 'drygioni'. Nid ydyn nhw'n credu bod drygioni yn bodoli yn y byd yn yr un ffordd ag y mae syniadau haniaethol eraill, fel caredigrwydd cariadus neu dosturi, yn bodoli. Os yw drygioni'n bodoli, mae'n absoliwt – mae rhywbeth naill ai'n ddrwg neu ddim yn ddrwg – ac nid yw Bwdhyddion yn credu mewn moesoldeb absoliwt.

Felly ni fydden nhw byth yn disgrifio unigolyn fel rhywun drwg, neu hyd yn oed weithred fel un ddrwg. I ddechrau, nid yw Bwdhyddion yn credu mewn 'hunan' annibynnol: nid yw'r fath beth ag unigolyn yn bodoli: rydyn ni i gyd wedi ein cyflyru, yn gyd-ddibynnol ac yn fyrhoedlog. Yn ail, nid yw gweithredoedd yn ddim mwy na gweithredoedd, karma. Mae 'drygioni' yn farn foesol; gweithredoedd yw'r hyn rydych chi'n ei wneud, a dim mwy na hynny. Mae gweithredoedd, fel rydyn ni wedi'i weld, yn fedrus neu'n anfedrus yn dibynnu ar y bwriad – hynny yw, lleddfu dioddefaint (dukkha) neu achosi dioddefaint. Bwriad y weithred yw'r karma. Pan fydd pobl yn cyfeirio at effeithiau gweithred fel karma ('mae karma drwg gen i'), maen nhw'n camddefnyddio'r gair. Effeithiau gweithredoedd yw'r hyn sy'n digwydd i chi. Nid ydyn nhw'n gwobrwyo nac yn cosbi; mae p'un a ydych chi'n dda neu'n ddrwg yn dibynnu ar ba mor fedrus gwnaethoch chi ddelio â'ch gweithredoedd.

Mae straeon mewn chwedloniaeth Fwdhaidd yn sôn am ddiafol o'r enw Mara. Mara oedd yr un a demtiodd y Bwdha i roi'r gorau i'w ymgais i gyflawni goleuedigaeth. Mae'n cael ei gysylltu'n draddodiadol â drygioni a marwolaeth. Nid yw Bwdhyddion yn credu bod Mara yn bodoli mewn gwirionedd; trosiad ydyw. Mae'n cynrychioli beth bynnag sy'n rhwystro person rhag cyflawni goleuedigaeth. Yn fwy cyffredinol, mae'n cynrychioli'r pethau hynny sy'n atal rhywun rhag gweithredu'n fedrus, yn benodol Tri Gwenwyn trachwant, dicter ac anwybodaeth, ac ymlyniad pobl wrth yr emosiynau hyn.

Nid yw Mara yn ddrwg; nid yw Mara yn bodoli y tu allan i ni'n hunain. Mara yw beth bynnag sy'n cymell ymddygiad anfedrus. Rydyn ni'n gyfrifol am sicrhau bod ein gweithredoedd yn fedrus ac nad ydyn nhw'n gwneud niwed. Dywedodd y Bwdha:

> *Oddi wrth yr hunan, yn wir, y daw drygioni; yr hunan sy'n ei ddifwyno ei hun. Yr hunan sy'n ymddatod drygioni; yr hunan, yn wir, sy'n eich puro. Mae purdeb ac amhurdeb yn dibynnu ar yr hunan. Nid oes neb yn puro rhywun arall.*
>
> (Dhammapada 12:165)

Lladd

Rhoddodd Gasan, meistr Bwdhaeth Zen, y cyfarwyddyd canlynol i'w ddilynwyr un dydd:

> Mae'r rheini sy'n anghytuno â lladd, ac sy'n awyddus i arbed bywyd pob creadur byw, yn gywir. Mae gwarchod hyd yn oed anifeiliaid a phryfed yn beth da. Ond beth am yr unigolion hynny sy'n lladd amser? Beth am y rheini sy'n dinistrio cyfoeth, a'r rheini sy'n dinistrio economi gwleidyddol? Ni ddylen ni eu hanwybyddu nhw. Yn ogystal â hyn, beth am y sawl sy'n pregethu heb oleuedigaeth? Mae ef yn lladd Bwdhaeth.

Wrth gwrs bod lladd creaduriaid byw yn anghywir. Ond mae'r stori hon yn ein hatgoffa i beidio â bod yn rhy gul yn ein diffiniad o'r hyn sy'n anghywir. Mewn gwirionedd, mae'n ymwneud â'r hyn sy'n anfedrus. A yw lladd syniadau haniaethol, fel amser a chyfoeth, yn bosibl? Os yw gwneud hynny yn achosi dioddefaint, yr ateb yw 'ydy'. Felly os yw'r pethau hyn yn anfedrus, yna mae'n rhaid bod yr hyn sydd i'r gwrthwyneb iddyn nhw yn fedrus. Dylen ni geisio datblygu rhinweddau caredig, penderfynol a diffuant.

Ni elli di ladrata'r lleuad

Roedd Ryokan, meistr Bwdhaeth Zen, yn byw bywyd syml iawn mewn cwt bach ar waelod mynydd. Un noson, daeth lleidr i'r cwt a chanfod nad oedd dim byd yno i'w ddwyn.

Daeth Ryokan yn ôl i'r cwt a'i ddal. 'Rwyt ti wedi teithio ymhell i ymweld â fi,' meddai wrth y lleidr, 'ac ni ddylet ti ddychwelyd yn waglaw. Cymer fy nillad yn rhodd.'

Roedd y lleidr mewn penbleth. Cymerodd y dillad a sleifio oddi yno. Eisteddodd Ryokan yn noeth, yn gwylio'r lleuad. 'Y creadur, druan,' meddyliodd. 'Byddai'n braf pe bawn i wedi gallu rhoi'r lleuad brydferth hon iddo.'

Mae'r stori hon yn dangos mai trachwant ac ymlyniad wrth bethau sy'n achosi gweithredoedd anfedrus. Drwy roi ei ddillad i'r lleidr, mae Ryokan yn dangos nad oes ganddo ymlyniad wrth eiddo materol; ond mae'r ymlyniad hwnnw gan y lleidr sy'n cymryd ei ddillad o hyd. Mae Ryokan yn dweud y byddai'n hoffi pe bai'r lleidr yn deall bod peidio â chael ymlyniad wrth bethau yn dod â mwy o hapusrwydd: y gallu i weld prydferthwch a phrofi heddwch.

Agweddau Islamaidd at ddrygioni

Yn ôl Islam, mae popeth yn digwydd oherwydd mai dyna yw ewyllys a chynllun Duw. Yr enw ar hyn yw al-Qadr (rhagordeiniad) a'i ystyr yw bod dioddefaint a chaledi yn rhan o gynllun mawr Duw ar gyfer dynoliaeth. Hyd yn oed os nad yw pobl yn sylweddoli gwerth neu bwrpas dioddefaint, mae'n rhaid iddyn nhw dderbyn bod dioddefaint yn bodoli ac na fyddan nhw byth yn gallu deall ewyllys a phwrpas Duw yn llawn.

Mae Mwslimiaid yn credu bod pob rhan o fywyd yn brawf:

> Byddwn Ni yn sicr yn eich profi chi â rhywfaint o ofn a newyn, a cholli cyfoeth a bywydau a ffrwythau (enillion); ond byddwn Ni yn rhoi newyddion da i'r rhai sy'n dyfalbarhau ac sy'n amyneddgar.
>
> (Qur'an 2:155)

Mae pobl yn derbyn bywyd fel rhodd gan Dduw, a thrwy gydol eu bywydau, mae eu gweithredoedd da a drwg yn cael eu cofnodi gan ddau angel. Bydd yn rhaid i Fwslimiaid ymateb i'r angylion hyn ar Ddydd y Farn, a nhw fydd yn penderfynu a yw'r person yn mynd i baradwys neu'n cael ei anfon i uffern – tân chwilboeth sydd byth yn dod i ben.

Gall daioni ddod o ddioddefaint a drygioni. Mae'r daioni yn fwy pan fydd pobl yn gwrthsefyll temtasiwn ac yn dilyn y llwybr cywir ac esiampl y Proffwyd Muhammad. Mae Duw yn cael ei adnabod hefyd fel Ar-Rahman (Yr Un Trugarog), Ar-Rahim (Yr Un Tosturiol) ac Al-Karim (Yr Un Hael). Oherwydd hyn, bydd y rheini sy'n gwrthsefyll Shaytan ac yn dilyn y llwybr syth yn cael eu gwobrwyo mewn bywyd ar ôl marwolaeth.

Mae llawer o Fwslimiaid yn credu bod drygioni yn dod oddi wrth Shaytan. Mae'r Qur'an yn esbonio sut gwrthododd Shaytan ufuddhau i orchymyn Duw i foesymgrymu o flaen Adda:

> Ac yna dywedon Ni wrth yr angylion: 'Syrthiwch ar eich wynebau gerbron Addal' Syrthiodd pawb, heblaw am Iblis [Shaytan]; gwrthododd ef, ac aeth yn haerllug, a'i arddangos ei hun yn anffyddiwr.
>
> (Qur'an 2:34)

O ganlyniad i'w falchder a'i anufudd-dod, cafodd Shaytan ei anfon o'r nefoedd gan Dduw. Mae'n bodoli bellach i demtio pobl i droi oddi wrth Dduw ac i wneud drygioni.

Agweddau Iddewig at ddrygioni

Ar y naill law, mae drygioni'n bodoli oherwydd ewyllys rydd – mae Genesis yn esbonio bod Duw wedi rhoi ewyllys rydd i ddynoliaeth, a thrwy hynny y gallu i ddewis rhwng da a drwg. Fodd bynnag, mae drygioni hefyd yn dod oddi wrth Dduw, oherwydd gall ef ei ddefnyddio fel ffordd o achosi dioddefaint a disgyblu, cosbi neu brofi.

Mae stori Job yn y Beibl Iddewig yn dangos y gall hyd yn oed y bobl fwyaf cyfiawn brofi dioddefaint drwy ddrygioni. Mae Duw yn anfon dioddefaint er mwyn profi ffydd Job, ond nid yw Job yn gwybod pam mae'n gorfod dioddef. Yn y diwedd, mae'n dysgu peidio â chwestiynu beth mae Duw yn ei wneud, ond derbyn pethau fel maen nhw.

Mae'r Talmud yn dweud:

> Rhaid i berson fendithio'r hyn sy'n ddrwg yn yr un modd ag y mae'n bendithio'r hyn sy'n dda. Fel mae'n ei ddweud, 'Câr yr Arglwydd dy Dduw â'th holl galon ac â'th holl enaid ac â'th holl nerth.'
>
> (Berakhot 9:5)

Oherwydd hyn, mae Iddewon yn dysgu i groesawu da a drwg yn eu bywydau yn yr un modd, gan fod y ddau wedi'u hanfon gan Dduw ac mae pwrpas i'r ddau.

Mae Iddewon hefyd yn credu mai'r gosb am gael eich temtio gan ddrygioni yw marwolaeth a dinistr, ond y wobr am wrthsefyll temtasiwn yw diogelwch a llewyrch (Deuteronomium 30:15–19).

Yn yr un modd, mae'r Talmud yn nodi'n glir bod addoli eilunod yn hollol ddrwg oherwydd ei fod yr un peth â gwadu bodolaeth Duw. Mae esboniad pellach o hyn yn Avodah Zarah 3b, yn ogystal â thrafodaeth ar y rheolau ynglŷn ag addoli eilunod a sut i ryngweithio ag eilunaddolwyr.

Tasg

Ar gyfer y ddwy grefydd rydych chi'n eu hastudio, esboniwch yn fanwl y dysgeidiaethau crefyddol am ddrygioni. Defnyddiwch y canllawiau isod i'ch helpu i ysgrifennu esboniad manwl ar gyfer Cristnogaeth, ac ail un ar gyfer y grefydd arall rydych chi'n ei hastudio. Gwnewch yn siŵr eich bod yn defnyddio termau allweddol yn rhwydd ac yn aml.

Mae Cristnogion i gyd/llawer o Gristnogion/y rhan fwyaf o Gristnogion yn credu _____ .

Daw hyn o'r ddysgeidiaeth/dyfyniad o'r Beibl _____ .

Mae hyn yn golygu/Oherwydd hyn maen nhw'n _____ .

Mae rhai Cristnogion/Cristnogion eraill fel _____ yn credu _____.

Daw hyn o'r ddysgeidiaeth/dyfyniad o'r Beibl _____ .

Mae hyn yn golygu/Oherwydd hyn maen nhw'n _____ .

Yn olaf, mae Cristnogion fel _____ yn credu _____.

Mae hyn yn golygu/Oherwydd hyn maen nhw'n _____ .

Mae eu credoau yr un peth/yn wahanol oherwydd _____ .

Dioddefaint

Dim ond drwy wylio'r newyddion neu gael cipolwg sydyn ar dudalen flaen papur newydd, gallwn weld enghreifftiau o ddioddefaint yn y byd. Mae'n ymddangos bod dioddefaint yn rhan anochel o fywyd. Mae pam mae pobl yn dioddef yn un o'r cwestiynau eithaf mwyaf dyrys (hynny yw, cwestiynau am egwyddorion sylfaenol bywyd). Mae nifer o gredoau gwahanol yn gysylltiedig ag achosion dioddefaint, ac rydyn ni wedi gweld rhai ohonyn nhw yn yr adran flaenorol am ddrygioni.

Cysyniad Allweddol

Dioddefaint Gofid neu boen sydd wedi'u hachosi gan anaf, salwch neu golled. Gall dioddefaint fod yn gorfforol, yn emosiynol/seicolegol neu'n ysbrydol.

Mathau o ddioddefaint

Digwyddiadau y tu hwnt i'n rheolaeth sy'n achosi dioddefaint naturiol – er enghraifft, trychinebau naturiol fel daeargrynfeydd, tswnamïau a llifogydd, yn ogystal ag afiechyd.

Gweithredoedd bodau dynol sy'n achosi dioddefaint dynol – er enghraifft, llofruddio, treisio, terfysgaeth ac yn y blaen.

> Drwy geisio cael gwared ar y posibilrwydd o ddioddefaint, sydd yn rhan o drefn natur a bodolaeth, fe welwch eich bod wedi cael gwared ar fywyd ei hun.
> (C. S. Lewis, Cristion ac awdur *The Lion, The Witch and The Wardrobe*. Bu farw ei wraig o ganser ddwy flynedd ar ôl iddyn nhw briodi.)

Dysgeidiaethau crefyddol am ddioddefaint

Agweddau Cristnogol at ddioddefaint

Dyma rai safbwyntiau Cristnogol am ddioddefaint:

- Yn y traddodiad Cristnogol, mae dioddefaint yn cael ei weld fel prawf.
- Mae dioddefaint yn gosb am bechod, ac i Gatholigion dyma yw canlyniad y pechod gwreiddiol.
- Mae dioddefaint hefyd yn rhan o gynllun Duw – efallai nad ydyn ni'n ei ddeall, ond dylen ni wybod na fyddai Duw byth yn gwneud i ni ddioddef y tu hwnt i'n gallu i ymdopi.
- Mae dioddefaint yn ein galluogi i werthfawrogi'r hyn sy'n dda yn y byd, ac yn caniatáu i ni dyfu'n nes at Iesu fel un a ddioddefodd hefyd.
- Mae straeon y Beibl, fel hanes Job yn yr Hen Destament, yn dangos y gall unrhyw un ddioddef ac y gall dyfalbarhau drwy ddioddefaint gryfhau ffydd yn Nuw.

Tasgau

1. Esboniwch achosion dioddefaint yn y byd. Ceisiwch gynnwys y termau canlynol: naturiol, dynol, drygioni.
2. Copïwch a chwblhewch y map meddwl isod, gan amlinellu'r prif gredoau am ddioddefaint mewn Cristnogaeth.

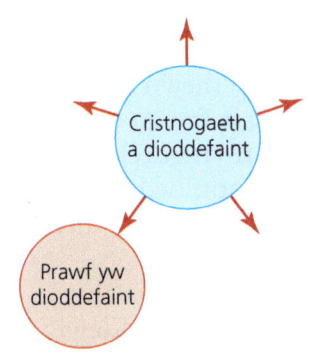

Agweddau Bwdhaidd at ddioddefaint

Dadansoddi dioddefaint – beth ydyw, beth sy'n ei achosi, a sut i'w oresgyn – yw hanfod Bwdhaeth.

Pan fydd Bwdhyddion yn sôn am ddioddefaint, maen nhw'n defnyddio'r gair dukkha. Mae dukkha yn cyfeirio at y ffaith anochel nad yw pethau bob amser fel y bydden ni'n dymuno iddyn nhw fod mewn bywyd. Rydyn ni'n profi dukkha – rhwystredigaeth ac anfodlonrwydd – oherwydd ein bod ni eisiau i bethau fod neu fynd mewn rhyw ffordd benodol. Ein hawydd ni sy'n achosi anfodlonrwydd. Mae eisiau i bethau fod mewn rhyw ffordd benodol yn achosi i ni weithredu i wneud i hynny ddigwydd. Ein gweithredoedd ni yw ein karma: maen nhw'n achosi i bethau ddigwydd i ni, ac rydyn ni'n ymateb i'r pethau hynny drwy gyflawni gweithredoedd pellach, ac yn y blaen. Dyma gylch samsara: y cylch diddiwedd o eni, bodoli, marw ac aileni.

Pe bydden ni'n gallu goresgyn ein tueddiad i fod eisiau, gallen ni oresgyn dukkha, ac, yn y pen draw, dianc rhag samsara. Dyma hanfod y Pedwar Gwirionedd Nobl. Mae'r Llwybr Wythblyg Nobl yn cynnig cyfle i oresgyn awydd, ac, o ganlyniad, dukkha. Mae diffodd dyhead yn arwain at ryddid a hapusrwydd nirvana, gan gynnig rhyddhad rhag diflastod samsara.

Yn llythrennol, ystyr y gair samsara yw 'crwydro'. Bywyd, felly, yw symud heb amcan o eiliad i eiliad, o oes i oes, sydd wedi'i yrru gan yr arfer sydd gennym o weithredu ar sail ein dyheadau ac er gwaetha'r ffaith nad oes dim yn aros yr un peth. Mae bodlonrwydd, ar y llaw arall, yn golygu derbyn pethau fel maen nhw a dilyn y Ffordd Ganol rhwng eithafion moethusrwydd a chaledi.

Agweddau Islamaidd at ddioddefaint

Dyma rai sabwyntiau Islamaidd am ddioddefaint:

- Mae Islam yn dysgu bod popeth sy'n digwydd yn rhan o ewyllys a chynllun Duw (al-Qadr).
- Mae bywyd yn brawf ac felly mae dioddefaint yn brawf hefyd.
- Mae dioddefaint yn galluogi Mwslimiaid i brofi eu ffydd drwy wrthsefyll temtasiwn. Bydd y rheini sy'n gwrthsefyll Shaytan ac yn dilyn y llwybr syth yn cael eu gwobrwyo mewn bywyd ar ôl marwolaeth.
- Gall daioni ddod o ddioddefaint, oherwydd ei fod yn arwain at ddatblygiad ysbrydol personol a hefyd oherwydd ei fod yn rhoi cyfle i ni gefnogi eraill.
- Dylai Mwslimiaid ddilyn esiampl y Proffwyd Muhammad.

Agweddau Iddewig at ddioddefaint

Mae Iddewon yn credu bod dioddefaint yn deillio o ewyllys rydd yn y pen draw. Gall ddod oddi wrth Dduw hefyd, fel ffordd o ddisgyblu, cosbi am gamymddwyn, profi, neu orfodi rhywun i ddychwelyd at Dduw. Mae stori Job yn dangos na fyddwn ni o reidrwydd yn deall pam mae dioddefaint yn digwydd. Ar hyd y canrifoedd, mae llawer o Iddewon wedi cael eu herlyn am eu credoau ac wedi wynebu dioddefaint enbyd.

▶ Yr Holocost

> **Erlid** Trin rhywun yn gyson greulon, yn aml oherwydd crefydd neu gred.

Ystyr y gair 'Holocost' yw poethoffrwm (aberthu anifail drwy ei losgi). Mae pobl yn aml yn cyfeirio at yr Holocost fel y Shoah – yn llythrennol, 'y trychineb'.

Rhwng 1933 ac 1945, roedd Iddewon yn yr Ewrop Natsïaidd yn cael eu **herlid** yn barhaus. Yn ystod y cyfnod hwn, roedd Hitler a'r gyfundrefn Natsïaidd yn gweithredu rhaglen o wahaniaethu systematig yn erbyn yr Iddewon. I ddechrau, drwy Ddeddfau Nuremberg, roedd Iddewon wedi'u gwahardd o barciau, theatrau a phrifysgolion. Nid oedd hawl ganddyn nhw ddal swyddi cyhoeddus ac roedden nhw'n cael eu gorfodi allan o waith. Yn y diwedd, doedden nhw ddim yn gallu bod yn berchen ar eiddo a busnesau, a chafodd yr Iddewon eu crynhoi a'u rhoi mewn getos. Roedd erchyllterau'n digwydd ar draws Ewrop mewn ardaloedd oedd wedi'u goresgyn, a chafodd cymunedau cyfan eu difa gan unedau milwrol a pharafilwrol oedd wedi derbyn gorchymyn i grynhoi a lladd Iddewon. Penllanw'r rhaglen hon oedd yr 'ateb terfynol' – lladd Iddewon mewn gwersylloedd crynhoi a difodi oedd wedi'u hadeiladu'n bwrpasol.

Canlyniad yr hil-laddiad hwn oedd llofruddio dros chwe miliwn o Iddewon, sef dwy ran o dair o boblogaeth Iddewig Ewrop. Cafodd cannoedd o filoedd o Iddewon eu gadael, i ffwrdd o'u cynefin a heb gartref, fel ffoaduriaid yn eu gwlad eu hunain, heb deulu na bywoliaeth i ddychwelyd atyn nhw.

'Ar ôl yr Holocost, wnes i ddim colli ffydd yn Nuw; collais ffydd yn y ddynoliaeth.' Elie Wiesel, gŵr a ddaeth o wersyll crynhoi yn fyw.

Y fynedfa i wersyll crynhoi Auschwitz yng Ngwlad Pwyl. Mae'r arwydd yn dweud, "Arbeit macht frei", sy'n golygu "Mae gwaith yn eich gwneud yn rhydd". Cafodd ei gynllunio i dwyllo'r carcharorion.

Eva Clarke: un o oroeswyr yr Holocost yng Nghymru

Cafodd Eva Clarke ei geni yng ngwersyll crynhoi Mauthausen, Awstria, ar 29 Ebrill 1945. Hi a'i mam oedd yr unig rai o'i theulu i oroesi. Cafodd 15 aelod o'i theulu eu lladd yn Auschwitz-Birkenau: ei thad, dwy fam-gu ac un tad-cu, sawl ewythr a modryb, a'i chefnder saith oed, Peter.

Priododd ei rhieni yn 1940 ym Mhrâg. Ym mis Rhagfyr 1941, cawson nhw eu hanfon i wersyll crynhoi Terezín (Theresienstadt). Roedden nhw yno am dair blynedd, a oedd yn anarferol iawn: roedden nhw'n ifanc, yn gryf ac yn gallu gweithio'n dda.

Pan gafodd tad Eva ei anfon i Auschwitz yn 1944, cynigiodd ei mam, a oedd yn feichiog ar y pryd, i'w ddilyn ef yno. Yn anffodus, cafodd y tad ei saethu'n farw cyn iddyn nhw weld ei gilydd eto.

Cafodd mam Eva ei hanfon i weithio ger Dresden yn yr Almaen cyn cael ei hanfon i wersyll Mauthausen yn Awstria. Yno rhoddodd enedigaeth i Eva. Ddyddiau yn ddiweddarach, cafodd y gwersyll ei ryddhau gan filwyr America.

Pan ailbriododd mam Eva yn 1948, symudodd y teulu i Gaerdydd.

Diwrnod Cofio'r Holocost

Hil-laddiad oedd yr Holocost, sef ymdrech i ddifa grŵp ethnig cyfan. Mae'r Holocost a hil-laddiadau eraill yn cael eu cofio bob blwyddyn ar 27 Ionawr, sef y diwrnod pan gafodd y gwersylloedd crynhoi yn Auschwitz, Gwlad Pwyl, eu rhyddhau.

Bob blwyddyn, mae digwyddiadau ar draws Cymru yn nodi'r achlysur. Yn 2017, roedd gwasanaeth coffa cenedlaethol yn Neuadd y Ddinas Caerdydd. Roedd 500 o bobl yno, gan gynnwys gwleidyddion, cynrychiolwyr mudiadau, aelodau o'r gymuned Iddewig a llawer o grefyddau eraill, yn ogystal ag aelodau o'r cyhoedd.

Yn Abertawe, cafodd yr achlysur ei nodi gyda barddoniaeth, cerddoriaeth a darnau er cof, ac roedd nifer mawr o bobl ifanc yn cymryd rhan. Mae Castell Nedd Port Talbot yn cynnal digwyddiad blynyddol i gofio'r Holocost, gydag ysgolion lleol yn cymryd rhan drwy ddawnsio, canu a chyflwyno barddoniaeth. Yn ôl y Fwrdeistref Sirol: 'Mae Diwrnod Cofio'r Holocost yn gyfle i ni geisio dysgu gwersi o'r gorffennol a sylweddoli nad yw hil-laddiad yn digwydd ar ei ben ei hun – mae'n broses raddol a all ddechrau os nad yw gwahaniaethu, hiliaeth a chasineb yn cael eu rhwystro a'u hatal.'

Roedd arddangosfeydd ar yr Holocost a'r ffydd Iddewig mewn amrywiol leoliadau ar draws Cymru, a chafodd llawer o ysgolion wasanaethau a gwersi arbennig.

Ble mae Duw? Amrywiol ymatebion ymhlith Iddewon i'r Holocost

I rai Iddewon, roedd eu profiadau yn ystod yr Holocost – yn enwedig yn y gwersylloedd – mor erchyll ac amhosibl eu deall, eu hymateb oedd colli ffydd yn Nuw. Roedd llawer yn holi sut gallai Duw cariadus, teg a chyfiawn ganiatáu trychineb mor ddisynnwyr. Ar ôl yr Holocost, y dioddefaint ofnadwy a'r colledion personol, ni allai nifer mawr o oroeswyr ddychwelyd at y Duw roedden nhw wedi credu ynddo cyn y rhyfel. Roedden nhw'n teimlo bod Duw wedi troi ei gefn arnyn nhw – y Duw roedden nhw'n arfer credu byddai'n eu hamddiffyn ac yn darparu ar eu cyfer.

I rai, parhau i arddel eu crefydd oedd eu ffordd o herio'r drefn. Rhoddodd rhai eu bywydau mewn perygl i allu parhau i nodi diwrnodau sanctaidd a chyflawni'r ddefod o weddïo tra oedden nhw yn y gwersylloedd crynhoi a'r getos. Daeth credu yn Nuw yn allweddol i'w gallu i oroesi.

Dioddefaint, da a drwg – y cysylltiad perffaith?

Mae'n amlwg bod cysylltiad anorfod rhwng dioddefaint a drygioni.

Mae drygioni – naturiol neu foesol – yn achosi dioddefaint i bobl. Yn eironig, mae cysylltiad agos rhwng daioni a dioddefaint hefyd. Mae daioni – yn enwedig y rhinweddau dynol sy'n gysylltiedig â daioni, fel tosturi ac empathi – yn gallu lleihau'r dioddefaint sydd wedi'i achosi gan ddrygioni.

Mae pobl grefyddol i gyd, a llawer heb ffydd grefyddol, yn credu ei bod yn bwysig ceisio helpu'r rheini o'u hamgylch sy'n dioddef. Mae hyn yn dylanwadu ar sut maen nhw'n ymddwyn a sut maen nhw'n trin ac yn 'gwasanaethu' eraill.

> A yw'n gallu, ond nid yw'n fodlon? Yna mae'n faleisus.
>
> A yw'n gallu ac yn fodlon? Yna o ble mae drygioni'n dod?
>
> A yw ddim yn gallu nac yn fodlon? Yna pam ei alw'n Dduw?
>
> (Epicurus, athronydd o gyfnod yr Hen Roeg)

■ A yw Duw yn fodlon atal drygioni, ond nid yw'n gallu? Yna nid yw'n hollalluog.

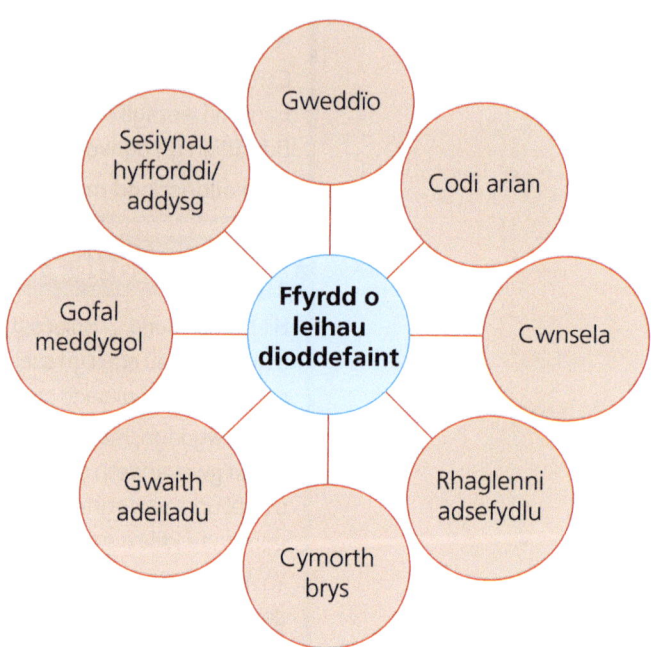

Problem drygioni a dioddefaint

I gredinwyr crefyddol, mae presenoldeb drygioni a dioddefaint yn y byd yn creu llawer o broblemau. Maen nhw'n credu bod Duw yn hollgariadus (yn caru popeth), yn hollalluog (yn gallu gwneud popeth) ac yn hollwybodus (yn gwybod popeth). Oherwydd hyn, ni ddylai drygioni fodoli mewn gwirionedd. Ond mae yn bodoli. Mae nifer o bosibiliadau, felly:

▶ Nid yw Duw yn ddigon pwerus i stopio drygioni.
▶ Nid yw Duw yn gwybod bod drygioni'n digwydd.
▶ Nid yw Duw yn ein caru ddigon i fod eisiau stopio'r drygioni.

Nid yw'r un o'r rhain yn gasgliad boddhaol iawn. O ganlyniad, mae gan grefyddau nifer o ddysgeidiaethau sy'n helpu i esbonio sut mae'n bosibl i ddrygioni, a hefyd i Dduw cariadus, hollwybodus a hollalluog, fodoli yn y byd.

Ydyn ni'n rhydd i ddewis?

Byddai credinwyr crefyddol yn dadlau bod pwrpas gwirioneddol i fywyd, a byddai llawer yn dweud bod gan Dduw gynllun ar gyfer pawb.

Tynged
Pŵer, neu rym, sy'n penderfynu'r dyfodol. Y syniad bod y canlyniad wedi'i ragordeinio ac yn anochel – yn amhosibl ei newid neu ei wrthsefyll.

yn erbyn

Ewyllys rydd
Y gred bod gan fodau dynol ddewisiadau rhydd mewn bywyd. Y gred bod pobl wedi cael eu creu â'r gallu i ufuddhau i Dduw neu beidio yn ôl eu dewis eu hunain.

yn erbyn

Rhagordeiniad
Y gred bod pob digwyddiad wedi'i ewyllysio gan Dduw. Y gred bod Duw wedi dewis yn barod pwy fydd yn cael iachawdwriaeth ac yn mynd i'r nefoedd.

Dysgeidiaethau crefyddol am broblem drygioni a dioddefaint

Agweddau Cristnogol at broblem drygioni a dioddefaint

Mae Cristnogion yn credu mai Duw sy'n rhoi ewyllys rydd i fodau dynol. Mae gan fodau dynol, felly, y gallu i ddewis gwneud daioni a'r gallu i ddewis gwneud drygioni. Yn ôl Catholigion, o ganlyniad i bechod gwreiddiol, mae pobl yn ei chael yn haws dewis gwneud drygioni, ond gyda chymorth Duw gallan nhw ddewis gwneud daioni. Gall y rheini sy'n pechu geisio gwneud iawn am eu pechod a chael maddeuant drwy weddïo, ac yn achos Catholigion drwy gyffes a phenyd.

Nid yw tynged yn syniad Cristnogol ac nid yw'r mwyafrif helaeth o Gristnogion yn credu bod eu bywydau wedi'u cynllunio'n llwyr. Mae rhai enwadau Protestannaidd (er enghraifft, Cristnogion Lutheraidd a Chalfinaidd) yn credu mewn rhagordeiniad – bod Duw wedi penderfynu'n barod pwy fydd yn cael iachawdwriaeth. Mae rhagordeiniad ychydig yn wahanol i dynged, gan ei fod yn canolbwyntio ar y syniad o iachawdwriaeth ar ôl bywyd ar y ddaear, ac nid ar y penderfyniadau rydyn ni'n eu gwneud yn ystod y bywyd hwn.

Agweddau Bwdhaidd at broblem drygioni a dioddefaint

Nid yw problem drygioni a dioddefaint yn bodoli mewn Bwdhaeth yn yr un ffordd ag y mae mewn crefyddau eraill. Gan nad yw Bwdhyddion yn credu mewn duw hollwybodus, hollgariadus a hollalluog, nid yw gwybod sut gall Duw ganiatáu drygioni a dioddefaint yn gwestiwn perthnasol.

Serch hynny, mae'r syniad o ddioddefaint ei hun yn sylfaenol i ddysgeidiaethau'r Bwdha. Mae e'n anwybyddu cwestiynau mae crefyddau eraill yn eu hystyried yn bwysig, fel y rhai sy'n ymwneud â tharddiad y bydysawd neu natur bywyd ar ôl marwolaeth, ac nid yw'n cynnig unrhyw esboniad ohonyn nhw. Yn hytrach, mae'n dweud:

> A beth... rwyf i wedi'i esbonio? Rwyf i wedi esbonio dioddefaint; rwyf i wedi esbonio tarddiad dioddefaint; rwyf i wedi esbonio goresgyn dioddefaint; ac rwyf i wedi esbonio'r llwybr sy'n arwain at oresgyn dioddefaint. A pham... rwyf i wedi esbonio hyn? Oherwydd... mae hyn yn dod â manteision, mae'n ymwneud â hanfodion crefydd, ac mae'n arwain at... y doethineb mwyaf a nirvana.
>
> (Majjhima Nikaya 63)

I Fwdhyddion, nid yw gwybod o ble mae drygioni a dioddefaint yn dod yn gwestiwn pwysig. Nid yw gofyn a yw'r drygioni yn foesol neu'n naturiol, er enghraifft, yn bwysig; dioddefaint yw dioddefaint. Y cwestiwn pwysig yw, sut gallwn ni ei oresgyn?

Agweddau Mwslimaidd at broblem drygioni a dioddefaint

> Dywedwch, 'Ni fyddwn ni byth yn cael ein taro heblaw gan yr hyn mae Duw wedi'i orchymyn i ni; Ef yw ein hamddiffynnydd.' Gadewch i'r credinwyr ddibynnu ar Dduw.
>
> (Qur'an 9:51)

Nid yw dysgeidiaethau Islam am ewyllys rydd a rhagordeiniad yn syml. I Fwslimiaid, mae'n rhaid bod ewyllys rydd yn bodoli, oherwydd heb ewyllys rydd, dim ond pypedau yw bodau dynol sydd ddim yn gallu cymryd gwir gyfrifoldeb drostyn nhw eu hunain na dangos ffydd nac ymostwng i Dduw. Ar y llaw arall, mae'n rhaid bod rhagordeiniad yn bodoli, oherwydd heb ragordeiniad nid yw Duw yn hollbwerus nac yn hollwybodus:

> Mae gan Dduw rym dros bob peth.
>
> (Qur'an 3:159)

Mae Islam yn dysgu bod pob unigolyn yn rhydd i ddewis p'un ai i ddilyn Duw ai peidio. Os ydyn nhw'n dewis peidio, bydd dioddefaint yn digwydd.

> Beth bynnag da a ddaw i'th ran, oddi wrth Dduw y daw, a beth bynnag drwg a ddaw i'th ran, oddi wrthyt ti dy hun y daw.
>
> (Qur'an 4:79)

Al-Qadr yw ewyllys Duw a'r cyfieithiad llythrennol yw 'tynged' neu 'rhagordeiniad'. Mae'n un o chwe erthygl ffydd neu gredoau Islam. Yn y Qur'an, mae al-Qadr hefyd yn cael ei alw'n 'orchymyn' Duw. Mae rhai Mwslimiaid yn credu bod Duw wedi ysgrifennu popeth sydd wedi digwydd a phopeth a fydd yn digwydd (ar 'y Llechen Warchodedig'). Mae Duw wedi mesur hyd oes pob unigolyn, ei ffawd o ran lwc dda neu ddrwg a chanlyniad ei ymdrechion. Ond nid oes angen i Dduw orfodi unrhyw un i wneud daioni na drygioni.

Er bod llawer o Fwslimiaid yn credu mewn rhagordeiniad, maen nhw hefyd yn credu bod gennym ni ewyllys rydd. Duw sy'n rhoi ewyllys rydd er mwyn sicrhau nad pypedau yn unig yw pobl. Mae'r syniad o iktisab yn golygu, er bod Duw yn gwybod y canlyniad terfynol, fod yn rhaid i berson 'ennill' neu 'haeddu' cyfrifoldeb am eu gweithredoedd eu hunain. Mae'r Mwslimiaid hyn yn credu nad oes tynged mewn Islam gan fod hyn yn awgrymu bod person yn ildio yn ddiymadferth. Yn hytrach, maen nhw'n credu bod angen gweithio i ddeall a chydweithredu â Duw, ac i gyflawni ei ewyllys.

Credoau Mwslimiaid Sunni a Shi'a

Mae Mwslimiaid Sunni yn credu yn y syniad o'r 'Llechen Warchodedig', a bod Duw wedi cofnodi popeth sydd wedi digwydd ac a fydd yn digwydd. Mae gan unigolion bŵer i ddewis, ond gan mai Duw sydd wedi creu amser a gofod, mae e'n gwybod beth fydd yn digwydd.

Mae Mwslimiaid Shi'a yn gwrthod y syniad o ragordeiniad. Maen nhw'n credu'n gryf yn y syniad o bada, sy'n dweud nad yw Duw wedi gosod trywydd pendant i hanes dynoliaeth. Yn hytrach, gall Duw newid trywydd hanes dynoliaeth yn ôl ei ewyllys. Mae Mwslimiaid Shi'a yn credu bod gan Dduw rym pendant dros y bydysawd cyfan, ond bod ganddo'r gallu hefyd i gyfnewid tynged a roddodd am un arall pryd bynnag mae'n dymuno gwneud hynny (ac felly newid trywydd ein tynged). Bodau dynol sy'n gyfrifol am rai o'r newidiadau tynged hyn. Gallan nhw osod y sylfeini ar gyfer newid drwy eu hewyllys rydd, eu penderfyniadau a'u ffordd o fyw.

Agweddau Iddewig at broblem drygioni a dioddefaint

Mae llawer o Iddewon yn credu mai Duw sy'n penderfynu'r hyn sy'n digwydd mewn bywyd yn y pen draw. Yn y Talmud, mae disgrifiad o blentyn heb ei eni yn gweld y dynged sy'n disgwyl amdano. Neges yr olygfa hon yw bod rhagordeiniad yn bodoli, ond, yn bwysicach, fod ewyllys rydd yn bodoli hefyd. Yn ôl Iddewon, mae pawb yn gyfrifol am eu gweithredoedd eu hunain, ond Duw sy'n dewis y canlyniad terfynol. Mae'r Talmud yn pwysleisio y dylai pawb ddysgu'r gyfraith er mwyn gallu deall y gwahaniaeth rhwng ymddygiad da a drwg yn iawn. Mae p'un a yw person yn dda neu'n ddrwg, felly, yn rhan o'i ewyllys rydd.

Adolygiad Diwedd yr Adran

Cofiwch

Cysyniadau allweddol:
- Drygioni
- Ewyllys rydd
- Daioni
- Moesoldeb

Dysgeidiaethau allweddol:
- Tarddiad drygioni
- Ewyllys rydd a phroblem drygioni a dioddefaint

Gwirio gwybodaeth

1 Ysgrifennwch baragraff yn amlinellu sut mae Cristnogion yn esbonio presenoldeb dioddefaint yn y byd.
2 Beth yw'r gwahaniaeth rhwng ewyllys rydd a thynged?
3 Esboniwch un o broblemau credu mewn tynged a rhagordeiniad.
4 Pam mae problem drygioni a dioddefaint yn her i bobl sy'n credu yn Nuw?

Y Cwestiwn Mawr

'Nid yw'n bosibl credu yn Nuw os oes dioddefaint yn y byd.'

Eich tasg

Trafodwch y gosodiad uchod, gan ddangos eich bod wedi ystyried mwy nag un safbwynt. Rhowch farn resymegol am ba mor ddilys a pha mor gryf yw'r safbwyntiau hyn.

Ymarfer sgiliau

1 Ar gyfer dwy grefydd wahanol, disgrifiwch safbwyntiau am 'ewyllys rydd'.
2 'Mae bodolaeth dioddefaint yn profi nad yw Duw yn bodoli.'
   Trafodwch y gosodiad hwn gan ddangos eich bod wedi ystyried mwy nag un safbwynt. (Rhaid i chi gyfeirio at grefydd a chred yn eich ateb.)

Tasg

Ar gyfer y ddwy grefydd rydych chi'n eu hastudio, esboniwch yn fanwl y dysgeidiaethau crefyddol am ddioddefaint. Defnyddiwch y canllawiau isod i'ch helpu i ysgrifennu esboniad manwl ar gyfer Cristnogaeth, ac ail un ar gyfer y grefydd arall rydych chi'n ei hastudio. Gwnewch yn siŵr eich bod yn defnyddio termau allweddol yn rhwydd ac yn aml.

Mae Cristnogion i gyd/llawer o Gristnogion/y rhan fwyaf o Gristnogion yn credu _____ .

Daw hyn o'r ddysgeidiaeth/dyfyniad o'r Beibl _____ .

Mae hyn yn golygu/Oherwydd hyn maen nhw'n _____ .

Mae rhai Cristnogion/Cristnogion eraill fel _____ yn credu _____ .

Daw hyn o'r ddysgeidiaeth/dyfyniad o'r Beibl _____ .

Mae hyn yn golygu/ Oherwydd hyn maen nhw'n _____ .

Yn olaf, mae Cristnogion fel _____ yn credu _____ .

Mae hyn yn golygu/Oherwydd hyn maen nhw'n _____ .

Mae eu credoau yr un peth/yn wahanol oherwydd _____ .

▶ Ffocws ar yr arholiad

Rhan A. Credoau, dysgeidiaethau ac arferion craidd

Cwestiynau (a) – AA1

Y rhain yw rhan gyntaf cwestiwn bob amser. Maen nhw'n gofyn i chi esbonio beth yw ystyr y cysyniad allweddol. Gall eich esboniad gynnwys enghraifft. Mae 12 cysyniad mae angen i chi eu gwybod ar gyfer Cristnogaeth a 12 ar gyfer eich ail grefydd. Mae pob term yn cael ei ddiffinio yn y gwerslyfr. Cofiwch mai dim ond dau farc sydd ar gael ar gyfer y cwestiynau hyn felly mae'n bwysig eich bod yn gallu rhoi diffiniad cywir.

Rhoddir marciau ar gyfer y cwestiwn hwn fel a ganlyn:

- 1 marc am bob pwynt perthnasol
- 2 farc am naill ai dau bwynt ar wahân neu un pwynt sy'n cael ei ddatblygu/esbonio/ehangu.

Gofynnwyd i Helen:

(a) Beth yw ystyr 'atgyfodiad' i Gristnogion?

Ei hateb oedd:

'Codi o farw'n fyw'

ond dim ond un marc a gafodd. Pam felly, yn eich barn chi? Ailysgrifennwch ei hateb fel bod yr ateb yn cael dau farc.

Nawr ysgrifennwch ateb dau farc i'r cwestiwn (a) ar gyfer yr ail grefydd:

- **Bwdhaeth: (a) Beth yw ystyr 'samatha' i Fwdhyddion?**
- **Islam: (a) Beth yw ystyr 'hadith' i Fwslimiaid?**
- **Iddewiaeth: (a) Beth yw ystyr 'hollalluog' i Iddewon?**

Cwestiynau (b) – AA1

Yn y cwestiynau hyn bydd disgwyl i chi ddisgrifio dysgeidiaeth, cred, syniad, arfer, lle, digwyddiad neu safbwynt crefyddol penodol. Mae uchafswm o bum marc ar gyfer y math hwn o gwestiwn. I gael marciau llawn, dylech allu dangos eich gwybodaeth drwy ddefnyddio termau crefyddol addas ac unrhyw ffynonellau doethineb neu destunau sanctaidd.

Edrychwch ar y cwestiwn canlynol:

(b) Disgrifiwch rôl yr eglwys yn ei chymuned leol.

Mae John wedi penderfynu bod nifer o bwyntiau gwahanol y gallai eu cynnwys yn ei ateb. Dewiswch dri ac ychwanegwch unrhyw fanylion pellach a allai gael eu cynnwys:

- *Addoli*
- *Helpu elusennau*
- *Dathlu digwyddiadau pwysig ym mywydau pobl*
- *Digwyddiadau cymdeithasol*
- *Gweithgareddau i blant a theuluoedd*

Nawr ysgrifennwch ateb i'r cwestiwn (b) ar gyfer yr ail grefydd:

- **Bwdhaeth: (b) Disgrifiwch y ffyrdd mae Bwdhyddion yn dathlu Kathina.**
- **Islam: (b) Disgrifiwch sut mae Mwslimiaid yn gweddïo gartref.**
- **Iddewiaeth: (b) Disgrifiwch sut mae'r cartref yn lle ar gyfer traddodiadau Iddewig.**

Cwestiynau (c) – AA1

Yn y cwestiynau hyn bydd disgwyl i chi esbonio dysgeidiaeth, cred, syniad, arfer, lle, digwyddiad neu safbwynt allweddol yn y crefyddau rydych wedi'u hastudio. Mae uchafswm o wyth marc ar gyfer y math hwn o gwestiwn. I gael marciau llawn, dylech allu dangos eich gwybodaeth drwy ddefnyddio termau crefyddol addas ac unrhyw ffynonellau doethineb neu destunau sanctaidd.

I gael marciau uwch, mae'n rhaid i chi ddefnyddio iaith grefyddol yn eich atebion. Mae hyn yn cynnwys defnyddio *cysyniadau allweddol*, os ydyn nhw'n berthnasol, yn ogystal ag unrhyw iaith arbennig sy'n benodol i'r crefyddau rydych yn ysgrifennu amdanyn nhw. Edrychwch ar y paragraff isod. Dyma rai gosodiadau y gallech eu defnyddio yn eich ateb i'r cwestiwn. Nodwch yr iaith grefyddol y gallech ei chynnwys.

(c) Esboniwch gredoau Cristnogol am yr Ysbryd Glân.

Mae Cristnogion yn credu bod Duw wedi'i wneud o dair rhan, ac mai'r Ysbryd Glân yw un o'r rhannau hynny. Dywedodd Iesu wrth ei ddilynwyr y byddai'n anfon yr Ysbryd Glân atyn nhw wedi iddo godi o farw'n fyw. Ar ddechrau'r Beibl mae'n dweud bod gan yr Ysbryd Glân ran yn y Creu.

Nawr ysgrifennwch ateb i'r cwestiwn (c) ar gyfer yr ail grefydd:

- **Bwdhaeth: (c) Esboniwch beth mae Bwdhyddion yn ei wneud wrth ddilyn y Llwybr Wythblyg.**
- **Islam: (c) Esboniwch y gred Fwslimaidd am unoliaeth Allah.**
- **Iddewiaeth: (c) Esboniwch pam mae'n bwysig i Iddewon gadw cegin kosher.**

Cwestiynau (ch) – AA2

Mae'r rhain yn gwestiynau pwysig iawn gan eu bod yn werth 15 marc.

Mae'r cwestiwn yn gofyn i chi wneud y canlynol:

- Darllen a deall y gosodiad.
- Trafod y gosodiad gan ddangos eich bod wedi ystyried mwy nag un safbwynt. (Rhaid i chi gyfeirio at grefydd a chred yn eich ateb.)
- Rhaid i'r atebion ddadansoddi, gwerthuso, cynnig safbwyntiau gwahanol a/neu amgen a dod i gasgliadau sydd wedi'u cefnogi'n dda.

Mewn cwestiynau (ch), mae angen safbwyntiau gwahanol. Nid oes rhaid i'r safbwyntiau fod yn rhai cyferbyniol (er wrth y gwrs y gallan nhw fod) ond rhaid iddyn nhw fod yn wahanol.

Mae disgwyl i chi gymhwyso eich gwybodaeth a'ch dealltwriaeth o'ch astudiaeth gyfan at y cwestiwn. Er enghraifft:

(ch) "Mae'n rhaid bod Duw yn difaru creu bodau dynol."

Trafodwch y gosodiad hwn gan ddangos eich bod wedi ystyried mwy nag un safbwynt. (Rhaid i chi gyfeirio at grefydd a chred yn eich ateb.)

Mae marciau am sillafu, atalnodi a defnyddio gramadeg yn gywir yn cael eu rhoi yn y cwestiwn hwn [15+6].

Edrychwch ar y pedair elfen ar y dudalen nesaf. Ystyriwch sut gallech chi ddefnyddio pob elfen yn eich ateb.

- Daioni a natur hollgariadus Duw
- Y cwymp a bodolaeth daioni a dioddefaint
- Y gwaith mae Cristnogion yn ei wneud dros gyfiawnder cymdeithasol
- Bywyd a marwolaeth Iesu

Nawr ysgrifennwch ateb i'r cwestiwn (ch) ar gyfer yr ail grefydd.

- **Bwdhaeth: (ch)** "Y rhan bwysicaf o fywyd y Bwdha oedd ei brofiad fel asgetig." *Trafodwch y gosodiad hwn gan ddangos eich bod wedi ystyried mwy nag un safbwynt. (Rhaid i chi gyfeirio at grefydd a chred yn eich ateb.)*
- **Islam: (ch)** "Dim ond pan fyddan nhw eisiau gweddïo dylai Mwslimiaid weddïo." *Trafodwch y gosodiad hwn gan ddangos eich bod wedi ystyried mwy nag un safbwynt. (Rhaid i chi gyfeirio at grefydd a chred yn eich ateb.)*
- **Iddewiaeth: (ch)** "Mae cadw'r Shabbat yn cymryd gormod o amser." *Trafodwch y gosodiad hwn gan ddangos eich bod wedi ystyried mwy nag un safbwynt. (Rhaid i chi gyfeirio at grefydd a chred yn eich ateb.)*

Rhan B. Ymatebion athronyddol i themâu crefyddol: Cwestiynau 3 a 4

Cwestiynau (a) – AA1

Yn union fel Rhan A, bydd cwestiwn (a) yn gofyn i chi am ddiffiniad o gysyniad allweddol. Mae 8 cysyniad allweddol ym mhob thema.

(a) Beth yw ystyr 'cyfrifoldeb amgylcheddol'?

Gofalu am y blaned...

Mae Tim wedi ateb cwestiwn (a) ar Fywyd a marwolaeth. Mae'r marciau'n cael eu rhoi fel a ganlyn:

- 1 marc am bob pwynt perthnasol
- 2 farc am naill ai dau bwynt ar wahân neu un pwynt sy'n cael ei ddatblygu/esbonio/ehangu.

Sawl marc byddech chi'n ei roi i Tim? Pam?

Nawr ceisiwch ysgrifennu ateb 2 farc i'r cwestiwn hwn o Gwestiwn 4 ar Ddaioni a drygioni:

(a) Beth yw ystyr 'cydwybod'?

Cwestiynau (b) – AA1

Yn y cwestiynau hyn, bydd disgwyl i chi ddisgrifio dysgeidiaeth, cred, syniad, arfer, lle, digwyddiad neu safbwynt crefyddol penodol. Mae uchafswm o bum marc ar gyfer y math hwn o gwestiwn. I gael marciau llawn, dylech allu dangos eich gwybodaeth drwy ddefnyddio termau crefyddol addas ac unrhyw ffynonellau doethineb neu destunau sanctaidd.

(b) Disgrifiwch ddysgeidiaethau crefyddol am werth bywyd dynol.

Edrychodd Marc ar y cwestiwn hwn o Gwestiwn 3 ar Fywyd a marwolaeth, a nododd:

- *Sawl marc?*

Rhoddir pump o farciau felly mae ganddo bum munud i ateb y cwestiwn.

▶ Beth mae'r cwestiwn yn gofyn iddo ei wneud?

Mae angen iddo ddangos ei wybodaeth am ddysgeidiaeth un grefydd am werth bywyd dynol. Nid yw'r cwestiwn yn gofyn iddo am ei farn; mae angen i'w ateb ganolbwyntio'n llwyr ar ddysgeidiaethau crefyddol.

Rhowch gynnig ar y cwestiwn uchod a hefyd yr un isod o Gwestiwn 4 ar Ddaioni a drygioni:

(b) Disgrifiwch ddysgeidiaethau crefyddol am ewyllys rydd.

Cwestiynau (c) – AA1

Yn Rhan B (Crefydd a Themâu Athronyddol), bydd gofyn i chi ystyried **dau safbwynt crefyddol** ym mhob cwestiwn (c). Rhaid i un safbwynt ddod o Gristnogaeth a'r ail safbwynt o grefydd arall rydych yn ei hastudio yn Rhan A. NID yw safbwyntiau anghrefyddol yn addas yma.

Ym mhob un o gwestiynau (b), (c) ac (ch), dylech gynnwys cyfeiriadau at ffynonellau doethineb neu destunau sanctaidd perthnasol fel tystiolaeth. Maen nhw'n bwysig i gefnogi'r pwynt rydych wedi'i wneud. Bydd angen i chi ymarfer sut rydych yn defnyddio testunau sanctaidd a ffynonellau eraill o ddoethineb ac awdurdod.

Mae rhai ymgeiswyr yn colli marciau oherwydd bod eu hatebion yn tueddu i fod dros y lle i gyd. Maen nhw'n cynnwys cyfeiriadau ond nid oes unrhyw fanylion pellach.

(c) Esboniwch sut mae credinwyr crefyddol yn ymateb i ddioddefaint mewn Cristnogaeth a Bwdhaeth.

Mae Cristnogion yn credu bod y rhesymau dros ddioddefaint y tu hwnt i'r ddealltwriaeth ddynol, er enghraifft stori Job. Mae Bwdhyddion yn credu bod dioddefaint yn rhan o fywyd oherwydd y Bwdha.

Mae ymgeiswyr eraill yn disgrifio stori gyfan o destun sanctaidd ond nid ydyn nhw'n cyfeirio at sut mae'n berthnasol i'r cwestiwn. Mae nifer o ffyrdd gwahanol y gall ymgeiswyr ddefnyddio testunau sanctaidd fel tystiolaeth, er enghraifft:

▶ Dadansoddi pwysigrwydd testun ar gyfer gweithred neu gred heddiw:

(c) Esboniwch sut mae credinwyr crefyddol yn ymateb i ddioddefaint mewn Cristnogaeth a Bwdhaeth.

Mae straeon o'r Beibl, fel hanes Job yn yr Hen Destament, yn dysgu Cristnogion y gall unrhyw un ddioddef ac y gall dyfalbarhau â dioddefaint gryfhau ffydd yn Nuw. Yn ei ddysgeidiaeth am y Pedwar Gwirionedd Nobl, mae'r Bwdha'n esbonio bod dukkha yn anochel ond y gall pobl oresgyn rhywfaint ohono drwy osgoi ysfa.

▶ Disgrifio'r testun yn fyr mewn perthynas â chred neu arfer heddiw:

Mae dioddefaint Iesu, pan fu farw mewn artaith ar y groes, yn golygu bod Cristnogion yn credu eu bod yn dod yn nes at Iesu pan fyddan nhw'n dioddef. Mae'r Llwybr Wythblyg Nobl yn rhoi i Fwdhyddion ffordd o fyw a all oresgyn rhai mathau o ddioddefaint.

▶ Cyfeirio'n benodol at ddyfyniad testunol i gefnogi ateb:

(c) Esboniwch, o safbwynt Cristnogaeth ac Iddewiaeth, pam mae pobl o'r un grefydd yn gallu credu pethau gwahanol am y creu.

Mae Iddewon uniongred yn cymryd agwedd fwy llythrennol at hanesion y creu gan eu bod yn meddwl mai gair Duw yw'r Torah. Mae

Iddewon Rhyddfrydol, ar y llaw arall, yn credu y gall rhannau o'r Torah, gan gynnwys yr hanesion yn Llyfr Genesis, gael eu dehongli yng ngoleuni gwyddoniaeth fodern, yn hytrach na chael eu derbyn fel ffaith. Nid yw Cristnogion Rhyddfrydol yn credu bod hanesion y creu yn y Beibl yn ffeithiau gwyddonol gan fod y ddau hanes, Genesis 1 a Genesis 2, fel pe baen nhw'n gwrth-ddweud ei gilydd. Ond mae rhai Cristnogion, fel llawer o Gristnogion Efengylaidd, yn meddwl bod yr hanesion yn Genesis yn llythrennol wir oherwydd eu bod yn credu bod y Beibl yn dod oddi wrth Dduw.

Cwestiynau (ch) – AA2

Yn achos cwestiynau (ch) yng Nghwestiwn 3 ar Fywyd a marwolaeth, dylai'r atebion gynnwys cyfeiriadau at gredoau anghrefyddol. Edrychwch ar y cwestiwn isod:

> (ch) 'Credu mewn bywyd ar ôl marwolaeth yw'r gred bwysicaf.'
> Trafodwch y gosodiad hwn gan ddangos eich bod wedi ystyried mwy nag un safbwynt. (Yn eich ateb, rhaid i chi gyfeirio at gredoau crefyddol ac anghrefyddol.)

Mae Sammy wedi ystyried nifer o bwyntiau y gall eu gwneud. Mae eisiau cynnwys dau safbwynt o grefyddau gwahanol ond mae hefyd angen iddo nodi dysgeidiaethau crefyddol neu destun sanctaidd ar gyfer pob un. Mae angen iddo hefyd gynnwys dysgeidiaeth anghrefyddol.

Edrychwch yn ôl drwy'r bennod; pa safbwyntiau crefyddol byddech chi'n eu defnyddio a pha dystiolaeth byddech chi'n ei rhoi i'w cefnogi? Pa ddysgeidiaethau anghrefyddol byddech chi'n eu defnyddio?

Yn achos cwestiynau (ch) yng Nghwestiwn 4, sylwch fod y cyfarwyddiadau'n newid felly nid oes angen i chi gyfeirio at gredoau anghrefyddol (er y gallwch gynnwys credoau anghrefyddol yn unrhyw gwestiwn (ch) lle mae hynny'n bosibl yn y cwestiwn):

> (ch) 'Mae hi'n bwysig maddau i bobl eraill bob amser.'
> Trafodwch y gosodiad hwn gan ddangos eich bod wedi ystyried mwy nag un safbwynt. (Rhaid i chi gyfeirio at grefydd a chred yn eich ateb.)

Cydnabyddiaeth

Hoffai'r Cyhoeddwyr ddiolch i'r canlynol am ganiatâd i atgynhyrchu deunydd hawlfraint:

Caniatâd testunol
Mae'r cwestiynau 'Ymarfer sgiliau' drwy'r llyfr yn dod o ddeunyddiau asesu enghreifftiol CBAC sydd ar gael ar wefan CBAC: http://www.cbac.co.uk/cymwysterau/astudiaethau-crefyddol/ **t.132** © The Jewish Chronicle, 2016.

Cyfieithiadau o destunau sanctaidd
Dyfyniadau o'r Beibl: Y Beibl Cymraeg Newydd, Argraffiad Diwygiedig
© Cymdeithas y Beibl 2004 1988
Dyfyniadau o'r Qur'an: cyfieithiad Sahih International, www.quran.com.
Dyfyniadau o'r Torah: The Living Torah gan y Rabbi Aryeh Kaplan.
Dyfyniadau o'r Ketuvim: Judaica Press, wedi'u cyfieithu a'u casglu gan y Rabbi A.J. Rosenberg.
Mae'r dyfyniadau o'r Qur'an, y Torah a'r Ketuvim wedi'u cyfieithu i'r Gymraeg yn y llyfr hwn.

Lluniau

t.2 © Michele Falzone/Alamy Stock Photo; **t.3** © Godong/Alamy Stock Photo; **t.4** © Blake, William/HENRY W. AND ALBERT A. BERG COLLECTION/New York public library digital collections; **t.5** *brig* © Prisma Archivo/Alamy Stock Photo; **t.5** *gwaelod* © CHARLES LOMODONG/AFP/Getty Images; **t.9** © Jager/123RF; **t.10** © Granger Historical Picture Archive/Alamy Stock Photo; **t.13** © Historical Picture Archive/Corbis Historical/Getty Images; **t.16** © Allan Swart/123RF; **t.17** © Godong/Alamy Stock Photo; **t.18** © Godong/Alamy Stock Photo; **t.19** © Sergey Karpov/123RF; **t.20** © Steve Clarke; **t.22** © Ian Dagnall/Alamy Stock Photo; **t.24** © PanjarongU/iStock/Thinkstock; **t.37** © Mark Bond/Fotolia; **t.38** © John Henshall/Alamy Stock Photo; **t.39** © Paula Solloway/Alamy Stock Photo; **t.40** © Zvonimir Atletic/123RF; **t.41** © Brian Jackson /123RF; **t.44** © Adrian Sherratt/Alamy Stock Photo; **t.46** © Cytûn – Churches Together in Wales; **t.51** *chwith* © Yuri/Thinkstock/iStockphoto/Getty Images; **t.51** *canol* © B.S.P.I./Corbis Documentary/Getty Images; **t.51** *dde* © Eddie Gerald/Alamy Stock Photo; **t.52** *brig chwith* © Ingram Publishing Limited/Ingram Image Library 500-People; **t.52** *brig canol* © Guerilla/MBI/Alamy Stock Photo; **t.52** *brig dde* © Imagestate Media (John Foxx)/Vol 22 People & Emotions; **t.52** *gwaelod chwith* © Boonchob chuaynum/Shutterstock.com; **t.52** *gwaelod dde* © tore2527/Fotolia; **t.55** © lomography4/Fotolia; **t.57** © Sajee Rod/Shutterstock.com; **t.59** © traveler1116/Getty images; **t.60** © eroticshutter/Fotolia.com; **t.61** © Saiko3p/Shutterstock.com; **t.62** © Casper1774 Studio/Shutterstock.com; **t.70** © Mirrorpix; **t.73** © tony french/Alamy Stock Photo; **t.75** © Mar Photographics/Alamy Stock Photo; **t.78** © Tong_stocker/Shutterstock.com; **t.79** © Gavriel Jecan/DanitaDelimont/Alamy Stock Photo; **t.80** © seqoya/Fotolia; **t.82** © Granger, NYC/TopFoto; **t.86** © Trinity Mirror/Mirrorpix/Alamy Stock Photo; **t.90** © TopFoto; **t.91** © Godong/Alamy Stock Photo; **t.93** © Antony McAulay/123RF; **t.95** © Gezik/Shutterstock.com; **t.97** © Omar Mashaka /123RF; **t.98** © Gyula Gyukli /123RF; **t.100** © Ashraf Amra/APA Images/ZUMA Wire/Alamy Stock Photo; **t.102** © Helene Rogers/Art Directors & TRIP/Alamy Stock Photo; **t.106** © Ferli Achirulli /123RF; **t.109** © getideaka/Shutterstock.com; **t.114** © Muslim Aid, UK (www.muslimaid.org); **t.116** © Ria Novosti/TopFoto; **t.120** © Eddie Gerald/Alamy Stock Photo; **t.128** *brig chwith* © DEA/A. VERGANI/De Agostini/Getty images; **t.128** *brig canol* © Andrew Aitchison /Pictures Ltd./Corbis Historical/Getty Images; **t.128** *brig dde* © Jeff Morgan 08/Alamy Stock Photo; **t.128** *gwaelod* © Allstar Picture Library/Alamy Stock Photo; **t.129** *brig* © Gonewiththewind /123RF; **t.129** *gwaelod* © gbimages/Alamy Stock Photo; **t.136** © Anyka/123RF; **t.140** © Dov makabaw Israel/Alamy Stock Photo; **t.141** © DAN PORGES/TopFoto; **t.142** *brig* © Dov makabaw sundry/Alamy Stock Photo; **t.142** *brig canol* © Keith Levit/Alamy Stock Photo; **t.142** *brig gwaelod* © Aastock/Shutterstock.com; **t.142** *gwaelod* © Shay Fogelman/Alamy Stock Photo; **t.143** *brig* © DANIEL MIHAILESCU/Staff/AFP/Getty Images; **t.143** *gwaelod* © Robert Mulder/ Corbis Documentary/Getty Images; **t.145** © Howard Barlow/Alamy Stock Photo; **t.148** *brig chwith* © Peter Marshall/Alamy Stock Photo; **t.148** *gwaelod chwith* © Blake Ezra Photography/Shutterstock/Rex Features; **t.148** *dde* © Jta.org; **t.150** © Lisa Young/123RF; **t.157** © Nicholas F. Gier, God, Reason, and the Evangelicals (Lanham, MD: University Press of America, 1987); **t.160** *brig* © Classic Image/Alamy Stock Photo; **t.161** © Jeff Morgan 09/Alamy Stock Photo; **t.166** © Pakhnyushchyy/123RF; **t.170** © British Humanist Association; **t.172** *brig chwith* © Lindsay Stone/123RF; **t.172** *brig canol* © Fedor Kondratenko/123RF; **t.172** *brig dde* © Farzana Sadat/123RF; **t.172** *canol chwith* © Russ Lappa/Science Photo Library; **t.172** *canol canol* © Andrzej Tokarski/123RF; **t.172** *canol dde* © Astrid & Hanns-Frieder Michler/Science Photo Library; **t.172** *gwaelod chwith* © TAKASHI HONMA/123RF; **t.172** *gwaelod canol* © Morozova Tatiana/123RF; **t.172** *gwaelod dde* © Winai Tepsuttinun/123RF; **t.181** *brig* © Janine Wiedel Photolibrary/Alamy Stock Photo; **t.181** *gwaelod* © Geoffrey Robinson/Alamy Stock Photo; **t.182** *brig* © EC/allactiondigital.com/Eamonn and James Clarke/PA Images; **t.182** *canol chwith* © Lightpoet /123RF; **t.182** *canol dde* © Pauliene Wessel/123RF; **t.182** *gwaelod* © Alexander Raths/123RF; **t.183** © John Keates/Alamy Stock Photo; **t.190** © The Reunion of the Soul and the Body, llun o 'The Grave' gan Robert Blair, wedi'i engrafu gan Louis Schiavonetti (wedi'i liwio â llaw) (gweler hefyd 1785949-51), Blake, William (1757-1827) (yn dilyn)/Private Collection/Photo © Christie's Images/Bridgeman Images; **t.197** © Joyce Mollet LRPS/Fotolibra; **t.198** *chwith* © Robert Estall photo agency/Alamy Stock Photo; **t.198** *dde* © Apex News and Pictures Agency/Alamy Stock Photo; **t.211** © John Ewing/Portland Press Herald/Getty Images; **t.217** © Doug Engle/AP/Shutterstock/Rex Features; **t.218** © Danny Johnston/AP/Shutterstock/REX; **t.220** © Maurice Savage/Alamy Stock Photo; **t.223** © Travel Ink/ Gallo Images/Getty Images; **t.227** *brig chwith* © Ullsteinbild/TopFoto; **t.227** *brig dde* © Trinity Mirror/Mirrorpix/Alamy Stock Photo; **t.227** *gwaelod* © IMAGNO/Votava/TopFoto; **t.228** *brig* © Philipus/123RF; **t.228** *gwaelod* © Brian Moody/The Forgiveness project; **t.233** © Tomas Griger /123RF; **t.240** *brig* © Taylor Hill/Getty Images; **t.240** *gwaelod* © Alessandro0770/123RF; **t.242** © Alinari/TopFoto.

Mynegai

A
achubiaeth 16
adhan 84, 106
agape 1, 30–2, 45, 186
Allah 84, 85, 87–92
anapanasati 76
Aron HaKodesh 119
atgyfodiad 1, 13, 25
atheïstiaid 94, 161, 174, 190
awdurdod 7

B
banciau bwyd 43–4
Beibl, y
    Corinthiaid 14, 173, 192
    Deuteronomium 125, 222
    Diarhebion 15, 222
    Efengylau 21–30
    Exodus 14
    Genesis 7–9, 162, 167, 173, 214
    Ioan 14, 22, 25, 30
    Jeremeia 173
    Job 4, 16
    Luc 6, 23–4, 30, 32, 214, 224
    Mathew 21, 23, 29, 32, 220, 224
    Numeri 125, 145
    Rhufeiniaid 214
    Salmau 5, 126
    gweler hefyd Torah; Qur'an
bedydd 16
bwdha 50, 52–3
Bwdha, y 53–72
Bwdhaeth
    arferion 75–82
    creu, y 163
    cysyniadau allweddol 50
    Dharma 50, 60, 62–72
    dukkha (dioddefaint) 63–4, 239
    dysgeidiaethau 52–72
    Ffordd Ganol, y 66–7
    goleuedigaeth 51, 53, 58–62, 66–7, 79
    gwyliau ac enciliadau 79–82
    heriau 72–3
    karma 64, 67–8, 73, 81, 163
    Llwybr Wythblyg Nobl, y 67–72
    Mahayana 51, 53
    myfyrdod 75–8
    nirodha 66
    nirvana 66
    Pedair Golygfa 56, 62
    Pedwar Gwirionedd Nobl, y 50, 63–6
    prajna (doethineb) 67–8
    Pum Argymhelliad, y 69
    Pum Atgof 64
    samadhi (myfyrdod) 70–1
    tanha (ysfa) 50, 65–6
    Theravada 51, 53
    Yanas 51
Byddin yr Iachawdwriaeth 44
bywyd
    ansawdd 156, 175–86
    sancteiddrwydd 156, 172–5
bywyd ar ôl marwolaeth 156, 189–98

C
cabledd 24
carchar 209–18
coffaoliaeth 40
cosb eithaf 212–18
creadaeth 9
    daear hen 9
    daear ifanc 9
    dydd yn oes 9
creadigrwydd 15
creu, y 2, 157–65,
    damcaniaeth esblygiad 159–60
    Damcaniaeth y Glec Fawr 9, 158–9
    esboniadau gwyddonol 158–9
    esblygiad theïstig 12
    Genesis 2–7, 12, 15, 123, 162
    safbwynt Bwdhaidd 163
    safbwynt Cristnogol 2, 7–12, 15, 162–3
    safbwynt Iddewig 164–5
    safbwynt Mwslimaidd 164
    safbwynt ôl-wyddonol 9
Cristnogaeth
    arferion 28–48
    bedydd 16
    cariad (agape) 1, 30–2, 45, 186
    credoau 2–16
    creu, y 2, 7–12, 15, 162–3
    cymodi 46
    cysyniadau allweddol 1
    delw Duw 12
    Diwygiad 33
    Drindod, y 16–19
    dynoliaeth 12–13
    Efengylau 21–30
    Eglwys 33–48
        arferion addoli 38
        enwadau 33–4
        nodweddion yr 35–6
        rôl yr 35, 43–7
    esblygiad theïstig 12
    gweddïo ac addoli 38, 41–2
    Iawn, yr 1, 21–2, 225
    Iesu 18, 20–6
        dysgeidiaethau 29–32
        genedigaeth, marwolaeth ac atgyfodiad 23–6
    maddeuant 31, 207, 220–1
    moesoldeb 14, 28–9
    nefoedd 29, 192
    priodoleddau Duw 2–6, 16–19
    Rhyddfrydol 163
    sacramentau 39–40
    Sgism Mawr 33
    swyddogaeth Duw 2–6

Teyrnas Dduw 29
Ysbryd Glân, yr 18
Cristnogion, erlid 48
croeshoeliad 24–5
Crynwyr 220
cwymp, y 11, 15
cydwybod 200, 201
cyfathrebu llafar, Bwdhaeth 68–9
cyfiawnder 200, 206–8
cymdeithasol 45
cyfrifoldeb amgylcheddol 156, 166–70
cymodi 46
Cymun Bendigaid 37, 39–40, 195
D
daioni 200, 230–2, 242
damcaniaeth gorchymyn dwyfol 1, 18
Damcaniaeth y Glec Fawr 9, 158–9
gweler hefyd creu, y
damhegion
y Dyn Cyfoethog a Lasarus 32
y Mab Colledig (Afradlon) 17
y Samariad Trugarog 30
defodau angladdol 195–8
Deg Gorchymyn, y 142
dethol naturiol 159
Dharma 50, 60, 62–72
digartrefedd 44
dioddefaint 63–4, 200, 235, 238–44
Diwygiad 33
doethineb 15, 54, 59, 67–8, 75, 78
Drindod, y 1, 16–19
drygioni 200, 233–7, 242–4
du'ah 84
dukkha 63–4, 239
Duw
Allah 84, 85, 87, 88, 89–92
Cristnogaeth 2–6, 12, 16–19, 29
Drindod, y 1, 16–19
hollalluog 1, 4, 119, 124
hollbresennol 6, 124
hollgariadus 1, 4–5, 119, 125
hollwybodus 1, 5–6
Iddewiaeth 122–7
problem drygioni a dioddefaint 5, 242–4
Dydd y Cymod 127, 208, 226
dyneiddwyr 180, 190, 194
dynoliaeth, natur 12–13
E
eciwmenaidd 46
Eglwys Anglicanaidd, yr 33, 34, 36–7
Eglwys Bresbyteraidd, yr 34
Eglwys Brotestannaidd, yr 33
Eglwys Fethodistaidd Galfinaidd, yr 34
Eglwys Gatholig, yr 33, 36, 39
Eglwys Loegr 33
Eglwys Uniongred y Dwyrain 33, 39
Eglwys y Bedyddwyr 34
Eglwysi Anghydffurfiol 34, 37
enaid 13, 156, 176, 188–9
enwad 33
erthylu 156, 177–80
esblygiad 156, 159–62

esblygiad theïstig 12
esgyniad 25–6
Ewcharist 40
ewthanasia 156, 180–5
ewyllys rydd 14, 200, 201, 243
Ff
Ffordd Ganol, y 66–7
G
goleuedigaeth 51, 53, 58–62, 66–7, 79
gras 16
gweddïo
Cristnogaeth 38, 41–2
Iddewiaeth 119, 122, 125, 138
Islam 105–12
Gweddi'r Arglwydd 42
gwerthoedd ym Mhrydain 230
Gwladwriaeth Islamaidd (IS) 48
H
hadith 84
halal 84
heddwch a gwrthdaro 220–2
heddychiaeth 200, 220
hel straeon 68–9
Holocost 240–1
hollalluog 1, 4, 119, 124
hollbresennol 6, 124
hollgariadus 1, 4–5, 119, 125
hollwybodus 1, 5–6
I
iachawdwriaeth 16
Iawn, yr 1–21, 2–22
gweler hefyd Dydd y Cymod
Iddewiaeth
amrywiaeth o fewn 120, 133–4
a'r cartref 135, 149
arferion 138–54
credoau a dysgeidiaethau 122–7
cynrychioli Duw 139
cysyniadau allweddol 119
Deg Gorchymyn, y 142
deiet 152–4
Diwygiedig 119, 133, 143, 146
gweddïo ac addoli 119, 122, 125, 135-6, 138, 141
Holocost 240–1
kashrut 119, 152–4
kippah 119, 139–40
Llyfr Exodus 127
mannau sanctaidd 128–32
natur Duw 122–7
pechod 127
rabbi 119, 148
Rhyddfrydol 134
Shabbat 119, 124, 147, 149–51
Shema 119, 122, 125, 138
Synagog 119, 129–32, 141–8
tallith 140
Torah 121–3, 142, 144–5
Uniongred 119, 133, 143, 146
Iesu 4, 18, 20–2
dysgeidiaethau 29–32
fel y Meseia 1, 20–1, 24–5
genedigaeth, marwolaeth ac atgyfodiad 23–6

Islam
- Allah 85, 88, 89–92
- arferion 104–17
- credoau 85–102
- cysyniadau allweddol 84
- chwe erthygl ffydd 88
- datguddiad 99
- deiet 117
- gwahardd delweddau 94–5
- gweddïo 105–12
- jihad 92
- pechod shirk 84, 94
- Proffwyd Muhammad 85, 87, 95, 99–100
- Qur'an 84, 85, 87, 88, 96–102
- Ramadan 115–17
- Shahadah 84, 93–4
- Shi'a 86, 87
- Sufi 86
- Sunni 86, 87–8, 95
- ym Mhrydain 86
- ymprydio 84, 115–17
- zakat 84, 113–14

J
jihad 92

K
karma 64, 67–8, 73, 81, 163
kashrut 119, 152–4
kippah 119, 139–40
kosher 152–4

Ll
lladd, 28, 69, 236
- *gweler hefyd* bywyd: sancteiddrwydd
Llwybr Wythblyg Nobl, y 50, 67–72

M
maddeuant 31, 200, 220–8
meddylgarwch 71
Meseia
- Iddewiaeth 121, 147, 170, 194
- Iesu fel 1, 20–1, 24–5
- Islam 86
meta bhavana 50, 76–77
moesoldeb 28–9, 200, 202
- Bwdhaeth 68
- cydwybod 201
- moeseg sefyllfa 18
- perthynoliaeth foesol 18
- Rheol Euraidd 29
- ymagwedd Gristnogol 14, 28–32
myfyrdod 70–1, 75–8

N
nefoedd 29, 191–4
ner tamid 119, 142
nirvana 66

P
parinirvana 50, 61–2
pechod 127
- a throsedd 203
- Cristnogaeth 11
- pechod gwreiddiol 11, 16

Pedwar Gwirionedd Nobl 50, 63–6
perthynoliaeth foesol 18
prajna 67–8
Proffwyd Muhammad 85, 87, 95, 99–100
Pum Argymhelliad, y 69

Q
Qur'an 84, 85, 87, 88, 96–102

R
rabbi 119, 148
Ramadan 115–17

Rh
rhagordeiniad 243
rhoi organau 186
rhyfel 220–2

S
sacramentau 39–40
saddaqah 84
salat 84, 106
samatha 50, 75–6
samsara 61
sangha 50
sawm 84, 115–17
Shabbat 119, 124, 147, 149–51
Shahadah 84, 93–4
Shekhinah 128
Shema 119, 122, 125, 138
Shi'a 86, 87
shirk 84, 94
stiwardiaeth 7, 166–70
stupa 61
Sufi 86
Sunni 86, 87–8, 95
Synagog 119, 129–32, 141–8

T
tanha (ysfa) 50, 65–6
tawhid 84
Tearfund 45
Theravada 51
Torah 121–3, 142, 144–5
traws-sylweddiad 40
trosedd 203–18
- cosb 204–8
- systemau carcharau 209–18
trosgynnol 2, 126
tynged 243

U
uffern 191–4

V
vipassana 50, 78

W
wesak 50

Y
ymprydio 84, 115–17
Ysbryd Glân, yr 1, 16, 18
ysfa 65

Z
zakat 84, 113–14

Printed and bound by CPI Group (UK) Ltd, Croydon, CR0 4YY
22/04/2026
02095042-0001